원더랜드 WONDERLAND

Wonderland: How Play Made the Modern World

재미와
놀이가
어떻게
세상을
창조했을까

원더랜드

WONDERLAND

스티븐 존슨
STEVEN JOHNSON

홍지수 옮김

프런티어

추천사

────

인간이 기술적인 창의성을 발휘해 만든 가장 오래된 물건은 무엇일까. 동물 뼈로 만든 피리이다. 속이 텅 빈 뼈를 바람이 지나가면서 내는 소리는 인간을 사로잡았다. 어떤 실용적인 목적도 없이 그저 그 매혹적인 소리를 함께 나누고자 시도된 기술은 변화에 변화를 거듭해, 결국 오늘날의 컴퓨터를 만들어낸다. 《원더랜드》는 아이들을 어떻게 교육해야 할지, 직원들의 혁신을 격려하려면 어떻게 해야 할지 그 비밀을 알려주는 책이기도 하다. 가장 좋아하는 일을 하라. 그때부터 미래는 달라지기 시작한다.

이어령 (재)한중일비교문화연구소 이사장

스티븐 존슨은 놀라운 책 《원더랜드》에서, 오늘날의 세상을 만들어낸 유희의 역사에 주목한다. 인간이 유희를 즐기면서 혁신을 이뤄 세상을 바꾸게 된 역사를 통해, 우리 미래가 어떤 방향으로 변해갈지 예측하는 즐거움은 덤이다.

이시형 세로토닌문화 원장

고대에 자줏빛 색깔은 부를 상징했다고 합니다. 지위와 부의 상징인 자줏빛을 보려고 사람들은 한 공간에 모이기 시작합니다. 그 공간은 자줏빛 천을 보기 좋게 진열하려고 달라지기 시작합니다. 사람들이 많이 모이는 공간, 백화점, 쇼핑몰, 현대의 테마파크는 이렇게 시작되었습니다. 단순한 기쁨에서 시작한 일들이 오늘날 우리 세상에 새로운 가능성을 열었습니다. 진지한 의도 없이 재미삼아 한 일들을 통해 혁신이 일어난다는 스티븐 존슨의 아이디어. 동의하지 않을 수가 없습니다.

정용진 신세계 부회장

늘 독창적인 접근으로 인간의 창의성을 추적해온 저널리스트 스티븐 존슨, 그가 이번에는 새로움을 추구하고 즐거움을 쫓는 인간의 놀이 본능에서 현대 문명이 발생했음을 설파한다. 패션과 쇼핑에서 음악, 음식, 게임에 이르기까지 종횡무진 탐색하며, 현대 문명의 구석구석에서 발견한 재미 본능을 유쾌한 필체로 폭로한다. 호기심으로 무장하고 경이에 탐닉한 호모사피엔스의 현대 문명! 너무 익숙해서 미처 몰랐던 '원더랜드'에 살고 있었다는 사실을 독자들은 깨닫게 될 것이다. 책장을 덮고 고개를 들면 익숙한 세상이 달리 보이게 만드는 책.

정재승 KAIST 바이오 및 뇌공학과 교수

컴퓨터와 인터넷이 사실은 우리의 놀이 본능에서 시작됐고, 최첨단 인공지능도 뿌리 깊은 게임 본능에서 비롯되었다면 믿어지는가. 시대와 분야를 가로지르며 찾아낸 숨은 사례들로 빚어낸 스티븐 존슨의 새로운 이야기에 고개를 끄덕일 수밖에 없다. 재미와 성취는 별개라는 상식이 뒤집히고, 문명은 피땀과 고통의 결실이라는 통념에 금이 간다. 읽는 동안 곳곳에서 깜짝 유령이 등장해 놀라게 하는 듯한, 원더랜드 같은 즐거움을 주는 책. 요한 하위징아의 명저 《호모 루덴스》를 보기 좋게 계승하면서 빈틈까지 메운다.

전병근 지식 큐레이터

인류의 진보를 측정하는 하나의 척도는 여가 시간을 얼마나, 어떻게 누릴 수 있느냐에 달려 있다. 인간이 날마다 되풀이하는 일상에서 벗어나, 오로지 즐기기 위해 만들어낸 재미와 유희가 오늘날의 놀라운 세상을 만들었기 때문이다. 《원더랜드》는 그 증거를 유쾌하게, 하지만 세밀하게 드러내는 책이다. 미래의 변화를 예측하고 누구보다 앞서 나가고 싶다면 즐거움을 원하는 본능에 충실해보면 어떨까.

최현만 미래에셋대우 대표이사 수석부회장

《원더랜드》는 인류 역사를 여가와 유희라는 측면에서 바라본 흥미로운 책이다. 생존과 권력 그리고 자유와 부의 추구에 주목하는, 전통적인 역사책과 아주 다른 유쾌한 역사책이다. 새로운 접근법과 저자의 해박함에도 감탄을 금할 수 없다.

공병호 공병호경영연구소 소장

스티븐 존슨은 인간이 어떻게 패션이나 음악, 맛 등을 발전시켜왔는지에 대해 매우 흥미롭게 소개한다. 거기에 그치지 않는다. 《원더랜드》는 더 본질적으로는 인류를 진보로 이끄는 원초적인 동인(動因)이 무엇인지 파헤친 책이다. 재미를 추구하는 본성이 만들어낸 혁신이 역사와 문화에 어떻게 영향을 끼쳐왔는지 이해한다면, 새로운 변화를 이끌어내는 순간 큰 도움이 되리라 기대한다.

홍성태 한양대학교 경영대학 교수

문명사적 대전환기를 살아가는 우리에게는 패러다임의 전환이 그 어느 때보다 절실하다. 합리적 이성, 열심히 일하기, 필요와 실용성과 같은 진부한 과거 패러다임에서 벗어나, 놀이, 유희, 즐거움, 색다름, 놀라움과 재미 추구 같은 새로운 패러다임이 미래를 이끌어간다. 《원더랜드》는 그 진실을 쉽게, 그러나 논리적이고 구체적으로 설명하는 매우 재미있는 책이다.

조영탁 휴넷 대표

유희와 놀이가 지금의 세상을 만들었듯, 내 안의 천재성과 놀다 보면 새로운 세상이 열린다. 가끔은 성취의 도구가 아닌 즐거움의 주인이 되자. 제대로 인생을 만끽하자!

김미경 강사

놀랍다. 세상을 극적으로 변화시키는 것은 실용적인 목적으로 하는 행동들이 아니라, 다른 사람들과 즐거움을 공유하기 위해 무심코 하는 행위들이다. 네덜란드의 역사가 요한 하위징아는 인간을 호모루덴스(노는 사람)로 정의하지 않았나. 미래 우리 사회가 어떤 방향으로 나아갈지 알고 싶다면, 우리 뇌를 주목하게 만드는, 기꺼이 유희를 즐기는 사람을 주목하라. 그리고 앞으로 찾아올 즐거움(delight), 재미, 여흥, 놀이, 소요(逍遙)가 만들어가는 '놀라움의 경제'의 주인공이 되어보면 어떨까?

서진영 자의누리 경영연구원장

인간은 태어나서 죽을 때까지 놀이와 더불어 살아간다. 우리가 누리는 모든 것들은 애초부터 함께 놀기 위해 존재하고 있었을지도 모른다. 《원더랜드》는 유희를 추구해온 인간의 본능에 호기심과 엉뚱함이 더해져 이뤄온 인류의 과거와 현재 그리고 미래까지 명쾌하고도 예리하게 포착한다. 놀이 혁명의 씨앗들이 엮어온 인간의 역사! 우리의 미래가 더욱 기대되는 이유다.

존 리 메리츠자산운용 대표

창조는 지성이 아니라 놀이 충동에서 비롯된다는 심리학자 칼 융의 말처럼, 혁신도 일상에서 즐기는 재미에서 의미심장한 가치를 창조한다. 정상(頂上)에 오른 사람은 정상(正常)이 아니듯, 세상을 뒤흔들어 새로운 가치를 창조하는 사람은 일상에서 비상하는 상상력으로 세상을 뒤집는 놀라운 발상을 시도한다. 엄숙하고 심각한 사람들이여, 《원더랜드》를 읽으며 배워보면 어떨까. 평범한 일상에서도 놀라운 놀이 본능을 발휘해, 경이로운 기적을 일궈내는 비법을!

유영만 지식생태학자, 한양대학교 교수

무엇이 미래를 만드는가? 혁신은 어디에 깃들어 있는가? 놀이와 즐거움…. 의외의 답 같지만, 스티븐 존슨은 《원더랜드》를 통해 그렇게 말한다. 새로운 체험과 놀라움을 지향하는 인간 본능이 진보를 가져왔다는 얘기다. 놀이는 규칙을 깨고 새로운 것을 시도해 보는 행위인데, 미래는 이처럼 통상적인 규율의 적용이 유보되는 공간에서 탄생한다는 것. 설득력이 높다. '놀이'와 '놀라움'이라는 키워드를 중심으로 인간, 역사, 과학기술 그리고 미래를 흥미롭게 버무려놓았다.

예병일 플루토미디어 · 예병일의 경제노트 대표

스티븐 존슨은 우리가 누리는 문명의 상당 부분이 게임이나 장난감처럼 '쓸데없는' 소일거리에서 출발했다고 이야기한다. 순간순간의 정신적 쾌락 속에서 혁명적인 아이디어와 산업적인 변혁이 탄생할 수 있었다는 것이다. 상상력과 꿈을 잃어버린 바쁜 직장인, 정반대로 풍부한 상상력과 꿈을 지닌 발명가 모두에게 이 책 《원더랜드》를 권한다. 우리가 누리는 정신적 유희와 장난스러운 생각이 결코 부끄러운 일이 아니라, 역사 발전을 가능하게 한 위대한 발명의 원천이었음을 깨닫는 순간, 인생이 훨씬 즐거워질 것이다.

오기현 한국PD연합회장

'주술'과 이별을 고한 '행위'는 유희라는 관점에서 '예술'이 되었고, 그 씨앗이 '문화와 산업'의 숲을 일궈냈다. 정신없이 급변하는 시대를 살아가는 현대인 앞에 세상을 바꾼 혁신의 DNA를 분석한 보고서, 《원더랜드》! "놀아라! 즐겨라! 사랑하라!"

이은결 일루셔니스트

인류의 역사 속에서 놀이가 차지한 부분에 대해 재조명한 책. 단순히 시간을 보내기 위해 행해지던 놀이의 긍정적 측면을 넘어, 놀이를 통해 인류가 발전한 역사를 되짚어보고, 더 나아가 미래까지 내다보는 책이다. 각종 재미있는 이야기들이 어우러져서 읽는 즐거움까지 얻을 수 있다.

이두희 멋쟁이 사자처럼 대표

놀라운 재미의 역사, 원더랜드!

송길영 다음소프트 부사장, 《상상하지 말라》 저자

쓸데없는 일을 하면서 왜 우리는 즐거워할까요?

어릴 적 텔레비전에서는 토요일 아침마다, 심술궂은 고양이 톰과 귀여운 생쥐 제리가 치열한 공방전을 벌이곤 했습니다. 그 가운데 아직도 기억에 남아 있는 이야기가 있습니다. 1955년 제작된 이 에피소드의 제목은 'Designs on Jerry'.
어느 날 톰이 제리를 잡으려고 치밀한 장치를 고안합니다.

그 원리는 다음과 같습니다.
생쥐 제리가 치즈를 한입 베어 물면, 연결된 실 때문에 자명종이 울립니다. 자명종은 다시 톱을 움직여 나무를 잘라내고, 나무 조각이 떨어지는 바람에 가위가 실을 자르고, 그다음 실에 매달렸던 망치가 떨어져 바나나를 하늘로 솟구치게 합니다. 연달아 난리가 납니다. 연결되어 있던 와이퍼, 양동이, 저울, 선풍기, 돛단배, 당구공, 버튼, 세탁기, 총, 뻐꾸기시계, 칼… 이렇게 순서대로 연결되고 움직인 마지막 순간, 허공에 매달린 금고가 떨어지지요!

물론 늘 그렇듯, 영리한 제리는 전체 설계도를 이미 몰래 고쳐놓았지요. 톰은 이번에도 스스로 만든 함정에 빠져 커다란 금고 밑에 깔리고 마는, 예의 해피엔딩(물론 톰을 비롯해 세상의 모든 고양이 애호가에게는 새드엔딩이겠지만요)으로 에피소드는 막을 내립니다.

만화 속에서만 가능한 일이 아닐지도 모릅니다. 이렇게 연쇄 반응이 일어나도록 정교하게 설계된 기계장치를 골드버그 장치(Goldberg Machine)라고 합니다. 미국의 만화가 루브 골드버그(Rube Goldberg, 1883~1970)가 생각해냈는데, 터무니없이 비효율적이지만 그야말로 재미만을 위해 만들어진 장치를 말하는 것이죠.

결국은 고양이 톰이 진다는 사실을 너무나 잘 알고 있습니다. 그런데도 그 만화 속 장치가 움직이는 단계들을 하나씩 볼 때마다 손에 땀을 쥐며 흥미진진하게 지켜보던 그 느낌! 이렇게 오랜 시간이 지난 뒤 유튜브로 다시 보아도 여전히 생생합니다. 결코 사라지지 않을 것 같습니다.

이유가 무엇일까요? 우리는 왜 이런 비효율에 이렇게 즐거워할까요? 그야말로 '쓸데없음에 대한 미학'이라 할 수밖에 없습니다.

어릴 적 〈톰과 제리〉 만화를 보던 그때, 조국의 산업화와 경제개발 5개년 계획이 계속 이어졌습니다. 그 시대상 때문에 어린이에게도 '쓸데없음'에 대한 죄의식이 알게 모르게 심어진 듯합니다. 초등학생 때부터 "능률과 실질을 숭상하고"라는 구절을, 뜻도 잘 모르는 채 줄줄 외우던 시대였습니다. 효율적이지 않은 건, 이 땅에 태어난 목적인 "민족 중흥의 역사적 사명"을 다하는 데 무조건 필요 없다고 여겨졌습니다. 만화 속에서 화려하게 펼쳐지던 수많은 쓸데없는 것들, 비효율적인 것들은, 금지된 것에 대한 나름의 쾌감을 더해주었는지도 모릅니다.

이 책《원더랜드》에서는 패션, 쇼핑, 음악, 맛, 환영, 게임, 공공장소의 기원과 발전에 대해 현란한 마술처럼 설명하며 펼쳐 보입니다. 수많은 우연과 필연들이 씨줄과 날줄처럼 이어져 지금의 멋진 물건과 기술을 만들어내는 과정 그 자체가 골드버그 장치와 다를 바 없습니다. 그 장치를 움직이는 연료는 바로 우리가 느끼는 흥미와 재미라는 사실을, 다시 '재미있는 이야기'들로 풀어내고 있습니다.

그 이야기를 들여다보면 결코 만만치 않습니다. '그저 재미있기에' 자신도 모르게 끌려서 한 일들인데, 결코 장난이 아닌 고민과 연구가 총동원됩니다. '장난'을 위해 '장난 아닌' 재화와 노력이 투입되는 과정들은, 재미를 위해서라면 우리 인간이 얼마나 많은 비용을 지불할 준비가 되었는지 고스란히 보여주는 연대기 같습니다. 수많은 사람들이 여러 대륙에서 조금씩 거든 흥미가 더해져, 수세기를 걸치면서 그 흥미의 총합이 엄청난 효용으로 탈바꿈하는 기적을 낱낱이 보여줍니다.

마치 환경에 적응한 핀치새들이 먹이를 집기 위해 결국 가장 효율적인 부리를 갖게 되는 것처럼, 재미에 대한 우리의 집착과 집중력은 흥미로운 첫 시작점에서는 도저히 생각해낼 수 없는 결과를 낳습니다. 전 세계에서 가장 많이 팔렸다는 어떤 책의 유명한 구절, '시작은 미약하나 나중은 창대하리라'를 떠올리게 됩니다.

수많은 연구에 따르면, 무릇 '노는 것'은 그 자체로 즐거움일 뿐 아니라 실용의 측면에서도 크게 도움이 된다고 합니다. 더 큰 창조를 위해 필수적인 쉼표의 시간이 반드시 필요하다는 겁니다. 그러나 "놀고 있네"라는 표현이 곧 비아냥거림이 되는, "노는 애"라면 바로 불량한 친구로 간주되는 사회. 그런 사회에서라면 과연 그 쉼표가 허락될지, 근본적인 질문이 앞서기도 합니다.

요즘에도 "역대 탑10 골드버그 장치" 같은 이름을 단 블로그들이 심심치 않게 보입니다. 그 랭킹에 반드시 들어가는 것 중 하나는 자동차 메이커인 혼다에서 2003년도에 만든 2분짜리 광고(https://youtu.be/_ve4M4UsJQo)입니다.

자동차 부품으로 만들어진 골드버그 장치가 차례차례 흥미롭게 움직입니다. 마지막 장면은 혼다의 어코드가 앞으로 나서며 끝납니다. 사소한 재미가 거대한 효용으로 변화하는 이 책의 전체 줄거리를 암시하는 듯한 장면입니다. 그 광고를 만든 회사는 이미 40여 년 전부터 인간과 같이 움직이는 로봇을 만들고자 노력해오고 있지요. 이 책의 시작과 궤를 같이합니다. 우연이라 할 수 없습니다.

흥미로운 일을 하는 것, 몰입에 대한 순수한 열정, 그 재미를 탐하는 우리의 유전자는 우리 종의 앞날에 "창의(creativity)"라는 선물을 남겼습니다.

하지만 우리 인류는 그 선물과는 상관없이 앞으로도 계속 도전할 것입니다.
그 이유는, '그냥, 재미있으니까.'

WONDERLAND

신기한 기계장치가 발명된 시대에는 만든 사람의 주머니만 두둑해졌지만, 또 다른 시대에는 그 발명이 국부(國富) 창출로도 이어졌다. 한때 서민을 즐겁게 했던 움직이는 장난감들은 이제 인간의 능력을 확장하고 인류문명을 증진하고 있다.

인간이 어떤 식으로 천부적인 재능을 발휘해 발명을 하고 또 여러 사람이 생각해낸 각종 아이디어가 어떻게 결합되든, 또한 그 발명이 그 어떤 저속하거나 어처구니없는 목적을 달성하는 데 이용되든, 달라지지 않는 사실이 있다.

그 발명은 사회에 어떻게든 혜택을 남긴다. 처음에는 누구도 그 가치를 알아보지 못한 새 씨앗이 오랜 세월을 척박한 불모지에서 보낼지라도, 언젠가는 그 씨앗이 지식의 영토에서 싹을 틔우고 인류는 풍요로운 수확을 거두게 되리라.

데이비드 브루스터(David Brewster) 《자연마술에 관한 편지(Letters on Natural Magic)》

장난감과 게임은 중요한 아이디어의 탄생을 알리는 서막이다.

찰스 임스(Charles Eames)

WONDERLAND
CONTENTS

1 패션과 쇼핑
옥양목에 매료된 귀부인들   FASHION AND SHOPPING

4 환영(幻影)
유령 제조사
ILLUSION

5 게임
지주 게임
GAMES

6 공공장소
놀이터

PUBLIC SPACE

INTRODUCTION

발명가 멀린의 집에서 마주친 기쁨

바누 무사의 놀랍고 기발한 장치들

———

이슬람 황금시대 초기인 760년 즈음, 아바시드(Abbasid) 왕조의 새 지도자 아부 자파르 알-만수르(Abu Ja' far al-Mansur)는 메소포타미아 동쪽 변방에서 새로운 수도를 건설할 부지를 물색하고 있었다. 그는 고대 바빌론 지역에서 멀지 않은 곳, 굽이치는 티그리스 강을 따라 펼쳐진 약속의 땅에 정착했다. 유클리드(Euclid)의 책을 읽고 영감을 받은 그는 공학자와 도시계획 전문가들을 동원해, 그 부지에 거대한 도시국가를 건설하라고 명령한다. 그들은 각 원의 테두리를 따라 벽돌로 담을 쌓아, 동심원으로 이루어진 도시를 건설했

알–자자리의 《기발한 장치들의 지식을 담은 책》에 수록된, 실물 크기의 코끼리 시계 삽화

다. 도시의 공식 명칭은 아랍어로 '평화의 도시'라는 뜻인 '마디나트 알-살람(Madinat al-Salam)'으로 정했다. 그러나 이 도시는 알-만수르가 이 원대한 꿈을 실현하기 전부터 존재했던 페르시아 정착지의 이름으로 더 자주 불리게 된다. 바로 바그다드라는 이름이다. 수백 년 만에 바그다드는 주민이 약 백만 명에 달했고, 여러모로 지구상에서 가장 문명화된 도시환경을 갖추게 되었다. 당대에 살았던 누군가는 다음과 같이 기록했다. "마을을 가로지르는 수많은 수도관을 통해 집집마다[1] 사시사철 물이 풍족하게 공급되었다. 거리, 정원, 공원은 정기적으로 청소하고 물로 씻어냈으며, 벽돌 담 안으로 쓰레기를 버리는 행위는 금지되었다. 왕궁 앞에 있는 거대한 광장에서는 재판이 진행되었고, 군대 사열이 펼쳐지고 각종 경기가 열렸다. 밤에는 등불이 광장과 거리를 밝혔다."

그러나 바그다드에 뻗은 대로, 울창한 정원의 수려한 경관보다 더 주목해야 할 점은, 그 원형 도시를 둘러싼 담 안쪽에서 벌어진 학문 추구 활동이다. 알-만수르는[2] 학자들의 연구를 뒷받침하고자 궁정도서관을 만들었다. 또한 삼각함수와 천문학의 첨단 지식을 힌두어로 담아낸 인도 문서들과 더불어, 고대그리스 전성기에 그리스어로 저술된 과학, 수학, 공학 저서들—플라톤, 아리스토텔레스, 프톨레마이오스, 히포크라테스, 유클리드 등—을 아랍어로 번역하는 활동을 재정적으로 지원했다. (이러한 지식들이 담긴 번역서들은 유럽의 중세 암흑시대에도 은밀히 유통되며 지식의 명맥을 이어갔다.) 수십 년 후 알-만수르의 아들 알-마눔(al-Manum) 통치하의 바그다드에서는 도서관, 과학학술원, 번역부가 혼합된 새로운 기관이 설립된다. 아랍어로 '지혜의 전당'이라는 뜻인 '바이트 알—히크마(Bayt al-Hikma)'다. 1258년, 몽고제국이 바그다드를 점령한 뒤 이 기관에 소장된 책들을 티그리스 강에 던져버리기 전까지, 바이트 알—히크마는 3백 년 동안 이슬람 학문의 요람으로 군림했다.

지혜의 전당 설립 초기, 알—마눔은 바누 무사(Banu Musa, '모세의 아들들(Sons of Moses)'이라는 뜻—옮긴이)라고 불리는 재능이 뛰어난 삼형제에게 그리스에서 유래한 표준 공학 설계도들을 설명하는 책을 쓰도록 했다. 바누 무사는 저술 작업을 진행하는 과정에서 본래 취지를 넘어, 자신들이 직접 만든 설계도까지 수록한다. 지적인 문화가 번창했던 바그다드 도처에서 발견되는 공학과 수리학(水理學) 관련 첨단 설계도들이 그 대표적인 사례다.

이 책은 《기발한 장치들이 수록된 책(The Book of Ingenious Devices)》이라는 제목으로 출간되었는데, 마치 미래에 출현할 공학 기구들을 소개한 일종의 예언서처럼 읽힌다. 직렬 부품으로 쓰이는 크랭크 축(軸), 흡입 기능이 있는 이중 실린더 펌프, 원뿔형 밸브 등이 수록되었다. 당대보다 몇 세기 앞선 기계부품들로, 그 구조가 상세히 묘사되어 있다. 2세기 후 바누 무사의 책에서 영감을 이어받은 더욱 놀라운 책이 발간된다. 바로 이슬람 공학자 알—자자리(al-Jazari)가 쓰고 삽화를 그린 《기발한 장치들의 지식을 담은 책(The Book of the knowledge of Ingenious Mechanisms)》이다. 수백 가지 기계의 작동 원리에 대한 상세한 설명과 함께, 금박을 입힌 정교한 삽화들이 수

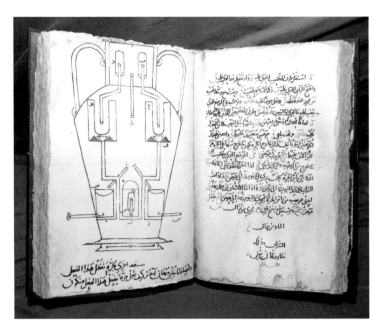

바누 무사의 《기발한 장치들이 수록된 책》의 일부분

록되었다. 수세식 변기 디자인을 떠올리게 하는 부유 밸브, 훗날 수력발전 댐에 사용되는 수량 조절기, 열에너지를 기계에너지로 바꾸는 내연기관, 4백 년 뒤 유럽에서 출현한 그 어떤 시계보다 정확한 물시계 등이 이 책 안에 있다. 이 두 책 모두 산업 시대에 필수 요소가 된 기술을 묘사한 최초의 삽화들이 수록되었다. 조립 공정에 쓰이는 로봇에서 온도계, 증기기관, 제트기 조종간까지 두루 포함된다.

대부분의 현대 기술을 유럽인이 발명했다는 고정관념을 바로잡는다는 의미에서도, '기발한' 기계들이 수록된 이 두 권의 책은 공학 역사에서 중요한 자리를 차지할 만하다. 그런데 이 두 책 모두, 파격적인 과학적 성과라는 뻔한 설명에 들어맞지 않는 뭔가가 있다. 공학에 문외한인 사람이 이 책을 대충 훑어보면 금방 눈에 띄는 게 있다. 수록된 기계의 삽화들 대부분이 뭔가를 흉내 낸 놀이기구라는 점이다. 장단 맞춰 물을 내뿜는 분수, 플루트를 부는 기계, 자동으로 북 치는 기계, 깃털을 잡아당기면 비누를 든 작은 하인을 내밀고 물도 뿜는 공작새, 호수에 뜬 채 청중에게 세레나데를 들려주는 로봇 음악가로 가득한 배, 30분마다 종을 울리는 코끼리 모양의 시계 등이다.

바누 무사와 알–자자리의 천재성에 감탄하는 한편, 궁금해진다. 그토록 뛰어난 공학 전문지식을 왜 기껏 이런 장난감들을 만드는 데 쏟아부었을까? 두 권의 고서에 담긴 이 혁명적인 아이디어들은 결국 산업 전반에 변혁을 일으키지만, 처음에는 놀이기구로, 환상으로, 마술로서 먼저 이 세상에 선보였다.

마술, 자동기계 그리고 장난감

그로부터 1천 년 후. 알–자자리와 바누 무사가 정교하게 설계도를 그린 이 놀이기구들은, 유럽 전역에서 오락거리를 제공하며 막대한 수익을 창출한다. 특히 런던 거리는 볼거리로 넘쳐났다. 1800년대 초 무렵, 마술이라는 새로운 산업이 런던 웨스트엔드

(West End) 지역에 뿌리내렸다. 로버트 바커(Robert Barker)의 파노라마는 런던 시내를 가상으로 360도 조망하도록 해 관중을 사로잡았다. 라이시엄(Lyceum) 극장에서는 폴 드 필립스탈(Paul de Philipsthal)이 멀티미디어 공포 체험 쇼 팬태즈머고리아(Phantasmagoria, 이동식·휴대용 영사기로 해골, 악마, 유령 등의 이미지를 비추는 공연-옮긴이)로 관중을 공포에 몰아넣었다. 마담 투소(Madame Tussaud)라는 인물이 주관한 밀랍조각 전시회가 라이시엄 극장에서 개막했지만 주목받지 못할 정도였다. (투소는 그로부터 30년 뒤에야 그 유명한 '마담 투소 박물관'을 개관한다.)

옥스퍼드 스트리트 바로 남쪽에 위치한 하노버 광장에서는 존-조지프 멀린(John-Joseph Merlin)이라는 재미있는 이름을 지닌 스위스 발명가이자 흥행사가, '멀린의 기계 박물관(Merlin's Mechanical Museum)'이라는 독특한 시설을 운영하고 있었다. 요즘 식으로 말하면 과학 박물관, 오락실, 발명제조 실험실을 한데 섞어놓은 시설이었다. 움직이는 기계인형을 보면서 신기해하고, 도박 기계로 운을 시험해보기도 하고, 뮤직박스에서 흘러나오는 달콤한 선율을 즐길 수 있었다. 하지만 멀린은 단순한 흥행사가 아니었다. '기계에 관심 있는 젊은 아마추어들'에게 직접 발명을 해보라고 독려하는, 일종의 정신적인 스승이기도 했다. 1735년 벨기에에서 태어난 멀린은 시계 제작자였다. 당시 다른 많은 시계 제작자들과 마찬가지로 그도 시계추의 기계 동작과, 거기에서 파생된 훨씬 놀라운 아이디어들에 매료되어왔다.

기계는 노동생산성을 향상했다. 하지만 무엇보다도 환상을 통해 놀라운 체험을 선사하는 마술에 이용될 수 있었다. 시간을 알리고, 직물을 짜고, 초보적인 계산을 하는 기계를 만들 수도 있다. 그보다 실용성은 떨어지더라도 물리적인 동작을 흉내 낸 기계도 만들 수 있다. 인간은 생물을 모방한 대상을 통해 항상 재미를 느껴왔다. 그런 재미를 충족시키는 기계였다. 자동기계(automaton)라는 초보적인 형태의 로봇은 당시 궁중에서 누리는 호사였고, 여흥으로 귀족들을 회유하는 데 이용된다. 이러한 기계들은 기계화된 시계에서 파생된 발명품이다. 1600년대에 인기를 끌었고, 마을을 정교하게 묘사한 무대장치나 갑작스럽게 움직여 시간이 지났다고 알리는 음악가 역할도 했다.

17세기 말 무렵, 시계는 시계극(clockwork)이라는 미니어처 무대극에 쓰인다. 수백 가지 다양한 기계 동작으로 간단한 이야기를 엮었고, 대부분 성서를 주제로 한 내용이었다. 1661년, 런던의 한 선술집은 에덴동산을 주제로 한 시계극을 선보인다. "가장 예술적으로 생생히 구현해낸 낙원, 완전히 성장한 몇몇 피조물, 식물, 꽃, 채소들을 통해 해석하고 복원한 낙원[3] … 아담이 마음속에 간직했던 아름다운 낙원의 풍광을 재현하다." 당시 배포된 공연 책자는 이렇게 홍보하고 있다. (훗날 로봇이 로봇 종(種)의 역사를 쓰게 된다면, 이렇게 태초로 움직이는 기계들이 등장하는 무대 장면은 로봇사(史)에서 창조론 신화로 요긴하게 쓰일지도 모른다.)

1700년대 초 무렵, 북적이는 마을이나 정원 장면을 재현하는 작업에서 각각 생물들의 생생한 모형을 만드는 작업으로 관심의 초점이 옮겨진다. 18세기 초반 프랑스 발명가 자크 드 보캉송(Jacques de Vaucanson)은 '모이 먹는 오리(Digesting Duck)'라는 자동기계를 만들어 명성을 떨쳤다. 이 오리는 낟알을 먹고 날개를 퍼덕거렸고, 놀랍게도 먹고 나서 배설까지 했다. 그로부터 몇 십 년 뒤인 1758년, 피에르 자케-드로(Pierre Jaquet-Droz)라는 스위스 시계제작자가 스페인 마드리드, 페르디난도 왕 앞에서 여러 놀라운 장치들을 시현해 보인다. 대부분 움직이는 황새, 피리 부는 목동, 꾀꼬리 모양의 추 달린 시계, 물시계 등이었다. 한마디로 알-자자리가 발명한 기발한 장치들의 후속 발명품들이었다. 페르디난도 왕을 알현한 자케-드로는 왕으로부터 재정 지원을 확보해, 야심차게 자동기계 창작에 착수한다. 그리고 세상에 유래가 없던 가장 예술적이고 혁신적인 기계들을 만들었다.

그가 이룬 업적의 화룡점정은 1772년에 완성된 '서기(Writer)'라는 기계다. 손에 깃털 펜을 쥐고 스툴에 앉아 있는 이 기계 소년은 6천 개 이상의 부품들로 이루어졌고, 최고 40개까지 문자를 조합해 단어를 쓸 수 있었다. (기계에 내장된 일련의 장치들을 통해) 지시를 받으면, 소년은 펜촉을 잉크병에 담갔다가 들어 올려 두 번 흔든 뒤, 정성 들여 정확하게 단어를 쓰기 시작했다. 눈동자마저도 펜이 움직이는 대로 따라 움직였다. '서기'는 오늘날의 의미에서 정확히 컴퓨터는 아니라 해도, 프로그래밍이 가능한 기계의 역사에 한 획을 그은 획기적인 발명품이라 할 만하다.

자케-드로의 아들 앙리-루이(Henri-Louis)[4]는 1776년 런던 코벤트 가든에서 열린 '경이로운 기계(Spectacle Mecanique)' 라는 전시회에서이 '서기'를 처음으로 전시한다. 이 전시회에 소개된 놀라운 기계들을 보고 영감을 받은 멀린도 자동기계를 직접 만들거나 수집하기 시작했다. 자신이 제작하고 수집한 기계들을 선보이기 위해 1783년 멀린 기계박물관을 개관한 뒤, 그는 박물관 홍보책자에 다음과 같이 소개했다. '멀린 박물관을 찾아주시는 신사숙녀 여러분께,[5] 1인당 1실링을 받고 차와 커피를 제공합니다.' 사이먼 셰퍼(Simon Shaffer)의 말처럼, 멀린은 "흥행사와 공학자 사이에서 줄타기를 했다[6]." 멀린을 비롯한 당대 발명가들은, 직계 후예라 할 할리우드 특수효과 제작사들과 다르지 않다.

멀린은 다방면에서 창의성을 발휘했다. 전동 휠체어, 기계식 더치 오븐(Dutch oven), 병원 입원실의 자동 환기식 펌프, 맹인들도 카드놀이를 할 수 있도록 점자를 입력한 카드 묶음 등을 발명했다. 오늘날 가장 잘 알려진 그의 발명품은 롤러스케이트일 것이다. 그는 이런 발명품 가운데 일부는 기계박물관에 전시했지만, 가장 아끼던 발명품 두 가지는 박물관 꼭대기 다락에 있는 작업장에 소중히 간직했다. 구경꾼들에게 정중히 목례하며 손에 안경을 쥔 채 1.2미터 남짓한 공간을 가로지르는 발명품과, 움직이는 새를 손에 든 무용수였다.

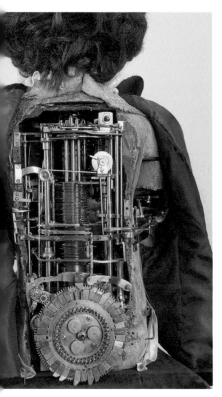

1772년 피에르 자케-드로가 제작한 자동기계 '서기'

다락방에서 만난 신비한 기계

———

보통 역사란 전쟁, 조약, 연설, 선거, 암살당한 지도자 등, 굵직한
사건을 중심으로 서술된다. 교과서의 경우 민주주의, 산업화, 시민
권 부상 등, 미세한 변화들이 오랜 세월 축적되어 그려내는 어떤
포물선을 따라간다. 그러나 역사는 이따금 권력의 심장부에서 동

떨어진 변방에서 일어나는 우연한 만남 속에서 탄생하기도 한다. 누군가의 머릿속에 아이디어가 뿌리내린 후 수년 동안 잠복해 있다가, 마침내 세상이 변하면서 무대의 중심에 등장하는 순간처럼 말이다. 한 여성이 조숙한 여덟 살배기 아들을 멀린의 박물관에 데려온 1801년에도 이러한 우연한 만남이 일어났다. 꼬마의 이름은 찰스 배비지(Charles Babbage)다. 관록 있는 흥행사 멀린은 꼬마에게서 전도유망한 어떤 재능을 감지한 뒤, 꼬마의 호기심을 한층 자극해 북돋아주려고 다락으로 안내한다. 꼬마는 걷는 기계에 흥미를 느꼈다. "팔다리의 움직임이[7] 더할 나위 없이 우아했다"라고 배비지는 훗날 회상한다. 그러나 정작 그를 사로잡은 기계는 무용수였다. "그 숙녀의 태도에서 흘러나오는 분위기는 정말 놀라웠다. 눈빛은 묘한 상상으로 가득 차 있었고, 뿌리치기 어려울 만큼 매력적이다"라고 그는 말했다.

멀린의 다락에서 마주친 발명품은 배비지의 상상력에 불을 지폈다. 인간의 미묘한 행동까지도 그럴듯하게 모방하는 기계장치에 매료된 순간이었다. 그는 수학과 천문학 학위를 따 젊은 나이에 학자가 된다. 그러나 기계에 대한 흥미를 간직한 채, 영국의 공업지대인 북부 전역에 걸쳐 건설되는 공장시설을 연구한다. 멀린의 박물관을 방문한 지 거의 30년 만에, 그는 산업기술을 분석한 독창적인 저서 《기계와 제조업의 경제에 관하여(On the Economy of Machinery and Manufactures)》를 출간한다. 이 책은 그로부터 20년 뒤 마르크스가 쓴 《자본론》에 결정적인 영향을 미친다. 비슷한 시기에 배비지는

'미분기(Difference Engine)'라는, 일종의 계산기 설계도를 그리기 시작한다. 이 발명품은 수년 후 분석기(Analytical Engine)의 발명으로 이어졌다. 분석기는 오늘날 프로그래밍이 가능한 컴퓨터의 시조라고 한다.

여덟 살 꼬마 배비지가 멀린의 뇌리에 얼마나 깊은 인상을 남겼는지 알 길은 없다. 흥행사 멀린은 배비지가 박물관을 방문한 2년 뒤 세상을 떠났다. 배비지를 매료시킨 기계들을 비롯해 멀린의 경이로운 소장품들은, 그의 박물관에서 몇 구역 떨어진 그레이트 윈드밀 스트리트에서 박물관을 운영하던 경쟁자 토머스 위크스 (Thomas Weeks)에게 팔려 넘어갔다. 위크스는 기계 무용수나 걷는 숙녀를 단 한 번도 전시하지 않았다. 그 두 기계는 거미줄이 쳐지고 먼지가 쌓인 채 다락에 처박혀 있다가, 1834년 위크스가 세상을 떠난 후 멀린의 소장품 전체와 함께 경매에 붙었다. 오랜 세월이 흘러 우연히 경매에 참석한 배비지는 그 무용수를 35파운드에 낙찰 받았다. 그는 무용수를 다시 고이 손질해, 말러번(Marylebone)에 있는 자기 저택에 미분기와 나란히 진열했다.

어떻게 보면 이 두 기계는 서로 다른 시대에 속한다. 무용수가 계몽주의 시대에 꽃핀 상상력의 축소판이라면, 미분기는 20세기 후반에 출현한 컴퓨터의 전조다. 무용수가 아름다움, 즐거움, 장난기를 상징한다면, 미분기는 그 이름이 보여주듯 훨씬 진지한 창작품이다. 산업화된 자본주의 시대와 그 이후를 상징하는 도구다. 그러나 배비지는 말한다. 미분기를 제작하는 원동력이 되었던, 기계를 향한 그 열정은 멀린의 다락방에서 시작되었다고. 그저 재미 삼아, 진짜 사람처럼 생생하게 만든 기계의 '뿌리치기 힘든 눈빛'에 매료된 바로 그 순간에 시작되었다고.

즐거움을 추구하는 본능이 낳은 혁신

'즐거움'이라는 단어에서 역사적인 변화를 이끈 원동력을 떠올리기란 쉽지 않다. 생존, 권력, 자유, 부를 얻기 위한 투쟁. 역사는 대개 그러하다. 유희와 오락은 기껏해야 줄거리에 곁들인 부산물로 여길 뿐이다. 진보를 통해 얻은 이득, 자유와 풍요를 누리려는 목표를 달성한 뒤 문명이 누리는 덤으로 치부된다. 그러나 18세기 후반에, 사회적 기술적 변화를 지켜보는 관찰자가 되었다고 가정해보자. 향후 3세기를 판가름할, 진정 하늘과 땅이 놀랄 만한 성과가 과연 무엇일지 예언한다고 상상해보라. 자케-드로가 만든, 프로그래밍이 가능한 펜(또는 멀린이 만든 기계 무용수와 그녀의 "뿌리치기 힘든 눈빛")은 노동의 기계화, 디지털 혁명, 로봇공학, 인공지능이 부상할 미래의 모습을 제시하는 중요한 단서가 될지 모른다. 중요한 민의의 전당이나 전장에서 일어나는 그 어떤 사건 못지않게 말이다

이 책에서는 바로 그런 단서가 역사의 물줄기를 바꿔놓는다는 것을 상세히 설명하려 한다. 아무 생각 없이 즐기는 오락거리로 폄하되는 장난과 유희가 결국 미래를 예견하는 발명품이라는 사실을

말이다. 바로 놀이의 역사다. 인간이 먹고살기 위해 날마다 되풀이 하는 일상에서 벗어나, 오로지 즐기기 위해 만들어낸 소일거리에 대한 역사다. 우리가 재미로 하는 행위의 역사다. 인류의 진보를 측정하는 하나의 척도는 여가 시간을 얼마나 누리는지, 또 그 여가 시간을 즐길 방법이 얼마나 다양한지 그 여부다. 5세기 전 사람이 시간여행으로 지금 세상에 찾아온다면, 방대한 땅 위에 건설된 놀이공원, 커피숍, 운동 경기장, 쇼핑몰, 아이맥스 영화관을 보고 입을 다물지 못할 것이다. 오로지 여흥과 오락을 위해 만들어진 시설들. 한때는 한 사회의 특권층만이 누리던 호사가, 극빈층을 제외하면 모든 이들이 누리는 일상이 되었다. 브라질이나 인도네시아에 거주하는 평균 중산층 가정은 여가시간에 하는 음악 감상을 당연히 여기고, 할리우드 영화에 등장하는 정교한 특수효과에 감탄하며, 소비의 왕국인 쇼핑몰에서 유행하는 물건을 사고, 전 세계 각국의 요리를 맛본다. 그런데도 이 수많은 호사를 어떻게 일상에서 누리게 되었는지, 곰곰이 생각해보는 경우는 거의 없다.

대개 역사는 사치품이 아니라 필수품을 확보하기 위한 기나긴 투쟁으로 서술된다. 자유, 평등, 안보, 자치를 위한 투쟁 말이다. 그러나 유희의 역사도 중요하다. 얼핏 하찮아 보이는 발명품 가운데, 진지한 역사의 영역에 큰 변화를 일으킨 발명품들이 정말 많기 때문이다. 나는 이런 현상을 '벌새 효과(hummingbird effect)'[8]라고 이름 붙였다. 한 분야에서 일어난 혁신이, 얼핏 그 분야와 무관해 보이는 다른 여러 분야에서 변화를 일으키는 계기가 되는 과정 말이다. 커피 맛은 근대 언론 기관 탄생에 도움을 주었다. 우아하게 장식된 몇몇 포목점은 산업혁명을 촉발했다. 흔히 인간은 실용적인 목적에 집중할 때보다, 즐거움이나 오락을 위해 물건을 발명하고 경험을 공유할 때 훨씬 더 극적으로 사회를 변화시킨다.

물론 내연기관 제작, 예방접종약의 대량 생산법처럼, 중요한 문제를 풀기 위해 집요하게 노력한 이들 덕분에 우리가 오늘날 이 세상에서 잘 살고 있다. 그러나 한편, 우리가 누리는 현대 문명의 상당 부분은 인간이 또 다른 종류의 활동을 한 끝에 탄생했다. 마술, 장난감, 게임, 빈둥거리며 하는 소일거리와 같은 활동이다. "필요는 발명의 어머니"라는 속담은 누구나 다 안다. 그런데 오늘날 세상에서 가장 중요한 아이디어나 제도를 과연 누가 탄생시켰는지 친자확인 유전자 검사를 해본다면? 거의 대부분, 여가와 유희가 그 잉태에 관여했다는 사실을 깨닫게 된다.

이 책에는 찰스 배비지 같은 인물(넓찍한 자기 집 거실에서 새로 만든 발명품을 만지작거리는 부유한 유럽인)이 다수 등장하지만, 어디까지나 부유한 서양인들만의 이야기는 아니다. 여가와 유희의 역사에서 가장 흥미로운 반전은, 수많은 신기한 물건과 장치가 유럽 바깥 지역에서 탄생했다는 사실이다. 지혜의 전당에서 탄생한, 혼을 쏙 빼놓을 만큼 신기한 자동기계, 인도에서 수입된 옥양목과 무명으로 만든 오묘한 의상, 메조아메리카인들(Mesoamericans, 현재의 멕시코 중부에서 코스타리카 북서부에 걸쳐 마야 문명이 번창했던 지역—옮긴이)이 발명한 통통 튀는 고무공, 인도네시아 오지의 섬 주민들이 처음으로 시식한 정향과 육두구 등은 모두 유럽 바깥에서 유래했다. 여러 면에서 놀이의 역사는, 진정으로 전 세계를 아우르는 세계관이 부상하게 된 계기에 관한 이야기다. 벌판에서 이리저리 공을 차는 행위나, 커피를 홀짝이며 음미하는 행위를 공유함으로써 하나가 된 세계의 이야기다. 유희를 추구하는 행위는, 공유하는 문화를 통해 세계를 하나의 직물로 엮는 씨줄과 날줄이다. 가장 뛰어난 씨줄과 날줄 가운데 서구 유럽 바깥에서 유래한 것들이 아주 많다.

본격적으로 이야기를 풀어가기에 앞서 확실히 해두어야 할 부분이 있다. 인간의 삶에서 가장 강렬한 쾌락 가운데 일부(성행위와 연애)는 이 책에서 다룰 유희의 역사에서는 의도적으로 제외했다는 사실을 말해두고 싶다. 성은 인류 역사에서 중심적인 역할을 해왔다. 성행위 없이는 인류의 역사도 존재하지 않는다. 그러나 성적 쾌락은 인간의 깊은 곳에 자리하고 있는 생물학적 충동과 얽혀 있다. 다른 사람들과 감정적으로 육체적으로 교감하려는 욕망은, 그 욕망의 표현 방식이 아무리 복잡하고 다양하다고 해도 우리 유전자에 입력되어 있다. 인류에게 성행위는 필수품이지 사치품이 아니다. 이 책에서 다룰 쾌락의 역사는 성보다 실용성이 떨어지는 어떤 쾌락에 관한 이야기다. 재미있거나 놀랍다는 사실 말고는 딱히 수긍 가는 이유 없이 이 세상에 존재하게 된 습관, 관습, 환경에 관한 이야기다. (어찌 보면, 문화란 "인간이 반드시 해야 할 필요는 없는 모든 것들"이라고 규정한 브라이언 이노(Brian Eno)의 주장에 부합하는 역사다.) 이러한 시각을 통해 역사를 보려면, 역사에서 강조할 점을 달리 해야 한다. 예컨대, 쇼핑의 역사를 상업 행위가 아니라 여가추구 행위의 역사로, 농업과 식량 생산이라는 보다 폭넓은 역사가 아니라 세계적인 향신료 교역의 역사로서 살펴봐야 한다. 생존 본능의 필요에서 탄생한 발명과 혁신의 역사를 다룬 책들은 수없이 많다. 이 책에서는 그런 혁신과는 다른 종류의 혁신을 다룬다. 생존을 위해 해야 하는 노동에서 해방된 사람들이 생각해낸, 새로운 아이디어와 기술과 사회 공간에 대한 이야기다.

물론 놀이와 쾌락이 이야기의 중심이라고 해서, 비극과 인간의 고통으로부터 자유롭다는 뜻은 아니다. 새로운 취향이나 직조물 시장이 발달하면서 시작된 노예 무역과 식민지 점령으로 얼룩진 시대도 있었고, 시장의 수요를 충족하기 위해 무자비한 착취가 자행되기도 했다. 인류는 쾌락을 추구함으로써 세상을 달라지게 만들었지만, 항상 바람직한 방향으로 변화시키지는 않았다.

미래는 놀이에서 탄생한다

———

1772년 새뮤얼 존슨(Samuel Johnson)은 멀린 기계 박물관의 전신으로 손꼽히는 시설을 방문했다. 멀린의 정신적 스승이 된 제임스 콕스(James Cox)라는 공학자가 운영하는 시설이었다. 존슨은 콕스의 전시품을 둘러보면서, 마치 삽화가 수록된 알—자자리의 책을 훑어보는 듯한 기분이었다. 전시실에는 움직이는 코끼리, 공작, 백조,

반짝이는 보석이 가득했다. 존슨은 콕스의 시설을 둘러본 경험을 《소요(逍遙)하는 사람(Rambler)》[9]에 다음과 같이 기록했다.

"이따금 가장 기발한 아이디어가 하찮은 발명품의 모습으로 탄생하곤 한다. 하지만 그런 하찮은 물건을 만드는 데 적용된 원리와 방편이 보다 가치 있는 목적을 달성하는 데 응용될지도 모른다. 아무 쓸모도 없는 기계를 오로지 사람들을 놀라게 하려고 움직이게 만든다 해도, 장차 그 움직임이 늪지의 물을 퍼내거나, 금속을 제조하거나, 건축가의 작업을 돕거나, 선원의 목숨을 보호하는 데 쓰일지도 모른다."

다시 말해, 기발하지만 '하찮은' 자동기계는, 훨씬 더 중요한 기술적 진전을 예고하곤 한다는 의미다. 18세기에 탄생한 뛰어난 자동기계를 둘러싸고 벌어졌던 공론을 보면, 분명히 그런 전조가 느껴진다. 자케-드로가 발명한 서기, 보캉송의 오리, 헝가리 발명가 볼프강 본 캠펠렌(Wolfgang von Kempelen)이 1770년대에 제작한 '체스 두는 기계 터키인(Mechanical Turk)'이 그 예다. ('기계 터키인'은 사실 기계공학의 성과로만 보기는 어렵다. 체스를 둔 주인공은 기계장치 속에 숨은 인간이었기 때문이다.) 이러한 장치들은 당시 사람들을 놀래키고 뜨거운 논쟁을 불러일으키며 전성기를 구가했지만(1700년대 말, 터키인이 어떻게 체스를 그렇게 잘 두는지 그 비밀을 풀겠다며 여러 사람이 논문을 발표하기도 했다), 정작 그런 장치들이 문화적으로 절정에 다다른 시기는 나중이었다. 즉 이런 장치들을 선보이던 공연 사업들이 대부분 사라진 뒤인 19세기 중반이었다. 자동기계는 마르크스가 노동의 미래에 대한 이론을 개발하는 데 영감을 주었고, 배비지가 기계화된 지능을 예견하는 원동력이 되었다. 또 메리 셸리(Mary Shelley)가 《프랑켄슈타인》을 탄생시킬 때 창작 모티브가 되었다. 에드거 앨런 포는 기계 터키인의 비밀을 캐려다가 탐정소설 창작의 토대를 마련했다. 18세기의 과학과 공학 지식이 자동기계를 움직였지만, 움직이는 자동기계를 둘러싸고 사람들이 품게 된 희망과 공포는 19세기에 발현되었다. 기계적 설계 원리와 철학적 의미에 있어서 자동기계는 시대를 앞섰다.

이런 현상은 인류가 발명한 하찮은 물건의 역사를 통틀어 끊임없이 나타난다. 인간이 삶에서 누리는 쾌락을 통해 미래에 사회가 어떻게 달라질지 엿볼 수 있다. 1600년대 말 런던에서 옥양목 직물을 구매하는 영국 숙녀가 느끼던 희열, 고대 로마인들이 세계 각지에서 들여온 향신료를 듬뿍 넣어 만든 음식을 축제에서 음미하며 경험한 희열, 마을축제에서 행상이 선보인, 그림이 움직이는 듯한 착시현상을 일으키는 야릇한 장치에 매료된 사람들이 느낀 희열, 1960년대에 매사추세츠공과대학(MIT)에서 수백만 달러에 달하는 대형 컴퓨터로 '우주전쟁!(Spacewar!)' 게임을 하던 컴퓨터프로그래머들이 느끼던 희열. 이 모두가 그런 현상이다. 놀이는 보통, 규칙을 깨고 새로운 관행을 시도해보는 행위다. 따라서 궁극적으로 훨씬 견고하고 의미심장한 형태로 발전해, 수많은 혁신을 낳는 온상이 된다. 전통적인 역사 서술에서 주역으로 등장하는 사회제도들, 즉 정치조직, 대기업, 종교 등은 사회 질서가 현재 어떤 상태인지 어느 정도 설명해준다. 그러나 미래에 닥칠 현상을 예견하려면, 주변부에서 어떤 일이 벌어지고 있는지 살펴보는 게 낫다. 사람들이 지금 어떤 취미를 즐기는지, 새로운 놀이방법을 창안해내는 하부 문화로는 어떤 것들이 있는지 살펴보는 게 낫다.

"어떤 시대든 다가올 시대를 꿈꾸고, 꿈꾸는 동안 다가올 시대를 창조한다."

1839년 프랑스 역사학자 미셸레(Michelet)가 한 말이다. 그런 꿈이란, 일하고 전쟁을 일으키고 통치하는 어른의 세계에서는 펼쳐지지 않을 확률이 높다. 그런 꿈은 오히려 다른 종류의 공간에서 나타난다. 통상적인 규율의 적용이 유보되는 공간. 누구나 즉흥적으로, 뜻밖에, 어마어마하게 창의적인 놀이를 마음껏 시도해볼 수 있는 경이로움과 유희의 공간에서 말이다. 사람들이 가장 신바람 나게 노는 곳에서 미래가 탄생한다.

FASHION
AND
SHOPPING

1
_

패션과 쇼핑
옥양목에 매료된 귀부인들

신비한 바다달팽이의 유혹

———

바다달팽이의 학명은 헥사플렉스 트룬쿨루스(Hexaplex trunculus)다. 바다달팽이는 지중해 연안과 포르투갈에서 사하라 사막 서부에 이르는 대서양 연안, 수심이 얕은 바다나 웅덩이에 서식한다. 뮤렉스(murex) 달팽이라고도 하는 이 생물은, 보통사람 눈에는 줄무늬가 있는 원뿔형 껍데기 속에 몸을 숨긴, 그저 평범한 연체동물처럼 보인다. 이 달팽이는 수백만 년 전 진화를 통해 먹이를 마취시키고 포식자로부터 자신을 방어하는 일종의 생물학 무기를 만들었다. 디브로모인디고(dibromoindigo)라고 불리는 희귀한 합성물질을 함유한 먹색 분비물이다. 4천여 년 전, 에게해에서 발생한 미노아 (Minoa) 문명에서는 이 뮤렉스 달팽이의 이 분비물로 아주 희귀한 색깔을 내는 염료를 만들 수 있다는 사실을 발견했다. 바로 자주색 이다.

시간이 흐르면서 이 자주색 염료는 페니키아 남부에 있는 티르 (Tyre)라는 마을에서 대량생산 되었고, 이 마을 이름을 따 '티리언 퍼플(tyrian purple)'로 불리게 된다. 로마제국 시대의 저자 가이우스 플리니우스 세쿤두스(Gaius Plinius Secundus)가 쓴 《자연사(Naturalis Historia)》에 단편적으로나마 그 제조법이 소개되기는 했지만, 티리언 퍼플의 정확한 제조 공정은 여전히 신비에 싸여 있다. 오늘날 그 염료를 재현하려는 시도가 여러 번 있었는데, 티리언 퍼플 1그램을 생산하려면 달팽이가 1만 마리 이상 필요하다는 사실이 밝혀졌다. 티리언 퍼플의 제조 기법은 여전히 신비에 싸여 있긴 하지만, 역사적 기록을 통해 분명히 드러난 사실이 하나 있다. 티리언 퍼플은 적어도 1천여 년 동안 지위와 부의 상징으로 여겨졌다. 로마 상원의원이 걸치는 튜닉에는 티리언 퍼플로 염색한 실로 줄무늬를 짜 넣었고, 비잔티움(Byzantium, 지금의 이스탄불—옮긴이)을 다스린 황제의 후손 가운데는 포르피로게니투스(Porphyrogenitus), 즉 "고귀한 신분으로 태어나다(born in the purple)"라는 뜻을 존칭으로 얻은 이도 있다. 페니키아 시대부터 로마제국 멸망에 이르기까지 1천년에 걸쳐, 티리언 퍼플 염료 1온스는 금 1온스보다 훨씬 더 값비 쌌다. 때문에 선원들은 지중해 연안을 따라 뮤렉스 달팽이 서식지를 샅샅이 뒤졌다.

　결국 지중해 연안에 서식하는 달팽이 공급량은 티리안 퍼플 수요를 따라잡지 못하게 되었다. 용감무쌍한 페니키아 선원들 몇 명은 야심찬 항해를 꿈꾸기 시작했다. 이 연체동물을 잡으려고 지중해의 잔잔한 바다를 벗어나, 대서양의 거친 파도를 무릅쓰고 모험을 감행하겠다고. 페니키아인들은 충적세의 주석이 매장된 광산을 찾기 위해, 이미 오래전에 지브롤터 해협을 통과한 경험이 있었다. 그들은 양쪽에서 각각 13명이 노를 젓는, 삼목으로 만든 독특한 형태의 배를 타고 스페인 연안을 끼고 돌았다. 엄밀히 말해서 대서양에 속하는 바다를 통과한 것이다. 그러나 페니키아 선원들로 하여금 망망대해에서 집채만 한 파도를 무릅쓰고 그 누구도 가보지 않은 항로를 개척하게 만든 주인공은 뮤렉스 달팽이였다. 북아프리카 해안까지 진출한 그들은, 드디어 그곳에서 바다달팽이 노다지를 발견한다. 귀족들이 중세 암흑시대까지 자줏빛 천으로 몸을 휘감을 수 있을 만큼의 분량이었다.

　페니키아인들의 항해가 남긴 발자취는 단순히 의상의 유행에만 국한되지 않는다. 지중해를 벗어나 미지의 대서양으로 진출하면서 발견한 항로는 인류의 탐험 역사에서 분수령이 되었다. "페니키아인들이 자타가 공인하는 항해 실력으로[10] 북아프리카를 항해하면서 대서양을 감싸고 있던 신비가 풀렸다"라고 영국의 언론인 사이먼 윈체스터(Simon Winchester)가 말했다. 그는 다음과 같이 덧붙였다. "헤라클레스의 기둥(Pillars of Hercules, 지브롤터 해협 동쪽에 위치한 양

뮤렉스 달팽이

안의 두 곳으로, 헤라클레스가 갈라놓았다고 한다—옮긴이) 너머에 있던, 미지의 망망대해에 대한 두려움이 말끔히 가셨다."

지중해 연안 국가들이 출항시킨 선박들이 대서양 너머로 진출한다. 그러면서 세상이 여러 면에서 어떻게 달라졌을지 상상해보라. 그 배들은 점차 금을 찾아, 종교의 자유를 찾아, 군사적 정복을 위해 출항을 시작한다. 그러나 선원들을 망망대해로 나오도록 유혹한 첫 번째 주인공은, 하잘것없는 염료에 불과했다.

실용에서 아름다움으로, 자주색의 패션혁명

인류 역사 초기부터 의상 디자인은 기술혁신에서 원동력이 되어왔다. 가위, 재봉바늘, 동물 가죽을 몸을 보호해줄 덮개로 만드는 긁개(scraper) 등은, 구석기시대 유적에서 발굴된 가장 오래된 도구들이다. 그런 혁신적인 도구들은 본질적으로 실용적인 목적에서 만들어졌음이 분명하다. 애스컷(Ascot, 스카프모양의 넥타이−옮긴이)과 후프 스커트(hoop skirt, 밑단에 버팀 테를 넣어 퍼지게 만든 스커트−옮긴이)를 제외하면, 옷이란 대개 어느 정도 기능성이 있다. 5만 년 전 살았던 인류의 조상이 옷을 만든 목적은 분명, 몸을 따뜻하게 하고 젖지 않도록 하며 위협으로부터 보호하기 위해서였다. 뜨개바늘에서부터 베틀, 다축(多軸) 방적기에 이르는 수많은 기술혁신이 섬유 생산에서 유래했다. 얼핏 보면 필요가 낳은 발명으로 보인다. 그러나 고고학 사료를 보면[11], 순전히 장식 용도로 쓸 도구를 제작한 사례가 차고 넘친다. 이스라엘의 시쿨(Sikul) 동굴에서 발굴된, 조개껍데기로 만든 목걸이는 10만 년 전 제작되었다. 인간은 도구를 만들기 시작하면서 곧바로 장신구를 만들었다.

인간이 의상을 제작하도록 한 원동력에서 재미와 현실적인 필요성이 각각 얼마 만큼 비중을 차지하든 간에, 티리언 퍼플의 발명은 근본적인 전환이 일어나는 계기가 되었다. 실용과 필요성이 아니라, 유희와 경이로움을 목적으로 한 발명으로 말이다. 옷의 기능에서 옷의 유행으로 초점이 전환된 셈이다. 자줏빛 염료가 반드시 필요한 사람은 없다. 자줏빛 염료는 말라리아를 예방하지도 않고 몸에 필요한 단백질을 공급하지도 않으며, 신생아 사망률을 낮추지도 않는다. 그저 멋져 보일 뿐이다. 특히 자줏빛 의상을 아주 구하기 힘든 곳에 거주하는 사람이 걸칠수록 말이다.

이 대목에서 다음과 같이 이의를 제기할지도 모르겠다. 달팽이를 긁어모은 그 선원들, 그리고 그들을 지브롤터 해협 너머로 안내한 뱃사공들이 항해를 감행한 이유는 돈을 벌기 위해서였다고. 자줏빛 자체에 대해 미적인 감응을 받아서가 아니라고 말이다. 물론 그렇게 볼 수도 있다. 달팽이가 내뿜는 검은 액체가 돈이 된다는 사실을 깨달으면서, 사람들은 황당할 만큼 야심차고 위험천만한 모험을 기꺼이 감행하겠다고 나섰다. 안전한 지중해를 벗어난 이유는 돈을 벌 기회가 찾아왔기 때문이다. 금전적인 보상은 매우 강력한 동기부여 요인라는 사실을 부인하지는 않지만, 실은 딱히 새로운 얘기는 아니다.

이에 상응할 만한 주장도 가능하다. 그러나 중요한 사실은 자줏빛 의상이 지위를 상징했다는 점이다. 인간은 위계질서가 있는 사회에서 살면서 진화해왔고, 지위를 추구하는 동물이다. 때로는 유감스러울 정도로 말이다. 페니키아의 귀족은 티리안 퍼플로 염색한 의상을 걸치고서 자신이 평민들보다 우월하다며 과시하고 싶어했고, 그런 특권을 누리고자 기꺼이 상응하는 대가를 지불하려 했다. 낯익은 인과관계가 다시 나타난다. 사람들은 노동에 상응하는 대가를 충분히 보상받으면, 통치하는 특권층의 필요를 충족시키기 위해 궂은일을 마다하지 않는다. 그 궂은일이라는 게 수천수만 마리의 달팽이를 채집하는 일이었다는 건 역사적으로 매우 흥미진진하다. 그러나 궁극적으로 역사적인 변화를 일으키는, 저변에 깔린 원동력에 대해 딱히 새로운 사실을 제시하지는 않는다.

오캄의 면도날(Occam's Razor, 어떤 현상을 설명할 때 불필요한 가정을 해서는 안 된다는 원칙. 다시 말해 같은 현상을 설명하는 주장이 여러 개 있다면, 가장 간단한 설명을 선택하라는 원칙이다-옮긴이)은 존중해야 마땅한 원칙이다. 그러나 이 경우에는 단순한 설명이 걸맞지 않다. 또 단순하게 설명한다면 가장 흥미로운 부분을 놓치게 될 듯하다. 금전적인 이득이나 지위 상징 등은 자줏빛 염료가 낳은 이차적 효과일 뿐이다. 애초에 인간이 자줏빛에 매료되었기 때문에 티리언 퍼플이 탄생한 것이다. 인간이 티리언 퍼플 염료에 부여한 심미적 가치를 빼버린다면, 그 염료를 찾아 탐험하고 그 염료를 제조할 기술을 발명하고 그 염료에 대한 수요를 충족시킴으로서 금전적인 이득을 얻는 일련의 사건들, 그 사이의 인과관계는 와해된다. 놀이의 역사를 통해 반복적으로 나타나는 패턴이기도 하다.

즐거움을 주는 물건들은 가치가 있다. 따라서 사람들은 이를 상업화하려는 시도를 하고, 신기술을 개발하고, 시장을 개척한다. 지리적 탐험을 감행하는 데 재정적 지원이 따른다. 이러한 역사적 과정을 돌이켜보면서 우리는 새로운 아이디어를 시도하게 만드는 원동력을 금전적인 보상, 시장 개척, 통치하는 특권층의 허영에서 찾곤 한다. 그러나 돈보다 위에 있는 힘이 있다. 그리고 많은 경우 돈

을 지배하는 힘은, 경이로움과 신기함과 미를 추구하는 인간의 욕
망이다. 인간의 혁신을 겹겹이 둘러싼 동기들, 즉 기술 발명 욕구,
이윤 추구 욕구, 정복욕, 지위 추구 욕구라는 동기들을 한 꺼풀씩
벗겨내보면, 간혹 가장 깊숙한 곳에서 뜻밖의 동기가 발견되곤 한
다. 바로 새로운 경험을 통해 얻는 희열이다. 티리언 퍼플의 사례
를 보자. 자연에서 거의 찾아보기 힘든 혼합색. 그 야릇한 색감이
망막에 있는, 붉은색에 반응하는 원추체와 파란색에 반응하는 원
추체에 입력되는 경험이다. 그런데 티리언 퍼플이 탄생된 과정은
보통, 발명가가 이룩한 위업이나 효율적으로 작동한 자본시장이나
무자비한 착취라는 주제로만 설명된다. 애초에 그 색상에서 인간
이 경험한 희열은, 뒤늦게 첨부되거나 주요 내용에 붙는 사족(蛇足)
으로 처리될 뿐이다.

　유희가 중요한 동기부여 요인이라는 사실이 누락된 가장 두드
러진 사례는 무엇일까? 바로 근대 역사상 가장 대대적인 기술혁명
인 산업혁명이다.

사고파는 상점에서 보고 즐기는 화려한 공간으로

17세기가 막바지에 다다른 이삼십 년 동안, 런던의 일부 지역 세인
트 제임스(St. James), 러드게이트 힐(Ludgate Hill), 뱅크 정션(Bank
Junction)과 같은 거리에 새로운 현상이 나타난다. 직물, 보석, 가구,

실내장식 용품 등을 파는 상점이 런던 도시 몇 구역에 옹기종기 모이기 시작했다. 이러한 상점들은 정면을 큰 유리로 만들고 상품들을 보기 좋게 진열했다. 진열대 내부는 기둥, 정교하게 장식된 거울, 조명등으로 꾸미고, 테두리를 조각으로 장식하고 휘장을 둘렀다. 1700년대 초 누군가는 이런 상점들을 보고 "흠잡을 데 없이 화려하게 장식한 공연장"이라고 묘사했다.

이렇게 상점을 무대처럼 우아하게 장식한 이유는, 상품을 구매하는 행위에 색다른 느낌을 주기 위해서였다. 17세기 초, 뉴익스체인지 앤드 웨스트민스터 홀(New Exchange and Westminster Hall)과 같은 쇼핑 갤러리는 시끌벅적하고 그저 물건을 사고파는 행위에만 집중하게 만드는 공간이었다. 그러나 새로 등장한 상점들은 장엄하고 고상한 분위기를 풍겼다. 따라서 이전의 쇼핑 갤러리는 상대적으로 비좁고 답답한 느낌을 주었다. 익스체인지는 각 상인들이 점유하는 공간이 좁고 장식이 거의 되어 있지 않아, 순회장터나 노점상의 가판대에 가까웠다. 새로 등장한 상점들은 훨씬 호화스러운 분위기를 풍겼다. 때문에, 고객은 행상과 흥정을 하는 노점이 아니라 2류 귀족 저택의 접견실에 들어서는 느낌을 받았다. 최초로 상점의 인테리어가 마케팅 메시지의 일부가 된 것이다. 현대 광고기법이 탄생하기 이전인 이 시대에 상점의 인테리어는 최초의 마케팅 기법이었다.

"고객을 매료시키도록 상점을 꾸민 이유는,[12] 고객들이 상점에 머물러 둘러보게 만들어, 구매 행위를 여가활동이자 신나는 경험으로 느끼도록 하기 위해서였다."

역사학자 클레어 월쉬(Claire Walsh)는 다음과 같이 덧붙인다.

"고객이 상점에 오래 머무를수록 상점 주인이 더 세심하게 서비스하고 물건을 구매하도록 설득하는 데 성공할 가능성이 높다. 그리고 어떤 의미에서는 상점의 인테리어란 판매 과정의 일부이다."

상점의 인테리어 덕분에 구매 행위는 목적이 아니라 수단에 불과하게 되었다. 당시 어떤 사람들은 잘 꾸민 상점들을 가리켜, 고객의 혼을 쏙 빼놓아 물건을 팔아먹으려는 상술이자 속임수라고 매도했다. 이런 주장을 하는 이들은 대부분 남성이었다. 1700년대 초 영국의 온천 휴양지 바스(Bath)에 새로 등장한 화려한 상점들을 보고 프랑스 소설가 아베 프레보(Abbe Prevost)는 이렇게 투덜거렸다.

"모두를 즐거움에 눈멀게 해[13] 나중에 이런 물건을 왜 샀을까 후회하게 만들 것이다. 비싸기만 하고 쓸데없는 물건들을 팔아먹으려는 수작이다."

1727년 영국 소설가 대니얼 디포(Daniel Defoe)는 영국 상업관행에 대해 개관한 《영국 상인 대전(大典)(The Compleat English Tradesman)》을 출간한다. 이 책에서 그는 상점을 화려하게 꾸미는 관행에 대해 한 장(章) 전체를 할애해 설명하고 있다. 디포에게도 이해가 가지 않는 관행이었던 듯하다.

"우리 조상들에게는 철저히 낯설기만 한 현대적인 관행이다. 상인들이 재산의 3분의 2를 상점을 꾸미는 데 쏟아붓는 관행 말이다. 상인들은 상점에 칠을 하고 금박을 입히고 고급 진열대와 셔터, 상

1758년경 런던의 한 상점의 명함

자, 유리문, 창틀 등을 설치한다. 이런 관행을 보고 있자니 문득 이런 생각이 들 수밖에 없다. 지난 시대보다 이 시대에 분명 멍청이들이 더 많다. 틀림없다. 바보가 아니고서야 겉치레에 이렇게 집착할 리가 없다."

디포는 결국 지나치다 싶은 이런 겉치레에는 분명 현실적인 이유가 있으리라는 결론을 내리고 이렇게 말한다.

"상점을 칠하고 꾸미면[14], 상점 주인이 재력이 탄탄한, 많은 물건을 점유한 상인이라는 인상을 준다. 그렇지 않고서야 그런 겉치레를 할 리가 없다고 사람들은 생각한다."

디포가 화려한 상점을 보고 당혹해하는 모습이란, 애처로울 정도다. 화려한 진열대와 창틀을 설치하는 등 부질없는 겉치레에 대해, 논리적인 이유를 생각해내려고 무진 애쓰는 모습이 보이니 말이다. 오늘날 우리의 시각으로는, 상점을 화려하게 꾸민 이유가 더 뚜렷하게 보인다. 단순히 물건 재고량이 많다는 느낌을 주려는 게 아니라는 말이다. 상점을 화려하고 고급스럽게 꾸며, 구매 행위 자체를 일종의 오락과 같은 형태로 승화하려는 의도다. 17세기에 화려하게 꾸민 상점에 몰려든 고객들은 단순히 물건을 사려고 상점을 찾은 게 아니다. 상점이라는 공간에서 '경이로운 세상(wonderland)'을 경험하기 위해서였다.

옷을 구매하는 행위는 예전에는 단순했다. 서로 겉치레로 하는 말도 주고받지 않고 노점상이나 상점주인과 오로지 흥정만 했다. 달

같이나 우유를 사는 행위와 다르지 않았다. 그러나 오늘날 '상점을 둘러보는 행위(window shopping)'는 그 자체가 즐거운 경험으로 간주된다. 런던에 화려하게 꾸민 상점들이 등장하기 전, 사람들은 구체적으로 사야 할 물건이 있을 때에만 장에 갔다. 물론 저잣거리와 노천시장이 있기는 했지만 런던 상점처럼 화려하게 꾸민 상점들이 아니었다. '흠잡을 데 없이 화려하게 장식한 공연장'은 상점을 둘러보는 행위 자체를 보람 있는 행위로 변화시킨 것이다. 1709년에 발간된 잡지 〈피메일 태틀러(Female Tatler)〉의 한 기고가는 당시 선진국이면 어디서든 나타났던 이러한 현상을 다음과 같이 새롭게 해석했다.

"오늘 오후 숙녀 몇 분이[15], 내가 옷을 보는 눈이 있다며 러드게이트힐에 같이 가자고 했다. 숙녀가 서너 시간 동안 할 만한, 즐거운 소일거리로 적당하다고 생각한다."

"즐거운 소일거리"라는 표현은 화려한 상점을 둘러보는 행위가 마침내 초래한 엄청난 변화를 제대로 설명하지 못한다. 이런 상점의 주인이거나 고객이라면 눈치채기 어려운 아주 미묘한 변화였다. 아무것도 모르는 사람 눈에 이런 상점은, 수백 년 동안 런던에서 물건을 팔아온 행상과 상점 주인들이 가게에 약간의 변화만 준 것으로 보였다. 눈치채기 힘든 변화였기 때문에 이를 기록한 문서도 매우 드물다. 뒤이은 수많은 문화적인 혁명들과 마찬가지로, 상점을 둘러보는 경험도 도둑처럼 찾아왔다. 극소수 사람들만 즐기고 주류 문화로부터는 무시당하던 하부문화를 보고 어느 날 문득 정신이 번쩍 들어, 이 기묘하고 새로운 물줄기가 주류 문화의 흐름까지 완전히 바꿔놓았다는 사실을 깨닫게 되듯이. 이따금 시냇물이 강물을 넘치게 만들기도 하는 법이다.

이같이 역사적 기록이 거의 없었기 때문에, 최근까지 대부분의 문화역사학자들은 1차 산업혁명이 일어난 뒤 19세기 말 백화점이 등장했다고 추산했다. 이러한 소비문화와, 지나치다 싶을 만큼 화려하게 꾸민 상점들이 탄생한 시점을 말이다. 그러나 이러한 기존의 해석은 본말이 전도된 해석이다. 상점을 둘러보는 사소한 행위는 산업혁명과 유산계층의 소비문화가 낳은 2차적인 효과가 아니었다. 런던 거리에 줄지어 등장한, 정교한 휘장을 두른 상점들은 여러 중요한 면에서 산업혁명을 일으키는 데 기여했다. 화려하게 장식한 공연장 같은 그 상점들이, 지구 반대편에서 온 기적의 신소재에 화려한 색상의 무늬를 넣은 옥양목을 선보이기 시작했기 때문이다. 그 신소재는 바로 목화였다.

산업혁명의 숨은 주역, 목화

고고학자들은 인류가 학명 고시피움 말바체아에(Gossypium malvaceae)인 식물을 경작해, 오늘날 '면'이라 불리는 직물을 짜기 시작한 때가 5천 년 전으로 거슬러 올라간다고 믿는다. 흥미롭게도 원시적인 형태의 소면기(梳綿機)와, 물레를 이용해 면을 제조하는 공정은 세계적으로 서로 다른 네 지역에서 거의 동시에 출현했다. 오늘날 파키스탄인 인더스(Indus) 계곡, 에티오피아, 남아메리카 태평양 연안, 중앙아메리카 어느 지역 등이다. 이 식물이 자생하는 생태계에 상당히 발달된 문명이 위치했다면, 그 어떤 문명이든 '고시피움 말바체아에'에 함유된 섬유질이 쓸모 있다는 사실을 알아챈 듯하다. 위에 언급한 초기 문명 중 일부는 비록 문자나 바퀴 달린 운송수단을 발명하지는 못했어도, 목화솜의 가느다란 섬유를 부드럽고 통풍이 잘 되는 직물로 만드는 방법만큼은 알아낸 것이다.

이 직물을 제대로 알지 못한 북유럽인들은 1600년대까지, 모와 리넨으로 만든 훨씬 두껍고 까슬까슬한 옷을 입었다. 면이 얼마나 신기했던지, 전 세계를 누비던 영국 귀족 존 맨드빌(John Mandeville)은 1300년대에 유명한 말을 남겼다.

"(인도에서 나는) 가지 끝에 조그만 양들이 매달린 신기한 나무가 있다. 이 가지들은 매우 유연해서, 양들이 배고플 때면 가지들이 스스로 몸을 구부려 그 배를 채우게 해준다."

그러나 면의 부드러운 질감은 이 소재가 지닌 장점 가운데 빙산의 일각일 뿐이었다. 코로만델(Coromandel) 연안에 거주하는 인도의 염색공들은 수천 년 동안 실험을 거듭한 끝에, 레몬즙, 염소의 소변, 낙타의 대변, 금속 착염 등을 이용해 면을 진홍색과 쪽색 같은 화려한 염료로 물들이는 정교한 방식을 고안해냈다.

유럽에서 쓰이던 대부분의 나염 직물들은 몇 번 빨래를 하고 나

옥양목에 문양을 넣고 그림을 그리는 일꾼

면 색이 바랬지만, 인도에서 온 직물인 무명과 옥양목은 아무리 빨아도 색상이 그대로 유지되었다. 1498년 바스코 다 가마(Vasco da Gama)가 아프리카의 희망봉을 돌아 인도를 거쳐 오는 대장정 끝에, 그 직물을 가득 싣고 유럽에 도착했다. 그때 유럽인들은 무명과 옥양목이 선사하는, 거의 관능적이라 할 촉감과 화려한 문양을 처음으로 경험했다.

유럽에서 옥양목과 무명은 처음에는 실내장식용으로 먼저 쓰이고, 후에 일상에서 직물로 널리 쓰이게 되었다. 1600년대부터 런던의 부유층과 유럽의 몇몇 도시에서는 접견실과 귀부인들의 내실을, 꽃문양과 기하학적 문양을 새긴 옥양목 천으로 장식하기 시작했다. 유럽에 면이 소개된 초창기에는 북유럽 기후에, 특히 겨울용 옷으로는 면이 너무 얇다고 생각되었다. 그러나 1600년대 막바지에 다다른 이삼십 년 동안, 런던 사회에서 유행을 선도하는 상류층 사이에서는 묘한 유행이 돌기 시작했다. 그들은 면이 몸에 닿는 감촉에 매료되었다. 커튼을 잘라 드레스로 만들고, 의자 커버를 뜯어내 재킷이나 블라우스로 만들었다. 가장 중요한 변화는 속옷이었다. 까슬까슬한 모 섬유가 피부에 직접 닿지 않도록 하려고 입은 면 속옷은 여성이 반드시 갖추어야 할 의복이 되었다.

인도산 직물에 대한 관심이 폭발하자 동인도회사(East India Company)는 대박을 터뜨렸다. 1664년 25만 점이던 수입 물량이 20년 후 176만 점으로 증가했다. (면 수요가 절정에 이르렀을 때 동인도회사 총무역량의 80퍼센트 이상을 옥양목이 차지했다.) 그러나 영국에서 양을 기르는 농부들과 모 섬유 제조사들에게는 달갑지 않은 소식이었다. 수입 직물 때문에 갑자기 생계를 위협받게 되었기 때문이다. 면직물에 대한 열풍이 얼마나 대단했던지, 그다음 세기 첫 10년이 지날 무렵 심각한 우려를 표명하는 목소리가 높아지기 시작했다. 뒤이어 의회가 개입해 일련의 조치를 취했다. 수백 수천 부의 책자가 발간되었고, 대부분 "옥양목 귀부인들"이 일으킨 면 광풍이 영국 경제를 위협하고 있다며 비난하는 내용이었다.

"문양 있는 옥양목과 리넨을 걸치면 나라에 해악을 끼치게 된다"라고 말하는 사람도 있었다. 디포 본인도 이에 대해 여러 번 글을 썼는데, 다음과 같은 내용도 있었다.

"무역에서 비롯된 질병 … 전염병은 초기에 싹을 제거하지 않으면 수도에 퍼진 흑사병처럼 나라 전체에 퍼지게 된다."

옥양목 보급에 대해 탄식하는 연극과 시와 대중가요가 울려 퍼졌다.

〈스피틀 필스(Spittle Fields) 발라드〉(직공들이 모여 사는 지역의 이름을 따지은 제목–옮긴이)라는 노래의 가사는 면에 열광하는 이들을 공개 망신 주는 데 부족함이 없었다.

"아무도 없다네 / 싸구려 옥양목을 두른 귀부인[16]보다 / 더 천박한 계집은"

격분한 직공들은 의회로 행진했고 동인도회사의 부총독이 사는 저택을 약탈했다. 여성의 속옷이 이토록 격렬한 분노를 일으키고 애국심에 불을 지핀건, 아마 인류 역사상 다시없었다고 봐도 무방하리라.

의회는 국민의 분노를 수습하기 위해 여러 보호무역주의 법안을 통과시켰다. 우선 1700년대에는 나염 옥양목 수입을 금지했는데, 무역상들은 이 법안의 허점을 이용해 면직 원단을 수입해 영국 내에서 염색했다. 1720년, 의회는 옥양목을 전면적으로 금지하는 보다 강력한 조치를 취했다. 이름하여 "의복, 가정에서 쓰는 물건들, 가구 등에 문양이 들어가거나 그림을 그려 넣거나 염색을 한 옥양목 사용을 금지함으로써, 이 나라 모직물과 견직물 제조업을 보호하고 장려하며, 빈곤층 고용을 활성화하기 위한 법안"을 통과시켰다.

어처구니없게도 숙녀들이 걸치는 의상의 유행 때문에 영국 경제가 거덜 나게 생겼다는 걱정은 완전히 틀린 생각이었다. 면섬유 무역이 엄청난 가치를 창출하자, 이미 영국 발명가들은 면섬유를 대량생산할 기계를 발명하는 데 착수했기 때문이다. 1733년 존 케이(John Kay)가 발명해 특허를 받은, 방직기에 씨실을 넣는 자동 북(flying shuttle)을 시작으로, 뒤이어 수십 년 후 리처드 아크라이트(Richard Arkwright)가 정방기(spinning frame, 또는 water frame, 즉 수력 방적기)를 발명했고, 일라이 휘트니(Eli Whitney)가 더 손쉽게 목화 씨를 빼고 솜을 틀 수 있는 조면기(cotton gin)를 만들었다. 1700년대에는 성능이 좋아진 증기기관이 끊임없이 출시되었다. 대부분 직물생산 방식을 향상시키기 위해 만들어졌다는 점은 두말할 필요도 없다. (증기기관은 결국 다양한 공업용품 생산과 운송업에 두루 쓰이게 되지만, 처음에는 광업과 섬유산업에 주로 쓰였다.) 옥양목 귀부인들 덕분에 영국 경제가 무너지기는커녕, 오히려 산업과 경제 분야에서 영국이 막강한 위력을 휘두르는 시대를 맞이하게 되었다. 영국의 이러한 위상은 1세기 이상 지속된다.

취향의 발견과 유행의 시작

면섬유가 세상을 바꾸어놓았다는 사실에는 이론의 여지가 없다. 그보다 훨씬 흥미진진한 의문은 사람들이 면섬유에 열광하게 된 이유다. 면섬유가 직물로서 지닌 특성과 저렴한 가격 덕분에 유럽을 정복했다는 게 정설이다. 그러나 역사학자 존 스타일즈(John Styles)가 주장하는 바에 따르면, 면섬유는 19세기가 되고서도 한참 동안 대량으로 시장에 침투하지 못했다. 보통 경쟁상품인 모직물과 마직물보다 더 비쌌다. 면직물이 다른 직물과 달리 열광적인 인기를 얻은 이유는, 가격이 싸거나 착용감이 좋다는 실용적인 이유가 아니라 '유행'했기 때문이었다. "면섬유가 혁혁한 승리를 거둔 이유[17]는 무엇보다도 보기 좋고, 장식 효과가 있으며, 유행을 주도했기 때문이다. 보기 좋아야 하는 경우 늘 면섬유가 쓰였다. 내구성이라는 실용적인 면에서 보면 면섬유는 다른 섬유들보다 뒤지는 경우도 있었다." 스타일즈의 말이다.

당시 눈썰미 있는 몇몇 사람들은 옥양목 귀부인들이 초래한 보호무역주의 광풍을 넘어, 면섬유 열풍의 저변에 깔린 보다 심오한 추세를 읽고 있었다. 경제학자이자 금융투자가 니컬러스 바본(Nicholas Barbon)은 1690년에 쓴 《무역론(A Discourse of Trade)》에서 다음과 같이 말했다.

"소비를 조장하는 것은 '필요'가 아니다.[18] 본능 충족에는 많은 게 필요하지 않다. 문제는 심리적인 결핍이다. 유행을 따르고 색다

W. G. 테일러(W. G. Taylor)의 동력 직기와 특허 받은 옥양목 방직기

름을 갈구하고 희귀한 물건을 손에 넣으려는 욕망 때문에 무역이 발생한다.”

그런데 그 유행이라는 것과 “색다름에 대한 갈구”가 어떻게 유럽 전역에 퍼지게 되었을까? 바스코 다 가마가 유럽에 옥양목을 대량으로 들여온 때가 1498년이라는 사실을 돌이켜보자. 그런데 그로부터 거의 2세기가 지나서야 옥양목을 몸에 걸치는 사람들 수가 상당 수준에 이르게 되었다. 마침내 면섬유의 수요가 폭증하게 된 원인이 뭘까? 물론 당시는 광고와 시각 매체가 전무했던 시절이다. 화보를 실을 패션잡지 〈배너티 페어(Vanity Fair)〉도 없었고, 지금처럼 패션쇼 주간 동안 방송을 통해 홍보를 할 수도 없었다. 옥양목과 마주칠 방법이라곤 오직 지인들이 입은 옷이나 사용하는 가구를 통해 직접 접해보는 것뿐이었다. 한 세기 반 동안 면섬유의 인기는, 이렇게 모임에서 모임을 통해 사람들 사이에 퍼져 나갔다. 그러나 세계경제를 바꾸어놓을 만큼 대단한 유행은, 사람들이 무심코 하는 뒷공론을 통해 저절로 조직되어 퍼져 나가지는 않는다. 보통은, 수요를 증폭시킬 강력한 계기가 필요하다.

17세기 후반에 접어들면서 러드게이트힐과 세인트 제임스 거리에 수요를 증폭시킬 요인이 등장한다. 진열대를 화려하게 치장한 상점들이 주머니 두둑한 여성들의 눈길을 사로잡았고, 그들은 딱히 필요하지도 않은 물건들을 둘러보며 여러 시간을 소비했다. 옥양목이 북유럽에 유통된 지 이미 150년이 지났지만, 상점을 둘러보는 행위를 둘러싼 관행(즉 진열대 장식, 특정 지역에 상점들이 집중적으로 들어서는 현상, 화려한 상점 내부 장식)이 자리를 잡고 나서야 비로소 본격적으로 수요의 불길이 일었다. 면섬유가 매력적이라는 소식이 입소문을 타고 퍼지면서 서서히 수요가 증가하기 시작했다. 그러나 런던에 고급 상점이 출현하면서 동시에 1600년대 말 옥양목이 선풍적인 인기를 끌게 됐다는 건 역사적인 사실이다. 옥양목 귀부인은 새로운 형태의 시장과, 상점을 둘러보는 새로운 소일거리가 낳은 부산물임을 강력히 시사하는 증거다. 바스코 다 가마 못지않게 상점 주인들에게도, 면섬유 혁명을 일으킨 공로가 있음을 인정해야 한다.

이 점이 중요한 이유는, '소비사회'가 산업화로 인해 부상했다는 주장이 정설로 여겨지기 때문이다. 산업혁명이 일어난 이유를 알아내기 위해 과거를 분석하고, 산업화를 가능하게 한 요인을 규명하려고 할 때 역사학자들은 보통 공급 측면에서 그 요인을 찾는다. 바로 산업 생산성을 향상시킨 기술혁신, 신용 대출 조직망의 확대, 금융구조, 세계 각지로부터 상품이 운송될 때의 위험요소를 제거해준 보험시장의 출현 등을 이유로 든다. 그러나 오랜 세월 동안, 상점을 둘러보는 행위 따위의 시시한 현상은 산업혁명이 낳은 2차적인 효과로 인식될 뿐이었다. 혁명을 일으킨 원인으로 여겨지지 않았다. 19세기에 봉마르쉐(Le Bon Marche)와 메이시즈(Macy's) 같은 백화점이 출현하고 나서야, 문화적 욕구를 충족하려는 현상이 나타났다. 산업혁명을 설명하는 정설에 다르면, 산업화는 기계공정 과정을 창출해냈고 기계공정은 상품을 제조하고 운송하는 데 드는 비용을 낮췄다. 그렇게 사치품을 소비할 만큼 주머니가 두둑해진 시민들로 구성된 중상류층의 토대를 마련했고, 바로 이러한 현상으로부터 소비주의가 탄생했다는 주장이다. 그러나 옥양목 귀부인들[19]의 출현을 살펴보면 정설이 주장하는 바보다는 좀 더 얘기가 복잡하다. 먼저 상점을 둘러보는 행위가 "즐거운 소일거리"로 여겨지기 시작했고, 얼핏 하찮아 보이는 이 소일거리 덕분에 일련의 혁신적인 현상들이 연쇄적으로 이어졌으며, 결국 대대적으로 산업화가 일어났다고 보는 게 맞다.

학문적인 이견에 불과한 탁상공론으로 보일지 모르지만, 아주 중요한 문제가 걸려 있다. 사회에서 대대적인 변화가 일어나는 이유는 무엇인지, 그 의문이 바로 핵심이다. 영양분, 안식처, 번식 등 오로지 실존적인 필요를 충족시키는 새로운 도구나 문화적 관행만이 이러한 변화를 야기할까? 아니면 변덕스러운 취향이 변화를 야기할까? 준거의 틀을 산업혁명 자체로 한정한다고 해도, 호화스러운 상점들과 옥양목에 새겨진 아름다운 문양이 산업혁명에서 차지하는 비중을 무시하고 넘어갈 수는 없다. 산업화를 설명하는 기존 정설은 두 가지 측면에서 모두 결함이 있다는 게 드러난다. 산업화로 이어진 일련의 사건들이 발생한 순서와 이에 기여한 핵심 인물들 모두에서 말이다. 산업화라는 대대적인 도약을(부정적으로 기여했든 긍정적으로 기여했든 간에) 야기한 주인공은, 증기기관을 만들고 공장을 건설하고 운송망을 구축한 유럽인과 북아메리카인이라고 알려졌다. 그러나 코로만델 연안에서 옥양목에 이 문양 저 문양을 시도해보던 염색공들은, 순전히 아름다움을 추구하기 위해 새로운 문양을 만들어냈다. 영국 여성들은 러드게이트힐에 줄지어 있는 상점들을 둘러보는 "즐거운 소일거리"에 매료되었다. 그들도 모두 근대 산업화를 구현하는 데 적극적으로 공헌한 주인공들이다. 어찌 보면 산업화의 정설에서 영웅시하는 제임스 와트와 일라이 휘트니 같은 이들 못지않게 중요한 인물들이다.

이 이야기를 재구성하기란 쉽지 않다. 당시 옥양목을 둘러싼 열기가 영국 경제를 위협하는 지경에 이르기 전까지는, 새로 등장한

호화로운 상점을 눈여겨 볼 필요를 느낀 이가 거의 없었기 때문이다. 올리버 크롬웰(Oliver Cromwell)이 공포정치를 하고 명예혁명이 일어난 시대였다. 전통적으로 세계 역사의 주인공으로 여겨지는 주체들, 즉 왕, 군대, 사제가 주도하는 남성적인 투쟁이 유럽과 영국의 섬들을 휩쓸던 때다. 그러나 지금에야 우리가 알게 된 이 모든 사실들을 고스란히 간직한 채 1680년으로 되돌아간다면 무엇을 근거로 세계 자본주의에 대대적인 변화가 일어난다고 예측하게 될까. 런던에 생겨난 옥양목 상점들보다 더 명명백백한 단서는 찾기 어려울지도 모른다.

노예제도, 목화가 남긴 상처

17세기 유럽과는 한참 동떨어진 오늘날 미국 정치에서도, 목화가 일으킨 지각변동의 굉음이 여전히 울려 퍼진다. 약 1억 년 전 백악기에는 훗날 결국 남쪽으로 빠져나가 멕시코 만을 이루는 바닷물이 조지아 주 남부와 앨라배마를 뒤덮어, 초승달 모양의 해안선을 형성하고 있었다. 이 바닷물에 살던 다양한 해양생물들이 토양을 비옥하고 짙게 만들었다. 그 바닷물이 빠져나가 지형이 바뀌고 수백만 년 후, 미국 농부들은 그 토양이 목화 재배에 최적이라는 사실을 발견한다. 그렇게 해서 오래전 사라진 긴 해안선의 완만한 곡선을 따라 목화농장이 자리 잡는다. 1800년대 초 농장주들은 강제로 수백만 명의 노예들을 들여왔고, 이 때문에 이 지역은 노예의 피부색과 토양의 색에서 파생된 명칭인 '블랙 벨트(Black Belt)'로 불리게 되었다.

노예의 강제 이주가 남긴 후유증은 여전히 남아 있다. 2008년 미국 대통령 선거에서 버락 오바마를 지지한 남부 지역은 블랙 벨트의 초승달 지역과 거의 정확히 일치한다. 2세기가 지난 지금도 여전히 그 지역에 흑인들이 많이 살고 있기 때문이다. 오바마가 그 지역에서 이긴 궁극적인 이유를 설명하려면, 오늘날의 정치 너머로 시선을 돌려 더 멀리까지 바라보아야 한다. 초승달 지역에 유기물이 축적되어 비옥한 토양이 형성된 고대 지질학적 현상에서부터, 런던의 상점 주인들이 야기한 면섬유 돌풍, 그 새로운 수요를 충족하기 위해서 고안된 농장에서 일어난 무자비한 착취에 이르기까지 말이다.

옥양목과 무명의 이야기는 우리가 일상적으로 추구하는 즐거움이 역사상 최악의 잔혹 행위를 촉발하기도 한다는 준엄한 현실을 깨닫게 한다. 이 신소재 직물이 주는 감각적인 희열은 기업인의 활동을 자극하고 기술혁신의 물결을 일으켰지만, 세계 역사상 유래를 찾기 어려운 파괴적인 폭력을 촉발했다. 목화가 지구상에 남긴 깊은 상처는 3백 년이 지난 지금도, 여전히 치유 중이다. 가장 두드러지고 고통스러운 상처가 미국 남부에서 시행된 노예제도다.

노예제도는 식민지 시대 초창기부터 미국 사회에 존재했다. 그

Fashionable Dresses in the Rooms at Weymouth
1774.

1774년 〈레이디즈 매거진(The Lady's Magazine)〉에 수록된, 당시 유행을 묘사한 판화러나 흑인 노예의 강제노동을 남부 경제의 주춧돌로 변모시킨 장본인은 목화다. 1790년에는 미국 동남부 연안 지역에서 노예 인구가 50퍼센트 이상인 지역은 소수였고 대부분 담배 농장에서 일했다. 1860년 무렵 노예 인구는 이 지역에서 전체 인구의 거의 절반을 차지해, 5백만 명을 넘게 되었다. 목화의 가치는 전사자 수로도 측정할 수 있다. 경제적으로 목화농장에 의존하지만 않았다면 남부 지역도 어쩔 수 없이 노예해방에 동의했을지도 모른다. 역사적으로 미국이 관여한 그 모든 군사 갈등에서 발생한 전사자를 모두 합한 수만큼 많은 미국인의 생명을 앗아간 그 전쟁, 남북전쟁은 일어나지 않았을지도 모른다.

목화가 남긴 가장 끔찍한 유산은 노예제도이지만, 영국에서 처음 등장하고 난 뒤 미국 북부 지역에도 세워진 여러 공장들에서 목화 원료를 직물로 만드는 노동자들의 삶도 열악하긴 마찬가지였다. 산업화 시대 초창기에는 수명이 단축되고, 아동들이 노동 착취당했으며, 노동자들은 일주일에 70시간 일해야 했다. 대기오염은 오늘날 중국 베이징에 버금갈 정도로 심각했고, 농경생활의 전통이 무너져버렸다.

노예제도와 산업화 초기의 참혹한 노동환경을 보면, 어떤 이는 목화를 향한 욕망이 1700년과 1900년 사이 지구상에서 일어난 최악의 사건이며, 그 시기에 일어난 그 어떤 사건보다도 많은 고통을 낳았다고 주장할지도 모른다. 17세기 말, 옥양목이 주는 부드러운 감촉과 화려한 색상의 문양에 열광했던 상점 고객들은 당혹스러위했을지도 모른다. 그저 자신들의 의상 취향이 전 세계적으로 그토록 끔찍하고 폭력적인 사건을 일으키리라는 사실을 알았다면 말이다.

계층을 무너뜨린 패션혁명

———————

18세기 말 즈음 산업화된 영국에서 사용된 자동 방직기에 힘입어 옥양목이 선풍적인 인기를 끌면서, 진정한 의미에서 최초의 패션 '산업'이 탄생했다. 1770년대에 런던에 사는 여성이라면 새로 출시된 직물이나 의상, 헤어스타일을 주로 다루는, 삽화를 곁들인 정기간행물을 열 가지도 넘게 접할 수 있었다. 이러한 정기간행 출판물에는 오늘날 흔히 볼 수 있는 세련된 이름이 붙지는 않았다. 당시 발간된 잡지들의 이름은 〈엘르〉나 〈코스모폴리탄〉이 아니라 〈레이디스 포켓북(Ladies' Pocketbook)〉, 〈제너럴 컴패니언 투 더 레이디스(General Companion to the Ladies)〉, 〈유스풀 메모랜덤 북(Useful Memorandum Book)〉, 〈레이디스 뉴 앤드 엘리건트 포켓 북(Ladies' New and Elegant Pocket Book)〉, 〈레이디스 포켓 저널(Ladies' Pocket Journal)〉, 〈폴라이트 앤드 패셔너블 레이디스 컴패니언(Polite and Fashionable Ladies' Companion)〉 등이었다. (최초로 총천연색 패션 삽화[20]가 등장한 잡지는 1771년에 발간된 〈레이디즈 매거진〉이다.) 이 잡지들의 이름을 보면, 패션 혁명을 둘러싼 남녀 간의 복잡한 정치 역학 관계가 감지된다. 광고계, 출판계, 직물 제조업계, 금융투자계가 너나할 것 없이 딱히 절실히 필요하지도 않은 물건을 두고 벌어지는 최신 유행을 좇는다. 이런 산업 지각변동의 시대를 주도한 주인공은 어느 모로 보나 여성이었다. 그런데 한편으로는 이런 유행을 소개하고자 우후죽순 발간된 안내책자들은, 얼핏 보기에는 시대착오적인 여성상을 강조하는 데 여념이 없었다. 즉 근대사회의 여성이라면, 점점 복잡해지고 끊임없이 변하는 취향과 관습을 따라잡아야 한다고 암시하고 있었다.

이러한 정기간행물과 상업적인 이해에 힘입어 18세기 후반, 유행이 변하는 주기는 점점 짧아졌다. 1723년에 가서야 버나드 맨드빌(Bernard Mandeville)은 대부분의 유행이 "10년이나 12년을 넘기지 못한다"라고 한탄했다. '10년 주기'를 창피스러울 만큼 변덕스러운 유행이라고 여긴 것이다. 1750년대를 기해 유행 변화에 가속도가 붙어 6개월 주기로 바뀌었고, 1770년대 즈음에는 유행이 변하는 주기가 오늘날과 비슷한 속도로 정착되어 해마다 "최신" 유행이 소개되었다. 닐 매켄드릭(Neil Mckendrick), 존 브루어(John Brewer), J. H. 플럼(J. H. Plumb) 등 역사학자들은 공동집필한 역작 《소비 사회의 탄생(The Birth of Consumer Society)》에서 이러한 변화를 다음과 같이 설명한다.

"1753년에는 자주색이 유행했다. 1757년에는 분홍색 문양이 들어간 흰 마직물이 유행했다. 1770년대에는 유행이 더 빠르게 바뀌었다. 1776년에 유행한 색상은 '개암나무 색'이고 1777년에는 비둘기 회색, 1779년에 '유행한 의상은 가장자리를 모피로 두른 건초 색'이다. 1781년 즈음에는 줄무늬가 들어간 견직물이나, 아주 촘촘하게 짜인 흰 삼베 모슬린이 돌풍을 일으켰다."

처음으로 유럽 도시마다, 그리고 뒤이어 전 세계에서 심미적인 취향이 변하는 주기가 일치하기 시작했다. 대도시 중심에서 새로운 유행 정보가 퍼지면서 유행하는 색상은 흰 마직에서 비둘기 회색으로, 다시 건초 색으로 계속 변했다. 고대로부터 존재해온 계절의 변화와 더불어, 보다 근래에 나타나기 시작한 호황과 불황이 반복되는 경기순환에 새로운 변화 주기가 더해졌다. 바로 유행이 변하는 주기였다.

결론적으로 바람직한 현상이었을까? 물론 유행 때문에 수많은 사람들이 열일을 제쳐두고 "개암나무 색" 새 옷을 사려고 며칠간 헤매고 돌아다녔다고 주장할 수도 있다. 시간이 흐르면서 광고계에서 사치품을 팔기 위해 개발한 광고기법을, 평범한 상품들을 알리는 데도 적용하기 시작했다. 그러면서 사회의 관심은 유행하는 옷에 휩쓸렸고 사회 정세에 대한 관심은 묻혀버렸다. 아무런 이유 없이 지위와 부를 직물의 색깔과 연결시키면서(티리언 퍼플로 시작되었듯) 상품마다 느낌이나 분위기를 덧붙이는 환상의 세계가 탄생했다. 영국의 문화역사학자 레이먼드 윌리엄스(Raymond Williams)는 이를 일종의 상상력으로 보고 다음과 같이 말했다.

━━ 흔히들[21] 우리 사회는 지나치게 물질을 중시하며, 광고는 바로

이런 사회를 반영한다고 한다. … 그러나 오히려 광고를 보면 우리 사회는 분명, 그리 물질주의적이라고 하기 어렵다는 생각이 든다. 공교롭게도 우리가 사회적 의미, 가치, 이상을 창출하는 데 실패했기 때문이다. … 우리가 제대로 된 물질주의자라면, 물질이 중요한 일상생활에서 광고란 하등의 의미나 가치가 없어야 한다. 맥주는 맥주 자체로서 족해야 한다. 그걸 마시면 남자답고, 젊은 느낌이 들고, 친근감을 준다고 덧붙이는 광고 없이도 말이다. 세탁기는 깨끗하게 빨래만 되면 그만이다. 그걸 사용하면 진취적이라거나 이웃들이 부러워한다고 암시하는 광고 없이도 말이다.

그러나 패션 혁명이 이룬 업적은 전화기에서부터 채소절임에 이르기까지, 우리가 구매하는 그 모든 물건에 환상적이고 감성적인 의미를 부여했다는 데 그치지 않는다. 해괴한 이름의 색깔을 띤 천으로 만든 의상들이 민주화의 원동력이라는 사실이 중요하다. 18세기 패션 혁명이 일어나기 전까지만 해도, 부유층의 옷차림과 평범한 사람들의 옷차림은 차이가 컸다. 티리언 퍼플로 물들인 옷처럼 정성 들여 만든 의상은 특권층과 평민을 구분하는 표식 역할을 했다. 그러나 1700년대 말 제조업계와 광고계가 중상류층 여성들을 대상으로 그런 의상들을 판매하기 시작하면서, 특권층을 구분하던 벽이 허물어지기 시작했다. 이제는 〈레이디즈 포켓 북〉이나 〈폴라이트 앤드 패셔너블 레이디즈 컴패니언〉에 소개된 정보만 눈여겨

보면, 거리와 공공장소에서 귀족으로 통할 수 있었다. 요즘은 세계 최고 부자로 손꼽히는 사람이 평범한 십대 펑크족처럼 후드 달린 상의에 청바지를 걸치고 낡은 아디다스 운동화를 신어도, 사람들은 그러려니 한다. 그러나 1700년대 말에는 이처럼 계층을 구분하는 상징을 일부러 무시하는 행동이 매우 새로운 현상이었고, 서로 다른 계층에 부여된 사회적 기대치를 뒤죽박죽으로 만들어버렸다.

의상으로 귀족과 중산층을 구분하던 사회 통념이 깨지면서 19세기와 20세기에 보다 평등한 사회가 등장하는 데 기여했을까? 당시 보수적인 사람들은 이러한 의상의 변화가 계층 구분을 무너뜨린다고 확신했던 것만은 분명하다. 1763년 〈브리티시 매거진〉은 의상의 민주화가 진행 중이라면서, 다음과 같이 토로했다.

"상류층의 생활방식을 모방하는 작금의 유행[22]이 하류 계층에게까지 널리 퍼지니, 어쩌면 몇년 후에는 평민이 사라질지도 모를 일이다."

어떤 이는 1756년에 이렇게 말했다.

"노동자와 기계공이 귀족을 모방하다니, 이 나라에 망조가 들었다. 누가 어느 계층인지 구분하기가 힘들다. 하층민들이 귀족들을 바싹 쫓아오는 현 상황을 바로잡지 않으면, 귀족이 시종으로 뒤바뀌는 위험에 처하게 될지도 모른다."

〈런던 매거진(London Magazine)〉은 1772년에 다음과 같이 경종을 울렸다.

"하층민(계층 구분이 엉망이 된 오늘날, 과연 하층민이 있는지도 모르겠지만)

도 귀족 못지않게 유행에 흠뻑 빠져 있다."

세계적으로 자본주의가 부상한 현상을 서술한 역작 《문명과 자본주의(Civilization and Capitalism)》에서 프랑스 역사학자 페르낭 브로델(Fernand Braudel)은, 유행을 좇는 심리가 겉보기에는 경박해 보이지만 뜻밖에 심오한 뜻이 담겨 있다며 다음과 같이 주장했다.

"유행이 정말 그토록 쓸데없는 것일까?[23] 아니면 그 사회, 경제 체제, 문명에 잠재된 열정, 가능성, 욕구, 삶의 기쁨 등 보다 심오한 현상의 발현일까? 나는 후자로 생각하고 싶다 … 옷의 색상, 재질, 모양을 밥 먹듯 바꿀 만큼 변덕스럽고 전통과 작별할 태세가 되어 있는 사회. 그런 사회에 사회질서와 지정학뿐만 아니라 이 세상의 미래가 달려 있었다는 건, 우연의 일치였을까?"

브로델이 보기에 유행은 사회가 불안정하다는 징후인 동시에 사회를 불안정하게 만드는 원인이기도 했고, 기존 관습에 기꺼이 맞서겠다는 의지의 발현이기도 했다. 그리고 도전의 대상인 기존 관습은 때로는 정치 사회적 위계질서, 법, 투표권의 형태로, 때로는 가장자리를 모피로 두른 건초색 의상의 모습으로 나타났다.

소비를 부르는 환상의 섬, 백화점

———

18세기에는 유행이 민주화를 촉진했다면, 19세기에는 민중의 궁전이라고 할 수 있는 백화점이 출현했고 '소비'라는 환상을 불러

일으키는 새로운 거대한 공간들이 연이어 출현했다. 백화점의 기원에 대해서는 소비 사회를 연구하는 역사학자들 사이에 의견이 분분하다. 런던에 세워진 베인브리지(Bainbridge)를 지목하는 이도 있고, 맨해튼 남쪽 지역에 알렉산더 터너 스튜어트(Alexander Turner Stewart)가 설립한 '대리석 궁전(Marble Palace)'이라는 사람도 있다. 그러나 당시 등장한 그 어떤 백화점도 프랑스의 포목상 아리스티드 부시코(Aristide Boucicaut)가 창립한 봉마르쉐(Le Bon Marche)만큼 세계를 사로잡지는 못했다.

부시코는 본래 1838년부터 오봉마르쉐(Au Bon Marche, 프랑스어로 "훌륭한 시장"과 "가격대비 고품질인 상품"이라는 두 가지 의미가 있다)라는 아담한 상점을 운영해왔다. 그는 1855년 만국박람회를 참관한 뒤, 온 사방에서 난무하는 감각적인 자극이 인간을 매료하는 위력이 얼마나 대단한지 깨닫고 나서야 꿈을 실현할 구체적인 사업 계획을 세우기 시작했다. 부시코가 염두에 둔 시설은 17세기에 등장한 상점들처럼 세련되고 화려하게 꾸미는 데 그치지 않았다. 의상, 직물, 가구, 잡동사니, 보석, 등등 헤아릴 수 없이 많은 상품들을 취급하는 상점들을 모두 하나의 방대한 공간에 집어넣는, 경이로운 세계였다.

봉마르쉐가 등장하기 전까지만 해도 상점 주인들은 고객이 한 상점에서 필요한 물건을 사고 다음 상점으로 이동할 수 있도록 잘 정돈된 공간에 상품을 효율적으로 배치하거나, 상점을 둘러보면 상류층의 생활방식을 모방한다는 착각이 들도록 세련되고 화려하게 상점을 꾸몄다. 그러나 고객으로 하여금 방향감각을 잃게 만들고 감각적인 자극을 집중해 퍼붓는 방식에서 상업적인 잠재력을 발견한 이는, 부시코가 최초였다. 그는 고객에 대해 다음과 같이 말했다.

"사람들이 몇 시간이고 거닐다가 길을 잃게 만들어야 한다.[24] 그렇게 하면, 우선 사람이 북적거리는 느낌이 든다. 둘째, 상점이 실제보다 더 크게 느껴진다. 마지막으로, 의도적으로 조성한 무질서한 공간을 둘러보다가 길을 잃고 헤매면, 전혀 둘러볼 생각이 없던 상점까지 둘러보게 된다. 그러다 결국 관심을 끄는 물건이 눈에 띄면 유혹을 뿌리치지 못하고 사게 된다. 그렇지 않는다면 내 손에 장을 지지겠다."

이와 같이 일부러 혼란을 조성함으로써, 부시코는 19세기에 전형적인 도시 형태의 한 유형을(보들레르(Baudelaire)가 말한 "군중 속의 인간", 소요(逍遙)하는 인간) 새로이 부상하던 대량소비라는 현상에 적용한 셈이다. 인구밀도가 높은 도시 중심부가 인간의 감각에 퍼붓는 충격과 자극은, 당시 탐미주의자들에게 새로운 소일거리를 제공해 주었다. 북적거리는 군중 사이로 하릴없이 거닐고 카페에서 담소하고, 대도시의 북적이는 시장을 둘러보는 경험. 이를 보들레르는 '의식 있는 만화경(kaleidoscope gifted with consciousness)'에 비유했다. 소요(逍遙)의 미학이란 낭만주의의 극치를 도시에 적용한 형태인 셈이다. 마터호른(Matterhorn)의 웅장한 자태를 바라보며 압도당하는 대신, 뤼 뒤 바크(rue du Bac)를 걸어 내려가면서 북적이는 군

아리스티드 부시코(Aristide Boucicaut)

중 속에서 그와 비슷한 감각적인 체험을 하게 된다.

부시코는 감각을 과도하게 자극할 환경을 조성한 뒤, 그런 환경에 놓인 사람들이 아무 목적 없이 둘러보며 경험하는 희열감을 이용하면 상업적인 목표를 이룰 수 있다는 사실을 간파했다. 그리하여 부시코는 전례 없는 쇼핑 공간을 건설하는 데 착수한다. 그는 이러한 공간을 "상거래의 성당"이라 부르며 자축했다. 역사학자 마이클 밀러(Michael Miller)는 "눈부시고 감각적인 봉마르쉐[25]는 일상, 제도, 환상의 세계가 되었고, 봉마르쉐에 가는 일은 중요한 행사이자 모험이 되었다"라고 언급하며 덧붙였다.

"사람들은 딱히 살 물건이 있어서라기보다는 그저 상점들을 둘러보러 갔고, 그러다가 물건을 사는 신나는 경험을 만끽했다. 삶에 또 다른 차원의 경험이 더해진 것이다."

부시코는 야심이 대단해서, 자신의 꿈을 실현하기 위해 새로운 공학 기법을 주문했다. 책임 공학자로 구스타브 에펠(Gustave Eiffel)을 채용해, 건물 구조의 틀을 무쇠로 하고 천장에는 채광창을 덮어 널찍한 통로에 자연광이 쏟아지도록 했다. (오늘날 쇼핑몰을 둘러보면서 얻는 경험은 재료과학과 공학에 크게 빚졌다. 무쇠로 만든 건물 구조뿐만 아니라, 행인을 유혹하려고 만든 거대한 판유리 진열대를 가능하게 한 새로운 기법도 있다.) 이러한 혁신 기술들은 모두 소비를 진작시키기 위해 쓰였다. 널찍한 공간 덕에 많은 사람들이 쉽게 상점을 드나들었고, 대단한 볼거리를 전시해 인상적인 장면을 연출했다. 실내 발코니에서는 아래층 공간에 북적이는 사람들을 내려다볼 수 있었다. 1887년 완공이 가까워질 무렵 봉마르쉐 백화점은 넓이 5만 2,800제곱미터에 이르렀고, 부시코를 비롯해 많은 이들이 이 백화점을 세계 8대 불가사의라고 불렀다. 뤼 드 세브르(rue de Sevres) 쪽으로 난 출입구는 둥근 천장 아래에서 위용을 자랑했고, 여인상이 새겨진 기둥들과 로마 신들을 새긴 조각상으로 장식되었다. "마치 극장에, 아니 심지어 신전에 발을 들여놓는 느낌이었다"라고 밀러는 말한다.

신전과 성당. 그때부터 봉마르쉐는 흔히 종교적인 상징물에 비유되었다. 이 화려한 백화점이 방향감각을 잃게 만드는 효과를 가장 잘 간파한 사람은 에밀 졸라(Emile Zola)였다. 그의 1883년 작 소설《여인들의 행복 백화점(Au Bonheur des Dames)》에는 부시코를 암시하는 옥타브 무레(Octave Mouret)라는 인물이 만든, 봉마르쉐에 준하는 백화점 이야기가 등장한다. 졸라는 유명한 다음 구절에서 백화점과 교회가 제로섬 관계임을 암시하고 있다.

— 믿음이 흔들리게 된 신도들은 하나둘 교회를 떠났고, 교회가 남긴 영혼의 공백은 무레의 백화점으로 가득 찼다. 여인들은 한때 두려움 속에 참회하며 교회에서 보냈던 시간들을, 이제는 무레의 백화점에서 흥분에 전율하며 허비했다. 무레의 백화점은 불안정한 열정을 해소하는 데 필요한 배출구이자, 남편의 재력과 허영의 신이 맞붙는 대결의 장이었다. 끊임없이 육신을 숭배하고 아름다움이 내세에도 지속되기를 염원하는 곳이었다. 무레가 폐점했다면 바깥에서는 폭동이 일어나고, 허영의 고해실과 제단

에 가까이 가지 못하게 된 독실한 여인들의 절규가 울려 퍼졌을
지도 모른다.

백화점을 두고 교회와 성당 운운하는 게 오늘날 우리에게는 과장으
로 들릴지 모르지만, 역사적 맥락에서 보면 일견 그런 비유가 타당
해 보인다. 오늘날 우리는 쇼핑몰, 놀이공원, 사무용 건물, 공항 터
미널 등, 웅장한 건축물과 잘 짜인 계획에 따라 화려하게 꾸며진 인
공 환경에 익숙하다. 그러나 19세기 중산층에게 봉마르쉐처럼 웅장
한 공간을 둘러본다는 건 전례 없는 경험이었다. 노트르담 대성당이
나 세인트폴 성당에 들어섰을 때의 느낌과 아주 비슷했을지도 모른
다. 웅장한 궁전들은 수세기 동안 존재해왔지만, 평민들은 범접할
수 없는 장소였다. 봉마르쉐가 탄생하기 전까지는 평민들이 궁전에
상응하는 웅장함을 맛볼 수 있는 장소라곤 오로지 성당뿐이었다.

졸라가 위 소설에서 사용한 이야기 기법은 오늘날 할리우드 영
화나, 사회적인 변화를 암시하는 이야기에 여전히 많이 쓰이고 있
다. 이 소설의 주인공 드니즈 보뒤(Denise Baudu)는, 무레가 개점한
새 백화점 근처에서 작은 포목점을 운영하는 아저씨의 가게에서
일하려고 시골에서 상경한 아가씨다. 그녀는 결국 아저씨의 가게
를 그만두고 무레의 백화점에서 일하게 되는데, 소설의 줄거리는
그 아저씨가 무레의 대규모 사업과 야망에 맞서 포목점을 지켜내
려고 고군분투하는 내용이다. 이러한 투쟁(연쇄점이 독자적인 상점과 구
멍가게를 잠식하는 이야기)은 곧 다양한 영화 줄거리의 단골메뉴가 되

었고, 〈모퉁이 가게(The Shop Around the Corner)〉와 〈유브 갓 메일 (You've Got Mail)〉 같은 영화의 줄거리를 형성하게 된다.

서비스 산업의 시작 그리고 절도

봉마르쉐, 그리고 당시 런던과 뉴욕의 여러 백화점에 등장한 다양한 사업 관행은 다음 세기에서 널리 활용된다. 백화점이 등장하면서 상인과 값을 흥정하는 관행은 거의 사라졌고, 정가에 박리다매하는 관행이 자리를 잡았다. 백화점은 또한 고객에게 신용 결제를 할 수 있는 카드를 최초로 발급한 시설로 손꼽힌다. (한 상점이 아니라 여러 상점에서 사용할 수 있는 근대적 의미의 신용카드는 1950년대에 가서야 등장한다.) 또한 백화점은 수천 명의 종업원을 거느리고 복잡한 유통망을 관리하는 서비스산업에 집중한, 최초의 대규모 조직이다. 백화점에 버금가는 복잡한 체계를 갖춘 조직은 백화점이 등장하기 한 세기 전에도 등장하긴 했지만, 철도 건설, 목화 원료를 직물로 만드는 작업 등 주로 제조업이나 공업에서 발생하는 문제 해결에 집중했다. 봉마르쉐가 등장하기 전까지만 해도 서비스 산업은 산업 취급도 받지 못했다. 그저 소규모 상점 주인, 변호사, 그 밖에 잡다한 여러 직종에 종사하는 사람들로 구성되었다. 오늘날 미국에서는 4명 가운데 3명이 서비스 부문에 종사한다. 서비스 산업이 미국 국내총생산의 80퍼센트를 차지한다는 통계도 있다. 1800년대 말

파리에 있는 봉마르쉐의 내부

까지만 해도 서비스 산업은, 무역과 제조업이라는 거대 산업에 곁다리로 존재하는 장식품 같았다. 뤼 드 세브르 위에 설치된 둥근 지붕처럼, 소수 특권층만 관심을 보이는 심심풀이로 여겨졌다. 봉마르쉐를 비롯한 백화점의 등장은 서비스 산업이 경제의 주춧돌이 될 것임을 처음으로 알리는 전조였다.

물론 새롭게 떠오른 이 산업의 중심에는 2세기 전 목화 혁명의 중심에 있었던 여성들이 존재한다. 새로 등장한 백화점을 애용하는 여성 고객뿐만 아니라, 백화점에서 일하는 여성들도 늘어났다. 그리고 옥양목 귀부인들의 지나친 목화 사랑 때문에 나라 경제가 무너진다고 호들갑을 떨었을 때와 마찬가지로, 봉마르쉐도 파리 사회에서 비슷한 위기의식을 조성했다. 놀랍게도 이번에는 그런 사회적 분노를 일으킨 장본인은 사치품을 구매하는 여성이 아니라 훔치는 여성이었다. 봉마르쉐 같은 백화점이 등장한 직후, 파리 당국을 비롯해 이해 당사자들은 백화점에서 물건을 훔치는 여성이 급증했다는 사실을 눈치챘다. 훔치는 행위에서 희열을 느끼는 일종의 정신질환에서 비롯된 범죄였다. 한 절도범은 이렇게 증언했다.

"조금씩 그 질병에 젖어들어 갔다. 굳이 비교하면 알코올중독과 비슷하다. 어디서도 맛보기 힘든 아찔한 흥분을 느꼈다. 물건들이 마치 구름을 헤치고 내 눈앞에 나타나는 듯했다. 물건마다 내 욕망을 부채질했고, 하나같이 미치도록 갖고 싶었다. 나도 모르게 그 물건들 쪽으로 휩쓸려갔고, 나는 물건을 집어 들었다. 그 어떤 외부적인 힘이나 신중한 생각으로도 나를 막을 수 없었다."

19세기 초 작은 상점에서 물건을 훔치다가 잡힌 절도범들은 압도적으로 여성이 많았다. 그 후 수십 년 동안 의학적으로 진단된 질병으로 '도벽(kleptomania)' 이라는 용어가 쓰였다. 당시에 쓰인 도벽에 대한 에세이를 읽으면, 마치 빅토리아 시대에 선풍적인 인기를 끌던 진부한 이야기 모음집 같다. 절도범의 질병의 원인으로는 "의지력 손상", 히스테리, 월경, 간질 등이 거론된다. 그러나 1880년대에 봉마르쉐를 비롯한 백화점들이 등장하면서 대거 출현한 이 절도범들은, 절도라는 범죄를 신문의 주요 기삿거리이자 파리 저택의 응접실에서 오가는 대화 주제로 격상시켰다. 그러면서 비록 가설 차원이기는 하지만, 인간의 정신구조를 이해하는 새로운 이론이 형성되기 시작했다. 절도범은 과학계에서 집중 연구되었다. 정신과의사 르그랑 뒤 솔(Legrand du Saulle)은 이렇게 주장했다.

"확실히 오늘날 파리에만 나타나는 독특한 현상이다. 최근 백화점이 등장하고 나서야 절도가 발생하기 시작했기 때문이다."

그는 이 질병을 '백화점 병(department store disease)' 이라고 불렀다.

절도범의 급증이 특히 놀라웠던, 그리고 당혹스러웠던 이유는 대부분 범죄자들이 부유층이었기 때문이다. 생계형 범죄가 아니라는 뜻이다. 절도에 대해 분석한 범죄학자 알렉상드르 라카사뉴(Alexandre Lacassagne)는 이렇게 주장했다.

"백화점 절도는[26] 이 시대에 매우 중요한 문제다. 범죄 발생 빈

도도 증가하고 있고, 훔친 물건이 값비싸고 다양하며, 절도를 저지르는 사람들의 성향도 독특하기 때문이다."

후에 그는 다음과 같이 지적했다.

"절도범들은 대부분 백화점에서만 체포된다. 오직 백화점에서만 물건을 훔치기 때문이다."

라카사뉴는 당시 형법학을 지배하던 정통 이론에 반기를 들면서 이 백화점병을 이용했다. 범죄학을 창시한 이탈리아의 체사레 롬브로소(Chesare Lombroso)는, 범죄란 생리적 결함이 유전되어 발생하는 병리 현상이라고 주장했다. 그러나 라카사뉴는 백화점이라는 새로운 환경이 등장하고 나서야 절도 행위가 나타났고, 범인들 대부분이 엄연히 '좋은 집안' 출신이므로 환경 요인 때문에 발생하는 질환임이 틀림없다고 주장했다.

이처럼 복잡하고 다양한 진단 가운데 눈에 띄는 점은, 인간의 정신세계를 새로운 방식으로 바라보고 있다는 점이다. 골상학자들의 주장에 따르면, 정신의 질병은 딱히 생물학적 결함을 그 원인이라고 볼 수 없다. "의지력 손상"이라는 뜬구름 잡는 이유 때문도 아니다. 월경이나 자위 같은 기본적인 생리현상과도 관계없다. 이 질병의 근본 원인은 다른 데서 찾아야 한다. 정신질환자들이 겪은 사회, 경제적인 변화를 살펴보아야 한다. 이 시대의 삶 자체가 질병을 일으킬 수 있다.

그로부터 십여 년이 채 못 되어 프로이트는 심리학을 성적 본능과 죽음, 가정사, 쾌락 추구로 인간 행동을 설명하는 학문으로 되돌려 놓는다. 그러나 20세기 후반 무렵, 백화점 병과 더불어 등장한 진단 소견이 더 널리 알려지게 된다. 오늘날 우리는 옳든 그르든, 인간이 새로운 매체를 체험하면, 뇌가 작동하는 방식이 근본적으로 달라진다고 생각한다. 오늘날 많은 정신질환들, 예를 들어 주의력결핍장애, 자폐증, 십대의 폭력성 등은 텔레비전, 비디오 게임, 소셜 미디어가 감각을 과도하게 자극하기 때문에 발생한다고 여겨진다. 좋든 싫든 우리는 인간의 뇌가 주변 환경에서 영향받는다는 사실을 당연히 받아들인다. 그런 관점에서 인간 정신을 바라보는 방식, 그리고 이따금 발생하는 정신 결함에 대한 이해 등은, 백화점병을 앓는 범죄자들이 전혀 뜻밖의 인물들이었다는 사실에서 비롯되었다.

사우스데일, 쇼핑몰의 탄생과 부작용

———

건축가들은 오랜 세월 동안, 자신들이 설계하는 환경이 사람들에게 특정한 감정 반응을 일으키도록 설계해왔다. 경외심을 불러일으키는, 중세 성당의 높이 치솟은 내부 모습을 생각해보라. 부시코의 천부적 재능(이를 사악한 재능이라고 하는 이도 있겠지만)은 바로 인간이 만든 환경으로 인간 행동을 조작할 수 있다는 사실을 깨달았다는 데 있다. 사람들로 하여금 백화점이라는 환상의 세계에 발을 들여놓기 전까지는 몰랐던 욕망을 느끼고, 딱히 필요하지 않은 물건을 갖고 싶게 만들 수 있다는 것을. 그러나 프랑스 상류층의 절도범들을 통해 뚜렷해졌듯이, 부시코조차도 그런 조작이 얼마나 엄청난 위력을 발휘하는지는 전혀 깨닫지 못했다.

미니애폴리스 남서쪽 35번 도로를 따라 에디나(Edina)라는 교외 마을 쪽으로 가다가 고속도로를 벗어나 웨스트 66번가로 들어서면, 바다처럼 널찍한 회색 주차장에 섬처럼 떠 있는 상가 건물이 보인다. 건물 외관에는 게임스톱(Gamestop), P. F. 챙(P. F. Chang), AMC 시네마(AMC Cinemas) 등 온갖 상점의 간판이 걸려 있다. 60년 전 이 상가 건물이 지어졌을 때만 해도 건물 외관에 장식이라고는 찾아볼 수 없었다. 온갖 여인상과 로마 신의 조각으로 치장된 봉마르쉐의 외관과는 전혀 딴판이었다. 그러나 평범하기 그지없는(주변을 둘러싼 쇼핑몰과 사무용 건물들과 사실상 구분이 가지 않는다) 이 건물의 설계 구조는, 부시코가 지은 신전 못지않게 그 시대를 규정하는 중요한 의미가 있다. 사우스데일 센터(Southdale Center)라는 이름의 이 건물은 바로 미국 최초의 '몰(mall)'이기 때문이다.

오늘날 쇼핑몰은 소비 자본주의가 낳은 추악한 의붓자식이라는 악평을 받아 마땅하다. 그러나 그 몰을 낳은 지적인 혈통은 생각보다 훨씬 복잡하다. 쇼핑몰은 2차대전 후 등장한 교외 거주지의 황폐한 문화를 상징하게 되었지만, 쇼핑몰을 탄생시킨 사람은 오스트리아 출신 건축가 빅터 그루엔(Victor Gruen)이다. 사회주의자인 그는 20세기에 접어들 무렵 비엔나에서 태어났다. 그의 전기를 쓴 M. 제프리 하드윅(M. Jeffrey Hardwick)에 따르면, "비엔나의 화려하고 심미적인 삶의 불꽃이 꺼져가던 시기에 성장했다." 그는 비엔나 미술 아카데미(Vienna Academy of Fine Arts)에서 사회주의자 도시계획가들 아래에서 건축을 공부했고, 밤에는 카바레에서 공연을 했다. 그는 비엔나의 번화가에서 상점을 설계하는 사무소를 운영했는데, 오래전 러드게이트 힐에 처음으로 상점을 열었던 터줏대감들과 비슷했다. 그는 대규모 공영 거주단지를 설계하고(직접 건설한 적은 없다), "민중의 궁전"이라고 불렀다. 수많은 좌익 성향의 유대인 지식인들과 마찬가지로, 그루엔도 나치가 유럽 전역으로 진군하기 시작하자 미국으로 도피했다. (그는 지그문트 프로이트가 비엔나를 떠난 바로 그 주에 비엔나를 떠났다.) 그는 영어를 한 마디도 하지 못하는 상태에서 미국으로 건너왔지만, 1939년 무렵 맨해튼에서 극단과 공연을 하고 5번가에 들어설 부티크를 설계하고 있었다. 그는 자신만의 독특한 스타일로 상점을 설계했다. 출입구 옆쪽에 전면이 거대한 유리로 된 진열대를 만들어, 상품을 진열하는 개방식 상점이었다.

이러한 상점 모습에 소비자와 상인들 모두 열광했지만, 루이스 멈포드(Lewis Mumford) 같은 비평가들은 그가 설계한 상점을 두고 "벌레잡이 식물27이 파리를 잡듯이, 구닥다리 쥐덫이 쥐를 잡듯이" 고객의 마음을 사로잡는다며 투덜거렸다. 1940년대에 그루엔의 설계 스타일은 선풍적인 인기를 끌었고, 그는 미국 전역에서 수십 차례 백화점을 설계했다. 집은 '거주용 기계(machine for living)'라는 건축가 르 코르뷔지에(Le Corbusier)의 유명한 말을 따

빅터 그루엔

라, 그루엔은 자신이 설계한 상점을 '상거래용 기계(machines for selling)'라고 불렀다.

그러나 그루엔은 비엔나에서 성장할 때 접했던 급진적인 이념과, 대규모 계획 공동체에 대한 믿음과 완전히 결별하지는 않았다. 무질서한 공간이 풍기는 소란스럽고 천박한 상업주의를 혐오했다. 그 또한, 미국의 교외 문화를 경멸하는 세련된 유럽인의 태도를 지니고 있었다. 1950년대 말 그루엔은 한 연설에서, 전후에 등장한 교외 지역의 진부한 경관을 가리켜 "인류가 그동안 긁어모은 온갖 천박한 것들, 광고판, 모텔, 주유소, 판잣집, 주차장, 각종 산업용 장비, 핫도그 가판대, 노변상점 등을 한데 모아놓은 "끔찍한 대로 (avenues of horror)[28]"라고 비난했다. 그루엔은 복잡한 인물이었다. 방만한 자본주의가 낳은 추악함을 경멸하는 사회주의자이면서도, 백화점을 설계해 먹고살았다. 그의 직업도 그가 지닌 가치관만큼이나 딱히 분류하기 어려웠다. 건축가이자 도시계획가이며 인테리어 장식가이기도 한 그루엔은 결국 스스로를 '환경 설계사(environmental designer)'라고 부르기 시작했다. 부시코가 이 명칭을 들었다면 단박에 무슨 뜻인지 이해했을지도 모른다.

1940년대 말과 1950년대 초 그루엔은 여러 상점과 다양한 용도의 공공장소가 한데 어울린, 보다 야심찬 설계를 시도하기 시작했다. 그는 디트로이트 외곽에 노스랜드 센터(Northland Center)라는 개방형 쇼핑 플라자를 설계해 대대적인 성공을 거두었다. 그러나 그루엔이 사우스데일 센터를 완성한 해는 1956년이었다. 바로 이 건물이 그가 설계한 건물 가운데 가장 유명한, 보기에 따라 가장 악명 높은 건물이다. 그루엔은 미니애폴리스의 혹한을 차단하기 위해, 지붕을 덮은 중앙안뜰을 중심으로 수십 개의 상점들이 늘어서고 양쪽 끝에 설치한 에스컬레이터로 연결된 이층 구조로 설계했다. 19세기 초 비엔나를 비롯한 유럽 도시에서 유행했던 상가 건물을 본뜬 설계였다. 그러나 요즘 사람 눈에는, 유럽 특유의 도시적인 세련미의 자취는 엿보이지 않는다. 사우스데일 센터는 최초의 쇼핑몰이라는 한계를 벗어날 수 없다.

미국 최초의 쇼핑몰, 사우스데일 센터

　사우스데일은 개장되자마자 대단한 인기를 끌어 언론에 대서특
필되었고, 월트디즈니의 놀이동산을 재현했다는 과장된 찬사를 받
았다. 〈포춘〉은 "놀라울 정도로 멋지고 화려한 센터는 늘 사람들로
북적거린다"라며, "눈부신 조명과 화려한 색상은 사람들에게 끊임
없이 다음 상점으로 발걸음을 옮기고 물건을 구매하라고 유혹한
다"라고 보도했다. 〈라이프〉부터, 〈타임〉, 〈아키텍추럴 포럼

(Architectural Forum)〉에 이르기까지, 온갖 잡지에 포토에세이가 실렸다. 〈아키텍추럴 포럼〉은 사우스데일 센터를 "번화가보다도 더 번화가 같다"고 묘사했다. 사우스데일 센터에 대한 평가는 대부분 널찍한 중정(中庭) 공간에 집중되었는데, 그루엔은 그 공간을 "영원히 샘이 솟는 정원"이라고 불렀다. 그 공간에서 쇼핑객은 조각을 감상하고 어린이들이 뛰어놀았다. 차를 마시며 쉬고 갈 카페, 유칼립투스와 목련, 새장을 비롯해 수십 가지 다양한 즐길 거리가 있었다. 흥미롭게도, 반론을 제기한 소수 가운데 건축가 프랭크 로이드 라이트(Frank Lloyd Wright)도 있었다. 당시 90세에 가까운 나이였던 그는, "마을 저잣거리의 장점은 빼고 온갖 추악함만 다 갖춘" 공간이라며 그 중정을 개탄했다.

그루엔이 설계한 사우스데일은 2차대전 이후 시대에, 단일 건물로는 가장 큰 영향력을 발휘하게 된다. 루이스 설리번(Louis Sullivan)이 설계한 마천루들이 20세기 초반 도시의 지평선을 그려냈듯이, 그루엔의 쇼핑몰은 대도심을 떠나 교외로 이주한 미국 백인들이 정착한 교외 마을에서부터 전 세계로 확산되었다. 로스앤젤레스에 있는 비벌리 센터(Beverly Center) 같은 쇼핑의 메카는 문화적인 상징물이 되었고, 쇼핑몰에서 친구들과 어울리며 여가를 보내는 세대를 지칭하는 '밸리 걸(Valley girls)'이 탄생했다. 그러나 쇼핑몰 문화가 전 세계에 확산되면서, 신흥 대도시 번화가에도 그루엔의 설계가 점점 늘어나기 시작했다. 본래 미네소타 주의 혹독한 겨울 날씨로부터 탈출하기 위한 방편으로 만든 중정은, 에어컨

이 발명되면서 사막이나 열대 지역에 건설되는 쇼핑몰에도 등장하게 되었다. 오늘날 규모면에서 세계 10대 쇼핑몰은 모두 미국과 유럽이 아니라 중국, 필리핀, 이란, 타이 등과 같은 열대나 사막 지역에 위치하고 있다. 쇼핑몰 자체의 규모는 상당히 확장할 수 있지만(두바이에 있는 쇼핑몰은 연면적 5백만 제곱 피트 이상의 규모에 1천 개 이상의 점포가 입점해 있다), 그루엔의 설계 구조는 그대로 유지된다. 중정을 중심으로 상점들이 늘어선 2~3층 건물로, 각 층은 에스컬레이터로 연결된다.

그러나 막대한 성공을 거둔 듯 보이는 그루엔의 설계 이면에는 비극적인 모순이 숨어 있다. 쇼핑몰 자체는, 사우스데일과 그 후 이어진 작업에서 나타난 그루엔의 설계 중 아주 일부에 불과하다. 그루엔이 진정으로 꿈꾼 설계는 거주용 아파트와 학교, 의료시설, 야외공원, 사무용 건물들로 구성된, 보행자를 중심으로 한 밀집된 다용도 도심 공간이었다. 훗날 그는 이 새로운 도시에 대한 비전을 일련의 설계 보고서, 연설문, 에세이를 통해 펼쳐 보였고, 결국《우리가 사는 도시의 심장부(The Heart of Our Cities)》라는 책으로 집대성했다. 쇼핑몰 중정과 보행자의 편의에 중점을 둔 설계는, 그루엔이 미개한 미국 교외 지역의 허허벌판에 유럽의 대도시 같은 가치를 심겠다는 나름의 구상이었다. 그루엔의 본래 취지에 따르면, "사우스데일을 설계한 이유는 교외 지역에 위치한, 미니애폴리스 번화가의 대안을 제시하자는 게 아니었다.[29] 처음 설계할 때 저지른 실수들을 모두 바로잡고 다시 설계한다면, 결국 미니애폴리스 번화가를 얻게 될 것"이라고 맬컴 글래드웰은 말한다. 번화가의 전통적인 형태인 보행자 도로를 강력히 옹호하는 제인 제이콥스(Jane Jacobs)는, 그루엔의 설계에 매료되었다. 그루엔이 설계하긴 했지만 실제로 개발되어 건설되지는 않은 포트워스(Fort Worth) 개발 계획을 설명하면서, 제이콥스는 말했다.

"포트워스 설계로 창출된 가치[30]는 헤아리기 어려울 만큼 소중하다. 그리고 도시의 기능과 사람들이 도시를 이용하는 방식과 관련해, 새로운 아이디어가 분출할 계기를 마련했다."

그러나 개발업자들은 그루엔의 보다 원대한 비전을 충실하게 반영하지 못했다. 쇼핑센터 주위를 고밀도 다목적 시설들로 둘러싸는 대신 주차장으로 둘러쌌고, 그루엔이 놀이마당으로 만든 중정은 푸드코트로 대체했다. 새로 건설된 쇼핑몰 주위에 주거 공동체가 들어섰지만, 제대로 계획된 설계에 따르지 않고 마구잡이로 듬성듬성 들어선 단독주택들이 대부분이었다. 교외 거주지는 오래전부터 도심보다 안전하고 가족 단위로 살기에 좋은 곳이었다. 그러나 그루엔의 쇼핑몰이 들어서면서, 교외 거주지도 뉴욕 5번가나 고급 상점이 들어선 번화가처럼 가슴 두근거리게 할 만큼 멋진 곳이 될 희망을 품게 해주었다. 물론 교외 개발을 촉진한 요인은 다양하지만, 그루엔의 쇼핑몰이 가장 강력한 촉매제였음은 부인하기 어렵다. 사우스데일은 교외 지역의 무분별한 개발을 억제할 해독제가 되어야 했는데, 오히려 부추기게 되었다.

바로 이 대목에서 이야기가 험악해진다. 쇼핑몰은 전후 현대적인 교외 지역 등장에 한몫하는 데 그치지 않고, 전쟁 전부터 존재하던 도시를 훼손하는 데도 일조했다. 디트로이트, 미니애폴리스, 브루클린을 비롯해 많은 미국 도시의 도심으로부터 교외로 인구가 대거 빠져나가면서, 1960년대에 위기를 맞은 도시 상황은 더욱 악화되었다. 대도시의 생명주기에 갑작스러운 인구 유출만큼 치명적인 변화란 없다. 인종 폭동, 폭등하는 범죄율, 빈집, 예산 위기 등을 보며 합리적인 많은 미국인들은 둘 중 하나라고 생각하게 되었다. 대도시가 총체적으로 와해되거나, 무정부 상태의 혼란이 영원히 지속되는 상태에서 살게 되거나 말이다. 그러나 도시에 사망 선고를 내리기는 아직 일렀다. 오늘날 사람들은 유모차를 끌고 교외의 쇼핑몰 대신 옛 도심을 찾아 소일하고 있다. 그러나 지난 몇 십 년 동안 도심은 살아날 듯 말 듯하며 우여곡절을 겪었다. 1960년대에 도심이 붕괴된 후, 아직도 재건하려고 안간힘을 쓰는 디트로이트 같은 도시들이, 그루엔의 설계가 가장 처음 뿌리내렸던 바로 그 도시들이라는 사실은 우연이 아니다. 1970년대 초, 그루엔이 그토록 아꼈던 비엔나를 찾았을 때 도시 외곽에 건설된 "거대한 쇼핑 기계"[31]가 도시의 생존을 위협하고, 도심의 소규모 개인 상점들을 위태롭게 하고 있었다. 그루엔은 결국 자신이 낳은 창작물을, 아니 쇼핑몰 개발업자들이 자신의 비전을 왜곡해 만든 시설들을 부정하는 말을 던진다.

"이런 사생아들에게는 부양비를 대지 않겠다."

월트 디즈니가 꿈꾸었던 도시계획

쇼핑센터 개발업자들이 도시를 재창조하려는 그루엔의 계획을 무시하고 멋대로 개발을 추진하고 있을 때, 그루엔의 비전에 흠뻑 매료되었고 그 비전을 실현할 재력도 지닌 인물이 등장한다. 바로 월트 디즈니(Walt Disney)다. 1955년 개장된 디즈니랜드는 월트 디즈니에게 거대한 성공을 안겨주었다. 놀이공원을 그토록 정교하게 지은 사람은 일찍이 없었다. 방문객을 완전한 경이와 기쁨으로 휩싸이게 만드는 환상의 공간이었다. 그러나 놀이공원 내부는 설계에 따라 잘 짜인 환경인데 반해, 공원 바깥은 전혀 딴판이었다. 오렌지 나무 숲이 잘려 나가고 싸구려 모텔, 주유소, 옥외 광고판이 속속 들어섰다. 디즈니는 자신이 만든 보석 같은 놀이공원 주변에 흉측한 고속도로가 마구 들어서자 경악했다. 그래서 주변 환경, 즉 놀이공원뿐만 아니라 공원을 둘러싼 주변 지역 전체를 온전히 통제할 수 있는 제2세대 개발 계획을 세우기 시작했다.

디즈니는 현대 도시에서 체험할 수 있는 거의 모든 요소들을 재창조한, 완벽하게 기능하는 도시를 설계했다. 상상공학(imagineering)이 낳을 수 있는 궁극의 결과물이었다. 디즈니는 이 시설을 에프코트(EPCOT, Experimental Prototype Community of Tomorrow, 미래 공동체의 실험작)라 이름 지었다. 디즈니사는 결국 올랜도에 미래를 주제로 해 에프코트 놀이공원을 건설하지만, 이는 애초 디즈니가 에프코트에 대해 품었던 비전과는 아무 상관이 없었다. 디즈니의 비전을 충실히 반영했다면, 또 다른 관광지가 아니라 실제로 사람이 사는 진정한 공동체가 건설되었어야 한다. 디즈니는 평생 만화영화에서부터 놀이동산에 이르기까지, 파격적이고 다양한 형태의 오락을 재창조했다. 그러나 그의 마지막 사업은 보다 야심찼다. 도시의 삶 자체를 재창조하는 작업이었다.

디즈니가 에프코트를 통해 실현하려 한 원대한 꿈을 둘러싸고 그동안 축적되어온 전설은, 역사적 사실과 거의 일치한다. 1966년 디즈니월드를 소개하기 위해 제작한 영화에서 디즈니는 놀이공원(훗날 마법의 왕국(Magic Kingdom)으로 불리게 된다)에 대해서는 거의 언급하지 않는다. 대신 자신이 꿈꾸는 '내일의 도시'에 대해 자세히 소개하면서, 50년 전 르 코르뷔지에가 상상했던 미래의 도시 풍경과 놀라울 정도로 닮은 실험작과 스케치들을 보여준다. 그러나 월트 디즈니가 품은, 시대를 앞선 도시계획을 둘러싼 전설에는 묘한 반전이 있는데, 이는 잘 알려지지 않았다. 에프코트 프로젝트를 준비하면서 디즈니는 자신이 꿈꾸는 파격적인 신도시, 미래지향적인 첨단 도시를 건설하는 데 도움이 될 영감을 얻기 위해 전국을 돌아다녔다. 디즈니가 순례의 길을 떠나 가장 먼저 찾은 성지는 어디였을까? 동부 연안에 있는 쇼핑몰 두 곳과 텍사스 주에 새로 생긴 니먼 마커스(Neiman Marcus) 백화점이다.

지금 생각해보면 디즈니가 품은 야심은, 그가 만든 놀이공원의 성격과 너무나 동떨어져 있어 당혹스러울 정도다. 마치 니컬러스 스파크스(Nicholas Sparks)의 대중소설을 연구함으로써 문학소설을 재창조하겠다고 나서는 셈이었다. 그런데 사실 디즈니의 전국 순례는 이해가 가는 측면이 있다. 1960년대 초 쇼핑몰은 인간이 설계한 새로운 환경이었고, 향후 수십 년 동안 사회를 조직화하는 데 엄청난 영향을 미친다. 좋든 싫든 그게 미래의 모습이었다. 2000년에 인간이 어떻게 살고 있을지를 이해할 중요한 단서를 찾고자 한다면, 아마 1960년대 초에는 쇼핑몰만큼 믿을 만한 단서는 없었을지 모른다.

정보 탐색에 나선 디즈니는 그루엔에게 푹 빠졌다. 그루엔은 《우리가 사는 도시의 심장부》에서 디즈니랜드의 계획된 환경을 언급하며 긍정적으로 다루었고, 애너하임(Anaheim)에 있는 놀이공원 주변에 무분별하게 확산되던 '끔찍한 대로'에 대해 역겨움을 금치 못했다. 그런 점에서 디즈니와 생각이 같았다. 게다가 디즈니가 플로리다 주 중부 지역에 방대한 크기의 늪지를 사들여 '진보적인 도시(Progress City)'를(디즈니는 처음에 이런 이름을 붙였다) 건설하기로 했을 때, 그루엔은 그 도시의 수호성인으로 안성맞춤이었다.

1966년 디즈니는 버뱅크(Burbank)에 있는 월트디즈니 스튜디오 부지에 비밀 작전을 수행할 사무실을 차렸다. 이 널찍한 공간에는 곧 '일광욕실'이라는 이름이 붙었고, 이 사무실에서는 도시계획 전문가인 상상공학자들이 새로 건설할 도시의 모형을 밤낮으로 만들었다. 디즈니는 《우리가 사는 도시의 심장부》 한 권을 책상 위에 두었다. 몇 달 동안 이 사무실의 존재는 디즈니사 직원들에게도 극비에 부쳐졌다(플로리다 주에서 부지를 사들일 때 낮은 가격을 유지하기 위해,

디즈니가 익명으로 부지를 매입했기 때문이다). 그러나 플로리다 주 올랜도 부지에 대한 소문이 유출되자, 디즈니는 '일광욕실'과 함께 거기에서 진행 중인 프로젝트도 공개하기로 했다. 1966년 늦여름 디즈니는 디즈니월드를 소개하는 30분짜리 영화를 만들었고, 이 영화에서 일광욕실의 거대한 벽면을 뒤덮은 20피트 크기의 지도를 공개했다. (영화에서는 설계사가 사다리를 타고 올라가, 놀라울 만큼 생생한 세부사항을 지도에 그려 넣는 모습이 등장한다.) 디즈니를 연구하는 전문가 사이에서 그 영화는 남다른 의미를 지닌다. 월트 디즈니는 그 영화를 마지막으로 세상을 떠났기 때문이다. (디즈니는 이 영화를 제작할 때 이미 암으로 시한부 선고를 받은 상태였다.) 그러나 오늘날 우리에게 그 영화가 흥미로운 이유는, 디즈니가 그때 사망하지 않고 비전을 실현했더라면 결과물이 어떤 모습이었을지 일별하게 해주기 때문이다.

이 영화는 에프코트 프로젝트가 디즈니에게 얼마나 중요한지 분명히 보여준다. 디즈니는 프로젝트 전체 모습이 담긴 거대한 지도 앞에 서서, 자신이 품고 있는 야심을 특유의 자상한 말투로 다음과 같이 펼쳐 보인다.

── 우리가 진행하고 있는 플로리다 구상에서 가장 멋지고 가장 중요한 부분(사실상 디즈니 월드에서 우리가 하게 될 모든 일들의 핵심)은, 미래의 도시가 어떤 모습일지 그 시안을 만들고 있다는 점이다 … 에프코트는 창의적인 미국 산업의 심장부에서 개발되는 새로운

아이디어와 기술에 바탕을 두었다. 결코 완성되지 않고 끊임없이 신소재와 새로운 시스템을 도입하고 시험하고 소개하는, 미래의 공동체가 될 것이다. 그리고 에프코트는 미국의 자유로운 기업가정신에서 나오는 창의성과 상상력을 전 세계에 선보이게 될 것이다. 지금 도시가 안고 있는 문제의 해결책을 찾는 일보다 훨씬 더 어렵고 중요한 문제는 이 세상에 없다고 믿는다.

에프코트와 관련해 가장 먼저 언급되어야 할 점은, 그루엔이 설계한 노스데일 원안과 마찬가지로, 쇼핑몰을 둘러싼 완전한 공동체를 만드는 것이었다.

"도로와 건물이 들어선 50에이커 넓이의 이 도시가 지닌 가장 중요한 핵심은, 모든 게 갖추어진 완벽한 도시라는 점이다."

1966년에 만든 영화에서 해설가는 이렇게 말하면서 다음과 같이 덧붙인다.

"기후가 조절되는 환경에서 쇼핑객, 영화 관람객, 그저 산책 나온 사람들 모두, 뜨거운 열기와 추위와 습기로부터 늘 자유로운 이상적인 날씨를 즐기게 된다."

쇼핑몰이 갖춰진 이 파격적인 새로운 도시 구상을 접한 요즘 도시인들이 키득거리는 데는, 그럴 만한 이유가 있다. 그러나 에프코트 구상에 매우 복잡한 요소가 있다는 사실을 잊어서는 안 된다. 두말할 필요 없이 그루엔의 철학에 담긴 모순에서 비롯된 복잡함이다. 우선, 이 도시는 본질적으로 자동차에 매우 불친절하다. 도

세계에 공개한 에프코트 초기 모델.
디즈니가 본래 설계한, 도심을 중심으로 조직화된 도시의 흔적이 엿보인다.

시 중심부에는 그루엔이 보통시민이 '걸어 다닐 만한 거리'라고 규정한 페드셰드(pedshad, 'ped'는 발, 보행자를 뜻하고, 'shed'는 벽 없이 지붕만으로 된 시설이다—옮긴이)가 있고, 자동차는 페드셰드 전역에 진입이 금지된다. 중심부에서 벗어나면 다양한 새로운 교통수단이 나타나는데, 거리에 따라 달리 제작된 이 탈것을 이용해 에프코트 주민들은 도심에 진입한다. 디즈니 월드에 있는 '미래 세계(Tomorrow Land)'를 둘러볼 때 관광객들이 타는 전동 '피플 무버(people mover)'는, 주민들을 고밀도 아파트에서 상업 지역으로 실어 나른다. 도시 주변부에 있는 산업공단과 저밀도 주거지역 사이처럼 이동거리가 긴 구간에는 모노레일이 운영된다. 디즈니의 놀이공원과 마찬가지로 이 도시에서는 모든 교통수단이 도시의 지하 터널망을 이용해 오간다. 이 영화에서 해설자는 에프코트 주민들이 '주말여행'을 갈 때만 자가용을 이용한다고 자랑스럽게 설명한다.

그루언의 삶에 나타난 비극적인 모순이 에프코트 구상에도 여실히 드러난다. 디즈니 월드를 소개하는 이 영화를 보고 있으면, 근래에 등장한 도시 대안이 얼핏 스친다. '실제 도심 번화가보다 더 도심 번화가 같은' 보행자 친화적 쇼핑몰에서 영감을 받은 새로운 형태의 도시에서의 삶. 넘치는 자동차의 물결로부터 자유로운 혁신적인 대중교통 수단의 새 시대를 연다는 구상 말이다. (지난 30년 동안 주말여행에만 자동차를 이용했다면 기후변화에 어떤 영향을 미쳤을지 상상해보라.) 그러나 그러한 도시 대안은 실현되지 않았다. 대신 쇼핑몰은 지난 수십 년 동안 교외 지역을 확산했다. 월트디즈니사는 에프코트를 미국 건축가 버크민스터 풀러(Buckminster Fuller)가 구상한 미래상과, 디즈니 월드 안 환상의 세계(Fantasy Land)에 있는 물위를 미끄러지는 탈것을 한 데 뒤섞어놓은 또 하나의 기괴한 놀이공원으로 변질시켰다.

경이롭고 새로운 미래 도시를 꿈꾸며

———

진보적인 도시는 왜 건설되지 않았을까? 쇼핑몰이 중심축을 이루었다는 사실 그 자체에만 집중하면, 그루엔–에프코트 구상을 일축해버리기는 매우 쉽다. 쇼핑몰 문화가 적어도 미국과 유럽에서는 사양길에 접어들고 있는 오늘날, 우리는 쇼핑몰 중심의 공동체 구상이 지나치게 계획적이고 인공적이라는 점, 그 점이 치명적인 결함이 되고 말았다는 사실을 깨닫게 된다. 놀이는 경이와 새로움이 핵심 요소다. 런던 여성들이 러드게이트힐의 화려한 상점들에서 느꼈던 것처럼, 파리에 생긴 봉마르쉐라는 놀라운 세상에 처음 발을 들여놓은 도벽 있는 여성들이 느꼈던 것처럼 말이다. 그루엔이 애초에 구상한 사우스데일 센터 설계에 비평가들이 찬사를 퍼부었던 이유는, 누구도 그런 공간을 본 적이 없다는(특히나 미네소타 교외 지역에서는) 단순한 이유에서였다. 그러나 개발업자들이 그루엔이 본래 품었던 구상을 표준화 규격화하고, 체인점을 거느린 대기업들이 더욱 막강해지면서 쇼핑몰도 특징이 사라졌다. 아무 개성 없는 제이크루(J. Crew)나 바디샵(Body Shop)이나 블루밍데일스(Bloomingdale's)처럼 되어버렸다. 딱히 '끔찍한 대로'라고 할 수는 없을지라도, 어쨌든 영혼이 없기는 매한가지였다. 늘 보던 그 밥에 그 나물이었다. 결국 편리하지만 어딜 가든 있는 쇼핑몰 문화에 식상한 사람들은 새로움과 경이로움을 갈구하기 시작했고, 다시 옛 도심으로 돌아오기 시작했다. 그 옛 도심은 지저분하고 사람들로 북적거리고 혹독한 날씨에 무방비로 노출되었지만, 동시에 예측불가능하고 독특하다. 쇼핑몰에서는 절대로 느끼지 못할 재미를 느낄 수 있었다.

디즈니와 그루엔은 번잡함만 빼고 대도시가 주는 역동성, 활력, 놀라움을 구현하고 싶었다. 그러나 물 좋고 정자 좋은 곳은 없는 법이다. 결국 역동성과 활력을 맛보려면 번잡함을 조금 감수해야 한다. 그런데 사우스데일과 에프코트의 중심에 설계된 쇼핑몰만 탓하다 보면 중요한 가치를 간과하게 된다. 미래의 도시를 쇼핑몰 중심으로 건설하다니! 하면서 교외 지역 확산의 역사상 최고 사건을 에프코트라고 치부해버리면, 실제로 가치를 지닌 다른 요소들을 간과하게 된다. 권위적인 도시계획자들에 대해 강한 반감을 지녔던 제인 제이콥스가 그루엔의 모델에서 장점을 간파했다는 사실은, 우리에게 시사하는 바가 있다.

런던에 등장한 화려하게 치장한 수많은 상점에서 산업화된 도시가 비롯되었다는 사실을 고려해보면, 어떤 면에서는 상점 진열대 디자이너가 본래 품었던 구상에서부터 새로운 도시계획 모델이 탄생하는 게 더 적합할 듯싶다. 교통수단은 지하로 오가도록 하고, 도심 전역에서 자동차를 퇴출시키고, 교외 지역에 다목적 용도의 주거공간을 빽빽이 짓고, 이동 거리에 따라 맞춤형 대중교통수단을 만드는 등, 이 모든 구상은 세계의 수많은 공동체가 제각기 검토해온 도발적인 아이디어들이다. 그러나 오늘날까지 그 누구도 진정한 의미에서 진보적인 도시를 건설한 적이 없다. 따라서 이 모든 도발적인 아이디어들이 한꺼번에 실현된다면, 도시의 면모가 얼마나 바뀔지 누구도 알 수 없다. 쇼핑몰을 집어넣든 빼버리든, 이제 새로운 구상을 시도할 시간이다.

MUSIC

2
—
음악
저절로 음악을 연주하는 악기

뼈로 만든 피리의 수수께끼

————

약 4만 3천 년 전, 지금의 슬로베니아 북서쪽 변방 굽이치는 구릉지대 동굴에 살던 어린 곰 한 마리가 숨졌다. 그로부터 약 1천 년 후, 그곳에서 수천 마일 떨어진 지금의 독일 남쪽 변방 근처 블라우(Blau)강 위쪽에 있는 숲속에서 매머드가 숨졌다. 매머드가 숨진 지 몇 년 만에 깃털이 거친 독수리도 그 근처에서 숨졌다. 그로부터 5천 년 후 백조 한 마리와 매머드 또 한 마리가 근처에서 숨졌다.

이 동물들이 어쩌다가 죽음을 맞게 되었는지 우리는 아는 바가 거의 없다. 네안데르탈인 아니면 그보다 더 현세에 가까운 인간에게 사냥을 당했을지도 모른다. 어쩌면 자연사했을지도 모른다. 다른 포식자들이 죽였는지도 모른다. 구석기시대에 살았던 다른 대부분의 생물과 마찬가지로, 이 동물들의 삶(그리고 죽음)의 내막은 신비에 싸여 있고 그들이 살았던 과거를 재현할 방법이 없다. 그러나 서로 다른 시간과 공간에 존재했던 이 다양한 생명체들이 사후에 맞은 운명에는 놀라운 공통점이 하나 있다. 이 생명체들의 살점을 육식동물과 박테리아가 먹어치운 뒤 남은 뼈는, 인간의 손으로 정교하게 다듬어져 피리(flute)로 변신했다.

뼈로 만든 피리는 인간이 기술적인 창의성을 발휘해 만든, 가장 오래된 물건으로 손꼽힌다. 슬로베니아와 독일에서 발굴된 이 피리들은 인간이 창조한 예술의 기원인 셈이다. 이 피리들 일부가 발견된 동굴 벽에 인간과 동물의 형상이 그려져 있는 사실로 미루어볼 때, 우리 조상들이 동굴 안에 모닥불을 피워놓고 옹기종기 모여앉아 음악을 연주하며 동굴 벽에 비친 그림자를 보고 즐겼을 과거가 손에 잡힐 듯 생생하다. 그러나 음악과 관련된 기술이 탄생한 시기는 구석기보다 훨씬 전으로 거슬러 올라갈 가능성이 크다. 슬로베니아와 독일에서 발굴된 피리들이 그 오랜 세월을 견뎌내고 오늘날까지 건재한 이유는, 뼈로 만들어졌기 때문이다. 오늘날 많은 원주민 부족들이 갈대와 동물 가죽으로 피리나 북을 만드는데, 이런 재료들은 수만 년이라는 긴 세월을 버티지 못한다. 우리 조상들이 적어도 1만 년 전부터 북을 만들었고, 음악과 관련된 기술의 역사는 사냥 도구나 체온 조절을 위해 만든 옷의 역사만큼이나 오

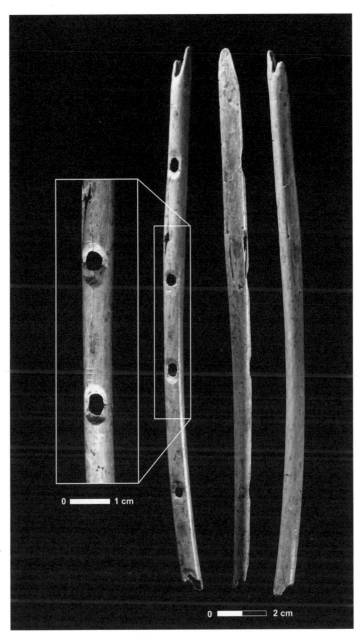

0 ▮▮▮▮▮▮ 1 cm

0 ▮▮▮▮▮▮ 2 cm

기원전 3만 3천 년 것으로 추정되는 뼈로 만든 피리

래되었다고 많은 고고학자들이 믿는다.

　이러한 기술이 개발된 순서는 인류 역사 초기에 나타난 가장 아리송한 수수께끼로 꼽힌다. 생존에 가장 기본적인 필수품인 창끝과 옷을 만들다가 곧바로 몇 단계 뛰어넘어, 바람을 불어넣어 소리를 내는 악기를 발명하다니 말이다. 초기 인류는 문자를 발명하거나 농경생활을 시작하기 훨씬 전부터 도구나 악기를 만들었다. 이 사실이 매우 어리둥절한 이유는, 음악이야말로 가장 추상적인 형태의 예술이기 때문이다. 그림은 눈으로 보이는 이 세상의 동물, 식물, 풍경, 사람의 모습을 표현하는 예술이다. 건축이라는 기술을 이용하면 안식처를 얻는다. 서사는 인간의 삶에서 일어나는 일련의 사건들을 좇는다. 그러나 음악은 새가 지저귀는 소리와 조금이나마 연관성이 있다는 점 말고는 마땅한 대상이 없다. 인기 있는 음악을 좋아하는 이유는 자연에서 들을 수 있는 소리와 비슷해서가 아니다. 음악은 음악처럼 들리기 때문에 사람들은 음악을 좋아한다. 즉, 자연 세계의 짜임새 없는 소음과 다르게 들리기 때문에 음악을 좋아하는 것이다. 음악 소리는 수렵 채집생활을 한 우리 조상이 수십만 년 전 체험했을 법한 그 어떤 경험보다도, 수학에서 말하는 추상적인 대칭에 가장 가깝다.

　소리와 관련한 기초적인 물리학 이론을 알면, 구석기시대의 이 유물이 얼마나 오묘한 물건인지 이해할 수 있다. 구석기시대 동굴에서 발굴된 뼈로 만든 피리 가운데 지금도 연주가 가능할 만큼 잘 보존된 것들도 있다. 학자들은 뼈에 뚫린 피리 구멍 사이의 간격이 오늘날 완전 4도와 완전 5도인 소리를 낼 수 있도록 배치되었다는 사실을 알아냈다. (서양음악을 기준으로 하면 C조에서 F와 G를 일컫는다.) 4도와 5도는 현대음악에서 거의 모든 인기곡에 쓰이는 화음의 뼈대를 이룰 뿐만 아니라, 세계의 수많은 음악 체계에서 가장 흔히 발견되는 음정으로 손꼽힌다. 발리 섬 주민들이 쓰는 음정 체계 같은 일부 고대 음정 체계는 4도와 5도 음정 없이 진화해왔지만, 옥타브(octave) 체계만은 공통으로 존재한다. 오늘날 음악학자들은 이러한 음정 체계가 인간의 귀에 아름답게 들리는 이유를 물리학 차원으로 설명한다. 한 옥타브(피아노 건반에서 정확히 서로 12음계 떨어져 있는 두 건반)는 주파수가 정확히 2대 1인 음정을 만들어낸다. 기타로 높은 C현을 튕기면, 이 줄은 낮은 C현이 한 번 떨릴 때마다 정확히 두 번 떨린다. 이러한 동기화(synchronization)는 청각에 생생한 울림을 남긴다. 두 가지 형태의 주파수가 만들어내는 소리가 2파장 주기마다 일치한다. 완전 4도와 5도의 주파수 비율은 비슷하다. 4도는 4대 3, 5도는 3대 2다. C현과 G현을 동시에 연주하면, 높은 G음을 내는 현은 C현이 두 번 떨릴 때마다 세 번 떨린다. 한편 C현과 F#현을 같이 튕기면 주파수 비율이 43대 32로, 서양 음계에서 가장 귀에 거슬리는 불협화음을 만들어낸다. 이 3온음 불협화음은 한때 '악마의 음정'이라고 불렸다.

이러한 주파수 비율은 고대그리스 시대부터 유래한다. 이러한 주파수 비율을 바탕으로 한 조율 체계는 피타고라스 조율이라고도 한다. 그리스 수학자인 피타고라스가 최초로 이 주파수 비율을 규명했다는 얘기가 전해 내려온다. [오늘날 중학교 1학년은 '피타고라스' 라 하면 '피타고라스의 정리'를 떠올리지만, 그가 알아낸 주파수는 스포티파이(Spotify, 유럽에서 인기 있는 음원 서비스–옮긴이)에 등록된 모든 대중음악의 기초가 된다.] 음악의 주파수 비율에 관한 연구는 자연현상을 수학적으로 설명한 지식의 역사에 첫 발자국을 남겼다. 사실상 음악을 수학으로 설명한 이론이 단초가 되어, 2천 년 동안 인간은 천체 움직임이 어떤 비율로 작동하는지 밝혀내는 데 매진하게 되었다. 그 유명한 우주의 음악(Musica Universalis, 태양, 달, 행성 등 천체의 움직임에서 나타나는 비율과 관련된 고대 철학 개념. 여기에서 '음악' 이란 귀에 들리는 소리가 아니라, 조화롭고 수학적이고 종교적인 개념이다. 이 개념은 르네상스시대 말기까지 인본주의자들을 비롯, 많은 사상가들에게 영향을 미쳤다–옮긴이)은 케플러를 비롯해 많은 천체물리학자에게 영감을 주었다.

파장 형태, 정수(整數) 비율, 배음(倍音, 진동체가 내는 여러 소리 가운데, 원래 소리보다 큰 진동수를 가진 소리. 복합음의 진동수에 있어 기본음의 정수배(整數倍)가 되는 부속음이다–옮긴이) 등은 후기구석기시대에 산 우리 조상에게는 알려지지 않은 개념이었다. 그런데 무슨 이유인지는 몰라도, 그들은 숨을 내쉬는 단순한 행위에서 수학적인 패턴을 만들어내는 도구를 애써 만들었다. 4만 년 전 슬로베니아에 있는 동굴에 산다고 상상해보자. 불을 지피는 방법을 찾아냈고, 간단한 사냥 도구를 만들 줄 알게 되었으며, 겨울에 체온을 유지하기 위해 동물 가죽으로 옷 만드는 법을 터득했다. 앞으로도 발명할 게 천지다.

다음에는 뭘 발명하겠는가? 연주했을 때 정확히 3대 2 비율로 공기 분자를 진동시키는 도구를 만들 가능성은 희박하다.

생존에 필요없는 음악이 탄생한 이유

초기 인간이 그처럼 정확한 정수 비율로 움직이는 소리의 파장을 만들려고 애쓴 이유는 무엇일까? 음향 이론의 기본도 모르는 채 악기를 만들었다는 사실은 그리 어리둥절할 일은 아니다. 인류가 진화하는 과정에서, 기본적인 속성도 이해하지 못하면서 어떤 목적을 달성하는 데 골몰한 사례는 많다. 예컨대 구석기시대의 수렵 채집인들은 탄수화물과 지방의 분자구조에 대해 전혀 모르는데도 설탕과 지방에 맛을 들였고, 그것을 얻을 도구를 만들었다. 설탕과 지방은 인간의 식생활에서 필수영양소다. 부족하면 죽는다. 그러나 4대 3 비율 주파수에 귀를 기울이는 행위를 통해 얻는 뚜렷한 이득은 없다. 호미니데(hominidae, 퐁고(Pongo, 보르네오와 수마트라에 서식하는 오랑우탄) 속(屬), 고릴라(Gorilla) 속, 판(Pan, 침팬지와 보노보) 속, 호모(Homo, 인간) 속이 호미니데과에 속한다—옮긴이) 과(科)에 속하는 인간의 사촌들은 그 주파수 없이도 수백만 년을 살았다. 니체는 "음악이 없는 삶은 그릇된 삶이다"라는 유명한 말을 남겼다. 그러나 음악이 없어도 삶은 존재한다. 성행위, 물, 단백질이 없다면 인류는 멸종한다. 완전 4도가 없다면 우리는 〈언더 프레셔(Under Pressure)〉(그룹

퀸(Queen)의 프레디 머큐리(Freddie Mercury)와 데이비드 보위(David Bowie)가 함께 불러 1981년 영국 싱글차트 1위를 한 노래—옮긴이), 그리고 지난 몇 세기 동안 작곡된 모든 음악에서 우리의 뇌리에 꽂히는 저음 부분을 듣지 못했겠지만, 동물 종으로서 인류 존속에는 아무 지장이 없다.

나는 음악이 필요해서가 아니라 색달랐기 때문에 탄생했다고 추측한다. 갈대나 뼈처럼 속이 텅 빈 물건에서 나오는 울림은, 인간이 자연 세계에서 듣는 온갖 소음과는 확연히 달랐다. 처음에는 그다지 의미 있는 소리가 아니었지만, 인간이 오늘날 음악이라고 여길 만한, 감정을 뒤흔드는 배음들로 충만한 소리였다. 그저 새로웠다. 티리언 퍼플이라는 희귀한 색조처럼 새로운 소리였기에 인간은 흥미를 느꼈고, 그 소리를 반복하고 다듬었다. 인류 초기에 만들어진 이러한 악기들은 함께 연주하면 옥타브를 만들어냈고, 우리의 먼 조상들은 유독 그 소리에 감동했을지 모른다. 남성과 여성의 목소리는 평균적으로 대략 한 옥타브 차이가 난다. 따라서 원시 형태의 피리가 내는 야릇한 울림은 남녀 간의 대화를 연상시켰을지도 모른다. 화음을 넣어 노래를 부르는 행위는 최초의 악기가 발명되기 전에 등장했을 것이다. 그리고 진화 과정에서 무작위 변동이 일어나면서 뼈나 갈대 줄기는 아주 우연히 옥타브 음정을 내게 되었고, 인간도 우연히 거기에서 듣기 좋은 소리가 난다는 사실을 알게 된다. 그때부터 그 소리를 직접 만들어내는 작업에 착수하게 된 것이다.

음악은 인간 사회에서 오랜 역사를 자랑하기 때문에, 어떤 과학자들은 인간이 호모사피엔스로부터 음악을 좋아하는 성향을 유전적으로 물려받았다고 믿는다. 즉, 색상을 인식하거나 얼굴을 인식하는 능력과 마찬가지로, 음악 소리를 인식하는 방식으로 우리 뇌가 진화해왔다는 얘기다. 음악이 문화적인 발명에서 비롯되었는지, 진화 과정에서 적응한 결과물인지는 지난 십여 년 동안 갑론을박이 있었다. 이 논쟁에 불을 지핀 주인공은 스티븐 핑커(Steven Pinker)가 쓴 진화심리학 베스트셀러 《마음은 어떻게 작동하는가(How the Mind Works)》다. 핑커는 마음을 일종의 도구상자로 본다. 우리 조상들이 환경에 적응하면서 진화 과정에서 형성된 특질들을 담았다는 것이다. 그러나 그는 음악을 음악보다 훨씬 중요한 작업을 수행하기 위해 인간이 진화시킨, 뇌 회로를 자극하는 문화적인 도구로 본다. 이 책에서 핑커는 음악을 딸기 치즈 케이크에 비유했고, 이 대목은 큰 논란을 불러일으켰다.

— 우리는 딸기 치즈 케이크를 맛있게 먹는다.[32] 딸기 치즈 케이크 맛을 좋아하도록 진화해서가 아니다. 잘 익은 과일의 달콤한 맛, 견과류와 육류에 들어 있는 지방과 기름을 입에 넣었을 때 느껴지는 부드러운 감촉, 물을 마셨을 때 느끼는 시원함에서 희열을 느끼는 뇌 회로를 발달시켰기 때문이다. 치즈 케이크는 자연 세계에 존재하는 그 무엇보다도 인간의 감각을 강하게 두드린다. 치즈 케이크에는 인간에게 쾌락을 주는 게 주요 목적인 자극이 한 가득 섞여 들어 있기 때문이다. 음악은 청각적인 치즈 케이크

다. 인간의 뇌가 지닌 기능 가운데 적어도 여섯 군데쯤 예민한 부위를 자극하도록 만들어진, 황홀한 과자인 셈이다.

치즈 케이크 비유는 다른 과학자들에게 잘 와 닿지 않았다. 책이 나오고 몇 년 동안 많은 이들이, 인간이 음악을 좋아하게 된 이유로는 뭔가 직접적인 적응 가치가 있었기 때문이라고 주장했다. 고대 고고학 사료에서도 악기가 눈에 띄는 점으로 미루어볼 때, 그리고 모든 인간 사회에 악기가 존재했다는 점으로 미루어볼 때 말이다. 합창이 언어 자체보다 먼저 생겼을지도 모른다고 생각하는 이들도 있다. 단어와 문장은 언어가 탄생하기 전 화음과 리듬으로 소통하던 데서 비롯되었다는 주장이다. 독일에서 뼈로 만든 피리들을 발견한 학자들은, 초기 인류 사이 사회적 결속력을 다지는 데 있어 음악이 핵심 역할을 했을지 모른다며 다음과 같이 주장한다.

"후기 구석기시대 인간들의 삶에서 음악이라는 존재는[33], 직접적으로 생계 유지에 필요한 경제의 효율성을 높이거나 번식력을 향상시키지도 않았다. 그러나 인간의 행동이라는 보다 넓은 맥락에서 보면, 후기 구석기시대에 음악은 사회적 관계를 유지하는 데 기여했을지도 모른다. 즉 문화적으로 더 보수적이고 인구학적으로 더 고립된 네안데르탈인들보다, 상대적으로 현대 인류가 인구와 영역을 더 신속히 확장하는 데 도움을 줬을지도 모른다."

또 어떤 이들은 오늘날 대중음악가들의 여성편력이[34] 대단하다는 사실로 미루어볼 때, 음악적인 재능은 성 선택을 통해 발달한 특질일지도 모른다고 생각한다. 즉, 후기 구석기시대에 음악적인 재능은 삶에서 맞닥뜨리는 역경을 헤쳐 나가는 데 도움이 되지는 않았지만, 유전자를 퍼뜨리는 데는 기여했다는 뜻이다.

새롭고 색다른 것을 향한 쾌락

이 논쟁에서 서로 맞서는 주장에는 공통 전제가 하나 있다. 핑커가 말했듯 "음악은 인간에게 쾌락을 준다"는 점이다. 그러나 음악을 희구하는 인간의 성향을 이런 식으로 설명하는 방식은, 왠지 너무 단순하다. 두 가지 예를 들어보자. 설탕과 아편이 인간의 뇌에서 쾌락중추를 자극하는 방식은 비교적 단순명료하다. 일단 뭔가에 맛을 들이면 본능적으로 다시 찾게 된다. 실험실 쥐가 레버를 누를 때마다 쾌락중추를 자극했더니, 레버를 끊임없이 계속 누르더라는 유명한 실험처럼 말이다. 게다가 인간은 창의성을 발휘해, 이러한 쾌락을 점점 더 효율적으로 전달하는 기제를 만들어낸다. 아편을 정제해 헤로인을 만들고, 편의점에서는 탄산음료를 슈퍼 사이즈 용기에 담아서 판다. 그러나 음악은, 패션 혁명을 촉발한 문양이나 색상처럼, 보다 은밀한 방식으로 쾌락중추를 자극한다. 마음을 사로잡는 소리를 들을 때 느끼는 쾌감은, 단순히 똑같은 것을 더 바라고 구하게 만들지는 않는다. 오히려 음악은 인간이 새로운 경험을 추구하게 만든다. 즉, 음악은 음악이되 이미 체험한 음악이 아니라 색다른 음악을 추구하게 된다.

진화론에 대해 어떤 생각을 지니고 있든, 음악은 부인할 수 없는 모순과 맞닥뜨리게 한다. 이렇게 추상적이고 형체도 없는 오락(공기분자들의 진동이 일으키는, 눈에 보이지 않는 대칭 현상)이, 그 어떤 형태의 예술보다도 오래된 기술혁신의 역사를 자랑한다는 모순 말이다. 뼈로 만든 인류 최초의 피리 소리가 고막을 울린 이후로 인간은 새로운 소리, 색다른 소리를 낼 새로운 재료, 새로운 화음을 추구해왔다. 그리고 이러한 노력을 통해 음악과는 전혀 상관없는 여러 면에서 오늘날 인간의 삶에 영향을 미친, 수많은 획기적인 기술적 진전이 이루어졌다.

새로움을 추구하는 행위는 유희의 역사를 통해 끊임없이 반복된다. 진화를 통해 인간은 두 종류의 쾌락을 추구하게 되었다고 간주해보자. 첫 번째는 모두가 마음을 합해야 얻을 수 있는 쾌락이다. 인간은 식량을 섭취하고 체온을 유지하고 자손을 낳아야 한다. 그러지 않으면 인간은 죽고, 다음 세대에 유전자를 전달하지 못하게 된다. 따라서 이러한 욕구를 충족시키는 기능을 하는 "쾌락중추"가 있다. 성적인 쾌락, 단백질과 탄수화물 섭취를 통해 얻는 쾌락 등이다. 그러나 이처럼 절박한 쾌락은 아니어도 또 다른 종류의 쾌락이 있다. 속이 빈 독수리 뼈를 통해 바람이 지나가면서 내는 소리에서 얻는 쾌락 같은 것이다. 인간은 그런 소리를 듣지 않아도 생명에 지장이 없다. 그래도 그 소리에는 인간을 사로잡는 뭔가가 있다. 계속해서 그 경험을 추구하도록 만든다. 뇌 속에 있는 순수한 쾌락을 추구하는 중추는 오로지 엔도르핀만 끌어내게 만든다. 엔도르핀이 만들어내는 쾌락은 그 위력이 실로 대단하다. 대부분의 사람들은 인공으로 만든 엔도르핀이라 할 수 있는 헤로인이나 마약성 진통제 옥시콘틴(OxyContin)에 중독되면, 다른 모든 경험에는 흥미를 잃는다. 아편의 유혹은 홀로 즐기는 폐쇄적인 쾌락이다. 헤로인 중독자들이 대부분 고독사하는 데는 이유가 있다. 그러나 음악은, 이와 비슷한 다른 형태의 유희와 마찬가지로, 외향적이고 진취적인 쾌락이다. 새로운 변형을 추구하게 만든다.

새로움을 탐험하고 경험을 확장하려는 욕구야말로, 순수한 쾌락과 생존의 필요를 충족하기 위한 쾌락을 구분하는 요소다. 유희를 즐기려는 마음가짐이 되어 있을 때 인간은 비로소 마음을 열고 새로운 경이를 맞이한다. 그러나 인간의 기본적인 욕구는 인간이 생존하는 데 절실히 필요한 욕구 충족에 집중하게 만든다. 이 점을 구분해야, 수없이 많은 중요한 발견과 발명이 인간의 유희(얼핏 보기에는 하찮고 쓸데없어 보이지만)를 통해 탄생했다는 사실을 깨닫게 된다. 호모사피엔스의 뇌가 왜 유희와 경이를 갈망하게 되었는지는 매우 흥미로운 의문이다. 이 점에 대해서는 이 책 말미에서 다룰 예정이다. 이번 장에서는 인간이 유희를 갈망하는 타고난 본성을 통해, 어떤 업적을 이루게 되었는지 살펴보도록 하겠다.

뼈로 만든 피리 소리는 후기 구석기시대의 인간들에게 매혹적으로 들렸음에 틀림없다. 그러나 그것은 그저 시작일 뿐이었다.

저절로 음악을 연주하는 악기

이슬람 황금시대에 등장한 천재적인 장난감 발명가 바누 무사는 《기발한 장치들이 수록된 책》을 발간함으로써, 공학과 로봇공학의 '명예의 전당'에 영원히 이름을 남기게 되었다. 그러나 그들은 자신들이 만든 가장 창의적인 장치는 그 책에 수록하지 않았다. 최초로 컴퓨터가 만들어지기 1천여 년 전에 디지털 시대의 가장 중요한 개념을 소개한 기계인데 말이다. 바누 무사는 그 장치를 다른 문서에 별도로 기록했다. 이를 12세기에 한 학자가 필사한 필사본이 시리아에 있는 스리 문즈 칼리지(Three Moons College)의 도서관에서 발견되었다. 바누 무사가 만든 수많은 장치들을 수록한 책과 마찬가지로, 이 문서도 부품 수백 개를 조립해 기계를 만드는 방법을 알리는 매우 기술적이고 딱딱한 내용이다. 그러나 제목만큼은 단번에 시선을 사로잡는다. 그 제목은 '저절로 음악을 연주하는 악기'다.

이 문서의 도입부에서 바누 무사 삼형제는 다음과 같이 말한다.

"원하는 음악이라면 어떤 음악도, 빠른 박자로도 느린 박자로도 연주할 수 있는 악기, 다른 음악이 듣고 싶으면 다른 음악을 연주할 수도 있는 악기를 만드는 방법을 설명하고자 한다."[35]

이 악기는 수력으로 움직이는 오르간이다. 당시보다 수세기 전 그리스와 로마인들이 만든 오르간과 그 구조가 비슷했다. 그러나 바누 무사가 만든 장치에는 그 어떤 악기 발명가도 시도한 적 없는 중요한 특징이 있었다. 인간이 손가락으로 건반을 누르지 않아도 오르간이 음악을 연주했다. 표면 전체에 삼형제가 '작은 이빨'이라고 부른 핀(pin)이 무질서하게 돌출되어 있는 원통이 소리를 냈다. 이 원통이 돌아가면서 오르간의 파이프들을 여닫는 일련의 레버를 작동시키면, 공기가 파이프를 통과하면서 '이빨'이 위치한 패턴에 따라 다양한 음을 만들어낸다. 삼형제는 실제 연주가가 연주한 음정을 검은 밀랍을 칠한 회전 통으로 포착해냄으로써, 핀이 박힌 원통이 음정을 만들어내는 원리를 설명했다. (그러나 바누 무사가 만든 기계는 음파가 아니라 연주된 특정한 음정을 기록했다.) 밀랍에 새겨진 무늬는 원통의 이빨로 옮겨졌다. 미래에 음반제작 산업에서 쓰일 전문용어를 예견하기라도 한 듯, 바누 무사는 이 절차를 음정 '커팅 (cutting, 녹음된 마스터 테이프를 바탕으로 래커 판에 소리 골을 새기는 작업—옮긴이)'이라고 했다. 훗날 음악계에서 일어날 혁신적인 발명들을 미리 내다본 듯, 바누 무사는 자신들이 발명한 악기를 자동기계 속에 삽입해 로봇이 미리 입력된 음악을 피리로 연주하는 모습을 연출하는 방법까지도 자세히 설명했다.

그렇게 해서 탄생한 발명품은 그 자체만으로도 놀라웠지만, 그저 저절로 음악을 연주하는 기계가 아니었다. 바누 무사는 기계의 자동화에 관한 한 장인이었다. 그러나 실제 생명체처럼 움직이는 기계를 만든다는 생각을, 인간은 플라톤이 살았던 시대부터 품어왔다. 움직이는 공작, 물시계, 로봇 무용수 등 이 모든 발명품들은 공학의 개가였지만, 모두 근본적으로 한계가 있었다. 주어진 몇몇

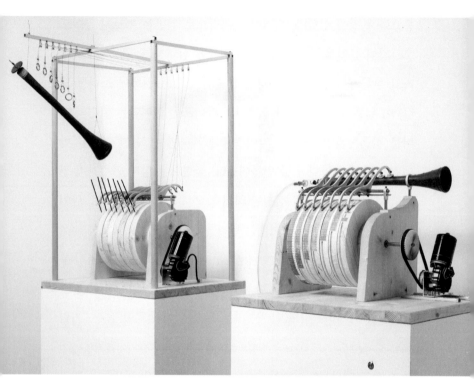

바누 무사가 발명한 저절로 음악을 연주하는 자동기계를 재현한 작품

동작밖에 하지 못했다. 그러나 저절로 연주하는 악기는 그런 제약
에서 자유로웠다. 어떤 음악이든지 연주하게 만들 수 있었다. 바누
무사가 만든 물시계는 자동화된 시계였다. 그러나 삼형제가 만든
'악기'는 그보다 훨씬 고차원의 특징을 갖춘 기계였다. 프로그래
밍할 수 있는 기계였다.

　개념적으로 볼 때 이는 공학적인 대약진이었다. 기능적인 면에
서 개방형으로 설계된 기계, 기계공학의 원리가 아니라 코드(code)

로 작동하는 기계였다. '저절로 음악을 연주하는 기계'와 오늘날 인간의 삶을 완전히 변모시킨, 튜링(Turing)이 발명한 기계는 논리적으로 연장선상에 있다. 바로 이 기계가 하드웨어와 소프트웨어를 구분하게 된 시발점이 되었다. 발명 자체를 더 쉽고 빠르고 시행착오를 수용하도록 만드는 발명, 가상의 기계였다.

그러나 당시에는 이 기계의 진가를 깨닫기 어려웠을지도 모른다. 문외한이 보기에 (듣기에) 이 기계는 움직이는 공작에 비하면 별볼일 없었다. 오르간이 이런저런 음악을 연주하는데, 그게 뭐 대단하단 말인가? 그러나 삼형제가 남긴 문서를 자세히 살펴보면, 앞으로 일어날 중요한 기술혁신을 예견했음을 감지할 수 있다. 그들은 조립 과정을 설명한 문서에서 원통을 새로 '커팅'하고 기존의 음악을 재생할 때 원통을 보완하는 기법을 설명하는 데 상당히 많은 분량을 할애했다. 그러나 그들은 그러한 절차상의 변화가 결국 어떤 결과를 낳을지는 파악하지 못했을 것이다.

프로그래밍 가능한 음악이라는 개념에는, 향후 수세기 동안 공학자들과 악기 발명가들의 관심을 사로잡은 뭔가가 있었다. 시계에 뒤이어 뮤직박스는 16세기와 17세기에 발명된 기계공학의 금자탑으로 손꼽는다. 뮤직박스에는 거의 예외 없이 바누 무사가 발명한, 음정과 코드를 입력하는 핀이 돌출된 원통이 이용되었다. 이 장치는 그 뒤를 이은 자동기계만큼 실제 격식을 갖춘 음악 공연에 견줄 만한 경쟁상대는 아니었다. 그저 특권층에게 오락거리를 제공하기 위해 만들어졌다. 뮤직박스는 신기한 장난감이었다. 그러나 이 장난감을 통해 훨씬 거창하고 혁명적인 아이디어가 서서히 모습을 드러내기 시작했다.

자크 드 보캉송의 피리 부는 목동

자동기계의 진화 역사에서 뮤직박스 다음으로 이정표를 세운 발명품은 무엇일까. 1730년대 말 호기심 있는 파리 시민이라면 누구든 알아챘을지 모른다. 지금은 튈레리(Tuileries)가 자리한 파리 롱그빌 호텔(Hotel de Longueville)에 들어서면, 숙박 접수 공간에 여러 장식품이 진열되어 있다. 그 가운데 눈에 띄는 인물이 있었다. 주춧대 위에 웅크리고 앉아 피리를 부는 실물 크기의 목동이다. 이 목동은 사실 기계지만 마치 사람처럼 피리를 불었다. 입으로 피리에 공기를 불어넣고, 피리 구멍을 손가락으로 막았다 열었다 하면서 여러 다양한 곡을 연주했다. 주춧대 속에 감춰진 공기 펌프와 크랭크축이 목동의 입으로 배출되는 공기압과 손가락 움직임을 조종했다. 핀이 박힌 원통은 연주되는 음정의 크기와 순서를 조정했다. 여러 개의 원통이 돌아가면서 서로 다른 12곡의 음악을 연주했다.

피리 부는 목동을 만든 주인공은 프랑스인 자크 드 보캉송(Jacques de Vaucanson)이다. '모이 먹는 오리'로 유명한 자동기계 발명가였다. (이 오리는 그다음 해에 피리 부는 목동과 나란히 롱그빌 호텔에 전시되었다.) 그는 생명체를 해부학적으로 분석해, 기계가 생명체

자크 드 보캉송

와 똑같이 움직이도록 만드는 데 집중한 최초의 자동기계 발명가였다. 자기가 만든 초보적 형태의 기계 몇 점을 전시하면서 여기저기 떠돌아다니며 십여 년을 보낸 보캉송은, 파리에 거주하는 장 마르갱(Jean Marguin)이라는 신사로부터 재정 지원을 받게 된다. 난생 처음 경제적으로 든든한 뒷배가 생긴 보캉송은 자신이 품은 야심에 걸맞은 기계를 발명하는 데 착수했다. 생명체와 똑같이 닮은 기계를 발명하는 일이었다. 그는 4천 년 전 구석기시대에 도구를 만들던 이들이 밟았던 절차를 부지불식간에 똑같이 되풀이하고 있었다. 그는 당대 최첨단 공학 지식을 이용해 속이 텅 빈 원통에 구멍을 뚫고, 그 구멍으로 공기를 불어넣어 주파수가 4대 3인 음파를 만들어냈다.

피리 부는 목동이 사람처럼 손가락을 움직이고 입으로 피리에 공기를 불어넣는 생생한 모습을 바누 무사가 봤다면 감탄했겠지만, 사실 보캉송의 발명품에 바탕이 된 기본 원리는 본질적으로 '저절로 음악을 연주하는 악기'와 똑같았다. 기계의 움직임을 관장한 '프로그래밍'은 돌아가는 원통 표면에 돌출된 이빨들이 만들어내는 문양에서 왔고, 프로그래밍을 통해 만들어진 동력으로 음악을 연주했다. 여기서 이 기술의 역사가 지닌 묘한 본질을 간과해서는 안 된다. 8백 년 동안 인간은 아주 초보적인 형태의 프로그래밍 기술만 지니고 있었다. 세월이 흐르면서 공기를 진동시켜 듣기 좋은 소리의 파장을 만들어내는 데만 이 기술을 사용했다. (게다가 피리 부는 목동의 경우는 음파에 실제로 연주하는 사람의 행동을 모방한 몸짓도 곁들였다.) 당시 새로운 작동방식을 입력해 움직임이 다양한 기계나 소프트웨어를 발명했더라면 세상이 어떻게 변했을지 상상해보라. 그런데 인류는 거의 1천 년 동안, 여러 방식으로 변형하면 다른 도구들을 만들 수 있는 초도구(meta-tool)를 이미 지니고 있었으면서도 음악을 연주하는 용도 외에는 쓰지 않았다.

소리 내는 도구에서 천을 짜는 방직기로

———

그러나 보캉송이 만든 피리 부는 목동은 인류에게 돌파구가 되었다. 기술이 지닌 기능을 활용하는 면에서 막다른 골목에 다다른 인류에게 말이다. 보캉송은 피리 부는 목동에 생명을 불어넣은, 프로그래밍 가능한 원통을 만들었다. 그러면서 호텔 로비에 전시한 로봇보다 더 상업적인 가치가 있는 발명에 그 기술을 응용할 수 있다고 보았다. 핀이 돌출된 원통을 이용해 복잡한 소리 파장을 만들수 있다면, 똑같은 원리를 이용해 복잡한 색 파장을 만들지 못할이유가 없지 않은가? 보캉송은 그렇게 생각했다. 피리를 불 만큼정교한 기계를 만들 수 있다면, 비슷한 원리로 견직물에 문양을 짜넣지 못할 이유가 있을까?

1741년 무렵, '모이 먹는 오리'로 대단한 성공을 거둔 보캉송은프랑스에서 유명인사가 되었다. 공학에서의 재능뿐만 아니라 흥행사로서의 자질도 입증했다. 이러한 성공을 발판으로 루이 15세의자문관이 되어, 프랑스 직물산업을 부흥시켰다. 당시 프랑스 직물산업은 해협 건너편에서 기술을 개발하는 더 야심만만한 경쟁자들보다 뒤처져 있다는 게 통념이었다. 보캉송은 직물을 짜는 구식 베틀을 전국을 돌며 살펴보고, 바누 무사가 음악에 적용한 기술을 직물 제조에 응용한 기계를 만들 계획을 세우기 시작했다. 오르간에공기 구멍을 뚫거나 로봇의 손가락을 움직이게 하는 대신, 그가 만든 직물제조기는 핀이 돌출된 원통에 지시사항을 입력하고, 그 지시사항에 따라 갈고리와 바늘들이 움직이며 갖가지 색상의 실들을 교차해 문양을 짜 넣는 방식으로 작동했다. 이 기계에 지시사항을 입력하면 견직물에 수없이 다양한 문양을 짜 넣을 수 있었다. 역사상 처음으로 프로그래밍이 음악이라는 테두리를 벗어나게 되었다.

적어도 이론상으로는 그랬다. 그런데 실제로 보캉송이 만든 기계는 문양을 핀이 돌출된 원통에 '커팅' 할 때 난관에 부딪혔다. '커팅'에는 돈이 많이 들었다. 원통이 한 바퀴 돌 때마다 문양이 한 줄씩 생겨났기 때문에, 반복적인 문양만 짜 넣을 수 있었다. 몇 가지 시제품이 제작되었지만, 이 기계는 프랑스 섬유산업에 쓰이지 않았다. 그러나 이때 만들어진 시제품 중 하나가 국립 공예 학교(Conservatoire des Arts et Metiers) 소장품 가운데 발견된다. 보캉송이 세상을 떠나고 십여 년도 더 지난 뒤 일어난 프랑스혁명 초기에 설립된 학교다. 1803년, 리용(Lyon) 출신의 조제프-마리 자카르(Joseph-Marie Jacquard)라는 야심만만한 발명가가 이 학교를 찾아가, 보캉송이 만든 자동 직물기계를 살펴보게 된다. 이 핀이 돌출된 원통이 지닌 장단점을 알아차린 자카르는, 기계를 프로그래밍 할 때 구멍이 뚫린 일련의 카드를 사용하는 방법을 떠올렸다. 작은 막대기들을 각각 실과 연결해 구멍 뚫린 카드에 대고 누르는 방식이었다. 막대기가 카드 표면과 닿으면 실은 움직이지 않았다. 그러나 막대기가 카드에 뚫린 구멍을 통과하면 막대기와 연결된 실이 문양을 짜 넣었다. 컴퓨터에 적용되는 2진법이 사용된 셈이었다. 카드에 뚫린 구멍들로 실이 들락날락하면서 문양을 짜는 구조였다.

자신이 만든 방직기를 시연하는 조제프–마리 쟈카르

카드는 금속 원통보다 훨씬 만들기 쉬웠고, 카드를 어떤 순서로 정렬하느냐에 따라 문양들을 끝없이 만들어낼 수 있었다. 자카르가 만든 방직기는 자동기계이므로 직물을 전통 방직기보다 20배는 더 빨리 짰다.

"자카르의 방직기를 사용하면,[36] 숙련된 직조공은 날마다 눈부시게 아름다운 문양이 수놓인 견직물 2피트를 생산할 수 있었다. 전통적인 베틀은 기껏해야 하루에 1인치밖에 짜지 못했다."

여러 편의 경영서적을 쓴 저자 제임스 에싱어(James Essinger)는 말한다.

1804년에 특허 출원된 자카르 방직기는 오늘날 직물 생산 역사상, 가장 중요한 혁신기술로 손꼽힌다. 그러나 그의 방직기가 남긴 가장 중요한 유산은 컴퓨터 분야에서 찾을 수 있다. 1839년, 찰스 배비지는 파리에 사는 친구인 천문학자에게 편지를 보내 런던에서 본 초상화에 대해 묻는다. 멀리서 보면 유화처럼 보이는 초상화인데 가까이 가서 자세히 보면 견직물이었다. 초상화의 주인공은 조제프-마리 자카르 본인이었다. 이 편지에서 배비지는 이 전설적인 방직기 발명가에 대해 관심을 보이며 다음과 같이 적었다.

— 당신도 알다시피[37] 자카르가 발명한 카드 체계를 아주 평범한 방직기에 적용하면 어떤 문양도 짜 넣을 수 있소이다. 나도 이 멋진 발명품의 원리를 응용하면 아무리 어려운 수식이라도 내 계산 기계로 계산할 수 있었소. 하지만 나는 한 단계 더 나아가, 카드를

일일이 만들지 않고도 내 계산기계가 이 카드들을 사용하는 데 적용되는 특정한 법칙들을 따르게 만들었소. 그렇게 해서 어떤 등식이든 풀고 변수를 제거하고, 최고 수준의 분석을 실행하게 만든 것이오.

프로그래밍 가능한 기계의 의미

음악 소리를 만들어내는 도구의 원리를 응용해 천에 화려한 문양을 짜 넣게 만든 방직기의 원리를, 배비지는 다시 새로운 형태의 노동에 응용했다. 바로 기계적인 계산이었다. 배비지와 공동으로 작업한 에이다 러블레이스(Ada Lovelace)[38]는 배비지의 분석기계가 수학뿐만 아니라 '정교한 음악 작품을 작곡'할 수 있다는 사실을 알아냈다. 따라서 그녀는 부지불식간에 배비지의 기계의 근원인 '저절로 연주하는 악기'와 보캉송의 피리 부는 목동으로 거슬러 올라가게 된 셈이다. 자신의 발명에 영향을 미친 인물들을 잊지 않고 기리는 배비지는, 견직물로 짠 자카르의 초상화 한 점을 입수했다. 그리고 말러번에 있는 자택의 눈에 잘 띄는 곳에, 멀린이 발명한 기계 무용수, 자신이 발명한 차분기관(Difference Machine, 덧셈만으로 여러 수표를 자동 계산할 수 있도록 한 기계—옮긴이)과 나란히 전시했다.

자카르를 배비지와 엮고, 그를 다시 1940년대 디지털 공학자들과 이어주는 연결고리가 눈에 띄지 않는 이유가 있다. 컴퓨팅 역사를 서술할 때 자카르의 펀치카드('천공카드'라고도 한다. 정보를 검색하거나 분류, 집계하기 위해 특정한 위치에 구멍을 몇 개씩 낸 뒤, 그 짝을 맞추어 숫자나 글자, 기호를 나타내는 카드―옮긴이)는 중요하게 다룬다. 엄밀히 말해 그는 컴퓨팅 장비를 프로그래밍 한 게 아닌데도 말이다. 그러나 펀치 카드는 족히 20세기 후반까지도 디지털 정보를 입력하고 저장하는 장치로 계속해서 수명을 이어갔다. 당연히 정보 입력 장치로서의 펀치 카드는 키보드로 대체되었고, 저장 장치는 자기 테이프로 바뀌었다. 앞으로 설명하겠지만, 이 두 기술은 모두 본래 음악을 연주하거나 녹음하기 위해 발명된 기술이었다.

기술의 역사를 쓰는 학자들이 컴퓨팅 시대를 여는 데 자카르가 큰 역할을 했다고 주장하는 이유는 또 있다. 방직기에서 분석기계로 이어지는 과정은, 폭넓은 의미에서 경제적 사고의 전환을 따른다. 산업혁명을 일으킨 방직산업은 그로부터 2세기 후 일어날 디지털 혁명의 씨앗이 된다. 이야기를 이런 식으로 풀어가려면 경제를 거시적으로 조망할 필요가 있다. 하나의 지배적인 생산방식이 그 후에 이어질 생산방식을 낳을 기초가 된다.

그러나 한 걸음 물러서서 보다 넓은 시각으로 역사를 바라보면 (바누 무사에서 뮤직박스를 거쳐 보캉송과 그가 만든 피리에 이르기까지), 프로그래밍 가능한 기계라는 개념은, 산업을 일으키겠다는 야심이 아니라 순전히 유희를 추구하는 인간 본능이 원동력이 되어 얼마나 오랫동안 사람들 사이에서 유통되어 왔는지 간과하기 어렵다. 처음에는 저절로 악기를 연주하는 기계에 소리의 문양을 만든 기술이, 천에 색깔 문양을 넣는 데 이용되었다. 기업가와 산업 역군들이 프로그래밍이라는 개념을 대대적인 사업으로 탈바꿈시켰다 해도, 애초에 그 개념을 탄생시킨 주인공은 예술가와 마술사였다.

악기는 기술혁신을 예고한다

———

1608년 10월, 메디치 가문의 수장이자 토스카나의 대공 페르디난도 1세가 아들 코시모 2세와 오스트리아의 대공비와의 결혼을 축하하는 연회를 피렌체에서 한 달 동안 열었다. 메디치가의 막강한 재력과, 이 결혼이 성사되기 전 수년 동안 오간 지정학적 협상들을 감안하면, 성대한 행사가 될 것임에 틀림없었다. 오늘날로 치면 이 행사의 규모는 유명인사의 결혼식보다는 올림픽을 유치한 한 도시가 진행하는 행사에 더 가까울지 모른다. 결혼식 식전 행사로 며칠에 걸쳐 마상 창 시합(Jousting), 승마 무용극(equestrian ballet), 아르노 강에서 펼쳐지는 모의 해상전투가 선보였다. 공식적인 결혼 피로연의 정점은 (미켈란젤로의 아들이 각본을 쓴) 연극 상연이었다. 궁중 작곡가들이 결혼식을 위해 작곡한 곡들을 바탕으로 한 여섯 곡의 간주곡이 연극 사이사이에 연주되었다. 마지막 여섯 번째 간주곡은 정교한 무대장치를 배경으로 연주되었는데, 하늘에서 신이 내려와 신혼부부에게 결혼을 축하하는 장면이 연출되었다. 청년 미켈란젤로가 스케치한 무대 디자인에는 대략 백여 명의 연주가, 성악가, 무용수들이 무대 위에 등장했다. 이 가운데 일부는 관객보다 높은 위치에서 가짜 구름 사이로 공중에 떠 있는 모습이다.

코시모의 결혼 피로연에서 절정을 장식했을 화려한 간주곡의 전통은, 음악 역사학자들에게는 특별한 관심의 대상이다. 1600년 대에 걸쳐 지금 우리가 오페라라고 부르는 연극과 교향악을 혼합한 형태의 음악으로 자리 잡기 전, 전환기의 음악 형태였기 때문이다. 그러나 이 책의 주제에 맞게, 간주곡을 공연하는 데 사용된 기술의 측면에서 이 화려한 공연을 바라보자. 우선 17세기 초 예술가와 과학자들이 쓰던 도구에 대해 생각해보자. 인쇄기는 당시보다 겨우 150년 전에 발명되었다. 처음으로 망원경이 등장했다. 현미경이 등장하기까지는 그로부터 50년을 더 기다려야 했다. 인쇄기를 제외하면 필사가가 쓸 수 있는 도구라고는, 그로부터 2천 년 전 그리스와 로마인들이 사용했던 깃털 달린 펜과 잉크와 다르지 않았을 것이다. 화가들에게는 16세기에 발명된 유성물감이 있었다. 르네상스 시대의 사실주의 화풍을 재현하기 위해 암상자(camera obscura, 어두운 실내 공간에 작은 구멍을 만들면 그 구멍이 렌즈 역할을 하면서 광선을 모으고 그 광선은 반대편 벽에 뒤집힌 화상을 비추는데, 옛 화가들은 이 상의 윤곽을 따라 그림을 그렸다—옮긴이)라는 오래된 기술을 이용하는 이들도 있었다. 메디치 가문이 재정적으로 지원했던 예술가들에게, 사진과 영화 기술은 상상할 수도 없는 기술이었음은 말할 필요도 없다.

반면 결혼 피로연용 간주곡을 작곡한 작곡가들은 각종 음악 관련 기술들을 이용해 메디치가와 결혼식 하객들을 즐겁게 했다. 마지막 간주곡을 연주할 때 사용된 악기들[39](현대 교향악단을 구성하는 악기들과 비슷했다)은 1600년대 초 당시 음악 분야의 기술이 다른 분야보다 압도적으로 앞서 있었음을 분명히 보여준다. 화려한 소리의 향연을 창조하기 위해 궁중 작곡가들은 고대 이집트 시대로 거슬러 올라가는 류트(lute), 키타로네(chitarrone), 체테라(cetera) 등 다양한 현악기들을 동원했다. 지금은 거의 사라진 코르넷(cornett)이라는 관악기도 동원했는데, 상아로 마우스피스를 만들고 몸통은 나무에 조각을 새겨 넣은 악기다. 오래 지속되는 음을 만들어내는 건반악기, 파이프오르간도 동원했는데, 이 악기들도 로마시대로 거슬러 올라간다. 타악기로는 동으로 만든 심벌즈와 트라이앵글이 쓰였다. (흥미롭게도 전통적인 형태의 북은 동원되지 않았다.) 이 마지막 간주곡에는 튜브를 밀어 음조를 바꾸는 금속 트롬본도 동원된다. 몇 세기 전에 발명된, 비교적 새롭게 추가된 악기다. 합주에 동원된 악기 가운데 가장 첨단인 악기는 바이올린, 비올라, 베이스 바이올린 등, 활로 연주하는 현악기였을지 모른다. 어느 모로 보나 가장 앞서갔던 이 기술은, 메디치가 결혼식에서 사용된 지 1세기가 채 지나지 않아 전설적인 스트라디바리우스 바이올린으로 탄생했다. 이 악기는 세계 정상급 독주가들이 연주하면서 절정을 맞았다. 물론 합주에는 후기 구석기시대에 매머드와 독수리의 뼈로 만든 피리의 후손인 플루트도 동원되었다.

피렌체에서 열린 피로연에서 교향악단은 여러 악기를 동원했지

전설적인 바이올린 제작자 스트라디바리(Stradivari)의 작업실

만, 당대에 흔히 연주된 몇몇 핵심 악기들은 등장하지 않았다. 트럼펫, 하프, 그리고 가장 중요한 건반악기 클라비코드와 하프시코드다. (오늘날 피아노라고 불리는 피아노포르테는 그로부터 한 세기가 훨씬 지나서 발명된다.) 당시 동원 가능했던 혁신적인 기술로만 볼 때, 17세기 초의 시인과 화가들은 작곡가들이 누렸던 첨단기술과 비교하면 석기시대에 사는 셈이었다. 소리를 내는 도구들이 그처럼 다양했다는 사실은, 일찍부터 음악을 향한 인간의 욕망이

예술적인 영감 못지않게 공학과 기계 제작 기술을 통해 충족되었음을 시사한다. 음악이 일으킨 혁신은 얼핏 음악과 무관해 보이지만, 상당히 밀접한 분야에서 기술혁신이 이루어질 계기를 마련했다. '저절로 음악을 연주하는 악기'가 방직과 컴퓨터 소프트웨어를 탄생시킨 발판을 마련했듯이 말이다. 인간은 새로운 소리를 찾다가 새로운 도구를 발명했고, 이 도구들의 쓰임새를 새로이 찾아내게 되었다.

건반악기에서 이어진 키보드와 디지털 혁명

컴퓨터 시대에 가장 필수적이고 흔히 사용되는 발명으로 손꼽히는 기술이 있다. 바로 쿼티 키보드다. 오늘날 우리는 대부분 손가락 끝으로 키보드의 키를 눌러 화면상에 일련의 상징을 만들어내는 데 상당히 많은 시간을 소비한다. 스프레드시트에 숫자를 입력하고, 이메일을 작성하고, 스마트폰 화면에 나타나는 가상의 키보드로 텍스트를 입력한다. 하루 종일 컴퓨터로 작업하는 사람이라면 누구든, 현대 발명의 금자탑으로 여겨지는 자동차 같은 발명품보다 키보드와 훨씬 더 많은 시간을 보낸다. 한때 위대한 미국 소설가, 서기, 타자수만 사용하던 키보드를 이제 누구든지 이용하게 되면서, 사람들은 키보드가 얼마나 훌륭한 발명품인지 거의 인식하지 못하게 되었다. 대신 키보드와 연결되는 최첨단 기계들에 열광한다. 그러나 손가락 끝을 이용해 언어를 만들어낸다는 아이디어(개별 키를 여러 개 두드려 알파벳 문자를 생산한다는 개념)는 획기적이었다. 키보드가 없었다면 디지털 혁명이 일어난 시기는, 아무리 긍정적으로 표현한다 해도 상당히 미루어졌을지 모른다. 엄밀히 말해서 키보드는 컴퓨팅 기술 발전에 필수적인 요소는 아니었다. 바누 무사로부터 간접적으로 물려받은 기술을 이용해 배비지가 생각해낸 프로그래밍 아이디어만큼은 말이다. 그러나 실용성 면에서 보면, 텍스트를 입력하는 키보드 덕분에 컴퓨터는 놀라울 만큼 복잡한 기능들을 갖추게 되었다. 펀치카드 같은 다른 입력 기법들은 너무 느렸다. 컴퓨터 칩은[40] 무어의 법칙(Moor's law, 반도체의 집적도가 18개월마다 두 배로 증가한다는 법칙—옮긴이)에 따라 상승곡선을 그리며 발전했지만, 소프트웨어에 좌우되는 하드웨어는 결국 한계에 도달하게 된다. 키보드가 없었다면, 1970년대에 만들어진 대용량 컴퓨터의 코드 작성은 지루할 정도로 오래 걸렸을지도 모른다. 음성 입력 방식은 소프트웨어를 작성하는 매체로서 키보드에 버금가는 도구가 되었을지도 모른다. 그러나 신속하고 정확한 입력을 가능케 하는 키보드 없이는, 음성 언어를 인식할 정도로 똑똑한 소프트웨어를 만들어냈을 가능성은 희박하다. 키보드 없이도 컴퓨터를 발명할 수는 있지만, 입력 기능 없이 컴퓨터에서 흥미진진한 작업을 하기란 매우 힘들다.

키보드는 디지털 기술 이전 시대에도 분명히 쓸모가 있었는데도, 사람들은 알파벳과 숫자를 입력하는 키보드라는 개념을 상상하지 못했던 듯하다. 발명가들은 1800년대 초에야 '글 쓰는 기계' 발명에 착수했고, 최초로 상업화에 성공한 타자기인 레밍턴 1호는 1874년에 비로소 시판된다. 1800년대 중반에서야 발명된 자전거와 마찬가지로, 타자기는 생각보다 훨씬 나중에 등장한 기술로 손꼽힌다. 구텐베르크는 1400년대에 기계화된 활자의 실용성과 상업적 가치를 입증해 보였다. 르네상스 시대와 계몽 시대 시계 제작자들과 자동기계 발명가들은 레밍턴 타자기보다 훨씬 복잡한 기계를 만들 공학기술을 갖추었다.

"기계공학의 관점에서 볼 때[41] 글 쓰는 기계가 14세기에, 아니 그보다 훨씬 이른 시기에 성공적으로 만들어지지 못했을 이유가 없다."

역사학자 마이클 애들러(Michael Adler)는 말한다. 그러나 당시 사람들은 굳이 그러려고 애쓰지 않았다.

그렇다면 결국 발명가들이 무엇 때문에 타자기 키보드로 이런저런 시도를 해보기 시작했을까? 그 해답은 키보드의 키에서 찾을 수 있다. 우리가 타자를 칠 때 누르는 키보드의 '키(key)'는 음악에서 온 단어다. 언어를 입력하는 키보드를 만들 구상은 19세기에 가서야 하게 되었지만, 음악을 연주하는 키보드는 로마시대에 파이프오르간을 연주할 때부터 만들어왔다. 구텐베르크가 활자 체계를 다듬는 데 주력할 동안, 유럽 전역의 악기 발명가 수십여 명은 키보드를 바탕으로 한 현악기 시제품들로 다양하게 실험하고 있었다. 결국 이러한 악기들은 바로크음악에 단골로 등장하는 클라비

코드와 하프시코드로 완성되었다. 1700년대 초, 메디치가 코시모 2세(1608년 폭넓은 악기들을 선보였던 결혼 피로연의 주인공)는 자신이 소장하고 있는 여러 악기들을 관리할 사람으로 악기 제조사인 바르톨로메오 크리스토포리(Bartolomeo Cristofori)를 임명한다. 크리스토포리는 메디치가의 지원을 받아 피아노포르테를 발명한다. 최초로 소리의 크기를 여러 단계로 달리해 같은 음을 연주하도록 만든 키보드 악기였다. (피아노포르테는 이탈리아어로 '나직이-크게'라는 뜻이다-옮긴이) 1800년대 무렵 피아노는 세계적으로 가장 널리 연주되는 악기가 되었다.

키보드를 기본으로 한 악기들에 음악가들이 매력을 느꼈던 이유는, 오늘날 우리가 컴퓨터 키보드에 매료된 이유와 같다. 바로 열 개의 손가락을 자유자재로 움직이도록 해준다는 점이다. 1700년대에 피아노가 점점 각광 받기 시작하면서, 발명가들은 키보드 체계를 단순히 음악 연주에 사용하는 데 그치지 않고, 연주된 음정들을 매체에 영원히 저장하는 데 이용할 방법을 고민하기 시작했다. 1745년 요한 프리드리히 융거(Johann Freidrich Unger)라는 독일인이 피아노 형태의 키보드로 실제로 연주한 음정을 두루마리 종이에 그리는 장치를 설계한다. 각 음정은 직선으로 표시되고, 선의 길이는 그 음정에 상응하는 키를 얼마나 오래 누르고 있었는지에 따라 결정되었다. [융거가 제시한 악보는 오늘날 디지털 음악 소프트웨어에서 사용되는 미디(MIDI, Musical Instrument Digital Interface, 음원을 디지털 신호로 변환하는 장치-옮긴이)의 '피아노 롤'(piano roll, 구멍이 뚫

초기 레밍턴 타자기

린 두루마리 종이로 자동연주 피아노가 연주한 음악을 저장하는 장치—옮긴이) 구조와 놀랄 만큼 비슷하다.) 이 장치는 일정한 속도로 풀리는 두루마리 종이에 전적으로 의존하지만, 융거는 이 장치가 어떻게 한결같은 속도를 유지할지에 대해 한마디도 하지 않았다. 그래서 결국 이 장치가 실제로 만들어지지 않았는지도 모른다. 다른 발명가들이 그의 뒤를 이었다. 마일즈 베리(Miles Berry)는 스타일러스(stylus)로 먹지에 구멍을 뚫는 장치를 1836년에 특허 출원했고, 이기법은 훗날 자동연주 피아노(player piano)에 반드시 필요한 기술이 된다.

그런데 음악을 연주하는 데 키보드를 사용하는 기술을 두고 지대한 관심이 일면서, 이 기술을 또 다른 분야에 접목할 가능성이 제시된다. 이번에는 음악보다도 더 상업적 가치가 높은 분야였다. 바로 키보드를 이용해 문자, 단어, 문장 전체를 기록하는 일이었다. 프랑스인 서서 베누아 고노(Benoit Gonod)는 1827년, 피아니스트들이 여러 키를 동시에 눌러 코드를 연주하는 방식에서 영감을 받아 속기 타자기를 발명했다. 키가 겨우 20개인 이 타자기는, 키가 인쇄한 일련의 점들을 다시 문자와 숫자 코드로 전환했다. (고노의 코드 체계는 오늘날 속기사들이 여전히 사용하고 있다.) 구체적인 사항은 알려져 있지 않지만, 1830년대나 1840년대 어느 시점에 비앙키(Bianchi)라는 이탈리아인은 파리에 있는 학술원에서 '글 쓰는 하프시코드'를 선보인 듯하다. 이 장치는 피아노 키보드와 원통에 종이를 만 두루마리를 이용해 종이 위에 문자를 직접 찍어냈다. 오늘날의 시각에서 볼 때 타자기로 기능한다고 보일 만한 기계가 처음 등장한 시기는 1855년이다. 같은 해에 특허 출원된 이 기계는 주제페 라비차(Giuseppe Ravizza)라는 이탈리아인이 만들었는데, 그는 30년 동안 글 쓰는 기계라는 개념에 몰두해왔다. 그는 앞서 비앙키가 사용했던 은유적 표현을 써서, 자신의 발명품을 쳄발로 스크리바노(cembalo scrivano, 글 쓰는 하프시코드라는 뜻—옮긴이)라고 불렀다.

당대의 다른 타자기 발명가들은 1857년 새뮤얼 프랜시스(Samuel

Francis)라는 뉴요커가 발명한 '인쇄 기계'를 비롯해, 피아노처럼 흰 건반과 검은 건반이 뒤섞인 형태의 키보드를 이용했다. 그러나 레밍턴 1호가 시장에 출시된 1870년대 무렵, 타자기에서 그 뿌리인 음악의 흔적은 말끔히 사라져버렸다. 오직 '키보드'라는 단어만 남았다. 타자기 키보드는 인간이 소통하는 방식을 완전히 바꾸어놓을 만반의 태세를 갖추었다. 그러나 오늘날 없어서는 안 될 도구가 된 키보드라는 아이디어는, 본래 음악에서 비롯되었다.

암호화와 해독, 자동연주 피아노

음악은 인류의 기술 발전 역사에서 왜 그토록 중요한 역할을 했을까? 언어와 수학을 제외하면 음악이, 그 어떤 인간의 활동보다도 코드 생성에 적합하다는 설명이 하나의 해답이 될 수 있다. 기원전 2000년으로 거슬러 올라가는 설형문자 점토판에는 단순한 형태의 음악 기호들이 새겨 있는데, 오늘날 우리가 온음계라고 하는 체계에 따라 음정이 정렬되어 있다. 인간 필수품의 우선순위에서 중요성이 한참 떨어지는 음악이 다시 한 번 불쑥 등장한다. 기원전 2000년 세계 대부분 지역에 형성된 인간의 정착지에서는, 아직 언어를 기록하는 체계가 발명되지 않았다. 그러나 어찌된 영문인지 고대 수메르 인들은 이미 작곡을 하고 있었다.

새뮤얼 모스(Samuel Morse)가 발명한 전신에서도 증명되듯이, 박자도 정보를 입력하는 코드로 기능할 수 있다. 최초의 장거리[42] 무선 통신망은 서아프리카의 '말하는 북(talking drums)'이었다. 아프리카에서 사용하는 언어들의 높낮이를 모방한 소리를 내는 타악기였다. 외부인의 침입, 장례식이나 결혼식 소식이나 뒷이야기처럼 복잡한 메시지는 각 마을에 있는 고수(鼓手)들이 마을에서 마을로, 수십 마일 밖까지 전달했다. 본래 무용의 박자를 맞추기 위해 만들어진 악기를 비롯해 다양한 음악 의식들은, 정보를 코드화하는 데 놀랄 만큼 유용했다. 말하는 북 기술이 어디서 비롯되었는지, 처음 그 코드를 만든 창의적인 발명가 즉 새뮤얼 모스 같은 이가 누구인지 알 길은 없다. 짐작컨대 뼈로 만든 피리에서 뮤직박스에 이르기까지, 문명의 이기들을 탄생시킨 일련의 사건들과 비슷한 과정을 밟았으리라. 그러나 수 세기 전 보캉송이 그랬듯, 시간이 흐르면서 서아프리카 발명가들도 북소리는 박자나 멜로디 이상의 메시지를 전달할 수 있다는 사실을 깨달았다. 공기를 진동시키면 생기는 파장이 구어로 변하듯, 북을 치면 나는 소리의 패턴도 의미를 전달할 수 있었다. 역사상 처음으로 상징은 대기를 뚫고, 인간의 목소리가 닿지 못하는 먼 곳까지 전달되었다.

물론 오늘날 우리는 코드화된 정보와 오락거리에 둘러싸여 살고 있다. 영화, 가족사진, 비디오게임은 모두 2진법 코드로 변환 압축된 뒤 저장 장치에 담겨, 광디스크나 인터넷을 통해 유통된다. 그리고 유통 과정의 마지막 단계에서 이러한 코드를 의미 있는 정보로 전환하는 기계를 통해, 코드는 다시 우리가 이해할 수 있는

When Summertime Ends

When Summertime ends, and thoughts turn to the cosiness of drawn blinds and fireside recreations, is the time to purchase your 'Pianola' Piano.

For you the 'Pianola' Piano will fill the winter evenings with the joy of music making – all the music there is, grave or gay, sonata, foxtrot, song accompaniment, the wonderful 'Pianola' controls are so simple to operate, yet so sensitive, that with very little practice you can play all classes of music with perfect expression.

The 'PIANOLA' *Piano*

1920년대 신문에 실린 피아놀라 광고

소리와 이미지와 단어로 다시 변환된다. 이러한 암호화와 해독이 반복되는 순환 과정은 우리 일상에서 전기만큼이나 흔히 쓰이지만, 150년 전만 해도 전기와 마찬가지로 이러한 변환 기법도 전혀 존재하지 않았다.

당연히 부호화-해독이라는 순환 과정을 일상생활에 도입한 최초의 기술은, 보캉송과 바누 무사의 계보를 잇는 악기의 형태를 띠었다. 바로 자동연주 피아노다. 이 악기의 선사시대 기원은 지혜의 전당으로 거슬러 올라가지만, 자동연주 피아노는 19세기 후반에 가서야 악기 제작자들에게 관심의 대상이 된다. 사람이 연주하는 느낌을 모방할 수 있는 기계를 발명하는 데 미국과 유럽의 발명가 수십 명이 힘을 보탰다. 크리스토포리의 피아노포르테가 소리의 크기를 조절할 수 있었다면, 이제는 그러한 음량 조절이 자동으로 이루어지도록 하는 문제를 해결해야 했다. 음정의 시퀀스를 정확히 녹음하는 데 그치지 않고 이제는 — 오늘날 디지털 음악 소프트웨어 용어로 '속도(velocity)'라고 부르는 — 각 음정의 크기까지 포착해야 했다. 최초로 상업적인 성공을 거둔 자동연주 피아노는 디트로이트 출신 발명가 에드윈 스콧 보티(Edwin Scott Votey)가 1895년에 만든 피아놀라(pianola)다. 발로 페달을 누르면 공기가 압축되면서 생기는 동력으로 움직이고 박자를 조절하는 이 피아놀라는, 구멍 뚫린 두루마리 종이에 부호를 입력해 음악을 연주했다. 자카르의 펀치카드를 두루마리로 만든 셈이다. 1900년대 초 홍키통크(honky-tonk, 싸구려 술집에서 연주하는 시끌벅적한 음악-옮긴이)라는 표현이 유래된 통쿤스트(Tonkunst, 독일어로 '음악 기술'이라는 뜻-옮긴이)라는 악기를 비롯해, 수십여 종의 자동연주 피아노가 시장에 쏟아져 나온다. 그러나 클리넥스(Kleenex)와 밴드에이드(Band-Aid)에 버금가는 브랜드 인지도를 얻을 정도로 성공한 자동연주 피아노 제품은 피아놀라뿐이었다. 자동연주 피아노가 (1930년 정도까지 지속된) 전성기를 누리는 동안, 실제 상품명에 상관없이 소비자들은 자동연주 피아노라 하면 모두 피아놀라라고 불렀다.

피아놀라가 상업적으로 성공하면서 혁신적인 새 비즈니스 모델이 탄생했다. 피아노 롤 형태로 부호화된 음악을 판매하는 사업이었다. 오늘날 우리는 이를 당연히 여긴다. 요즘은 하드웨어 하나를 사면 몇 년이고 그 하드웨어에 맞는 소프트웨어를 사서 즐긴다. 그러나 1900년만 해도 새로운 프로그래밍을 돈 주고 산다는 개념 자체가 완전히 새로웠다. 고전음악에서 홍키통크에 이르기까지, 수십만 곡의 음악이 20세기 첫 몇 십 년 동안 피아노 롤 형태로 녹음되었다. 1930년대에 라디오와 축음기가 등장하면서 자동연주 피아노의 명맥이 거의 끊겼지만, 피아노 롤이 만들어놓은 사업 모델(코드를 매매한다는 개념) 덕분에 자본주의 역사상 가장 높은 수익을 거둔 기업들이 탄생했다.

자동연주 피아노가 당시 그토록 대단한 성공을 거두었다는 사실에는 분명 이해되지 않는 구석이 있다. 물론 라디오는 1920년대에 가서야 주류에 진입했으므로, 그 전까지는 피아놀라가 집집마다, 공공장소마다 보급되었다는 사실은 놀랄 일이 아니다. 그러나 축음기는 1877년 에디슨이 발명했다. 보티가 피아놀라를 발명하기 거의 20년 전이다. 축음기는 피아놀라보다 훨씬 휴대하기가 쉽고 가격이 저렴했기 때문에, 1930년대 무렵에는 "프로그래밍 가능한" 기계로서 자동연주 피아노를 대체할 수도 있었다. 그런데 왜 그렇게 오랜 세월이 지나서야 대체되었을까? 혁신의 역사에서 으레 그렇듯, 역사적 사건들의 전후관계가 아리송한 이런 사례를 이해하려면 기술적 진전이 지닌 네트워킹 속성을 살펴보아야 한다.

발명은 무에서 유가 창조되는 과정이 아니다. 기존 발명을 바탕으로 새로운 발명이 탄생하거나, 특정 기술을 최초로 발명한 사람은 전혀 생각하지 못했던 방식으로 누군가가 그 기술을 새롭게 응용함으로써 탄생한다. 축음기는 그 자체만 볼 때 획기적인 기술임에 틀림없다. 최초로 음악과 사람의 음성을 아날로그 파장 형태로 포착했으니 말이다. 그러나 이 기술이 주류에 진입하는 성공을 거두려면, 이에 병행하는 또 다른 기술이 필요했다. 피아놀라는 본질적으로 사실상 방망이가 실제로 현을 두드려 소리를 내는 피아노였다. 접견실이나 술집의 소음에 묻히지 않을 만큼 큰 소리를 냈다. 그러나 축음기는 나팔을 통해 음파를 내보내 소리를 냈기 때문에, 나팔에 귀를 가까이 대야 흘러나오는 소리가 들렸다. 따라서 배경 소음이 있는 공간에서는 소리가 들리지 않았다. 축음기는 피아놀라보다 훨씬 쓰임새가 다양했다. 축음기를 통해서는 성악가의 노래, 관현악단과 교향악단의 연주, 시낭송 등 뭐든 들을 수 있었다. 그러나 소리가 크지 않다는 게 흠이었다. 소리를 증폭해야 했는데, 이는 서로 연관된 두 발명을 통해 가능했다. 바로 전류와 진공관이다. 축음기의 플러그를 꽂는 순간, 피아놀라의 명은 다한 셈이다.

〈기계적 발레〉가 보여준 혁신

1926년 6월 19일, 파리 18구역에 위치한 샹젤리제 극장 아르데코 대공연장에 모인 상류층 인사들은 무대에 등장한 악기들을 보자마자, 지금까지 보아온 오페라와는 전혀 다른 공연을 관람하게 되리라고 짐작했을지도 모른다. 메디치가의 결혼 피로연에 등장했어도 어색하지 않았을 법한 몇 가지 타악기 ―실로폰, 철금(鐵琴, 강철로 만든 음판을 피아노 건반처럼 배열해 상자에 넣은 악기-옮긴이), 베이스 드럼― 와 더불어 피아놀라, 전통적인 피아노 몇 대, 사이렌, 해머, 톱, 전기종, 거대한 비행기 프로펠러 두 대가 무대 위에 놓여 있었다.

연주가들이 그날 이 해괴한 악기들로 연주한 곡은, 스물네 살의 미국인 작곡가 조지 앤타일(George Antheil)이 작곡한 〈기계적 발레(Ballet Mecanique)〉였다. 재즈 시대를 풍미한 많은 예술가와 지식인들처럼, 앤타일도 자신이 태어나고 자란 미국의 진부한 문화를 스물한 살에 벗어나 전위예술이 꽃피던 파리로 향했다. 샹젤리제 극장에서 앤타일이 작곡한 곡이 초연될 무렵, 이미 예술에 일가견 있는 파리 사람들 사이에 그의 이름이 널리 알려져 있었다. 그는 당시 파리에 거주하던 미국인 출판업자 실비아 비치(Sylvia Beach)가 운영하는 서점 '셰익스피어 앤드 컴퍼니(Shakespeare and Company)'가 들어선 건물 위층에 방을 얻어 살고 있었고, 제임스 조이스와 에즈라 파운드와의 협업을 꿈꾸었으며, 이고르 스트라빈스키에 반기를 들었다. 앤타일은 미래학자들이 산업용 기계의 아름다움에 집착한 데서 영감을 얻어, 악기를 규정하는 정의를 확장하려고 노력한 대담한 작곡가로서 명성을 쌓았다. (훗날 앤타일은 자신을 상품화하기 위해 자서전의 제목을 《음악계의 악동(The Bad Boy of Music)》이라고 지었다. 미국의 팝 아티스트 프린스(Prince)도 감탄했을 법한 수법이다. 그러나 그가 시도한 음악적 혁신 가운데는 일찍이 스트라빈스키와 다리위스 미요(Darius Milhaud)가 한 실험을 모방한 것도 있다.) 〈기계적 발레〉는 원래 동명의 단편 실험 영화의 주제곡으로 작곡되었지만, 영화와 주제곡이 각자 다른 길을 걷게 되었다. 그렇게 된 이유는 앤타일이 작곡한 주제곡이 영화보다 거의 두 배 더 길었기 때문이기도 하다.

샹젤리제 극장 무대에 등장한 '교향악단'의 연주는 교향악의 지평을 넓혔을 듯싶지만, 실제로는 앤타일이 구상했던 것보다 훨씬 점잖고 전통적인 교향악에 가까웠다. 그가 작곡한 원곡의 주요 대목은 열여섯 대의 피아놀라가 네 대씩 나뉘어, 각기 다른 무조음악(無調音樂)을 연주하는 모음곡이었다. 앤타일이 본래 무대에 올리려던 '기계적 발레'에는 무용수들 대신 자동화 기계가 등장했다. 산업화 시대를 상징하는 박자와 소음을 거장 연주가의 노련한 연주가 아니라, 피아노 롤에 뚫린 구멍이 만들어내는 소리를 통해 일종의 음악으로 전환하고자 했다. 그러나 결국 피아놀라 기술이 앤타일의 구상의 발목을 잡았다. 그는 통상적으로 사용되던 방식이 아닌, 완전히 다른 방식으로 그 기술을 사용하려 했기 때문이다. 피아노 롤은 키보드 상의 88개 건반을 모두 동원해, 유명한 피아니스트가 만들어내는 박자와 음정을 충분히 모방할 수 있었다. 그러나 자동연주 피아노를 여러 대 동원해 연주를 조율하기란 만만하지 않았다. 여러 대를 동시에 작동시킨다 한들, 각각의 피아노가 연주하는 박자가 서로 아주 조금만 달라도 연주는 엉망이 된다. 오늘날 연주회에서는 서로 다른 수십 가지 악기들을 연주할 때 미디라는 디지털 코드 덕분에 아무 어려움 없이 박자를 조율할 수 있지만, 1920년대 중반에는 누구도 생각해본 적 없는 문제였다. 악기는 사람이 연주하므로, 연주자가 지휘자의 손짓에 맞춰 또는 타악기가 연주하는 박자에 맞춰 박자를 서로 조율하면 그만이다. 그러나 기계 여러 대가 서로 박자를 조율하려면 기계적인 신호가 필요했다. 앤타일은 임시방편으로 공기 튜브와 전선을 이용해 여러 대의 피아놀라가 연주하는 박자를 조율하려 했지만, 그 노력은 모두 허사로 돌아갔다. 결국 그는 피아놀라 한 대와 사람이 연주하는 통상적인 피아노가 여러 대 등장하는 방식으로 곡을 수정했다.

1926년, 앤타일의 곡이 초연된 극장에 자동연주 피아노가 열여섯 대 등장하지는 않았지만, 작은 소동이 일어나기는 했다. 파리의 내로라하는 지식인들, 즉 제임스 조이스, 에즈라 파운드, T. S. 엘리엇, 맨 레이(Man Ray) 등을 망라한 청중은 연주가 진행되는 동안 무대를 향해 야유를 퍼붓기 시작했다. 비행기 프로펠러가 돌아가기 시작하자, 청중은 바람에 날려가는 흉내를 내며 우산을 펴 들었다. 앤타일의 친구 하나는 훗날 다음과 같이 말했다.

　　"발레가[43] 청중의 신경을 거스르면서 흉측하고 형체 모를 괴물로 변하기 시작했고, 나는 어느 쪽이 이길지 궁금해지기 시작했다."

　　어느 시점에 다다르자 파운드는 자리에서 일어나, 야유를 퍼붓는 사람들에게 다음과 같이 외쳤다.

　　"당신들은 전부 바보요!"

　　애런 코플런드(Aron Copland)가 훗날 말하길, 〈기계적 발레〉 초연에서는 스트라빈스키의 〈봄의 제전(Sacre du Printemps)〉이 초연되었을 때보다 더 큰 소동이 일어났다. (코플런드가 한 말을 그대로 옮기자면, "앤타일의 〈기계적 발레〉는 〈봄의 제전〉보다 더 철저히 퇴짜를 맞았다."[44]) 물론 앤타일은 자서전에 다음과 같이 기록했다.

　　"그때 알았다. 그 순간부터[45] 적어도 한동안, 나는 파리가 사랑하는 유명인사가 되리라는 사실을."

　　지금 돌이켜보면 〈기계적 발레〉 공연은 야릇한 향수를 느끼게 한다. 연주장에서 공연되는 실험적인 음악을 듣던 청중이 소란을 일으키던 호시절이 있었구나 하고 말이다. 1926년 소동이 일어난 그날 밤은 음악이 오래전부터 기술혁신과 맞물려 변해왔다는 심오한 진리를 깨닫게 해준다. 음악이 지닌 어떤 특성이, 인간으로 하여금 새로운 소리를 추구하는 하부문화를 형성하도록 부추긴다. 그리고 그러한 시도는 앤타일이 자동연주 피아노 여러 대를 넣어 서로 박자를 조율하도록 창작했던 원곡처럼, 새로운 악기가 등장할 때 자극을 받는다. 결국 그런 새로운 소리(처음 듣는 사람에게는 귀에 거슬리고 음악처럼 들리지도 않겠지만)에 사람은 점점 친숙해진다. 주류 작곡가들과 연주가들이 기존의 곡에 점점 더 새로운 소리를 도입하는 시도를 하게 된다. 전자음악과 덥스텝(dubstep, 전자음악 장르의 하나—옮긴이)이 오늘날 인기곡 차트 40을 대부분 석권하게 되었듯 말이다.

새로운 소리를 만들어내려는 실험 욕구로 새로운 기술이 탄생하고, 그 기술은 음악 외의 영역에 응용되는 결과를 낳는다. 앤타일은 열여섯 대의 자동연주 피아노가 박자를 조율하도록 하는 데는 실패했다. 그러나 그 문제를(예술과 소리 실험이라는 명목 하에) 해결하려 시도한 덕분에, 그로부터 거의 20여 년 후 획기적인 군사 기술이 발명된다. 이 기술은 민간 부문의 무선통신을 가능케 한 결정적인 기술이다. 음악에서 군사기술로 도약하기 위해 앤타일에게는 아주 뜻밖의 동업자가 필요했다. 한때 세계에서 가장 아름다운 배우로 사랑받은 헤디 라마(Hedy Lamarr)가 그 주인공이다.

헤디 라마

영화배우가 발명한 주파수 변조기술

———

서로 어울리지 않는 헤디 라마와 앤타일의 협업 이야기는 수십 년 동안 묻혀 있다가, 최근 몇 년 사이 기술 역사의 전설로 떠올랐다. 라마는 독일 바이마르공화국 당시 배우 생활을 시작했고 무기거래상과 결혼한다. 그는 나중에 결국 나치와 관련된 인물로 밝혀졌다. 그녀는 1937년 유럽을 떠나 미국의 MGM 영화사에 자리를 잡았고, 미국 영화계를 사로잡은 대배우가 되었다. 영화촬영장 밖에서 그녀는 아마추어 발명가로서 연합군에 도움이 될 만한 아이디어를 생각해내느라 끊임없이 이런저런 시도를 했다. 그녀는 할리우드에서 열리는 파티에는 거의 발길을 하지 않았다. 대신 거실 벽에 핀으로 설계도를 꽂아놓고 기계공학 책들을 잔뜩 쌓아둔 채, 자택에서 소일했다. 1940년 9월 독일 잠수함 유보트(U-boat)가 피난민을 실은 여객선 〈베나레스 도시(City of Benares)〉를 격침해 어린이 70명이 숨지자, 라마는 잠수함을 격침할 무선조종 어뢰를 설계하기 시작했다. 그녀는 왕년에 오스트리아 군수산업 주변에서 어깨너머로 주워들은 지식을 통해, 무선조종 기술을 발명하기가 얼마나 어려운지 익히 알고 있었다. 무선주파수로 신호를 보내 수중에 있는 어뢰의 방향을 바꾸는 것까지는 쉬웠다. 그런데 적이 그 신호를 탐지하기도 쉽고, 교란하기도 쉽다는 문제를 해결하기가 어려웠다. 라마는 미리 정해진 패턴을 따라 끊임없이 주파수를 바꾸면, 적의 교란을 피할 수 있겠다는 생각이 퍼뜩 들었다. 그녀는 이 기술을 '주파수 변조(frequency hopping)' 라고 불렀다.

우연찮게도 라마의 머릿속에서 이 아이디어가 구체화되어가고 있을 무렵, 마침 앤타일을 만나게 되었다. 〈기계적 발레〉 공연으로 한바탕 소동을 겪은 이후로 앤타일은, 소설가 피츠제럴드가 그랬듯 파리에서 할리우드로 돌아와 살고 있었다. 그리고 파리에서처럼 세간의 주목을 받지는 못했지만, 그저 그런 영화들의 주제곡을 작곡하면서 작곡가로서 나름 명성을 얻었다. (놀랍게도 그는 〈에스콰이어〉에 인간관계에 대해 고민 상담을 해주는 칼럼을 쓰기도 했다.) 1940년 가을, 두 사람은 여러 차례 만난 끝에 함께 주파수 변조 구상을 구체적으로 실행하는 일에 착수한다. 이 두 사람은 발명의 역사에서 가장 어울리지 않는 동업자 관계일지도 모른다. 영화배우와 실험적인 작곡가 겸 고민 상담 칼럼니스트가, 할리우드 힐즈에 있는 영화배우의 자택에서 해군 통신 프로토콜이라는 첨단 기술을 개발하느라 밤늦도록 머리를 맞댄 모습이라니. 상상이 가는가.

라마가 생각해낸 주파수 변조 개념은 획기적인 아이디어이긴 했지만, 극복해야 할 중요한 문제가 있었다. 수신기도 송신기와 연계해 똑같이 주파수를 바꿀 수 있어야 했다. 다시 말해 주파수 조율이 문제였다. 바로 이 대목에서 앤타일이 〈기계적 발레〉를 통해 했던 체험이, 라마의 발명을 완성하는 데 필요한 부분을 메워주었다.

앤타일은 낮이고 밤이고 라마의 자택 거실에서 주파수를 완벽하게 조율해 동시에 변조하는 방법을 두고 씨름했다. 그러던 중 열여섯 대의 피아놀라와 원통 두루마리를 이용해 박자를 완벽히 조율하고자 했던 자신의 구상을 떠올리게 된다. 그는 구멍 뚫린 두 줄의 리본에 변조할 주파수를 암호화해 입력하는 방식을 제안했다. 피아노 롤에 뚫린 구멍이 어떤 음정을 누를지 지시한다면, 리본에 뚫린 구멍은 어떤 주파수로 변조할지를 지시했다. 주파수 대역을 감시하며 교란시킬 신호를 찾는 적이, 주파수가 어떤 패턴을 좇아 변조되는지를 알아내기란 불가능했다. 그러나 리본이 동시에 작동하는 한, 어뢰에서 주파수를 수신하는 사람에게는 주파수가 마구잡이로 바뀌면서 내는 소음이 정보로 들리게 된다. 마치 주파수 변조 개념이 음악에 그 뿌리를 두고 있다는 사실을 기념하듯, 앤타일은 서로 다른 88가지 주파수로 변조하는 장치를 제안했다. 88은 피아노 건반 수와 똑같은 숫자다.

해군은 라마와 앤타일의 제안을 거의 묵살했지만, 두 발명가는 1942년 이 기술에 대한 특허를 출원했고 기밀정보를 안전하게 보관하는 데 유용하다는 평가를 받았다. (훗날 앤타일은[46] 융통성 없는 군사 전문 분석가들에게 그 기술을 음악에 비유해 설명한 게 그들을 설득하는 데 방해가 됐을지 모른다며, 다음과 같이 말했다. "그들이 '맙소사, 어뢰에 자동연주 피아노를 설치해야 하다니'라고 생각하는 모습이 내 눈에 보였다.") 그러나 주파수 변조 기술은 기밀로 분류된 특허로 영원히 묻혀버리기에는 너무나 좋은 아이디어였다. 앤타일과 라마의 발명을 개선한 기술이 쿠바 미사일 위기 때 해군함정에 설치되었다. 오늘날 주파수 변조 기술은 확장대역(spread spectrum) 기술로 진화해, 무선전화통신망, 블루투스, 와이파이 등 수많은 무선 장치에 쓰이고 있다.

전자악기 오라믹스 머신의 탄생

조지 앤타일은 전기의 시대에는 새로운 소리의 수요가 폭발적으로 증가하리라는 사실을 정확히 내다보았다. 이러한 소리들이 담길 데이터 저장 기술에 대한 생각은 조금 근시안적이었을지도 모르지만 말이다. 그는 1924년 〈기계─음악 선언문(Mechanical-Musical Manifesto)〉이라는 글에서 "오늘날 현악기, 금관악기, 목관악기가 내는 단순한 소리가 아니라 듣기 좋은 수천 가지 소리를 새롭게 만들어내는 교향악 기계가 탄생할 것이다"[47]라고 말하며 다음과 같이 덧붙였다.

"모든 음악 공연이 구멍 뚫린 두루마리 종이에 담길 날이 머지 않았다."

합리적인 사람이라면 현악기, 금관악기, 목관악기가 내는 소리가 전자기기가 내는 새로운 소리보다 '더 단순한지'에 대해 앤타일과 생각이 다를지도 모른다. 그러나 신서사이저, 샘플러(sampler, 미리 저장된 자연음을 음원으로 쓰는 악기─옮긴이), 디지털 음악 소프트웨어의 형태로 탄생한 '교향악 기계'는 수천 개의 새로운 소리를 오늘날 음악 청취자들에게 들려주고 있다. 엄연한 사실이다. 게다가 이러한 새로운 음조는 음악 지식이 상당한 전위예술

애호가만 즐기는 데 그치지 않는다. 스포티파이와 위성 라디오방송 시리우스XM(SiriusXM)에서도 흔히 들을 수 있다. 1926년 앤타일의 작품 초연에 참석한 청중이 크라프트베르크(Kraftwerk, 전자음악을 대중화한 독일 그룹 이름—옮긴이)나 에이펙스 트윈(Aphex Twin, 아일랜드 출신 영국인 전자음악, 테크노 음악 작곡가이자 연주가—옮긴이)의 곡을 들었더라면, 훨씬 더 격분했으리라 장담한다. 그러나 그와 같이 기계가 생성한, 종종 소음으로 가득한 소리는 오늘날 주류 취향을 파고들었다.

악기 제작의 역사에 발자취를 남긴 거의 모든 발명가들과 마찬가지로, 전자음악 선구자들은 새로운 음악을 개척했고 모험심이 부족한 다른 이들이 뒤를 따랐다. 오늘날 사람들은 디지털 카메라로 사진이나 영화를 찍고, 디지털 컴퓨터로 소설을 쓰고, CAD 소프트웨어를 이용해 건물을 설계한다. 그러나 창의성을 발휘하는 데 쓰인 최초의 전자, 디지털 도구들은 거의 전부 음악에서 비롯되었다. 어떤 도구들, 그리고 그 도구를 만든 사람들은 그 이름을 널리 알리게 되었다. 천재적인 공학자 로버트 무그(Robert Moog)가 만든, 무그 신서사이저처럼 말이다. (새로운 소리로 끊임없이 실험하는 비틀즈도 무그 신서사이저를 음반 녹음에 최초로 사용한 음악인이다. 비틀즈의 노래 〈해가 뜬다(Here comes the sun)〉에서 오르간 소리처럼 들리는 부분이다.) 그러나 발상의 전환으로 불릴 그 어떤 기술이라도 그러하듯이, 실수나 해결하지 못한 문제가 그 기술을 성공으로 이끈 특징 못지않게 변화의 원동력이 되기도 한다.

그러한 해결하지 못한 문제 가운데 하나가 런던 과학박물관(London Science Museum)에 소장되어 있다. 서랍장 크기의 이 장치에서 끝없이 쏟아져 나오는 케이블과 영화필름을 보고 있으면, 해부용 탁자 위에 놓인 해체된 사무용 복사기를 떠올리게 된다. 그러나 이 낯선 장치는 사실 악기다. 지금까지 만들어진 전자악기 가운데 최초로 제대로 작동한 악기로 손꼽힌다. 오라믹스 머신(Oramics Machine)이다. 이 악기를 만든 대프니 오람(Daphne Oram)의 이름을 땄다.

오람은 디지털 시대에 최초로 탄생한 기계 가운데 일부를 설계하고 프로그래밍하는 데 핵심 역할을 한 여성들을 배출한 세대에 속한다. 오람은 BBC에서 음향엔지니어로 일했고 실험적인 음악을 작곡했다. (앤타일이 중단한 실험을 이어받아 테이프 리코더와 사인 곡선을 그리며 움직이는 오실레이터(oscillator) 여러 대를 이용해 작곡했다.) 그녀가 BBC에서 처음 일을 시작한 시기는 독일이 런던을 습격한 '대공습'이 잦아들던 시기와 일치한다. 오람은 고전음악 공연을 라디오로 생방송하던 중, 생방송 공연과 녹음된 공연을 조율하게 된다. 생방송으로 중계되던 공연이 독일군의 폭격으로 중단되면, 녹음된 공연으로 신속하게 전환해 방송을 내보냈다. (AM 라디오의 음질과 1940년대 스피커의 성능이 형편없었는데도, 각 가정에서 방송에 귀를 기울이고 있던 청중들은 생방송에서 녹음으로 바뀌는지 알아채지 못했다.) 1950년대 무렵 그녀는 BBC 내에서 상당한 정치적 입지를 구축했고, BBC 라디오포닉스 워크숍(BBC Radiophonics Workshop) 설치를 주장해 관철시킨다. 이 연구실은 향후 40년간 존재하면서 막강한 음향효과 연구실로 자리매김했다.

오라믹스 머신은 1944년, 그녀가 기술연수 강의를 받다가 떠오른 아이디어에서 비롯되었다. 오람은 강의에서 난생처음으로 음극선 오실로스코프(cathode ray oscilloscope)를 만난다. 입력되는 음파를 화면에 곡선으로 그려내는 장치로, 오늘날의 심전도(EKG) 기계와 다르지 않다. 오람은 수십 년이 지나 그때의 경험을 다음과 같이 회상한다.

─ 강사들이 허락하기에 기계에 대고 노래를 불렀더니[48], 내 목소리가 화면상에 그래프처럼 찍혀 나왔다. 나는 상사들에게 물었다. 그려진 그래프를 역으로 소리로 변환할 수 없는 이유는 무엇이냐고. 당시 나는 열여덟 살이었는데, 강사들은 멍청한 십대 계집애가 멍청한 질문을 한다며 멍청한 발상으로 여겼다. 그때 그 이유를 반드시 알아내고야 말겠다고 다짐했지만, 내게는 오실로스코프가 없었다.

오람이 던진 질문에 강사들은 황당해했을지 모르지만, 소리를 그래프로 그린다는 아이디어는 그녀의 뇌리에서 떠나지 않았다. 1950년대 트랜지스터, 광전지, 자기테이프 등이 널리 보급되면서 전자제품 산업이 성숙기에 이르자, 오람은 십대 때 품었던 직감을 실현할 때가 됐다고 확신했다. 그녀는 우선 BBC에 찾아가 '음악

오라믹스 기계에 음색을 그려 넣는 대프니 오람

이라는 광활한 신대륙을 탐험할' 기계를 개발하는 데 재정적으로 지원해야 한다고 설득했다. BBC 고위층은 그녀의 요청을 듣고 황당해했다.

"나는 연구부서 책임자를 찾아가서 말했다. 음악을 그래프로 그리는 기술을 개발할 생각인데 장비를 좀 쓰게 해달라고."

오람은 당시를 회상하면서 다음과 같이 덧붙였다.

"그는 벌떡 일어서더니 이렇게 말했다. '오람씨, 우리 방송국에는 이미 백여 명의 음악인들이 온갖 음악을 만들고 있소. 말씀은 고맙지만 사양하겠소.' …그들의 공식적인 입장이었다. BBC 교향악단이 마음껏 음악을 제작하고 있으니 다른 데는 아무 관심 없다는 태도였다."

평생 일해온 직장에서 퇴짜맞은 오람은 1962년 독립해 다양한 곳에서 연구 지원비를 확보한 뒤, 여러 엔지니어로부터 번갈아 도움을 받아 오라믹스 장치를 독자적으로 만들기 시작했다. 앤타일과 라마가 만들었던 구멍 뚫린 리본을 연상케 하는 이 장치는 35밀리미터 필름을 이용해 소리를 조절했다. '작곡가'는 음색, 음량, 음정의 고저 변화를 선으로 그릴 수 있다. 광전지는 선이 그려진 리본을 스캔해 그 정보를 소리생성기에 전달한다. 이 기계의 마지막 작업은 각각 다른 열 가지 필름들을 동시에 처리하는 일이었다. 이 장치에는 정확히 박자를 조율해 서로 다른 부분을 연주하는 네 개의 '목소리'가 있었다. 피아노 롤 형태에서 신호를 받은 사각형 금속판으로 음정을 입력했다. 그 밖에 다른 요소들 즉 음량, 반향은 필름에 새겨진 자유로운 모양의 문양들이 조절했다. 바누 무사와 보캉송은 음악기계에 정보를 입력할 원통형에 박힌 핀을 '커팅'하는 작업 때문에 애를 먹었다. 대프니 오람은 선을 그리는 간단한 방법으로 이 문제를 해결했다.

1966년에 쓴 편지에서, 그녀는 이 작업의 진척 상황에 대해 다음과 같이 말했다.

— 그래프 형식의 정보를 소리로 변환할 수 있다고 증명하는 데 성공했다는 사실을 알려드리게 되어 기쁘다. 어떤 곡선 형태라도 전자 스캔을 해서 소리를 생산할 수 있다. 스캔한 선의 형태를 바

꾸면 음색도 달라진다… 세상 어디에도 이와 비슷한 장비는 없다고 자신한다.

그녀의 확신은 옳았다. 오라믹스는 당시 세계에서 유일무이한 장비였을 뿐만 아니라, 그 후에도 그런 장비는 탄생하지 않았다. '광활한 음악의 신대륙'이 곧 등장하리리는 오림의 주장은 옳았다. 1970년대 중반 즈음, 실험정신이 강한 음악가들은 음반 전체를 전자 소리로 채워 넣고 있었다. 그러나 그들이 사용한 신서사이저는 아주 전통적인 입력 메커니즘을 바탕으로 한 장비였다. 조종판의 다이얼과 손잡이들로 음색을 조절했고, 음정은 가장 구식 장비인 키보드로 조정했다. 1973년 결성된 미국 록밴드 디보(Devo)와 1980년에 결성된 영국 록/신서사이저 팝 밴드 뉴 오더(New Order) 같은 포스트 펑크(post-punk) 밴드들 덕분에, 전자음악이 음악계의 주류를 형성할 무렵이다. 필름 띠에 선을 그려 넣어 신서사이저를 작동시키는 방식이란, 펀치카드로 작동하는 방법만큼 시대에 뒤떨어진다고 여겨졌을지 모른다.

그러나 필름 띠만 보고 이 기계를 과소평가해서는 안 된다. 물론 해결하지 못한 문제가 여전히 남아 있기는 하다. 신서사이저에 어떤 음정을 연주할지 지시를 내릴 때에는 필름 띠에 그린 곡선이 아니라, 컴퓨터 인터페이스가 훨씬 더 효율적이라고 판명되었다.

그러나 오늘날 음악을 녹음하는 어떤 소프트웨어든 한번 살펴보라. 프로 툴스(Pro Tools), 로직(Logic), 거라지밴드(GarageBand) 등 지금은 없어서는 안 되는 도구가 된 이 장비들은 모두, 음악이 연주되면서 동시에 음정을 구불구불한 곡선으로 화면에 표시한다. 어떤 선은 음정의 높낮이를 조절하고 어떤 선은 음량과 반향을 조절한다. 1960년대에 수백 가지의 매우 실험적인 전자 악기들이 개발되고 있었고, 이 가운데 많은 악기들이 오람의 기계보다 훨씬 더 많은 후속타를 낳았다. 그러나 이 후속타 가운데 어떤 장비도 오늘날 소프트웨어 장비와 오라믹스 기계가 지닌 공통적인 특징을 보이지 않는다. 오람이 발명한 기계는 태어나자마자 구닥다리가 되었다. 그러나 그녀가 고안한 인터페이스(interface)는 오늘날에도 진가를 발휘하고 있다.

다양한 기술혁신을 불러온 음악

악기가 밟아온 기술적인 궤적을 따라가 보면(기계공학, 전자공학, 소프트웨어 개발에 이르기까지, 또 피아노 롤에 뚫은 구멍에서 눈에 보이지 않는 2진법 부호에 이르기까지), 음악 녹음 기술의 진화 과정이 엿보인다. 수동식 축음기는 진공관 증폭기로 대체되고, 이는 다시 디지털 CD로 대체되었다. 디지털 음악으로의 기술적 전환은 최근에 일어났기 때문에, 이 기술이 얼마나 광범위하게 퍼져 있는지 파악하기는 쉽다. 무료음원 공유 사이트 냅스터(Napster) 사태 이후로 아직도 음악을 둘러싸고 논란이 지속되고 있다는 사실을 보라. 또한 냅스터 사태가 불러일으킨, 창의성이 중요한 산업에서 발생하는 지적재산권 법 규정 문제와 경제적 이슈들을 생각해보라. 으레 그렇듯 새로운 소리를 만들어내고 공유하려는 시도가 다른 분야에서 혁명을 촉발하는 결과를 낳았다. 최초의 정보 공유 네트워크는 바로 음악 파일을 교환하기 위해 개발되었다. 결과를 예측하기에는 이른 감이 있지만, 이러한 기술혁신은 피아노 키보드나 핀이 돌출된 원통 못지않게 큰 영향력을 발휘할지도 모른다. 실제로 비트코인 (Bitcoin, 온라인으로 유통되는 가상통화―옮긴이) 같은 플랫폼이, 많은 이들이 생각하는 만큼 세계 금융 체제에서 중요한 자리를 차지하게 된다면 어떻게 될지 말이다. 정부가 보증하는 화폐가 발명된 이후로, 돈의 역사에서 가장 중요한 혁신이 메탈리카(Metallica)의 노래를 공유하려는 십대들로부터 비롯되는 결과를 낳게 될 가능성을 배제할 수 없다.

새로운 정보기술의 물결이 세계를 휩쓸 때면 음악계는 어김없이 두 팔 벌려 신기술을 수용했다. 음악은 최초로 부호화되고, 최초로 자동화되고, 최초로 프로그래밍 되고, 최초로 디지털 상품화되고, 최초로 개인과 개인의 네트워크를 통해 유통된 인간의 활동이다. 이 지점에서 희망적이고 유쾌한 무엇인가가 존재한다는 사실을 부인하기란 어렵다. 현 시대에 가장 막강한 영향력을 발휘하는 장치가 등장하게 된 역사를 생각해보자. 무선 네트워크를 통해 정보를 공유하는 디지털 컴퓨터 말이다. 애초에 그런 장치의 발명을 가능케 한 기술들은 무엇이었을까? 컴퓨터와 인터넷은 전쟁 중에 암호를 해독하고 로켓의 궤도를 계산하려는 목적으로 제작되었다는 게 통설이다.

그러나 컴퓨터를 발명하는 데는 다른 요소들도 필요했다. 뮤직박스, 움직이는 기계인 피리 부는 목동, 하프시코드 키보드, 자동연주 피아노도 한몫 거들었다. 전사들이 앞장서면 혁신이 그 뒤를 따르기 마련이라는 틀에 박힌 주장을 식상하도록 들어왔다. 그러나 유랑극단과 명장들도 역사상 획기적인 기술을 개발하는 데 한몫했다. 특히 코드와 연관된 기술에 있어서는 말이다. 물론 국방부가 인터넷 구축을 지원했다. 그러나 뮤직박스에 들어 있는, 핀이 돌출된 원통에서 소프트웨어가 탄생했다. 정보를 처리하고 공유할 때 사용하는 새로운 도구를 개발하는 데 음악의 도구는 지대한 공헌을 했다. 그러나 파괴의 도구는 거의 공헌한 바가 없다.

TASTE

3
맛
후추 난파선

도리토스 칩의 맛은 어디에서 왔을까?

————

유심히 살펴보면 가장 보잘것없는 물건에서 심오한 역사가 읽힌다. 오늘날 슈퍼마켓 진열대에서 가장 멸시당하는 품목을 살펴보자. 바로 도리토스(Doritos) 칩이다. 1964년, 오로지 디즈니랜드 방문객용으로 생산된 이 주전부리는 디즈니랜드 안에 있는 모험의 나라에서 '카사 데 프리토스(Casa de Fritos)'라는 이름으로 처음 선보였다. 그 이후로 도리토스는 제과산업의 황제 프리토-레이(Frito-Lay)사의 최고 효자상품으로 군림해왔다. 놀이공원에 처음 등장한 이후 도리토스는 다양한 맛으로, 또 다양한 상품과 묶여

출시되어 왔다. 쿨 랜치 맛, 사워크림과 어니언 맛, 타코 벨(Taco Bell)의 타코 수프림, 피자헛의 피자 크레이버스, 나초 치포틀 랜치 리플, 포 치즈, 스파이시 나초 등 수없이 많다. 1990년 영양성분 표시와 교육 법(Nutrition Labeling and Education Act)이 통과된 이후 미국에서 판매된 식품이라면 으레 그렇듯, 도리토스 포장에도 칩을 만드는 데 쓰인 재료들이 깨알같이 작은 글씨로 빠짐없이 열거되어 있다.

— 옥수수, 식용유(옥수수, 대두, 그리고/또는 해바라기유), 소금, 체더치즈(우유, 치즈 컬쳐, 소금, 효소), 말토덱스트린, 유청, 글루탐산나트륨, 버터밀크 고형분, 로마노 치즈(스킴 밀크, 치즈 컬쳐, 소금, 효소), 유장 농축 유청단백, 양파분말, 반경화 대두유와 목화씨유, 옥수수가루, 인산나트륨, 락토오스, 천연 및 인공감미료, 포도당, 토마토분말, 향신료, 유산, 인공색소(황색 6, 황색 5, 적색 40 함유), 구연산, 설탕, 마늘분말, 적색과 녹색 피망분말, 카제인염, 구아닐산이나트륨, 무지방우유고형분, 분리유청 단백질, 액상과당 고형분.

고작 2천 원짜리 과자 한 봉지 만드는 데 이렇게 많은 재료가 들어간다. 가공 불량식품 제조에 들어가는 뭔지 모를 화학물질 이름(카제인염, 인산나트륨, 구아닐산이나트륨 등)은 모두 제쳐놓고, 실제로 식품으로 보이는 재료들만 얘기해보자. 도리토스 칩은 식품 하나 생산하는 데 전 세계가 얼마나 복잡하게 얽히고설켜 있는지 새삼 깨닫게 한다. 우리는 프리토-레이사가 만든 제품들을 고속도로 운전 중 휴게소에 들러 사는 주전부리쯤으로 취급하지만, 어찌 보면 이 제품들은 진정한 세계 시민이다. 옥수수는 본래 멕시코가 원산지인 야생식물 메이즈(maize)를 경작해 만든 먹거리다. 대두는 고대 동아시아에서 비롯되었다. 체더치즈는 영국에서 처음 제조되었고 로마노치즈는 이탈리아산이다. 버터밀크에 들어간 우유와 그 밖의 다른 치즈들의 기원은, 1만 년 전 서남아시아에서 우유를 얻기 위해 처음으로 소를 기르기 시작한 때로 거슬러 올라간다. 양파는 어디서 비롯되었는지 확실하지 않지만, 농경 생활만큼이나 오랜 역사를 지녔을 가능성이 높다. 우리는 토마토 하면 스페인과 이탈리아 음식에 없어서는 안 되는 재료로 생각하지만, 남아프리카의 안데스 산악지대에서 처음 경작하기 시작했다. 사탕수수는 동남아시아에서 비롯되었고 마늘은 중앙아시아, 피망은 중남미가 원산지다.

도리토스 칩을 씹으면서 톡 쏘는 맛을 음미할 때마다, 전 세계 각지에서 비롯된 온갖 맛들이 한데 뒤섞인다. 세계에 존재하는 온갖 맛들은 어떻게 존재하게 되었을까? 이 질문의 해답은 바로 도리토스의 포장지에 적혀 있다. 영양 성분 목록에서 가장 고개를 갸우뚱하게 만드는 재료, 바로 향신료다.

정향과 육두구, 향신료 교역의 시작

인도네시아 본토 섬에서 동쪽으로 대략 3백 킬로미터 떨어진 곳에 작은 열대 섬들이 띠를 이루고 있다. 이 섬들은 겨우 1천만 년 전 형성된 신생대 화산이다. 지질학자들은 이 섬들이 지구 표면에서 매우 독특한 위치를 점하고 있다고 본다. 이 섬들은 지구상에서 유일하게 각기 다른 네 개의 지각판(tectonic plate)이 만나는 지점에 있다. 공식 명칭은 말루쿠 군도(Maluku archipelago)이지만, 이 군도 북쪽 끝에 있는 다섯 개의 섬(테르나테, 티도레, 모티, 마키안, 바칸)은 오래전부터 다른 이름으로 불려왔다. 바로 '향신료 군도(Spices Islands)'라는 이름이다. 1700년대 말까지만 해도 세계에서 소비되는 정향(丁香)은 모조리 이 다섯 개 섬의 화산이 만든 비옥한 토양에서 생산되었다.

이 군도는 오지에 있는 작은 섬들이지만, 적어도 4천 년 동안 세계 교역망의 교차로 역할을 해왔다. 고고학자들이 시리아에서[49] 기원전 1721년으로 거슬러 올라가는 고대 바빌론 유적지 테르쿠아(Terqua)에서 도자기를 발굴한다. 그 속에 정향이 잘 보존된 상태로 발견되었다. 우리는 향신료 교역이 탐험의 시대(15세기부터 17세기 초까지 유럽 선박들이 세계 항로를 개척하고 탐험과 무역을 하던 시기—옮긴이)에 이루어졌다고 생각하지만, 실은 그보다 훨씬 오래전부터 이루어졌다. 나침반과[50] 정확한 지도 제작법과 인쇄기가 발명되기도 전에 향신료의 매혹적인 맛과 향기가 입소문을 타고 전 세계에 퍼졌고, 정향의 원료인 이 작은 꽃봉오리를 운반하기 위해 몰루카 해

(Molucca Sea)에서 유프라테스 강까지, 6천 마일에 이르는 장거리 교역망이 형성되었다.

당시 항해기술에 제약이 많았다는 점을 감안하면, 정향을 시리아까지 운반한 대규모 운송망을 구축하기란 거의 불가능해 보인다. 예수가 탄생하기 2천 년 전 살았던 바빌론 사람은 향신료 군도나 인도네시아가(심지어는 인도양도) 존재하는지조차 몰랐을 것이다. 다시 말하면, 앙증맞은 크기의 향신료인 정향이 사람보다 수천 마일은 더 먼 장거리 여행을 했다. 정향이 어떤 경로를 거쳐 오늘날 시리아까지 도달했는지는 알 길이 없지만, 로마시대에 구축된 향신료 교역 경로를 바탕으로 그 윤곽을 대략 잡아볼 수 있다. 중국 교역 선박들이 좁고 구불구불한 말라카 해협을 통과해 자바 해(Java Sea)까지 정향을 운반했다. 정향은 인도네시아 수마트라 섬이나 오늘날 말레이시아의 항구 도시에서 인도 무역상들에게 팔렸고, 그들이 다시 스리랑카의 벵갈(Bengal) 만을 돌아 인도의 말라바(Malabar) 해안까지 정향을 운반했다고 추측된다. 거기서 아랍 선박들이 페르시아 만을 통과해 사막을 오가는 대상에게 정향을 팔았고, 대상들은 정향을 오늘날의 이라크에 낙타로 실어 날랐다. 이렇게 해서 결국 종착지인 고대도시 바빌론(Babylon)의 가정집 부엌까지 정향이 도달하게 되었을 것이다.

지역 무역상들이 구축한 유통망을 단일한 세계 유통망으로 최초로 통합한 주인공은 7세기에 활약한 무슬림 무역상들이다. 새로 들어선 정권은 지역 중개상들을 건너뛰고 인도네시아 군도에서 터키와 발칸제국(諸國)을 거쳐, 세네갈 강과 니제르 강을 따라 사하라

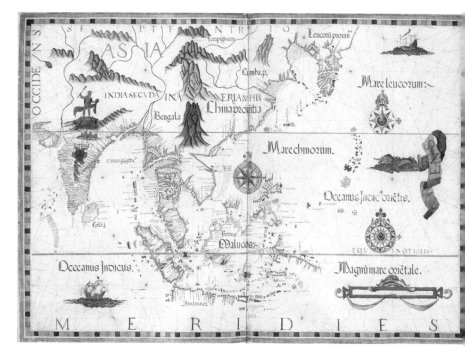

향신료 군도의 지도

사막 이남 아프리카 지역에 이르는 방대한 통합 시장을 구축했다. 무슬림 무역상들은 이 무역 경로의 끝에서 끝까지 오가며 지역사회와 거래하고 정향을 보급했다. 뿐만이 아니다. 이들 지역에 이슬람교도 전파했다. 무슬림이 군사력을 동원해 지역사회를 개종시키려 한 지역들, 예컨대 스페인, 인도 등에서는 거의 모두 이슬람 종교가 뿌리내리지 못했다. 그러나 무슬림 무역상들은 포교에서 발군의 실력을 발휘했다. 당시 무슬림 무역상들의 포교 활동은 그로부터 1천 년이 지난 오늘날 세계의 모습을 만들었다. 900년경의 무슬림 향신료 무역 경로를 그린 지도를 보면, 오늘날 세계 무슬림 인구 분포도와 거의 정확히 일치한다. 향신료 무역상들이 구축한 통합 교역망이 아니었다면, 오늘날 이슬람이 세계 주요 종교로 자리매김하기란 불가능했을지도 모른다. 21세기 이슬람교의 분포 지형은 사실상 훨씬 오래전에 형성된 지도가 남긴 자취라고 할 수 있다. 바로 무슬림들이 새로운 향신료를 소개해 소비자의 입맛을 사로잡아 수익을 올린 지역의 자취다.

인도네시아 동쪽 섬에서 생산된 귀한 식물은 정향만이 아니다. 말루쿠 군도 남쪽에는 훨씬 작은 규모의 군도가 있다. 총 육지 면적이 겨우 17제곱 마일인 반다 군도(Banda Islands)는 얼마 전까지만 해도 육두구의 유일한 생산지였다. 이 군도에는 풀라우 아이(Pulau Ai)와 풀라우 룬(Pulau Run)이라는 두 개의 섬이 있다. 영어식 명칭은 각각 플로웨이와 플로룬이다. 플로룬 섬은 공항을 만들기 힘들 정도로 면적이 좁다. 그러나 향신료 교역의 전성기에 제임스 1세는 자신을 '잉글랜드, 스코틀랜드,[51] 아일랜드, 프랑스, 플로웨이와 플로룬의 왕'이라 일컬었다. 그로부터 몇 십 년 후 영국은 반다 군도의 소유권을 네덜란드에 넘긴다. 대신 그보다 조금 면적이 넓지만 자생하는 식물은 그리 독특하지 않은, 세상 반대편에 있는 섬을 넘겨받았다. 이 섬이 바로 맨해튼이다.

1493년 콜럼버스가 의기양양하게 항해에서 돌아와, 서쪽으로 계속 항해하면 동양에 닿는다고 스페인 왕실에 보고했다. 그는 주장을 뒷받침할 세 가지 증거를 제시했다. 앵무새, 콜럼버스가 인도

1798년경 제작된 육두구 판화

인으로 오해한 카리브 해 원주민 몇 명, 그리고 계피였다. (그는 카리브 해 원주민을 인도인으로 오해했듯, 다른 식물을 계피로 오해했다. 콜럼버스가 가져온 향신료는 계피와 전혀 무관한, 카리브 해 지역의 다른 나무의 껍질이었고 계피 맛이 나지도 않았다.) 목숨을 걸고 그 엄청난 비용을 들여 지구 반대편까지 가는 항로를 개척한 이유가 겨우 양념 때문이었다니? 지금 생각하면 우스울 지경이다. 그러나 오늘날 우리가 보기에 향신료 맛쯤은 하찮게 생각되지만, 그 욕망(영양가도 별로 없는 식재료를 향한 욕망을 설명할 때 '식욕(appetite)' 정도는 적당한 단어가 아니다)은 도리토스 칩에 뒤섞여 있는, 세계 각지에서 유래한 온갖 풍미가 비롯된 시작점이다. 오늘날 어떤 슈퍼마켓에서든 세계 각지에서 온 온갖 종류의 식재료들을 구하게 된 출발점이 되었다는 사실도 두말할 필요가 없다. 게다가 정향, 계피, 육두구의 씨앗과 봉오리를 통해 세계 시장이라는 개념이 싹트게 되었다. 권위 있는 역사학자 잭 터너(Jack Turner)가 《향신료: 유혹의 역사(Spice: The History of Temptation)》에서 말했듯이, "동서고금의 역사를 통틀어[52] 식탁만큼 동서양이 뒤섞인 곳은 없다. 향신료를 구하느라 동양과 서양은 오래전부터 관계를 맺어왔다. 아주 머나먼 옛날에 향신료가 등장했다는 사실에 비추어볼 때, 향신료 덕분에 동양과 서양이 처음 만나게 되었을 가능성이 높다." 또한 그 어떤 향신료보다도 세상을 변모시키는 데 기여한 향신료는 오늘날 어느 집에 가든 식탁에 놓여 있는, 너무 흔해서 식당에서는 공짜로 주기까지 하는 향신료, 바로 후추다.

로마를 멸망시킨 후추의 비밀

————

1606년 9월, 포르투갈 국적의 화물선 노사 세노라 도스 마르티레스 (Nossa Senhora dos Martires)가 리스본에서 그리 멀지 않은 타구스(Tagus) 강 입구에 다다랐다. 아홉 달에 걸친 대장정에서 돌아오는 길이었다. 배에는 인도에서 구한 값진 물건들이 가득 실려 있다. 그러나 타구스 강에서 지형이 험난한 북쪽 수로를 통해 리스본 항으로 들어가려던 배는, 정박지에 닿기도 전에 돌풍에 떠밀리면서 상 줄리앙 다 바라(São Julião da Barra) 곶의 암초에 부딪혔다. 강풍에 떠밀려 암초에 세게 부딪힌 선체는 산산조각 났고, 새로 구축된 상 줄리앙 다 바라 요새 근처 강바닥에 가라앉은 채 4세기 동안 잠들게 된다.

세월이 흘러 상 줄리앙 다 바라 곶에 보물이 가라앉았다는 소문이 퍼졌다. 1950년대에 그 지역을 탐색하기 시작한 스쿠버 다이버들은, 진흙 바닥에 묻힌 채 어렴풋이 보이는 선체를 발견했다. 1996년 포르투갈 고고학 박물관 측은 선체 대부분이 가라앉은 위치라고 알려진 100제곱미터에 달하는 지역에서 인양 작업을 지원한다. 그러나 엄청난 보물이 묻혀 있으리라는 희망은 무산되었다. 고고학자들이 인양한 물건은 버마산 석기, 도자기, 금전과 은전 몇 냥이 전부였다. 그런데 노사 세노라 도스 마르티레스의 진짜 보물은[53] 뻔히 보이는 곳에 있었다. 금은 동전과 장신구와 도자기를 검은 담요처럼 뒤덮고 있던 통후추였다.

오늘날 보물 사냥꾼에게는 무용지물이겠지만, 당시 배가 리스

본 항구에 안전하게 정박했다면 선주는 통후추로 족히 수백만 달러는 벌어들였을지도 모른다. 1606년 배가 가라앉았을 당시 타구스 강둑에는 통후추가 강물에 대거 밀려왔고, 지역 주민들은 강으로 몰려가 허겁지겁 통후추를 건져 올렸다. 오늘날 '후추 난파선'으로 불리게 된 이 배는, 지금은 흔해빠진 이 향신료가 당시에는 얼마나 값진 물건이었는지 절실히 깨닫게 만든다. 중세에 후추 1파운드는 금 1파운드보다 몇 배 더 값어치가 높았다. (오늘날 금 1파운드는 2만 달러나 하지만, 후추 1파운드는 겨우 5달러면 산다.) 당시 통후추는 화폐로 흔히 쓰였는데, 터너는 후추가 일종의 '세계통화(universal currency)' 역할을 했다고 말한다. 임대료를 후추 몇 파운드로 지불하는(또는 임대료 일부를 후추로 지불하는) 관행은[54] 유럽 일부 지역에서 1900년대까지도 계속되었다. 1526년 포르투갈의 이사벨라 여왕이[55] 결혼할 당시 지참금의 상당 부분을 통후추로 지불했다.

인류 역사상 로마제국만큼 향신료에 열광한 문명은 없었다. 로마 특권층의 연회에 제공되는 음식에는 보통 온갖 종류의 향신료가 쓰였다. 1세기에 마르쿠스 가비우스 아피키우스(Marcus Gavius Apicius)가 썼다고 알려진 요리책 《아피키우스》에 수록된 조리법 중 80퍼센트가 후추를 재료로 사용한다. 예컨대 "후추를 섞은 밀가루 튀김에 꿀이나 대추절임, 아몬드, 꿀과 후추를 약간 넣어 구운 잣을 곁들인, 향신료가 첨가된 각종 후식"[56]이 수록되어 있다. 408년 고트족이 로마를 포위했을 때, 고트족을 이끌던 알라리크 1세는

다이버들이 '후추 난파선' 잔해 일부를 인양하는 광경

금, 은, 비단과 후추 3천 파운드를 바치면 봉쇄를 해제하겠다고 제안했다. 어처구니없는 요구(요즘으로 치면 플라스틱 포크와 종이 냅킨을 요구하는 셈이다)처럼 들릴지 모르지만, 향신료에 열광한 로마인의 입맛은 중대한 결과를 초래했다. 로마와 인도 간의 무역적자, 대부분 후추 수입에서 생긴 이 적자는 로마제국의 멸망에 결정적인 역할을 했다고 믿는 역사학자들도 있다. 가이우스 플리니우스 세쿤두스(Gaius Plinius Secundus)는 《자연의 역사(Naturalis Historia)》에서 다음과 같이 지적했다.

"해마다 인도가[57] 로마제국으로부터 5천만 세스테르체(sesterce, 고대 로마의 화폐단위-옮긴이)를 빼내간다."

로마제국이 타락으로 멸망했다고들 하는데, 이는 단순히 도덕적인 타락만을 말하는 게 아니다. 향신료가 듬뿍 들어간 산해진미로 향연을 벌이느라 경제를 탕진했기 때문이기도 하다.

향신료 전쟁의 근원, 후추

후추는 유럽의 가장 위대한 도시로 손꼽히는 로마의 멸망을 앞당겼지만, 후추 덕분에 부흥한 도시들도 있다. 오늘날 베니스 대운하(Canale Grande)나 암스테르담의 헤렌흐라흐트(Herengracht) 운하를 찾는 사람들은, 운하를 따라 늘어선 궁전이나 고급 저택들을 보고 감탄하곤 한다. 그러나 잠시 발걸음을 멈추고 생각해보기 바란다.

세계적으로 유명한 이 정교한 건물들의 건축을 재정적으로 뒷받침한 주인공이 향신료라는 사실을. 무슬림 무역상들이 인도에서 구입한 향신료를 아드리아 해 지역에 전파한 이후, 13세기 중반 후추를 비롯해 여러 향신료가 베니스를 거쳐 유럽 전역에 유통되었다. 베니스가 전설적인 무라노(Murano) 유리를 팔아 벌어들인 수익은, 향신료 무역 중개상 역할을 하면서 후추에 관세를 부과해 벌어들인 돈에 비하면 새발의 피였다. 1600년대 무렵 인도로 가는 가장 짧은 뱃길이 열리면서, 일반 시장에서 후추 가격은 이미 하락하기 시작하고 있었다. 물론 여전히 값진 상품인 후추 덕분에 여러 제국과 세계적인 기업들이 등장하는 새 시대가 열리긴 했지만 말이다. 네덜란드 동인도회사[58], 기업을 공개하고 주식을 발행한 이 최초의 기업은 향신료 무역에서 엄청난 수익이 창출된다는 점을 염두에 두고 창설되었다. 오늘날 경제학자들은 이 회사가 육두구와 정향에 부과한 이윤폭이 2천 퍼센트에 달한다고 추정한다.

후추를 비롯한 다른 향신료도 세계화 역사에 어두운 자취를 남겼다. 영국 동인도회사는 수마트라 섬에 노예 식민지를 건설해 후추 생산량을 늘렸다. 1600년대 말, 네덜란드는 인도에서 생산된 아편을 팔아 번 돈으로 인도네시아산 후추를 사들여 수세기 동안 아편 중독자들을 양산했다. 1711년 한 영국 무역상은 다음과 같이 기록했다.

"말레이인들[59](지금의 말레이시아인)은 아편에 열광한 나머지, 아편을 구하기 위해서라면 갖고 있는 귀중품을 몽땅 저당 잡히는 지경이다."

그로부터 한 세기 후 미국 무역상들도 영국 무역상들과 똑같이 무자비한 방법을 쓴다. 토머스 패트릭슨(Thomas Patrickson)이라는 한 상인은 1789년 친구에게 쓴 편지에서, "물물교역으로 말레이인들에게 아편을 팔면 100퍼센트(수익)는 따놓은 당상이다"[60]라며 다음과 같이 덧붙였다.

"위험하지만 않다면 말레이 해안을 찾는 데 반대할 이유가 없다."

무자비한 통치만으로 치자면, 향신료 교역의 역사에서 1600년 대 초 향신료 군도를 지배한 네덜란드를 따라갈 정권이 별로 없다. 소수의 유럽인들이 반다 군도에서 생산되는 이 보물의 독점권을 누리는 데 대해 반다 군도 주민들이 감히 반기를 들자, 유럽인들은 격분한 나머지 놀랍도록 신속하고 효율적으로 무자비한 학살을 자행했다. 이를 역사학자 빈센트 로스(Vincent Loth)는[61] "네덜란드의 해외 영토 확장 역사상 가장 어두운 자취를 남긴 사건"이라고 표현했다. 얀 피터르스존 쿤(Jan Pieterszoon Coen) 총독이 이끄는 네덜란드인들은 론토르(Lonthor) 섬에서 단 몇 주 사이 반다 군도 원주민 1만 3천 명을 조직적으로 처단했다. 쿤은 일본 용병까지 들여와 반다 지도층을 살해했다. 그 가운데 40명을 참수했고, 잘려나간 머리는 원주민들의 기를 꺾기 위해 긴 막대기에 꽂아 잘 보이는 장소에 전시했다. 몇 십 년 만에 반다 군도의 원주민 인구는 몰살되었고, 대부분 살해당했다. 네덜란드인들은 원주민을 대신할 노예와 죄수들을 들여와 농장 일을 시켰고, 네덜란드 동인도 회사는 이들의 노동

1596년, 동인도 제도를 드나들던 최초의 네덜란드 선박
(1870년경 반 케스터렌(Van Kesteren) 작)

으로 엄청난 부를 쌓았다. 오늘날 다국적 기업에 대해 우리가 어떤
생각을 지니고 있든, 초창기에 다국적 기업은 향신료 군도에서 시
작해 카리브 해의 노예 농장을 거쳐 남아메리카, 그 밖의 여러 열대
기후 지역에 이르기까지, 토양이 비옥하고 강우량이 풍부하고 일조
량이 많은 천혜의 지역을 저주받은 땅으로 만들고, 수많은 사람들
의 피를 자양분 삼아 뿌리내린 조직이다. 부인할 수 없는 사실이다.

네덜란드 정권은 결국 잔혹한 행위(그리고 정향과 육두구를 세계에 공급하는 독점권을 유지하려는 확고한 의지)를 저지른 대가를 치르게 된다. 1620년대 중반 무렵 네덜란드는 협상과 학살을 통해, 이 수익성 높은 식물들이 재배되는 섬을 완전히 장악한다. 그러나 이 향신료의 교역을 네덜란드가 독점하면서 경쟁자들이 등장했다. 네덜란드의 패권이 닿지 않던 다른 지역에서 이 작물들 재배가 가능할지 시도해보려는 이들이었다. 그리고 그러한 시도를 통해 자본주의 역사상 가장 걸출한 산업스파이가 탄생하게 된다.

후추를 퍼뜨린 산업스파이

선교사이고 식물학자이자 솜씨 좋은 밀수업자인 프랑스인 피에르 푸아브르(Pierre Poivre, 그의 이름을 영어로 하면 '피터 페퍼(Peter Pepper)' 다)가 실제로 '절인 고추를 잔뜩 훔친'● 피터 파이퍼(Peter Piper)인지에

● 영국의 전승동요로, 두운을 일치시켜서 빨리 부르면 발음하기 힘들어 혀가 꼬일 지경이 된다는 뜻에서 이런 노래를 'Tongue Twister'라고 한다. 가사는 다음과 같다.
피터 파이퍼가 절인 고추를 잔뜩 훔쳤다네(Peter Piper picked a peck of pickled peppers). / 피터 파이퍼가 훔친 그 많은 절인 고추(A peck of pickled peppers Peter Piper picked). / 피터 파이퍼가 절인고추를 잔뜩 훔쳤다면(If Peter Piper picked a peck of pickled peppers), / 피터 파이퍼가 훔쳤다는 그 많은 절인 고추는 어디로 갔을까?(Where's the peck of pickled peppers that Peter Piper picked?)-옮긴이

대해서는 역사학자들 사이에 의견이 분분하다.

이름을 보면 확실히 직접적으로 관련 있어 보인다. ('페퍼'를 라틴어로 '파이퍼'라고 한다.) 그리고 푸아브르의 전기에는 절인 고추를 훔친 이야기는 나오지 않지만, 그는 네덜란드가 장악하고 있던 소굴에 들어가 값비싼 향신료들을 훔쳐 내오기는 했다. 1719년에 태어난 푸아브르는 전 세계를 돌아다니며 파란만장한 삶을 살았다. 극동 지역에서 선교 활동을 했고, 프랑스 동인도회사 선박으로 항해를 했으며, 토머스 제퍼슨에게 영향을 미친 여행기와 식물표본첩을 저술했고, 당시 프랑스의 해외 영토였던 일 드 프랑스(Île de France, 지금의 모리셔스(Mauritius))와 일 부르봉(Île Bourbon, 지금의 레위니옹(La Réunion))의 행정가로 일했다.

푸아브르는 스물여섯 살에 영국과의 해상 전투에서 소총에 맞은 뒤 괴저에 걸려, 오른팔 대부분을 절단하고 네덜란드 식민지 바타비아(Batavia, 지금의 자카르타)에서 몇 달 동안 요양했다. 그는 요양을 하면서 네덜란드의 향신료 독점 사업을 가까이에서 관찰할 시간적인 여유를 얻었다. 원예농업에 전문 지식을 지닌 그는, 프랑스 경제를 부흥시키려는 애국심도 갖추었다. 그는 동인도와 기후가 비슷한 다른 지역에서도 잘만 보살피면 정향과 육두구를 재배할 수 있겠다고 생각했다. 프랑스로 귀국하는 길에 그는, 일 드 프랑스와 일 부르봉에 들렀고 그 두 섬의 생태계가 반다 군도와 말루쿠 군도의 열대우림과 비슷하다는 사실을 깨달았다. 그는 훗날 다음과 같이 말한다.

"그때 나는 깨달았다. 동인도에서 네덜란드가 막강한 권력을 누리도록 뒷받침하는 것은 바로 향신료 독점권인데, 그들이 독점권을 휘두르는 이유는 유럽의 다른 무역 국가들이 무지하고 비겁하기 때문이라는 사실을 말이다. 그 사실을 알고 용기만 있다면, 그들이 세상의 변방에서 차지하고 있는 부의 원천을 공유할 수 있다."

그는 네덜란드의 손아귀에서 정향과 육두구 씨앗들을 '해방' 시킬 계획을 세우기 시작했다. 그리고 이 계획으로 그는, 역사상 가장 성공한 외팔이 도적으로 이름을 남기게 된다.

푸아브르가 세운 계획은 대담하고 매우 위험했다. 당시 네덜란드인들은 섬에서 저지르던 잔혹한 관행들을 일부 폐기했지만, 향신료 독점을 통해 오늘날로 치면 수십 억 달러를 벌어들이고 있었다. 네덜란드인들이 향신료 씨앗을 본국 몰래 프랑스인에게 순순히 넘겨줄 리 만무했다. 푸아브르는 1750년 인도양을 건너 1751년 마닐라에 다다랐는데, 도착하자마자 밀수업자와 마주쳤고 재배하기에 충분한 양의 육두구 씨앗을 사들였다. 그 가운데 서른두 그루가 성공적으로 싹이 텄고, 그는 이에 고무되어 향후 수년간 재배를 계속하지만 수없이 실패를 거듭했다. 그러나 육두구 재배만으로는 절반의 성공밖에 되지 않았다. 정향은 씨앗이 아니라 꽃봉오리였기 때문에, 육두구 씨앗에 이어 실제로 정향나무를 입수해야 두 향신료 모두를 프랑스 토양에 뿌리내리게 할 수 있었다.

이 시점에서 푸아브르는 웃지 못할 이중생활을 시작한다. 네덜란드인들 바로 코앞에서 수십억 달러짜리 자산을 훔치기 위해 말

피에르 푸아브르

루쿠 군도에 갈 방법을 마련하느라 미친 듯 동분서주하는 한편, 자기 정원에 심은 육두구를 애지중지하며 가꾸고 있었다. 그러나 이 육두구는 서서히 죽어가고 있었다. (그가 심은 육두구에 네덜란드 동인도회사의 요원이 독성 물질을 주입했다는 설도 있다.[62] 소련의 KGB가 자신의 적인 첩보원이 마실 물에 플루토늄을 넣었다는 이야기를 원예농업 판으로 각색한 셈이다.) 푸아브르는 우선 향신료 군도에 데려다달라고 스페인 사람들에게 부탁해보았지만, 보기 좋게 거절당한다. 스페인인들은 네덜란드인들과 껄끄러운 관계가 되고 싶지 않았기 때문이다. 결국 푸아브르는 배 두 척과 말레이인 선장을 구해 말루쿠 군도에 가기로 한다. 그러나 해상 전투 때문에 출항이 너무 지연되는 바람에 몬순계절풍으로 바람의 방향이 바뀌었고, 결국 뱃머리를 돌려야 했다. 푸아브르가 마침내 정향을 입수하려는 계획을 포기한 1753년 2월 무렵, 그가 기른 육두구는 열아홉 그루로 줄어 있었다. 인도 남쪽 끝을 향해 항해하기 전 인도 연방 푸두체리(Puducherry) 주의 수도 폰디체리(Pondicherry)에 들렀을 때, 그에게는 육두구가 고작 열두 그루밖에 남아 있지 않았다. 마지막 1천 마일을 항해해 모리셔스 항구에 안전히 도착했을 때 남은 육두구 묘목은, 겨우 다섯 그루였다.

도착하자마자 푸아브르는 남은 육두구 묘목을 보호할 최선의 방법을 결정해야 했다.

"모리셔스에 있는 기업에서 일하는 정원사들이 얼마나 무능한지, 겪어봐서 잘 안다.[63] 내가 아프리카 희망봉(Cape)과 코친차이나(Cochinchina, 베트남 최남단 지역—옮긴이)에서 가져온 온갖 종류의 식물들을 그들은 소 닭 보듯 했다. 이웃들이 파 가도 내버려두거나 방치했다"라고 그는 훗날 기록했다. 그래서 그는 모리셔스 섬에 사는 몇몇 친구에게 남은 육두구 묘목을 몰래 나누어 주고, 개인 정원 세 군데에 심어 잘 가꾸도록 했다. 얼마 지나지 않아 그는 다시 동인도 제도로 출발했다. 이번에 탄 배는 콜롬브(Colombe)였고 향신료 군도까지 가는 데 성공했다. 그러나 이번 항해에서도 소기의 목적을 달성하지 못하고 만다. 그는 몇몇 섬에서 출항하는 데 고충을 겪었다. 배를 함께 탄 의사가 구명정을 타고 몰래 빠져나가 네덜란드인들에게 밀고하려고 한 것이다. 다행히 그전에 의사가 붙잡혀 푸아브르는 무사했지만 말이다. 그는 농장 일꾼들과, 네덜란드인이 아닌 주민들에게도 하소연해봤지만 모두 퇴짜를 맞았다. 몇 달간 애쓴 끝에 그는 결국 계획을 포기했고, 빈손으로 서쪽을 향해 출항했다.

푸아브르가 회고록을 쓰겠다고 마음먹지 않았더라면, 그의 사명은 불발되고 그의 이름은 향신료 역사에서 눈에 띄지도 않는 사족으로 처리되었을지도 모른다. 그의 회고록은 《한 철학자의 항해 (Voyages d'un Philosophe)》라는 제목으로 출판되었다. 토머스 제퍼슨은 이 책에서 중국의 벼농사를 묘사한 내용을 읽고, 미국 남부지역에 벼농사를 보급할 계획을 세웠다. 파리에서도 한 프랑스 장관이 그의 회고록에 단단히 빠져들었다. 장관은 값비싼 향신료를 프랑스 제국의 식민지 섬에 보급, 재배해 수익을 올린다는 푸아브르의 구상에서 아이디어를 얻었다. 그는 푸아브르를 일 드 프랑스와 일 부르봉 행정 관리자로 임명되도록 주선하고, 프랑스 영토에서 네덜란드가 독점한 향신료를 재배하는 계획을 실행하는 데 공식지원해주었다. 1770년, 푸아브르는 그 지역에서 오랫동안 경험을 쌓은 선장들을 태운 배 두 척을 향신료 군도에 파견한다. 그 배들은 건강한 육두구 싹 수천 그루와 정향 묘목 3백 그루를 가지고 돌아왔다. 인도네시아 100마일 반경 밖에서 최초로 재배된 정향은 1776년 일 드 프랑스에서 수확되었다. 어처구니없는 말처럼 들릴지도 모르지만, 17세기와 18세기를 풍미한 네덜란드 금융제국의 종말을 초래한 주요 사건 가운데 하나는, 바로 외팔이 프랑스인 밀수꾼이 지구 반대편에서 씨앗 한 줌을 훔친 사건이었다.

푸아브르가 승리의 개가를 올리면서 향신료 무역의 종말이 시작되었다. 종말까지는 아니라 해도 적어도 향신료 무역의 전성기는 막을 내렸다. 푸아브르가 들여 와 재배한 정향에서 처음으로 수확한 씨앗들이 곧 마다가스카르(Madagascar) 섬과 잔지바르(Zanzibar) 섬에서 파종되었고, 정향 사업이 번성하기 시작했다. 터너에 따르면, "거의 2백년이 지나[64] 인도양을 오가는 향신료 무역이 역전되어, 인도네시아는 정향의 순수입국이 되었다." 정향, 육두구, 계피, 고추의 재배 지역이 다양해지고, 훨씬 더 효율적으로 수확하게 되었다. 그렇게 향신료는 사치품에서 일용품으로 강등되었다.

바닐라향은 어떻게 널리 퍼졌나

———

흥미롭게도, 사치품에서 일용품으로 강등된 향신료들 가운데 마지막까지 사치품 지위를 유지한 향신료의 원산지는 극동 지역이 아니라 아메리카 대륙이었다. 멕시코 만에 인접한 베라크루스(Veracruz)

지역의 열대우림에는 옅은 노란색 꽃을 피우는 덩굴식물이 자란다. 엄밀히 말해서 이 덩굴식물은 난초과에 속하지만, 2만 5천 종류의 난초 가운데 유일하게 씨앗을 생산한다. 바로 바닐라콩이다. 가루받이를 하고 나면 이 식물의 씨방에는 가늘고 긴 열매가 열리는데, 이 열매 속에 까만 씨앗이 가득 들어 있다. 수천 년 전 베라크루스 지역에 사는 토토낙(Totonac) 족이 열매를 건조 발효하는 방법을 발견했다. 애간장을 태울 만큼 향긋한 이 열매는 결국 전 세계 아이스크림 가게와 생일 파티를 그 향기로 가득 채우게 된다.

역사학자 팀 에콧(Tim Ecott)에 따르면, "아메리카 원주민들이 집에서 방향제로 쓴 게 아마도 최초로 바닐라콩이 쓰인 사례[65]일 것이다. 간단하지만 아주 효과적인 방향제였다. 오늘날 멕시코 중부 지역에서는 바닐라콩을 여전히 방향제로 쓰고 있다. 말린 바닐라를 여러 개 묶어서 줄을 매달아 벽에 걸어놓는다. 전통적으로 토토낙족 여성들, 그리고 바닐라가 자라는 지역에 거주하는 또 다른 부족 여성들은 기름에 절인 바닐라를 머리에 꽂고 다니는데, 바닐라의 은은한 향이 풍긴다."

유럽인들이 아메리카 대륙에 다다를 무렵 바닐라는 이미 아스테카(Azteca) 문화에서 매우 중요한 사치품이 되어 있었다. 상류층은 카카오나무 열매로 만든 초콜릿 음료의 쓴맛을 중화하기 위해 바닐라콩을 갈아 넣었다. 바닐라를 생산하는 지역들은 아스테카 당국에 바닐라콩을 세금으로 내기도 했다.

오늘날 사람들은 바닐라 하면 짙은 초콜릿 색상과 대조되는 밝은색을 떠올린다. 별다른 이유 없이 바닐라 아이스크림과 케이크는 모두 밝은색으로 만들기 때문에 더더욱 그런 인식이 확산되었다. 그러나 사실 바닐라가 유럽인의 미각에 스며든 이유는, 초콜릿의 풍미를 증진하기 위해 바닐라를 썼기 때문이다. 1685년에 쓰인 《커피, 차, 초콜릿을 타는 방법(The Manner of Making Coffee, Tea, and Chocolate)》이라는 글에는 다음과 같은 내용이 나온다.

"누구나 이 열매를 넣는다.[66] 세 깍지를 넣는데, 이를 스페인사람들은 '바이니야 데 캄페체(Vainilla de Campeche, '멕시코 캄페체 주에서 생산된 작은 콩'이라는 뜻으로 '바닐라'는 바로 이 스페인어 '바이니야'에서 유래했다―옮긴이)'라고 부른다. 우리는 초콜릿 음료에 바닐라를 넣는다. 그러면 보기도 좋고 회향(茴香) 향기가 나는데, 아마 성질도 회향과 그리 다르지 않을 것이다. 회향처럼 바닐라도 뜨겁게 하면 안 되고 팔각(八角)과도 잘 어울리기 때문이다."

결국 바닐라는 초콜릿과의 동반 관계를 청산하게 된다. 토머스 제퍼슨은 파리에 사는 동안 바닐라에 맛을 들였고, 바닐라 아이스크림 조리법을 손 글씨로 적어 미국으로 돌아온다. 그가 미국 문화 발전에 기여한 수많은 업적 가운데 길이 남을 업적이다. 1791년, 제퍼슨은 파리 주재 미국 외교관에게 전갈을 보내, 좋은 보르도 와인 몇 상자와 더불어 바닐라콩을 구해 미국으로 보내달라며 다음과 같이 도움을 청했다.

"우리 집사가 그러는데,[67] 바닐라를 구하느라 온 시내를 다 돌아다녔지만 바닐라가 뭔지 아는 사람이 아무도 없다고 하더이다. 요

바닐라 덩굴과 열매

청컨대, 바닐라콩 50개(가느다란 막대처럼 생겼소이다)만 보내주시오. 신문지에 싸서 보내면 안성맞춤이외다. 낱개로 파는 곳에서는 한 개에 24수(sou, 프랑스의 옛 동전-옮긴이)쯤 하오."

바닐라는 후추나 각성 물질이 들어 있는 커피, 차, 초콜릿처럼 집단적인 광풍을 불러일으키지는 않았다. 그러나 1700년대 중반 무렵, 바닐라콩은 같은 무게의 은과 동등한 가치를 지니게 되었다. 따라서 그 풍미와 희소가치를 충분히 입증한 셈이다.

바닐라가 진귀해진 이유는 난초과 식물이 진화하는 과정에서 묘한 반전이 일어났기 때문이다. 오늘날 전 세계에서 소비되는 대부분의 바닐라를 생산하는 난초과 식물종인 바닐라 플라니폴리아(Vanilla planifolia)는, 멕시코와 중앙아메리카 일부 지역에서만 자생하는 단 한 종류의 벌만 가루받이를 할 수 있다. 이 식물은 꽃잎이 생식기관을 단단히 감싸 보호하고 있다. 따라서 바닐라 꽃과 공진화해오지 않은 다른 종류의 벌이나 곤충들처럼 꿀을 찾느라 꽃 주변에서 얼쩡거리다가 우연히 꽃가루를 몸에 묻혀 옮기는 방법으로는, 결코 가루받이가 성사되지 않는다. 바닐라 플라니폴리아의 꽃잎은 오직 특정한 한 곤충만이 비밀번호를 알고 있는 자물쇠 같은 구조로 진화해온 셈이다. 이 복잡한 구조 때문에 수세기 동안 인간도 애를 먹었다. 스페인의 에르난도 코르테스(Hernando Cortes)와 그가 이끄는 원정대가 바닐라를 가지고 유럽으로 귀환한 후, 바닐라 플라니폴리아 꺾꽂이 싹은 전 세계 열대기후 지역에(그리고 북유럽 온실에도) 성공적으로 뿌리내렸다. 대부분의 난초들과 마찬가지로 바닐라 덩굴도 자태가 빼어났지만, 멕시코의 벌들이 없으니 이 덩굴 식물에는 좀처럼 열매가 열리지 않았다. 네덜란드인들이 전함과 대량학살을 통해 정향과 육두구 독점권을 수호했다면, 멕시코의 바닐라 독점권은 바닐라 꽃잎이 지켜주었다.

바닐라 플라니폴리아의 보물을 지키는 자물쇠의 비밀번호가 풀리게 된 과정은, 서로 협력할 것 같지 않은 나라들이 바닐라라는 향신료를 통해 제휴와 동맹을 구축함으로써 세상을 하나로 묶게 되었음을 보여주는 더할 나위 없이 좋은 사례다. 그 과정은 피에르 푸아브르가 일 드 프랑스와 일 부르봉에 부임한 시점부터 시작된다. 동인도 제도에서 대담하게 도둑질을 감행하고 나서 수년 동안, 푸아브르는 일 드 프랑스와 일 부르봉에서 반다 군도의 수익 작물을 이식하려고 무진 애를 썼지만 성과는 좋지 않았다. (예컨대, 정향 재배는 마다가스카르에 가서야 본격적으로 정착되었다.) 그러나 일 부르봉은 프랑스인들이 인도와 동인도 제도로 돌아가는 항해 여정에서 매우 유용한 항구 역할을 했다. 유럽인들이 처음 일 부르봉 해변에 상륙했을 때 그 섬에는 아무도 살고 있지 않았기 때문이다.

세월이 흐르면서 세계 각지에서 가져온 천여 종의 식물이 이 섬에서 재배되었다. 해안을 따라 일군 농장에서는 아프리카에서 데려온 노예들이 커피, 사탕수수, 목화 등을 재배해 프랑스 제국에 상당한 수익을 안겨주었다. 프랑스에서 정권이 교체되면서 섬 이름도 바뀌었다. 부르봉 왕가가 몰락한 후 일 부르봉은 일 들라 레위니옹(Île de la Réunion)으로 개명되었다. 그리고 십여 년 남짓한 기간 동안 일 보나파르트(Île Bonaparte)로 불리다가, 왕정복고 시대에 다시 부르봉으로 바뀐다. 1848년 2월혁명이 일어나고 나서야 마침내 현재의 이름 레위니옹으로 자리를 잡았다.

바닐라 식물은[68] 섬 이름이 레위니옹으로 마지막으로 바뀌기 전부터 몇 번씩이나 그 섬에 전해졌다. 1822년 파리에서 온 꺾꽂이 순 묶음이 여러 농장에 보급되었다. 바닐라 덩굴은 20년까지도 성장하고 이따금 꽃을 피운다. 그러나 멕시코에 자생하는 벌의 능숙한 기술 없이는 이 식물은 열매를 맺지 못한다. 그런데 열두 살짜리 소년의 기발한 원예실험으로 모든 게 완전히 바뀌었다. 에드몽 알비위스(Edmond Albius)라는 그 소년은 한 농장에서 일하던 노예로, 벨뷔(Bellevue)라고 불렸다. 알비위스는 우연히 바닐라 식물을 가루받이하는 방법을 알아냈다. 엄지손가락으로 꽃잎을 벌리고 작대기로 꽃의 생식기관인 암술과 수술을 눌러주는, 정교한 손놀림이 요구되는 방법이었다. 알비위스의 주인이자 아버지를 대신한 인물인 페레올 벨리에-보몽(Ferréol Bellier-Beaumont)은 훗날 다음과 같이 회고한다.

"이 영리한 녀석이[69] 바닐라 꽃에 암술과 수술이 있다는 사실을 알아냈고, 가루받이하는 방법까지 생각해냈다."

알비위스가 생각해낸 기법('에드몽의 손길'로 불리게 되었다)은 곧 섬 전역에 보급된다. 얼마 지나지 않아 레위니옹 섬의 농장들은 발효시킨 바닐라콩을 톤 단위로 배에 실어 수출하게 되었다. 알비위스가 가루받이 기법을 발견한 지 반세기 만에, 이 작은 섬은 바닐라를 멕시코보다 더 많이 생산하게 되었다.

프랑스인들은 '에드몽의 손길' 덕에 엄청난 경제적 풍요를 누렸지만, 에드몽 본인은 그리 득을 보지 못했다. 1848년 노예 신분에서 해방된 그는 몇 년 후 보석절도로 체포되어 수감된다. 그나마 벨리에-보몽이 강력히 청원한 끝에, 에드몽이 레위니옹의 경제발전에 공헌한 점이 참작되어 형량이 줄었다. 에드몽은 가난을 면치 못하고 1880년 레위니옹 섬에서 생을 마감한다. 지역 신문은 다음과 같이 약간 과장하고 미화한 부고를 실었다.

"바닐라 꽃을 가루받이하는 방법을 발견해 이 식민지에 대단한 수익을 안긴 바로 그 주인공이[70] 생트-쉬잔(Sainte-Suzanne)에 있는 공립병원에서 숨을 거두었다. 궁핍하고 비참한 죽음이었다."

에드몽의 인생역정은 한마디로 향신료의 역사였다. 세계 각지에서 온 작물과 사람들이 한 장소에 던져져(때로는 대단한 승리의 개가를 이루고 때로는 엄청난 비극을 초래한 가운데), 세상에서 가장 희귀한 맛을 내는 작물들을 재배해 상품으로 바꾸는 역사였다. 스페인이 지배하는 멕시코에 자생하는 식물을 인도양에 있는 한 섬에서 프랑스인이 재배했고, 프랑스 노예상인들이 그 섬에 데려온 아프리카인의 후손인 한 소년이 그 꽃을 최초로 가루받이했다. 얼핏 하찮게 보이는 이 행위, 오지에 있는 섬의 고지대에서 한 소년이 꽃에 속임수를 써 씨앗을 맺게 한 행위가, 수십억 달러에 달하는 가치를 지닌 경제활동을 한 지역에서 다른 지역으로 이전시켰다. 그리고 한때 사회 특권층만 누리던 향신료 바닐라는 이제 너무나도 흔해진 나머지, '바닐라' 라는 단어마저도 영어로 '평범하고 흔하다' 라는 뜻이 되어버렸다.

향신료의 효능과 존재 가치

어느 초등학교 역사책이든 향신료 무역이 세계 역사에서 중추적인 역할을 했다는 사실을 수록하고 있다. 그러나 얼마나 많은 사건과 관행들이(대부분 오늘날에도 여전히 건재하다) 향신료에서 비롯되었는지 곰곰이 생각해볼 가치가 있다. 세계무역, 제국주의, 콜럼버스와 바스코 다 가마의 항해와 발견, 로마의 멸망, 주식회사, 베니스와 암스테르담의 변치 않는 아름다움, 이슬람교의 세계적 확산, 여러 풍미가 뒤섞인 도리토스의 맛이 모두 향신료에서 비롯되었다. 향신료 맛은 단순히 오늘날 우리 모두가 일상으로 누리게 된 예전의 사치가 아니다. 인간이 향신료에 맛을 들였기에 오늘날의 세계가 존재하게 된 셈이기도 하다. 한때 말도 못하게 비쌌던 향신료가 지금은 무척 싸다는 사실을 이해하기란 어렵지 않다. (계피에서 목화, 컴퓨터에 이르기까지, 사치품이 대량생산품이 되는 추세는 어찌 보면 자본주의가 창작하는 대서사다. 정말 풀기 어려운 의문은, 인간이 그까짓 맛 때문에 그토록 엄청난 비용을 기꺼이 지불한 이유가 무엇인가 하는 점이다.)

향신료가 전 세계에 미친 영향에 버금가는 현상을 현 시대에서 찾는다면, 원유를 확보하려는 욕구일 것이다. 향신료를 향한 열정을 추구했을 때와 마찬가지다. 원유 욕구를 충족하기 위해 인간은 국경을 새로 긋고, 참담한 전쟁을 일으키고, 획기적인 과학과 기술의 개가를 올리고, 역사상 가장 수익성이 높은 기업들을 탄생시켰다. 그러나 적어도 화석연료는 그 모든 허물에도 불구하고, 우리의 생활방식을 유지할 에너지를 공급하기 위해 반드시 필요한 상품이다. 생명을 유지하는 데 필요한 영양분을 확보하기 위해 전쟁이 일어나고, 제국이 탄생하고, 기업이 설립되는 경우는 쉽게 상상이 간다. 식량이 있어야 생명을 유지할 수 있으니 말이다. 그러나 그저 맛 때문에 세계를 정복한다? 말이 되는가?

향신료 열풍이 일어난 이유는, 기본적인 영양분을 섭취하기 위해서 향신료가 반드시 필요했기 때문이라는 게 통상적인 해석이다. 고대 로마시대나 중세에 먹던 음식은 다량의 향신료를 넣어야 먹을 만했다는 이야기다. 후추를 비롯해 그와 비슷한 종류의 향신료는 소금을 보조하는 양념으로 여겨졌다. 겨우내 음식을 저장하는 방법으로서, 상하기 시작한 고기의 역겨운 맛을 덮기 위해 쓰였다는 논리다. 그러나 이 가설은 비교적 단순 명료한 이유 때문에 대체로 부정되었다. 후추나 육두구 같은 향신료는 거금을 들여야 살 수 있었으므로, 1600년대 들어 가격이 하락하기 전까지는 유럽 상류층만 맛볼 수 있었다. 중세 영국에서는[71] 왕가 친족을 포함한 왕실이 향신료 시장을 지배했다. (이를테면, 에드워드 1세는 백작

이 보통 한 해에 버는 만큼의 돈을 향신료 구입에 썼다.) 유럽 귀족에게는 신선한 고기나 생선이 동나는 적이 없었고, 보존 기간을 연장해야 한다면 그 어떤 음식이든 저장할 수 있을 만큼 소금이 넉넉했다. 따라서 향신료는 필수품이 아니라 갈망이었다.

"향신료의 기능을 식품 저장에 국한하고[72] 오직 그 기능을 바탕으로 향신료의 쓰임새를 설명하면, 샴페인이 갈증 해소에 제격이라고 주장하는 셈이다."

독일 역사학자 볼프강 쉬벨부쉬(Wolfgang Schivelbusch)는 이렇게 말했다.

향신료 광풍도 네덜란드 튤립파동(17세기 네덜란드에서 일어난 최초의 거품경제. 터키에서 들여온 튤립의 인기가 치솟으면서 품귀 현상이 일어났고, 단기간에 증식하기 어려운 이 식물의 값이 폭등하자 너도나도 튤립에 투자하기 시작했다. 그러나 값이 지나치게 비싸지자 주요 수요자인 식물 애호가들이 등을 돌렸고, 튤립 가격은 다시 폭락했다—옮긴이)이나 펫츠닷컴(Pets.com, 1999년 아마존과 디즈니로부터 엄청난 투자 자금을 유치하면서 출범한 애견용품 회사. 무리하게 광고비용을 지출하고 수익을 내는 사업구조를 만들어내지 못해 2000년 도산했다—옮긴이) 같은 거품경제에 불과했을까? 그렇지 않다고 확신한다. 우선, 향신료 광풍이 거품경제라면 시장 역사상 가장 오랫동안 지속된 거품경제다. 거의 2천 년이나 지속되다가 거품이 꺼졌으니 말이다. 그보다도 후추나 계피 같은 향신료의 시장가격은 2차 투기의 영향을 거의 받지 않는다는 사실이 중요하다. 즉 가격 상승을 기대하고 투자를 함으로써 가격을 더 오르게 만드는, 그런 현상으로부터 영향받지 않는다는 뜻이다. 이러한 파생 시장은 향신료 사업이 절정에 이르고 나서야 활성화 되었다. 향신료 거래를 위해 설립된 주식회사 같은 경제 조직이 그때 가서야 만들어졌기 때문이다. 향신료가 비쌌던 이유는 부자들이 직접 소비하기 위해 기꺼이 거액을 주고 향신료를 샀기 때문이다. 단순히 향신료의 미래 가치에 투자를 해서가 아니다.

향신료를 향한 욕망과 환상

그렇다면 중세 귀족들은 왜 그토록 향신료에 집착했을까? 지금은 역사의 뒤안길로 사라졌지만, 한때 부잣집에 흔히 있었던 직종을 생각해보자. 라틴어로 스페차리우스(speciarius), 향미사(spicer)다. 터너에 따르면,[73] 프랑스의 필립 5세는 내실에 시종을 네 명만 두었다. 재단사, 이발사, 감식가 그리고 향미사였다. 영국 왕 에드워드 4세는 아예 '향신료 전담부(Office of Greate Spycerye)'라는 하나의 부서를 차렸다. 재단사와 이발사는 지금도 있는 직종이고, 감식가는 당시 왕을 독살 위협으로부터 보호하기 위해서 일했으니 금방 이해가 간다. 그러나 향미사들만으로 왕실 부서까지 따로 만든 이유는 무엇일까? 명칭만 보면 후추 가는 통을 든 채 하루 종일 꼿꼿이 서서 근엄한 표정으로 대기하는 시종의 모습이 떠오른다. 그러나 중세의 향미사는 그저 음식 간을 맞추는 사람이 아니었다.

아프리카의 약초를 묘사한 17세기 판화

우선 향신료 재고를 관리하는 일 자체가 매우 복잡하고 어려운 일

이었다. 향신료의 가치와, 향신료가 궁중 연회에서 차지하는 비중

을 생각해보면 말이다. 그런데 향미사는 오늘날의 맥락에서 보면

전혀 말이 안 되지만, 당시에는 중요한 역할을 수행했다. 향미사

는 약사와 라이프 스타일 코치(lifestyle coach)의 중간쯤인 역할을 한

다. 향미사는 만성질환에서 수면 습관, 장운동에 이르기까지 일상 생활에서의 건강 및 행복과 관련해 왕실에 자문을 했다. 그리고 향신료는 신체적 정신적 상태를 개선하거나 유지하는 주요 수단이었다.

건강 보조제로 오랫동안 쓰여온 후추는 암에서 치통, 심장병에 이르기까지 온갖 병을 치료하는 민병통치약으로 생각되었다. 스페인 왕 펠리페 2세는 1570년, 주치의를 멕시코에 보내 현지 자생식물의 약효를 분석하도록 했다. 그 주치의가 바닐라의 의학적 특성을 묘사한 다음 내용만 보아도, 당시 새로 등장한 이 식물의 성분이 얼마나 큰 효능을 지녔다고 생각되었는지 짐작이 간다.

"바닐라콩의 성분을 우려낸[74] 물을 마시면 소변 배출이 쉬워진다. 메카수치틀(mecaxuchitl)과 섞어 먹으면 낙태를 유발한다. 위를 따뜻하고 튼튼하게 한다. 장내 가스 발생을 줄인다. 체액을 생성하고 묽게 한다. 정신을 활기차고 튼튼하게 한다. 여성 질환을 치유한다. 차가운 독성 물질이나 독 있는 짐승에게 물렸을 때 효험이 있다."

성기능 장애도 향신료 요법으로 치료했다. 11세기 베네딕투스 수도회 수도사 콘스탄티누스 아프리카누스(Constantinus Africanus)가 저술한 성생활 지침서 《성생활에 관하여》에는 성기능을 향상시키는 20가지 조리법이 열거되어 있는데, 모두 향신료가 지닌 최음제 효과를 바탕으로 한 조리법이다. 요즘 사람이 이 책을 보면, 중세의 비아그라라기보다는 맛있는 샐러드드레싱을 만드는 조리법 같을 것이다. 콘스탄티누스는 이렇게 설명한다.

"피부가 차갑고 축축한 성교 불능 남성에게 내가 내린 처방은[75] 다음과 같다. 생강, 케모마일, 팔각, 캐러웨이 6그램, 헬리보어 씨앗, 양파 씨앗, 평지 씨앗, 아미오스 씨앗 4그램, 인도산 긴 후추, 검은 후추, 견과유 2그램, 꿀은 원하는 만큼."

1762년에도 독일의 한 의사는 한 연구 논문에서 이렇게 주장했다.

"바닐라 우려낸 물을 마시고 뛰어난 연인이 된 남성이 족히 342명은 되고[76], 여성도 그 정도는 된다."

이 주장에서 아이디어를 얻었는지, 마르키 드 사드(Maquis de Sade, 자유분방한 성생활로 악명이 높은 프랑스 소설가, 정치가, 철학자. 가학증을 뜻하는 'sadism'이라는 단어가 그의 이름에서 유래했다—옮긴이)는 저녁식사에 초대한 손님의 열정에 불을 붙이려고 후식에 바닐라를 잔뜩 넣어 대접했다.

오늘날 우리가 아로마테라피의 '치유 효력'을 논하듯, 뉴에이지(New Age) 유행에 따라 향신료에 의학적인 효험이 있다고 여겨진 게 아니다. 그 흔한 진통제 타일레놀, 항생제, 알레르기 약인 클래리틴도 없던 시절이다. 그러니 향신료가 바로 약품 기능을 했다. 요즘 건강 보조제라고 부르는 약품에서부터 암이나 치매 치료까지, 온갖 용도로 쓰였다. 향신료의 효능에 기본을 둔 이 사이비 과학은, 당대를 풍미한 체액을 바탕으로 한 의학 체계와 어깨를 겨루었다. 그리스에서 비롯된 이 의학 체계에 따르면, 건강은 네 가지 체액이 균형을 이룬 상태로 각 체액은 다음과 같은 성질을 지닌다. 혈액(따뜻하고 습하다), 담즙(膽汁, 차고 건조하다), 담(痰, 차고 습하다), 흑담즙(우울증, 차고 건조하다). 민간요법과는 달리 체액 분류 체계는 오늘날의 과학 지식에 비추어보면 실제로 신체가 작동하는 방식과 전혀 관계가 없다. 그런데도 거의 2천 년 동안이나 향신료는 약으로 쓰였다. 네 가지 체액 가운데 하나 이상의 체액이 지나치게 큰 영향력을 발휘하면 건강에 문제가 생기고, 체액의 균형(불균형)은 식습관이 크게 좌우한다고 생각되었다. 차고 습하다고 여겨진 돼지고기와 생선은 담을 증가시킨다. 건조한 성질을 지닌 채소는 담즙의 균형을 깬다. 그런데 향신료는 이런 체액들의 평형상태를 유지해주었다. 향신료는 대부분 뜨겁고 건조한 성질이 있다고 생각되었으므로, 육류, 돼지고기, 생선처럼 습하고 찬 음식을 과도하게 섭취했을 때 종종 사용되었다.

음식과 따로 섭취하는 실제 의약품에는 놀라울 만큼 다양한 향신료들이 들어갔다. '복합 성분'이라고 불리기도 한 이 물질들은 향미사가 조제했는데, 가스가 차 배가 더부룩한 증상에서부터 불면증, 우울증에까지 처방되었다. 페르시아 왕 미트리다테스 6세가 파충류 독의 해독제로 최초로 조제했다고 알려진 테리아카(theriaca)는 궁극의 만병통치약으로, 그 어떤 질병이든 치료하거나 예방할 수 있다고 여겨졌다. 재료가 무려 백여 가지 넘게 들어가는 조제법도 있었다. 성분의 종류만 놓고 보면, 오늘날의 도리토스는 테리아카에 명함도 내밀지 못한다. 1600년대 말에 네덜란드에서 쓰인 약사의 지침서를 보면, 검은 후추, 인도산 긴 후추, 계피, 육두구, 정향 외에도 레서 칼라민트, 화이트(커먼) 호어하운드, 웨스트 인디언 레몬그래스, 월저맨더, 측백나무과, 월계수 등 50가지의 재료들이 수록되어 있다.

한편으로는, 테리아카 조제에 들어가는 수많은 재료들을 보노라면, 테리아카가 오늘날 우리가 말하는 특효약의 전신이라는 생각이 든다. 수십억 달러를 들여 수천 명이 동원되어 수없이 많은 성분들을 섞어 건강을 유지하는 데 도움을 주고자 만든 약 말이다. 또 한편으로는 그토록 빈틈없이 상세히 적은 처방전이 실제 의학적인 효능은 거의 없다는 사실이 기이하게 느껴진다. 이를 통해 중세에 향신료 광풍이 휘몰아쳤던 숨은 이유를 이해하게 된다. 후추, 정향, 육두구, 계피 값이 폭등했던 이유는, 가치 급등을 혁신이 따라잡지 못할 때도 있기 때문이다. 우리는 여러 제도와 관행을 만들었고, 이러한 제도와 관행들이 결국 우리의 건강을 개선하는 데 매우 유용한 역할을 하게 되었다. 복잡한 신체 구조의 이해를 바탕으로 한 식이요법과 요리책, 질병을 치료하기 위해 표준화된 측량법을 바탕으로 처방하는 화학 성분, 이러한 처방전들을 배포하는 데 도움을 주는 인쇄기와 약제사들 등이다. 이 모두 매우 중요한 혁신이지만, 이러한 혁신이 체계적으로 자리 잡기란 쉽지 않다.

그러나 이러한 혁신들은 이중맹검법(二重盲檢法, double-blind trial, 실험자와 피험자 모두 어느 집단이 통제집단이고 어느 집단이 처치집단인지 모르는 방식으로 시행되는 실험-옮긴이), 진짜 의사와 돌팔이를 구분해주는 체계적인 규정 등, 과학적인 방법이 발명되기 전 등장했다. 본질적으로는 향신료에 약효가 있다는 주장은 완전히 낭설이다. 그러나 온갖 허무맹랑한 주장에도 불구하고 그 낭설을 통해 건강을 유지하고 개선하는 처방전이 확립되었고, 이를 바탕으로 오늘날 건강을 유지하고 개선하는 더 나은 방법을 발견하게 되었다. 엉터리 치료법을 알려준 향미사는 오늘날의 약사와 제약회사의 전신인 셈이다. 우리는 건강한 생활방식이라고 제시되는 주장에 담긴 내용이 실제로 효과가 있는지 과학적으로 입증할 방법을 마련하기도 전에, 건강한 생활을 유지하는 방식을 생각해냈다. 영국 소설가 조지 엘리엇(George Elliot)은 《미들마치(Middlemarch)》에서 이 과정을 다음과 같이 묘사하면서 연금술과 관련된 망상의 역사를 상기시킨다. 사실 향미사들이 조제한 가짜 약에도 똑같이 적용되는 부분이다.

"틀림없이 잘못된 생각을[77] 집요하게 추구해 진실의 싹이 트는 걸 방해했다. 금을 얻으려는 시도는 물질을 얻으려는 시도이니, 화학의 육신이 영혼을 맞을 채비를 차렸고 라부아지에(Lavoisier, 프랑스 화학자로서 근대 화학의 아버지-옮긴이)가 탄생했다."

이러한 민간요법들은 대부분 의학적으로 보면 해롭지 않다. 위약효과가 있을 경우 미약하나마 긍정적인 결과를 낳을지도 모른다. 그러나 적어도 한 번은, 향신료를 약으로 쓰는 바람에 큰 재앙이 일어났던 적이 있는 듯하다. 동양의 향신료에서 나는 향기가 공기 중의 흑사병 균을 제거해준다는 이야기가 돌았다. 영국의 점성술사 존 에스첸든(John of Eschenden)은 흑사병을 예방하려면 "계피, 알로에, 몰약, 사프란, 말린 육두구 껍질, 정향을 가루로 만들어[78] 섭취"하라고 권했다. 그로부터 한 세기 후 한 이탈리아인은 에스첸든의 처방이 "역병이 돌 때 오염된 공기를 정화하는 데 특효약"이라며 추천했다. 흑사병은 검은 쥐가 옮기는데, 학명이 라투스 라투스(Rattus rattus)인 이 쥐에 기생하는 벼룩이 이 병을 인간에게 옮기는 것이다. 라투스 라투스는 유럽에 자생하지 않는다. 동남아에서 유래한 이 설치류는 틀림없이 로마제국 후기에 향신료 무역 경로를 통해서 유럽에 퍼졌다. 중세 즈음 이 설치류가 유럽 전역에 퍼졌고, 인구가 밀집하고 오염된 도심은 이 동물이 증식하기에 안성맞춤이었다. 1348년 1월, 플랑드르 출신의 작가 드 스메트(De Smet)는 이렇게 말했다.

— 동쪽에서 부는 강풍에 떠밀려 갤리선 세 척이 제노아 항에 입항했다.[79] 온갖 향신료와 귀중품을 싣고 심각하게 오염된 채로. 이 소식을 들은 제노아 주민들은 갑자기 병이 급속도로 주민들에게 퍼지는 모습을 목격하고는, 불붙은 화살과 무기를 동원해 그 배들을 항구에서 내쫓았다. 아무도 배에 손을 대려 하지 않았고, 아무도 그 배들과 거래하려고 하지 않았다. 그랬다가는 십중팔구 죽을 테니까. 그래서 그 배들은 이 항구에서 저 항구로 떠돌았다.

몇 달 만에 유럽 대륙은 흑사병 균에 포위당했다. 유럽인들이 향신료에 대해 지니고 있던 생각은 완전히 틀린 것으로 밝혀졌다. 향신료는 흑사병 예방에 아무 효험이 없었다. 애초에 흑사병이 유럽에 퍼진 이유가 바로 향신료 때문이었다.

신비로운 이국을 담은 향신료

———

향미사들이 효험이 있다고 주장한 민간요법들이 황당하다고 해서, 향신료 무역을 순전히 유용성의 관점에서 해석하면 안 된다. 유럽인들이 향신료에 매료된 보다 미묘한 이유가 있다. 2천 년 전에는 육두구, 계피 또는 후추를 섭취함으로써 지도상으로 머나먼 오지에 있는 신비로운 세상을 가장 생생히 체험할 수 있었다. 유럽인들은 그 세계를 동양(the Orient)이라고 부르게 되었다. 로마제국이 후추에 한창 열광하던 시기에는 인도를 정확히 그린 지도가 존재하지도 않았고, 정향의 생산지인 향신료 군도는 로마인 가운데 누구도 가본 적 없는 지역이었다. 진정한 의미에서 최초로 온 세상을 두루 섭렵한 주인공은 사람이 아니다. 세계에 뻗어 있는 교역망을 통해 손에서 손으로, 극동 지역에서 로마제국의 연회장으로 전달된 씨앗과 열매와 식물 껍질이다. 그러니 이 음식들을 맛보면 뭔가 신비로운 체험을 하는 기분이 드는 게 당연했다. 당시에는 동양의 모습을 보여주는 사진도 텔레비전도 없었다. 위치가 어딘지 손가락으로 가리킬 지도도 없었다. 그러나 맛을 볼 수는 있었다.

유럽이 이토록 강렬하게 동양의 유혹에 이끌린 까닭은, 이 머나먼 곳이 실제 에덴동산이든 아니면 그와 아주 유사한 곳이든, 말 그대로 지상낙원이라고 주장하는 문학작품들이 쏟아져 나왔기 때문이다. 향신료가 상당한 약효가 있다고 여겨지게 된 이유는, 바로 원산지가 동양이었기 때문이다. 사람들은 타락한 문명이 닿지 않는 미지의 세계에서 온 음식을 먹는다고 생각했다. 정향이나 육두구를 음미하면서 인류가 타락하기 이전의 상태, 사과나무와 뱀과 운명적으로 만나기 이전의 아담과 이브가 된 것이다.

향신료 군도가 아무리 아름답다고 해도 현재 우리는 그곳을 지구상에 있는 이국적인 장소로 생각할 뿐, 에덴동산이라고 생각하지는 않는다. 그러나 향신료들이 이동한 엄청난 거리를 생각해보면 흥미로운 의문이 생긴다. 세상의 요리를 지배하게 된 향신료들의 원산지는 거의 모두 유럽에서 먼 지역으로, 대부분 동남아시아다. 후추는 인도, 정향과 육두구와 계피는 인도네시아에서 왔다. 콜럼버스가 아메리카 대륙에서 계피와 후추를 찾아 헤맸다는 이야기는 유명하다. 그러나 계피와 후추는 아니지만 남아메리카는 결국 세계의 향신료 진열대에 고추와 바닐라를 추가하기는 했다. 세계 무역 체계가 어떻게 구축되었는지를 이해하려면(서로 다른 여러 문화들이 뒤섞이게 된 당연히 환영해야 할 현상과, 노예 무역과 제국주의처럼 당연히 비판해야 할 현상과 더불어) 다음과 같은 질문을 던져야 한다.

유럽인들은 왜 그 먼 거리를 마다않고 향신료를 구하러 갔을까? 사실과는 다르게 고추는 스페인에서 자생하고, 계피는 프랑스에서 풍부하게 생산되며, 정향나무가 이탈리아 알프스 기슭에 즐비하다고 상상해보자. 인류 역사의 물줄기는 완전히 바뀌었을 것이다. 유럽은 훨씬 고립된 상태로 남고, 콜럼버스와 바스코 다 가마는 동쪽으로 가는 지름길을 찾아 굳이 길을 떠나지 않았을지도 모른다. 세계 향신료 교역망을 통해 올릴 수 있는 엄청난 수익률이 아니었다면, 베니스와 암스테르담과 런던에 축적된 부와 더불어 그 부의 뒷받침으로 탄생한 선구적인 예술과 건축물도 존재하지 않을지도 모른다. 영국이 인도와 활발하게 후추를 거래하지 않았다면, 옥양목 천은 런던의 내실과 의류점까지 도달하지 못했을지 모른다. 면섬유 시장이 부흥하지 않았다면 산업혁명은 수십 년 늦춰졌을지도 모른다.

향신료 무역과 맛에 대한 탐닉

———

향신료 무역을 통해 세계가 어느 정도로 하나로 연결되었는지 무역에 참여했던 많은 이들은(그리고 배에 올라 극동 지역을 항해한 적이 없는 이들까지도) 뼈저리게 인식했다. 1600년 동인도회사 설립을 지원한 엘리자베스 1세는 친필로 "위대하고 막강한 아체(Aceh) 왕"에게 서신을 써 보냈다. 그는 1500년대에 수마트라(지금의 인도네시아) 주변에

정향을 수확하는 노예들

번성했던 후추 시장을 대부분 장악하고 있었다. 서신은 제임스 랭카스터(James Lancaster)라는 영국 해군 영웅이 직접 전달했는데, 그는 1602년 동인도 회사 선박들로 구성된 소규모 함대를 이끌고 아체에 입항했다. 엘리자베스 여왕이 보낸 서신 문구는 거의 애원에 가까웠다. 여왕은 영국과 수마트라 사이의 '애정'을 자주 언급하면서, 영국을 탐욕스러운 네덜란드와 포르투갈과 차별화하려고 애썼다. 어쩌면 가장 놀라운 구절은, 향신료 무역의 세계화를 신의 섭리라는 큰 틀에서 설명하는 대목일지 모른다. 여왕은 이렇게 적었다.

"신은 신이 창조한 훌륭한 피조물들을[80] 머나먼 변방까지 세계 만방에 널리 나누어주고자 하셨소… 나라와 나라는 서로 필요하다고 신이 정하셨으니, 서로 인적 교류를 하고, 어떤 나라에서는 차고 넘치지만 다른 나라에서는 부족한 상품과 과실들을 교환해 모든 인간들 사이에 사랑과 우정이 싹트게 하는 게 당연하지 않겠소."

뒤이어 벌어진 암울한 역사, 즉 '훌륭한 피조물들'을 확보하기 위해 거의 4백 년 동안 계속된 식민지 착취와 노예 무역의 역사를 잘 알고 있는 우리로서는, "모든 인간들 사이에 사랑과 우정"을 운운하는 대목이 어처구니없고 섬뜩하기까지 하다. 그러나 엘리자베스 여왕이 정확히 짚은 사실이 있다. 바로 향신료가 '머나먼 변방까지 세계만방에' 보급되었다는 사실이다. 향신료에 맛 들인 인간들은 새로운 착취 방법은 물론이거니와 새로운 형태의 독도법과 항해법, 새로운 구조의 기업을 발명했다. 이 모두가 세상의 물리적인 거리를 좁혀, 수마트라에서 재배된 후추가 보다 효율적으로 런던과 암스테르담 가정집의 부엌까지 전달되도록 하기 위해서였다.

멀린의 기계 박물관에 전시된 자동기계들은, 유희에 탐닉한 인간들이 어떻게 개념적인 차원에서의 모험심을 자극받아 새로운 사회 관습과 물건과 기술과 시장을 만들어내는지 잘 보여주었다. 그러나 향신료를 향한 인간의 탐닉은 말 그대로 모험을 감행하게 만들었다. 그 오묘하고 새로운 풍미를 찾아, 인간은 전례 없이 세계 구석구석을 찾아 떠났다. 오늘날 세상 어느 곳이든 쉽게 오가게 된 배경에는 그 하찮은 향신료가 있었다.

그래도 여전히 풀리지 않는 의문이 있다. 엘리자베스 여왕이 말한 신의 섭리는 향신료의 세계화를 설명하는 데 만족스럽지 않은 이유라고 친다면, 유럽인들은 왜 그렇게 멀리까지 모험을 감행했을까? 스페인의 구릉지대에는 왜 후추 덩굴이 무성하게 자라지 않았을까? 이 대목에서 생태계가 인류의 역사와 만난다. 이에 대해서는 제러드 다이아몬드(Jared Diamond)의 《총, 균, 쇠(Guns, Germs, and Steel)》에 가장 분명히 설명되어 있다. 다이아몬드의 주장에 따르면, 문명이 지중해 기후에서 최초로 뿌리내린 이유는 우기가 짧고 건기가 길기 때문이었다. 밀과 보리 같은, 농경생활에서 중심적인 위치를 차지하는 대립종(大粒種) 곡물을 경작하기에 적합했기 때문이다. 인구밀도가 높은 대규모 정착지가 지중해 기후 외의 지역에서도 생성되었고, 현재 세계 최대 도시들 가운데 일부는 동남아시아와 남아메리카에 있다. 그러나 열대우림 지역에서 대규모 밀집 사회를 최초로, 인위적으로 만들기는 매우 어렵다. 수렵채집생활을 뒤로 하고 원시적인 형태의 도시로 통합된 최초의 인간 사회들은 거의 모두, 열대기후가 아니라 대립종 곡물 재배가 잘 되는 지역에 위치했다.

그러나 문명을 이룩하기에 장애가 되는 열대기후의 특징은 생물학적인 발명에는 절호의 기회가 되었다. 열대기후 지역에서 진기한 맛을 내는 향신료가 많이 나오는 까닭은, 기본적으로 그 지역에 온갖 생물이 서식하기 때문이다. 따라서 생물 다양성을 소중히 여기는 사람이라면 열대우림이 파괴되는 광경을 보고 가슴 아파한다. 열대식물은 열매와 씨앗에 각종 화학 성분을 함유하도록 진화해왔다. 스페인이나 이탈리아 같은 지중해 기후에서 자라는 식물들보다 훨씬 많은 기생충과, 포식자와, 공진화 동반식물들을 상대해야 하기 때문이다. 이런 화학물질들은 대부분 사람에게는 무용지물이지만, 일부는 의약품, 소재, 마취제, 또는 그저 신기한 맛으로서의 가치를 지닌 물질로 드러난다.

인류 역사와 함께 진화한 향신료

로마가 수입 향신료에 지나치게 의존한다면서 한탄했던 역사학자 플리니우스는 이렇게 말했다.

"후추가 그렇게 인기를 얻게[81] 되다니 놀랍다. 어떤 음식에 넣으면 단맛을 내기도 하지만, 후추 알갱이나 열매 자체는 아무 맛도 없다. 특징이라고 해봐야 오직 매콤한 맛뿐이다. 이 까짓것을 구하려고 인도까지 간단 말인가!"

그 매운맛의 생화학적 구조는 이제는 잘 알려져 있다. 검은 후추는 피페린(piperine)이라는 물질을 함유하는데, 이 물질이 우리 혀 표면에 있는 일시적수용체전위차통로(transient receptor potential channels, TRP)를 활성화한다. 이 TRP는 피부와 접촉하는 해로운 물질을 감지하도록 진화되어왔다. 신체를 보호하는 경보장치 기능을 하는 셈이다. 절절 끓는 뜨거운 냄비를 모르고 쥐면, TRP 수용체가 표피층에서 일어나는 화학반응을 전기 신경 신호로 전환한다. 이 신호가 우리 뇌에 전달되어 손가락 끝에 강한 통증을 느끼게 된다. 후추의 피페린과 고추에 들어 있는 활성 요소인 캡사이신(capsaisin) 둘 다 TRP를 활성화한다. 때문에 매운 음식을 먹을 때 음식이 뜨겁지 않아도 '핫(hot, 영어에서 맵다는 뜻—옮긴이)' 하다고 하는데, 이는 생화학적인 차원에서 볼 때 그냥 하는 말이 아니다. 피페린이나 캡사이신은 뜨겁다는 착각을 불러 일으켜, 실수로 뜨거운 석탄을 밟았을 때 울리는 신체 경고음과 똑같은 경보를 작동시킨다.

피페린과 캡사이신은 틀림없이 이를 함유한 식물이 자생지인 열대방의 생물 다양성에 대응하기 위해 생성하게 되었다. 식물의 입장에서 볼 때 잠재적으로 자기 씨앗을 먹을 가능성이 있는 유기체들이 들끓는 세상에서는, 씨앗을 먹을 경우 입에 불붙은 느낌이 나도록 만드는 물질로 씨앗을 보호할 만하다. (열매는 이와는 다른 전략을 개발했다. 동물의 소화액을 견뎌내는 씨앗을 달콤한 과육으로 감싸 동물에게 먹힌 다음, 동물이 배설한 씨앗이 널리 퍼지도록 하는 전략을 택했다.) 플리니우스가 통탄해 마지않은 후추의 매콤함도 본래, 자체 개발한 일종의 화학무기였던 셈이다. 감히 후추 열매를 먹으려는 동물이 있다면 그 입이 타들어가게 만들겠다고 위협하기 위한. 따라서 후추의 역사는 《총, 균, 쇠》에서 다이아몬드가 한 이야기를 거꾸로 뒤집은 이야기인 셈이다. 문명이 지중해 기후 지역에 뿌리내린 이유는 대립종 곡물인 밀과 보리를 경작하기에 알맞기 때문이다. 세계 향신료 교역 시장이 등장한 이유는 후추가 오직 머나먼 열대기후 지역에서만 자랐기 때문이다. 열대기후의 생물 다양성 덕분에 후추는 그 열매를 먹으면 통증을 느끼게 만드는 물질을 생성하도록 진화했기 때문이다.

생화학무기 전략은 식물만 개발한 게 아니다. 2006년 한 연구팀이, 서인도제도에 자생하는 거미 타란툴라(tarantula)에서 추출한 독이 피페린과 캡사이신이 활성화하는 바로 그 TRP를 활성화한다는 사실을 최초로 입증했다. 머나먼 옛날 어느 시점에선가 타란툴라의 조상들이 타는 듯한 강렬한 통증을 불러일으키는 독을 뿜는 생존전략을 개발했다. 오늘날 프리토-레이사는 바로 그 생화학적 수용체를 자극해 뜨겁다는 느낌을 불러일으킴으로써, 수십억 달러 어치의 주전부리를 팔고 있다. 도리토스 칩을 맛볼 때마다, 수백만 년에 걸쳐 진화를 통해 정교하게 다듬어진 경보가 울리는 셈이다. 아주 단순명료하고 어디서든 사용되는 경보. "불이야!"라는 경보 말이다.

그런데 정말 놀라운 점이 하나 있다. 우리는 그 경보를 위협적이지 않고 즐길 만한 것, 심심풀이 주전부리로 변모시켰다. 인간의 유전자는 TRP를 활성화하는 성분들을 경계하라고 경고하지만, 인간은 유전자의 노예가 아니다. 인간의 문화에 등장하는 관행과 행동 패턴들은 진화를 통해 축적해온 유산을 통해 자연스럽게 형성되는 경우도 있다. 결혼식, 구어(口語), 근친상간 금기 등이 바로 그런 경우다. 그러나 문화적인 습관과 관행과 취향이 얼마나 우리의 유전적 특성과 동떨어져 있는지가, 종종 진정한 문화적 혁신인지의 여부를 가늠하는 척도가 되곤 한다.

수많은 다른 형태의 쾌락이 그랬듯, 향신료에 맛들인 인간은 지리적으로 뿐만 아니라 실존적으로도 자신의 뿌리를 벗어나 멀리까지 진출했다. 어떤 아이든지 통증으로 울게 만들, 혀에 느껴지는 그 오묘하고 신기한 맛을 어른들은 즐겼고 그 통증을 쾌락으로 바꾸었다. 향신료는 달성 가능한 욕망의 지평을 넓혔고, 다시 세상의 지평을 확장했다. 이와 같이 경계를 확장하려는 시도, 인간의 욕구와 취향을 새롭게 정의하려는 끊임없는 시도는 엘리자베스 여왕이 말한 '가장 신성한 일'은 아닐지도 모른다. 그러나 그러한 시도가 바로 인간을 다른 유기체와 구별 짓는다. 인간을 인간이게 만드는 것은 인간을 규정하는 경계를 확장하는 능력이다. 새로운 체험, 새로운 욕망, 새로운 맛을 향한 탐험의 욕구가 그러한 경계를 확장하는 원동력인 경우가 많다. 이를 사는 맛이라 해도 좋을 듯싶다.

ILLUSION

4

환영(幻影)
유령 제조사

유령과 기술의 만남

———

때는 1771년, 장소는 라이프치히(Leipzig). 클로슈터가세(Klostergasse) 거리와 바푸스가셴(Barfussgasschen) 거리 모퉁이에 있는 커피 하우스 2층 방문 앞에 젊은이 몇 명이 모여 있다. 불안해 보이기도 하고 배짱이 두둑해 보이기도 한다. 밤나들이 나온 그들은 북유럽의 팸플리티어(Pamphleteer, 정치평론 등을 담은 소책자를 작성 배포하는 사람들─옮긴이)와 상류층 지식인 사이에서 떠들썩하게 화제가 된 볼거리를 기다리고 있다. 조금 기다리니 어둑한 방에서 후드를 쓴 집 주인이 나와, 들어오라고 손짓한다. 벽에는 데스마스크(death mask)가 즐비하다. 맞은편에는 검은 천을 덮은 재단이 서 있다. 촛불 몇 대만 밝힌 방 안은 유황 냄새로 가득하다. 주인은 방 가운데에 분필로 그린 동그라미 안에 서서, 혼을 부르는 주문을 크게 읽기 시작한다. 갑자기 방 안에 소음이 일더니 촛불이 꺼진다. 어둠 속에서 혼령이 나타나 어두운 재단 쪽으로 비틀거리며 다가간다. 손님들은 유령을 보고 전류가 몸을 통과하는 듯한 충격을 받는다. 주인은 자신이 불러낸 유령이 형체가 없다는 사실을 보여주기 위해 유령을 칼로 찌른다. 유령이 입을 열더니 말을 하기 시작한다. "거칠고 무시무시한 음성으로."[82]

이 야릇한 광경은 요한 게오르크 슈뢰퍼(Johann Georg Schröpfer)라는 독일 청년이 만들었다. 정신적으로 문제가 있었던 이 흥행사는 한동안 유럽 전역에서 가장 유명한 인물로 손꼽히게 된다. 1760년대 중반, 슈뢰퍼는 라이프치히에 있는 한 숙박업소에서 웨이터로 일했다. 그 숙박업소는 그 지역 프리메이슨(freemason)이 모여 의식을 치르는 장소로 자주 사용되었다. 슈뢰퍼는 곧 프리메이슨의 교리에 동화되었고, 자신을 영혼의 세계와 소통하는 영매로 칭하기 시작했다. 프리메이슨에 소속되었던 많은 이들과 마찬가지로 그도 과학과 은비학(隱秘學, occultism, '감추어진 것, 비밀'이라는 뜻의 라틴어 '오쿨투스(occultus)'에서 온 단어로, 마술, 점성술, 연금술 등 과학이나 이성으로 설명되지 않는 현상을 연구하는 비학을 총칭한다—옮긴이)을 넘나들며 살았다. 그는 그림 등을 확대해 비추는 환등기(幻燈機, magic-lantern) 같은 신기술에도 능통했고, 화학에도 손댔다. 그는 또한 유령을 부르는 강령회(降靈會)에도 매료되어, 유령이 등장하는 환영을 연출하는 기술을 이용하면 실제로 영적 세계와 접촉하게 된다고 믿었던 듯하다.

흥행사적인 기질과 영적인 신비를 믿는 경향을 겸비한 그에게 이런 성향은 치명적이었다. 1769년, 슈뢰퍼는 웨이터로 일하던 라이프치히 커피 하우스를 사들여, 당구실을 멀티미디어 공포 체험 극장으로 개조했다. 얼마 지나지 않아 그는 자기를 추종하는 고객들을 모아놓고 강령회를 열었다. 환등기를 이용해 자욱한 연막(煙幕)을 배경으로 유령의 모습을 투사하는 한편 음향효과를 이용, 그 작은 공간에 굉음이 울리게 해 섬뜩한 느낌을 더했다. 빈센트 프라이스(Vincent Price)가 주연한 공포영화의 고전 〈팅글러(The Tingler)〉에서처럼, 1950년대 할리우드에 '센서라운드(Sensurround, 사람 귀에 들리지 않는 저주파 소리를 통해 몸으로 진동을 느끼게 하는 음향효과 기술의 명칭. 1970년대에 등장했다—옮긴이)'와 같은 특수효과 기법이 등장하리라고 예견이라도 한 듯했다. 그는 정전기 기계를 이용해 고객에게 전기 충격을 느끼게 했고, 이 기법은 당시 상류층의 오락거리로 인기를 끌었다.

슈뢰퍼가 우연히 생각해낸 오락 형태는 결국 엄청난 수익을 창출하는 공포영화 장르로 발전한다. 곧 그는 유럽 전역에서 전설적인 인물이 되었고, 라이프치히의 '게슈펜슈터마허(Gespenstermacher, 유령 제조사—옮긴이)'라고 불렸다. 팸플리티어들 사이에 그가 불러낸 유령이 가짜인지 진짜인지 의견이 분분했지만, 슈뢰퍼는 스스로 만든 마법에 걸렸다. 슈뢰퍼는 사람들에게 자신이 죽은 사람의 영혼과 교류한다는 환상을 심어주는 데 그치지 않고, 자신을 완전한 가공의 인물로 재창조했다. 사연은 분명치 않지만, 프랑크푸르트에 보물 형태로 재산을 숨기고 있으며 이를 현지 은행가들에게 맡겨 관리하고 있는 막대한 자산가 행세를 했다. 자연이나 인간의 숨겨진 신비로운 힘을 연구하는 은비학에 심취해 끊임없이 사람들을 속이며, 이미 정신적으로 불안정했던 슈뢰퍼는 결국 미쳐버렸다. 1774년, 그는 "지금까지 한 번도 본 적 없는 것[83]을 보여주겠다"며 친구들 몇 명을 데리고 라이프치히에 있는 한 공원에 산책을 나갔다. 공원에서 잠시 산책을 중단하고 쉬던 중 그는 모퉁이를 돌아 친구들의 시야에서 사라졌다. 순간 커다란 폭발음이 들렸다. 친구들이 슈뢰더가 사라진 방향으로 달려가보니, 그는 땅바닥에 쓰러진 채 피를 흘리고 있었다. 자기 머리에 총을 쏜 것이다. 정신이상인 슈뢰더는 이 사건이 일어나기 전부터 이미 사람들에게, 자신이 앞으로 열릴 강령회에 환생해서 돌아오겠다고 공언해왔다.

이 유령 제조사는 충격적인 죽음 덕분에 오히려 더 유명해졌다.

"죽음으로써[84] 슈뢰퍼는 당대의 로트레아몽(Lautréamont), 제임스 딘, 지미 헨드릭스(차례대로 프랑스 시인, 미국 영화배우, 미국 기타리스트 겸 가수 겸 작곡가. 모두 20대에 요절했다—옮긴이)가 되었다."

영화가 등장하기 이전 시대와 초기 영화를 연구하는 딕 로셀(Deac Rossell)은 말한다. 슈뢰퍼의 마술이 합법인지 여부를 두고 열띤 논쟁이 계속되는 동안, 유럽 전역에서는 수십 명의 흥행사들이 슈뢰퍼가 고안해낸 특수 효과를 재현하는 공연을 무대에 올렸다. 이들 슈뢰퍼의 후예 가운데 가장 성공한 인물은, 베일에 가려진 또 한 사람의 독일인 폴 필리도(Paul Philidor)였다. 그는 1780년대 말 비엔나에서 공포 쇼를 무대에 올리기 시작했다. 필리도는 슈뢰퍼와는 달리 자신이 실제로 죽은 사람의 영혼을 불러낸다고 속이지 않았다. [그는 자신을 '물리학자(The Physicist)' 라고 지칭했는데, 아마도 유령 제조사로 알려진 슈뢰퍼와 차별화하기 위해서였을 것이다.] 1790년에 한 신문기사는 그의 쇼를 다음과 같이 묘사했다.

"쇼가 막바지에 다다르자[85], 천둥소리가 점점 또렷해지면서 바람이 휘몰아치고 우박과 비가 쏟아졌다. 격렬한 폭풍우가 휘몰아치는 가운데 마침내 유령이 땅속에서 솟아나오더니, 다시 서서히 심연으로 가라앉았다."

필리도는 이 장르에 세 가지 중요한 공헌을 했다. 첫째, 관객들에게는 보이지 않는 얇은 반투명 커튼 뒤쪽에서 유령 이미지를 커튼에 투사했다. (연막에 투사하는 슈뢰더의 기법은 두말할 필요 없이 섬뜩한 효과를 냈지만, 이미지를 투사하는 캔버스로는 적당하지 않았다. 게다가 작은 공간이 짙은 연기로 가득 차면, 강령회에 참석한 사람들이 신체적으로 불쾌감을 느꼈다.) 또한 필리도는 환등기에 바퀴를 다는 기법도 개발했다. 영사기를 서서히 스크린 가까이 이동시켜 유령이 점점 커지는 듯한 착각을 불러일으킴으로써 관객들을 공포에 몰아넣었다. [그로부터 한 세기가 조금 지나 이 기법은 영화의 경로추적촬영기법(tracking shot, 트랙이 있는 탈것이나 이

동 수단에 촬영기를 장착하고 연기자가 움직이는 대로 따라 움직이며 촬영하는 기법-옮긴이)으로 재탄생한다.) 마지막으로 필리도가 기여한 바는 언어적인 측면이다. 그는 공포 쇼에 이름을 붙였고, 그 이름은 그로부터 수십 년 동안 유럽인들의 상상력을 사로잡았다. 바로 팬태즈머고리아(Phantasmagoria)다.

팬태즈머고리아의 탄생

———

팬태즈머고리아는 독일에서 뿌리내렸지만 파리에서 활짝 피어났다. 필리도는 프랑스대혁명으로 사회 혼란이 절정에 달한 1792년 샤르트르 호텔에서 공연을 했다. 루이 16세가 국민공회에서 재판받는 동안, 파리 시민들은 필리도의 묘기에 경탄하며 짜릿한 스릴을 느꼈다. 1793년 4월, 객석을 가득 채운 관객 앞에서 공연하던 중, 그는 아무 말 없이 팬태즈머고리아 공연을 중지하고 잠적해버렸다. (공공안전위원회와 갈등을 빚었다는 소문이 돌았다.) 몇 년 후 벨기에인 흥행사 에티엔-가스파르 로베르(Etienne-Gaspard Robert, 무대에서는 로버트슨(Robertson)으로 불렸다)가 팬태즈머고리아를 되살려 흥행에 성공했는데, 파리의 도로 밑에 있는 버려진 카퓌숑(Capuchin) 수도원 지하실에서 유령극을 선보였다. 그의 공연은 오늘날 공포극의 두 요소를 혼합한 형태다. 오늘날 공포영화 관객이 그러하듯, 당시 관중도 비명을 지르고 몸을 움츠렸다. 그러나 로버트슨이 불

팬태즈머고리아 공연 장면

러낸 유령들은 정치적인 공포를 불러일으켰다. 로베스피에르, 마라(Marat, 살해된 프랑스혁명 지도자—옮긴이), 루이 16세의 데스마스크가 화면에 어렴풋이 투사되었다.

새로운 기술이나 새로운 형태의 오락이 인기를 얻으면 세상이 바뀐다. 새로운 산업이 등장하고 일상에서 탈출하기 위한 새로운 형태의 여가 활동이 가능해지며, 이따금 새로운 방식으로 환경에 물리적인 해를 끼친다. 그런데 새로운 기술이나 오락은 개념적으로 세상을 바꾸기도 한다. 중요한 신기술이 탄생하면 언어의 세계에 이 기술을 묘사하는 새로운 비유가 등장하곤 하는데, 그 비유가 보급되기 전에는 파악하기 어려웠던 현실의 일면을 이 비유가 규정하게 된다. 공연으로서 팬태즈머고리아는 오늘날의 유혈이 낭자하는 잔혹한 공포영화의 18세기 판이며 저급하다고 생각될지 모르지만, 철학적인 비유로서는 강력한 매력을 지니고 있었다.

헤겔은 《정신현상학》을 집필하는 동안 예나(Jena) 대학에서 한 강연에서 다음과 같이 필리도의 창작물을 거론했다.

"그것은 밤이다.[86] 존재하는 자연, 순수한 자아의 내면이다. 팬태즈머고리아 공연에서는 온 사방이 밤이다. 피투성이 머리가 불쑥 나타나고, 또 다른 창백한 유령이 갑자기 출몰하더니 사라져버린다. 인간의 눈은, 끔찍한 밤을 응시할 때 이러한 밤의 모습을 포착한다. 스스로 모습을 드러내는 세상의 밤이다."

쇼펜하우어는 인간의 감각기관을 "뇌가 만들어내는 팬태즈머고리아(cerebral phantasmagoria)"라고 했다. 1833년에 출간된 풍자소설 《의상철학(衣裳哲學, Sartor Resartus)》에는 헤겔로 보이는 인물이 등장한다. 그 책의 저자 토머스 칼라일(Thomas Carlyle)은 '팬태즈머고리아'라는 단어를, 현실감각을 상실한 개인이나 사회에 비유해 대중화했다.

"우리는 꿈의 동굴에 들어앉아 끝 모를 팬태즈머고리아를[87] 지켜본다. 가장 희미하게 빛나는 별, 가장 머나먼 과거의 끝자락도 미치지 못할 만큼 무한하다. 온갖 소리와 오색찬란한 광경이 우리의 감각을 스치고 지나간다…"

칼라일은 팬태즈머고리아를 일종의 집단 환각으로 폭넓게 정의

이중 렌즈 환등기

했다. 그럼으로써 정치철학 역사상 가장 막강한 영향을 미쳤다고 손꼽히는, 카를 마르크스의 《자본론》에서 '물신숭배(物神崇拜, commodity fetishism)'를 다룬 다음 구절을 형성하는 데 핵심적인 역할을 했다.

— 노동의 산물인 상품의 형태와[88] 그 상품의 가치는, 그 상품의 물리적인 성질과 그로부터 비롯되는 물질 관계들과는 아무 상관이 없다. 인간은 이를 물건들 간의 관계로 착각하지만, 사실은 인간들 간의 사회적 관계에 지나지 않는다. 적당한 비유를 찾으려면 종교라는 신비로운 영역으로 들어가야 한다. 종교에서는 인간 두뇌의 산물들이 그 자체로 살아 숨 쉬는 독자적인 형상들로 등장해, 그들끼리, 또는 인간과 관계를 맺는다. 인간이 손으로 만든 상품의 세계도 마찬가지다. 나는 이를, 노동의 산물이 상품으로 생산되자마자 그 상품에 따라붙는 숭배로 본다. 따라서 숭배는 상품의 생산과 불가분인 관계다.

"물건들 간의 관계로 착각"이라는 표현은 1887년에 나온 영어 번역본에서 인용한 구절인데, 독일어 원본에서 마르크스는 분명히 슈뢰퍼와 필리도가 사용한 용어를 의도적으로 인용하고 있다. "착각"은 원서에는 "팬태즈머고리아," "인간 두뇌의 산물들이 그 자체로 살아 숨 쉬는 독자적인 형상들로 등장하는 신비의 영역"이라고 되어 있다.

WONDERLAND

마르크스에게 자본주의는 단순히 경제적인 억압의 한 형태가 아니다. 생산된 물건들이 일종의 환영으로 포장되고, 그러한 비현실이 그 물건 생산에 참여한 사람들로 하여금 자신이 억압받는다는 진실을 인식하지 못하게 가로막는 경제체제다. 마르크스는 인류 역사를 향한 자신의 구상을 설명할 때, 불가해한 철학 논쟁이나 고차원의 경제 이론을 서슴없이 동원했다. 세 권짜리 《자본론》 전반에 걸쳐 헤겔, 애덤 스미스, 데이비드 리카도가 수십 번 인용된다. 그러나 가장 큰 영향을 미치는 개념을 소개하는 결정적인 순간에, 그는 현상학이 아니라 인기 있는 오락에 비유해 그 개념의 의미를 전달하고 있다. 새로운 개념을 전달하려면 새로운 비유가 필요하다. 마르크스의 경우 그 새로운 비유는 유령이 등장하는 공연에서 비롯되었다.

뇌와 시각을 속이는 마술

1801년, 폴 드 필립스탈(Paul de Philipsthal)은 런던 스트랜드 거리에 있는 라이시엄 극장에서 새로운 유형의 팬태즈머고리아 공연을 시작했다. 많은 역사학자들은 필립스탈이 사실 새로운 무대 이름으로 공연계로 돌아온 필리도였다고 믿는다. 그러나 필립스탈의 진짜 정체는 여전히 신비에 싸여 있다. 팬태즈머고리아 공연은 19세기 초 몇 십 년 동안 런던의 극장가 웨스트엔드에서 성행한 마술 공연에서 터줏대감이 되었다.

이 시기(정확한 날짜는 알려지지 않았다) 어느 시점엔가 스코틀랜드 과학자 데이비드 브루스터(David Brewster)가 런던에 체류하는 동안, 필립스탈의 팬태즈머고리아 공연장을 자주 찾았다. 브루스터는 오늘날에는 그에 상응하는 인물을 찾을 수 없는, 19세기의 독특한 인물이다. 스코틀랜드 교회에서 성직 임명을 받은 목사인 그는 일찍이 천문학에 흥미를 느꼈고, 한동안 광학계에서 세계적인 전문가로 손꼽혔다. 그 집착에 가까운 관심으로 그는 결국 만화경(kaleidoscope)을 만들었는데, 이 물건은 조지 왕조 시대 후기 몇 년 동안 오늘날의 플레이스테이션에 맞먹는 인기를 누렸다. (무능해서였는지, 돈벌이에 무관심해서였는지 모르지만 브루스터는 이 발명품으로 거의 단 한 푼도 벌지 못했다. 그의 아이디어를 똑같이 베낀 모조품들이 시장에 쏟아져 나왔기 때문이다.) 그러나 광학을 향한 집착은 브루스터를 환상과 공포의 볼거리, 팬태즈머고리아와 그 부류의 공연들이 넘치는 웨스트엔드로 이끌었다. 그가 이러한 공연에 집착한 이유는, 이 공연들에 쓰인 수법에 숨은 비밀을 알아내겠다는 회의적인 시각이 작동했기 때문이기도 하다. 그러나 또한 그는 그 속임수에는 뭔가 심오한 것이 내포되어 있다는 사실을 감지했다. 그는 공연하는 흥행사들이 인간의 감각기관에 내재된 특징을 이용하고 있다고 생각했다. 그런 특징을 이용한다는 사실이 이 과학자의 눈에는 뻔히 보였다.

팬태즈머고리아 공연에 등장하는 유령 이미지들에 대해, 브루스터는 다음과 같은 분석을 하고 도표도 곁들였다.

━ 환등기 AB(그림 5)와 고정된 영사막 PQ의 거리를 다양하게 함으로써, 그리고 동시에 렌즈 D를 EF 슬라이드로부터 멀어지게 함으로써 이런 현상들이 나타난다.[89] 환등기가 PQ에 다가가면 PQ에 비춰진 원모양의 빛 또는 PDQ 방사선 부분이 점점 작아지고, D가 화면과 가까울 때는 밝고 작은 구름처럼 보인다. 이때 새로운 형상이 투입되는데, 환등기가 영사막에서 멀어지면 본래 있던 형상이 새로운 형상으로 변신한 것처럼 보인다.

브루스터의 분석은 공연을 널리 알리기 위한 홍보물에 인용될 만큼 관심을 끌지는 못했다. 그러나 그는 언론인이나 비평가의 시각에서 공연을 평가하지 않았다. 그는 영국 작가 월터 스콧(Walter Scott)이 부추기는 바람에 공연을 관람하게 되었고, 후에 《자연 마술에 관한 편지(Letters on Natural Magic)》라는 책을 쓰는 데 도움이 될 정보를 기록하고 있었다. 브루스터는 깨달았다. 계몽 시대에 과학을 통해 현실을 왜곡하는 마술을 창조하는 수많은 방법이 발견되었듯, 그 왜곡된 현실 뒤에 숨은 법칙을 알아낼 수많은 방법들도 발견되었다는 사실을. 세상을 이해하는 능력이 세상을 속이는 능력과 거의 똑같은 속도로 발전했다. 새로운 속임수, 즉 초자연적인 마술이 아니라 자연스러운 마술은 런던 웨스트엔드 지역에서 가장 활발히 이루어지고 있었다. 브루스터는 스콧의 뜻에 따라 환영의 비밀을 캐내는 동시에, 감탄하고 싶어서 공연장을 찾았다.

브루스터 같은 인물이 그처럼 대중적인 오락거리를 찾아 나섰

데이비드 브루스터

다는 사실 자체가 주목할 만하다. 유럽 전역에서 확산되기 시작한 '박람회(exhibition)'는 고매한 지식인들, 평범한 노동자들, 지주계급이 모두 계급장을 떼고 비교적 동등한 조건에서 똑같은 오락을 즐기는 공유 문화가 모습을 갖추기 시작한, 첫 사례로 손꼽힌다.

오늘날 우리는 영화배우나 정치인이나 공장노동자가 한데 어울려 최근에 개봉된 픽사(Pixar) 영화를 관람하거나, 풋볼 경기장에서 모여 자기 팀을 응원하는 일을 당연히 여긴다. 그러나 3백 년 전만해도 서로 다른 계급에 속하는 사람들이 마주칠 일은 거의 없었다. 역사학자 리처드 알틱(Richard Altick)은 역작 《런던 공연(The Shows of London)》에서 다음과 같이 말한다.

"시대를 막론하고 호기심은⁹⁰ 계층을 초월해 평등을 구현하는 힘이었다. '하류층' 의 관심을 모은 전람회는 교양 있는 계층의 관심도 끌었고, 정도는 덜했지만 식자층의 관심을 끈 박람회가 '하류층' 의 관심을 모은 경우도 있다. 오로지 빈곤층과 교육을 받지 못한 계층만을 위한 공연, 부유층과 식자층만을 위한 공연이 따로 구분되지 않았다. 여러 외국인 관광객이 지적한 것처럼, 사회의 모든 계층을 아우르는 영국적인 특성이라면, 박람회에 보이는 관심 정도였다. 한 가지 덧붙이자면, "계층과 계층 간 거리를 만든 사회적인 장벽들을 일시적이나마 낮추는 데 이보다 더 효과적인 특성이 없었다." 속아 넘어가는 데서 오는 묘하고 예측 불가능한 희열이 서로 다른 계층들을 한마음으로 만들었다.

《자연 마술에 관한 편지》에서 브루스터는, 인기를 모으는 마술 가운데 시각 효과에 바탕을 둔 마술의 비중이 매우 높다고 지적하며 다음과 같이 기록했다.

"눈은⁹¹ 정신적인 환각을 불러일으키는 최적의 온상이다… 초자연적인 현상을 인식하는 주요 부위다."

브루스터가 살던 시대 이후, 방대한 종류의 착시 현상만을 수록한(일곱 살짜리를 대상으로 한 책도 있고 신경과학자를 대상으로 한 책도 있었다) 책들이 출간되었다. 그 가운데 가장 유명한 두 착시 현상, 카니자 삼각형(Kaniza Triangle)과 네커 정육면체(Necker Cube)를 살펴보자.

카니자 삼각형과 네커 정육면체의 비밀

———

두 가지 사례 모두 눈이, 문자 그대로 있지도 않은 것을 포착한다. 전자에서는 흰 삼각형이, 후자에서는 3차원의 상자가 보인다. 일단 이 모양이 보인다고 착각하기 시작하면, 보지 않으려 해도 보인다. 네커 정육면체는 서로 다른 두 가지 3차원의 형태로 바꿔 볼 수 있지만, 실제로 이를 인식하는 사람은 거의 없다. 2차원의 평면에 놓인 열두 개의 선이 서로 만난다. 뇌는 실제로 존재하지 않는 깊이를 인식한다. 그런데 네커 정육면체의 모양을 아주 조금만 변형해도 3차원의 효과는 사라진다. 코페르만 정육면체(Kopfermann cube)라고 알려진 다음 그림을 보면, 3차원 정육면체 모양으로 보였다가 2차원의 바람개비로 보이기도 한다.

예술가, 흥행사, 과학자들은 수세기에 걸쳐 수백 가지 착시 현상을 발견한다. 그런데 이상하게도, 인간의 뇌는 시각을 제외한 다른 감각에서는 그리 쉽게 속지 않는다. 환청 현상이 몇 있기는 하다. 가장 잘 알려진 환청은 입체(stereo)음향인데, 두 개의 스피커 중

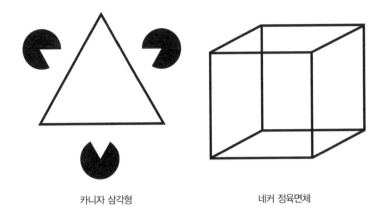

카니자 삼각형   네커 정육면체

간 지점에서 소리가 난다고 생각하도록 인간의 청각을 속이는 방법이다. 18세기 자동기계 발명가들은 '말하는 기계'를 만들려고 했다. 보캉송이 만든 피리 부는 목동의 원리를 따라 인공적인 방법을 동원해, 단어와 문장을 말하는 로봇 머리를 만들고자 했다. 그러나 인간의 귀는 인간의 말을 흉내 낸 소리에 쉽게 속지 않는다.

컴퓨터의 기능이 그렇게 발달한 오늘날에조차도 어린아이는 시리(Siri, Speech Interpretation and Recognition Interface, 애플의 음성인식 서비스. 사용자가 음성으로 질문하면 그 질문에 대한 답변을 음성으로 제공한다─옮긴이)와 사람의 음성을 쉽게 구분한다. 게다가 다른 감각(촉각, 후

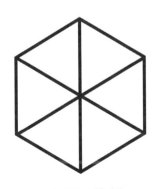

코페르만 정육면체

각, 미각)은, 네커 정육면체가 눈을 속이듯이 속이기가 훨씬 더 어렵다. 촉각을 통한 착각도 몇 가지 있기는 하다. 미각을 통한 착각이라고 할 만한 현상은, 고추를 먹으면 우리 뇌가 뜨겁다고 인식하는 현상이다. 그러나 눈을 이용할 때 상대방의 감각이 속을 승산이 가장 높다.

이러한 감각의 취약성에는 뭔가 모순되는 점이 있다. 일반적으로 인간의 시각은 가장 발달한 감각이라고 한다. 우리가 받아들이는 정보의 85퍼센트가 시각 체계를 통해 들어온다는 추산도 있다. 그렇다면 인간이 지닌 가장 막강한 감각 도구가, 어째서 가장 속기 쉬운 걸까?

지난 몇 십 년에 걸쳐 시각 지능을 연구하는 학자들은 이 분명한 역설을 이해하게 되었다. 인간의 시각 체계가 지닌 능력은 디지털 카메라의 100만 화소처럼 단순 해상도로 측정할 수 없다. 실제로 인간이 시야에 들어온 대상 가운데 초점이 선명한 '고해상도'로 인식하는 비율은 놀라울 정도로 낮다. 인간의 눈이 고도의 인식 능력을 지닌 이유는, 뇌가 시신경을 통해 받아들인 정보를 해석하는 방법에 있다. 어찌 보면 뇌는 일련의 속임수를 발달시켜왔다. 그 덕에 우리는 가장자리, 움직임, 사물들 간의 3차원 관계 등을 감지하고, 주먹구구식으로 뭔가를 할 때 누락된 정보를 채워 넣는다. 이를 시각을 관장하는 어림짐작의 법칙이라고 해도 좋다. 예컨대, 우리의 눈이 2차원 평면에 겹쳐 있는 두 선을 보면, 우리의 뇌는 이 두 선이 3차원 공간에서 서로 만난다고 생각한다. (네커 정육면체가 깊이가 있는 정육면체로 보이는 이유다.)

수백만 년에 걸쳐 진화해오면서 인간은 시각 정보를 해석할 때 적용되는 법칙들을 만들었고, 이를 통해 눈이 인식하는 물체들의 물리적 위치와 움직임을 평가하고 예측하게 되었다. 그런데 수백 년에 걸친 문화적 진화를 통해 인간은, 그러한 예측을 깨버리는 뜻밖의 현상들을 발견하기 시작했다. 그 결과 인간의 눈에는, 엄밀히 말해 존재하지 않는 것이 보이게 되었다. 인간의 뇌신경은 눈으로 전달되는 정보를 해석하는 기술을 자연선택을 통해 발달시켰다. 그렇게 되자 인간은 진화를 통해 창조된 기술을 무용지물로 만들 기술을 만드는 데 착수했다. 그런데 이러한 시도가 놀라울 정도로 즐거움을 주었다.

브루스터는 광학에 일가견 있는 학자였지만, 대중을 즐겁게 하기 위해서 시각적인 인식의 법칙을 기꺼이 무시했다. 인생 황혼기에 그는 입체경(stereoscope)을 발명했다. 손에 쥘 수 있는 이 기계는 두 개의 평면 이미지를 하나의 3차원 이미지로 착각하게 만드는 기계였다. 브루스터는 앞서 만화경을 발명했을 때와는 달리, 이번에는 이 기계를 팔아서 사업을 성공적으로 일구었다. 이 기계는 '브루스터 입체경'이라는 이름을 달고 팔려 나갔다. 1851년 만국박람회에서 빅토리아 여왕은 이 기계를 보고 감탄했다. 입체경 기술은 인기 있는 뷰마스터(View-Master) 장난감의 형태로 오늘날에도 살아 있고, 입체경의 기본 원리는 가상현실 고글인 오큘러스 리프트(Oculus Rift)에 적용된 핵심 원리다.

원근법과 파노라마, 체험과 세계의 확장

착시 현상은 장난감 제조보다 훨씬 더 진지한 목적을 추구할 때도 쓰인다. 19세기 말까지 가장 유명하고 큰 영향력을 발휘한 '눈속임'은 원근법이다. 이를 발명한 주인공은 피렌체의 두오모를 설계한 건축가, 필리포 브루넬레스키(Filippo Brunelleschi)로 알려져 있다. 그러나 이 기법의 바탕이 된 기본 법칙들은 레온 바티스타 알베르티(Leon Battista Alberti)가 쓴 책《그림 그리기에 관하여(On Painting)》에 최초로 언급된다. 네커 정육면체를 볼 때와 마찬가지로, 브루넬레스키와 알베르티가 생각해낸 원칙들을 충실히 실행한 그림에서 깊이를 인식하지 않기란, 거의 불가능하다. 엄밀히 말해 원근법은 착시 현상에 불과하지만, 르네상스 시대에 가장 큰 변화를 일으킨 혁신적인 기술이라 해도 무방하다.

18세기 말이라는 짧은 기간 동안, 로브트 바커(Robert Barker)라는 스코틀랜드 화가가 원근법에 견줄 만큼 중요한 혁신 기술을 우연히 발명한다. 1780년대 중반 어느 시점에 바커는 에든버러에 있는 칼튼 힐 꼭대기를 향해 산책했다. 현재 넬슨 기념비 부지 근처에 서서 에든버러 시를 굽어보던 바커에게 360도 경치 전체를 그리는 아이디어가 떠올랐다. 고정된 위치에서 360도 빙 돌아가며 부분부분을 연속으로 스케치한 다음, 그 부분들을 모두 연결해 하나의 이미지로 만드는 방법이었다. 바커는 열두 살짜리 아들의 도움을 받아 이 거창한 작업을 완성했다. 그러나 완성작인 거대한 캔버스를 보는 사람 주위에 빙 둘러놓자, 표면에 굴곡이 생겨 오목하게 들어가면서 이미지가 왜곡되었다. 수평선은 보는 사람의 눈높이와 완벽하게 맞추지 않는 한 곡선으로 보였다. 어찌 보면 브루넬레스키와 알베르티가 해결한 문제와 정반대인 문제였다. 평면에 3차원의 착시를 만들어내는 게 아니라, 3차원 표면에 그린 그림에서 왜곡 현상을 제거하는 일이었다. 그는 결국 직선을 인위적으로 휘게 만들어 왜곡 현상을 상쇄하는 기법을 발명했다. 원근법에 따라 평행선이 먼 어느 지점에서 만나게 그리는 방식과 다르지 않다. 바커는 착시 효과를 담은 그림을 전시할 구조물도 생각해냈다. 머리 위에는 숨은 조명을 설치하고, 아래에 있는 단상에서 계단을 통해 출입구에 다다르도록 만들었다. (그림 중간에 있는 문을 열면 착시 현상이 사라졌다.) 그는 1787년, "거대한 자연 경관을 보여줄 용도인… 완전히 새로운 눈속임 장치"[92]로 특허를 따냈다.

에든버러에서 시제품을 선보여 성공한 바커는 런던으로 이주했다. 그는 자금 능력이 탄탄한 투자자들의 지원을 받아 주식회사를 설립했고, 자신이 발명한 기법의 진가를 보여줄 장소를 웨스트엔드 지역에서 물색하기 시작했다. 그는 블랙프라이어스 브리지(Black Friars Bridge) 근처에 있는 알비온 밀스(Albion Mills)에 아들을 보내, 지붕 꼭대기에서 본 런던 풍경을 두 사람이 칼튼 힐에서 에든버러의 풍경을 그린 방식 그대로 스케치해 오라고 했다. '고전에 심취한 친구'의 제안에 따라 바커는 '전방위적인 풍경'이라는 뜻

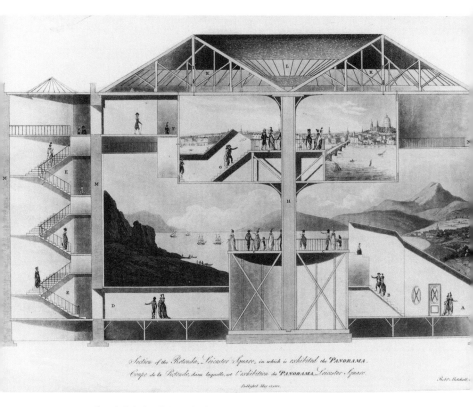

로버트 바커가 파노라마 두 작품을 전시하기 위해 런던에 지은 원형 건물의 단면도

을 지닌 그리스어 표현을 따, 자신이 발명한 기법의 이름을 지었
다. 바로 파노라마(Panorama)였다.

1793년즈음 바커는 레스터 광장(Leicester Square) 근처에 6층짜리
건물을 지었다. 오로지 유료 관객에게 보여줄 두 파노라마를 전시
하기 위해서였다. 가장 인기를 모은 그림은 알비온 밀스 스케치를
바탕으로 그린 런던 풍경으로, 전시 공간이 1,479제곱피트에 달했

다. (그보다 작은 파노라마는 포츠머스(Portsmouth) 근처에 있는 스핏헤드 만(Spithead bay)에서 항해하는 영국 함대를 그린 작품이었다.) 바커는 "지금까지 그 유래를 찾아볼 수 없는 가장 발달한 회화 기법"[93]이라고, 자신의 기법을 소개하는 광고를 냈다. 한동안 이 대대적인 광고는 먹히는 듯했다. 전시는 엄청난 성공을 거두었다. 왕과 왕비가 시사회를 요청했다. 그러나 샬럿(Charlotte) 왕비는 관람을 마친 뒤, 착시 때문에 어지러웠다고 했다. 비평가들도 관객 못지않게 열광했다. "관객이 풍경을 이토록 실제에 가깝게 감상하게 해준 장치는 이제까지 없었다"[94]라고 한 비평가는 말하며 덧붙였다.

"마술이 아니다. 그러나 마술도 이렇게 효과적으로 눈을 속이거나, 물체가 보이는 대로 실제로 존재한다고 믿게 만들지는 못한다."

머지않아 유럽 전역에 파노라마의 모조품이 등장한다. 대부분 유명한 전투를 재현했고, 일부는 뉴스에 나온 전투를 재현한 것도 있었다. 파노라마는 신생국가 미국에서도 대대적인 추종자들을 최초로 끌어 모은, 착시의 성전으로 손꼽힌다. 바커가 자신의 전시물을 지칭하기 위해 만든 용어인 파노라마는 적어도 십수 개 언어 사전에 보통명사로 수록되어 있고, 예술적이든 아니든 전체 경관과 사건과 주제를 한눈에 보여준다는 의미로 쓰인다.

교양 수준의 높낮이와 상관없이 모든 계층을 매료시킨 파노라마의 효과는, 바커가 레스터 광장에 전시관을 개관하고 나서 수십 년 뒤 찰스 디킨스가 가장 적확하게 표현했다.

━ 자신의 능력으로는 감당할 수 없는 체험을 실제로 체험하게 해주는 저렴하고 새로운 방법이 끊임없이 발명되고, 그 방법들을 국민들, 강조하건대 국민들이 누릴 수 있다는 점은 이 시대를 규정하는 바람직한 특징이다.[95] 그러한 발명품들이 대상으로 삼는 사람들은 특권층이 아니라, 평범한 사람들이기 때문이다. 그런 방법은 어디에도 갈 여유가 없어 집에만 머물러야 하는 사람들에게, 실제로 여행하는 듯한 체험을 하게 해준다. 그들의 눈앞에서 자신이 속한 보잘것없는 세상 너머에 있는 신세계가 열리고, 성찰하고 정보를 얻고 공감하고 흥미를 보일 영역이 확장된다. 인간이 인간을 더 잘 알게 될수록 모든 사람에게 이롭다.

바커의 파노라마를 통해 마술사들은 보다 고결한 목표를 지향하게 되었다. 공포 쇼로 관객을 오싹하게 만들거나 모이를 소화하는 오리로 보는 이에게 즐거움을 주는 목적을 초월해, 마술 공연은 언론 기능, 시사 문제의 보도 기능까지 수행했다. 적어도 바커가 파노라마를 전시하기 1세기 전부터 종군기자들은 전선에서 기사를 송부했지만, 전신과 사진 기술이 없던 시대에 이러한 기사는 보도되기까지 한참 걸렸고 대부분 짤막했다. (조지 왕은 4주라는 시차를 두고 대영제국과 식민지인 미국과의 전쟁을 지휘했다. 전투 소식이 배를 타고 대서양을 건너 영국에 도착하기까지 걸린 시간이 4주다.) 마술사들은 소식이 전달되는 데 걸리는 시간을 줄이는 데 도움이 되지는 않았지만, 바커가 파노라마를 통해 풍경을 재현했듯,

자신이 지닌 재능을 동원해 참전 경험을 재현할 수는 있었다.

1812년 9월, 러시아 모스크바에 나폴레옹이 무혈입성 했을 때 모스크바는 불타고 있었고, 이는 곧 나폴레옹의 참패로 이어졌다. 독일 바바리아(Bavaria) 지역 출신인 요한 네포무크 맬첼(Johann Nepomuk Maelzel)은 마침 그때 러시아에서 모스크바가 불타는 모습을 목격했다. 화재에 이어 모스크바를 둘러싼 전투가 벌어졌고, 이 전투는 훗날 수많은 예술 작품에 영감을 주었다. 그 가운데는 톨스토이의 《전쟁과 평화》, 차이코프스키의 〈1812년 서곡〉도 있다. 그러나 세계사에 길이 남을 이 사건을 가장 처음, 그리고 아마도 가장 창의적으로 재현한 작품은 나폴레옹이 패배한 지 1년이 채 안되어 맬첼이 제작한 〈모스크바 대화재(The Conflagration of Moscow)〉라는 작품이다. 움직이는 디오라마(diorama) 형식이었다. 맬첼의 작품은 비엔나에서 처음 선보인 뒤 유럽과 북아메리카 전역을 돌며 전시되었고, 화염에 휩싸인 대도시를 생생히 재현한 이 작품은 수십 년 동안 관객을 사로잡았다.

미국 전역을 돌며 전시하는 데 동원된 물품들을 보면, 그 규모를 짐작할 수 있다. 모스크바 시에 있는 건물들, 크렘린 궁, 교회 첨탑, 성을 흉내 낸 이동식 구조물은 바로 접거나 펼칠 수 있도록 만들어졌다. 맬첼은 지평선 너머로 연기와 치솟는 불길을 암시하는 투명한 그림을 걸었고, 그 뒤로는 멀리 보이는 화염에 휩싸인 다른 건물들을 표현한 또 다른 그림을 걸었다. 그 살육의 현장을 내려다보는 밤하늘에는 달이 빛나고 있었다. 무대 전면에는 교각

두 개를 설치하고, 인도에는 러시아 군인과 프랑스 군인 미니어처 200개를 설치했으며, "음악가, 저격수, 기마병,[96] 보병이 사용하는 지뢰와 대포"도 등장했다. 군대는 숨은 바퀴를 수동 크랭크로 조절해 무대 위를 이동하게 했다. 화재 장면을 보여주는 막을 사용해, 장비들을 실제로 손상시키지 않고도 도시에 불길이 번지는 광경을 보여주었다. 맬첼은 화재 효과를 한층 높이기 위해 불붙은 석탄을 담은 냄비와 소규모 불꽃놀이도 동원했다. 전체 장면을 밝히는 데 "16개의 등, 25개 아르강등, 초 여섯 대에 용수철, 촛불 77개, 쟁반, 반사경이 달린 반원형 개방식등 40개, 네모등 9개, 직사각형등 6개, 받침대 있는 옻칠한 등 13개가 동원되었다."

〈모스크바 대화재〉는 엄밀히 말하면 이야기 형태로 전개되지 않았다. 물론 무대 위에서 미리 정해진 순서대로 사건이 전개되기는 했다. 나폴레옹의 군대가 모스크바에 진군하자, 러시아군이 후퇴하고 지평선에 불길이 사납게 타올랐다. 그러나 이 볼거리의 진정한 묘미는 몰입감에 있었다. 바로 바커의 파노라마에서 체험하는 그런 느낌이었다. 한 관람객은 수십 년 후, 이 체험을 다음과 같이 회상했다.

"바로 눈앞에 도시가 펼쳐졌고[97] 집들이 화염에 휩싸여 있었다. 우리는 그 광경을 보고 전율했다. 남녀노소 할 것 없이 등짐을 지고 불타는 건물에서 뛰쳐나왔다. 너무 끔찍하고 생생한 광경이어서, 관람 후 집에 돌아와 잠자리에 든 우리는 서로를 꼭 부둥켜안은 채 우리 집은 불붙지 않았다는 사실에 감사했다."

관람객은 정교하게 제작된 이 착시 작품을 통해, 가까운 역사에서 가장 끔찍하고 혼돈스러웠던 사건으로 꼽히는 대화재를 생생히 겪었다. 이 점에서 바커와 맬첼은 관객들의 취향을 정확히 포착한 셈이다. 그리고 훗날 등장한 현대 매체들은 힌덴부르크 참사(1937년 독일의 여객 비행선이 미국 뉴저지에 있는 계류탑에 정박하려다가 화재가 발생해 전소되어, 탑승자 97명 가운데 35명이 사망한 사건–옮긴이)에서부터 9·11테러에 이르기까지 재난 장면을 끊임없이 반복해 보여줌으로써, 관객들의 이러한 취향을 만족시키게 된다. 크게는 인간의 시각 체계가 진화한 덕에 시각효과가 환영의 시대를 풍미했지만, 맬첼은 당대 그 어떤 마술사보다도 청각적인 효과를 탐색하는 데 공헌했다. 그는 다음과 같이 여러 맞춤 제작한 도구들을 이용해 포위당한 도시에서 들리는 소리들을 재현하려고 애썼다.

━ 소총 소리를 내는 기계는[98] 용수철 열두 개가 공이를 쳐 소리를 낸다. 대포 소리는 훈련용 장갑을 낀 주먹으로 북을 쳐서 낸다. "폭발음을 내는 기계"에는 돌이 가득 들어 있는데, 이 기계를 작동시키면 건물이 무너지고 화약이 폭발할 때 나는 소리를 냈다. 금속 종, 유리 종, 중국 공(gong)은 교회 종소리와 도시에서 들리는 각종 소리를 재현하는 데 쓰였다. 송풍기와 원통 파이프가 달린 손풍금은 두 종류의 군악을 연주했다. 12대의 트럼펫이 장착된 트럼펫 기계는 열 곡 넘게 연주할 수 있었다. 손풍금은 심벌즈와 베이스 드럼 소리를 냈다.

전쟁을 불협화음으로 재현하려는 맬첼의 시도는 그의 또 다른 작업과 잘 맞아떨어졌다. 바로 팬하모니콘(panharmonicon)이라는 다재다능한 악기를 개발하는 작업이었다. 이 악기는 총소리와 웅장한 대포 소리에 이르기까지, 군악대가 내는 모든 소리를 재현할 수 있는 악기였다. 크기가 대략 큰 옷장 만 한 이 장비는 거대한 원통을 돌려 다양한 악기 소리를 냈다. 이전 수세기 동안 뮤직박스와 자동기계들을 조종하는 데 쓰인 원리였다. 핀이 돌출된 원통의 확대판이라고 보면 된다. 맬첼은 자신이 발명한 착시 효과 장치들을 일관성 있게 관통하는 '군대'라는 주제에 발맞추기라도 하듯, 친구 한 명과 의기투합해 팬하모니콘만을 위한 곡을 작곡했다. 1813년 스페인의 비토리아(Vitoria)전투에서 나폴레옹이 이끄는 프랑스군을 무찌른 웰링턴 장군의 승전을 기념하는 곡이었다. 맬첼과 협업한 친구라는 인물은 다름 아닌 루드비히 판 베토벤이었다. 그러나 안타깝게도 팬하모니콘은 주류 고전음악에서는 마땅한 설 자리를 찾지 못했다. 베토벤의 작품(오늘날 〈웰링턴의 승리〉라고 알려져 있다)은 순회 박람회에서 맬첼의 팬하모니콘으로 연주되었지만, 두 사람은 결국 사이가 틀어졌다. 베토벤은 맬첼을 상대로 소송을 제기하고 그 곡을 전통적인 교향악단 연주곡으로 다시 썼다.

맬첼과 베토벤의 협업은 격조 높은 예술에서부터 천박한 저급 오락까지라는 연장선상에서 볼 때, 마술사들의 위치를 어디쯤으로 봐야 할지 판단하기란 얼마나 어려운지 보여준다. 오늘날의 관점에서 보면 축제에 흔히 등장하는 흥행사나 행상 같기도 하다. 물론 그런 이들도 있었다. 그러나 이 오묘하고 새로운 문화에 관련된 인물들(브루스터에서 베토벤까지)의 면면을 살펴보며 이러한 최첨단 볼거리를 제작하는 데 사람들이 얼마나 진지하게 임했는지 생각해보면, 보다 심오한 뭔가가 진행되고 있었다는 생각이 든다.

다양한 착시 공연의 효과와 발전

────────

그러나 예술적 표현이라는 연장선상에서 이들이 어느 위치에 있다고 생각하든 상관없이, 한 가지 분명한 점이 있다. 바커의 파노라마와 필립스탈의 팬태즈머고리아가 성공을 거두면서 19세기 초반이 지날 무렵, 오락 문화에서도 생물의 종류와 수가 폭발적으로 증가한 캄브리아기 대폭발이 일어나게 되었다. 해괴하고 새로운 종류의 마술공연이 웨스트엔드 전역으로 확산되었다. (그보다 규모는 작지만 그 열기는 뉴욕, 파리를 비롯해 다른 도시에서도 느껴졌다.) 그리고 공연의 이름(그리스어에서 따온 야릇한 신조어)을 보면, 이러한 공연을 통해 얼마나 신기한 체험을 할 수 있는지 전달할 단어를 찾으려고 무척 애쓴 흔적이 엿보인다.

1800년대 초 런던을 방문한 사람은 파노라마와 팬태즈머고리아뿐만 아니라, 다음과 같은 다양한 공연을 즐길 수 있었다. 아콜로우토라마(Akolouthorama)라고 불리는 "신기한 기계와 그림 전람회"[99],

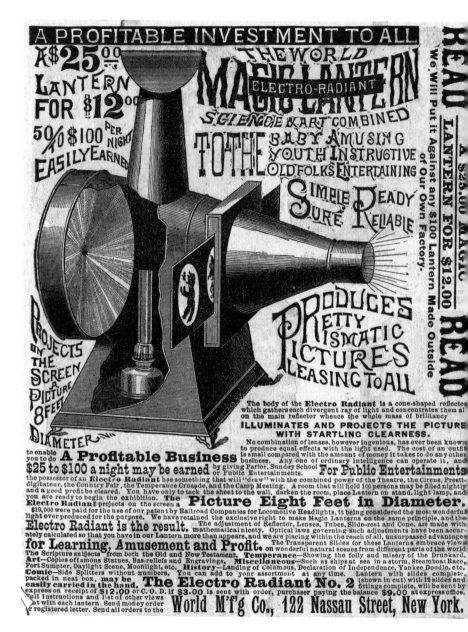

초창기 슬라이드 환등기 일명 '마법의 등' 광고

"진짜 유령이 출몰한다!"[100]라고 장담한 스펙트로그라피아 (Spectrographia), 에이도푸지콘(Eidophusikon)이라는 기계 전람회, 〈타임스〉가 "그림과 기계로 재현한 공연"이라고 묘사한 판스테레오마키아(Panstereomachia) 등이다. 화가이자 음악가인 J. J. 거크(J. J. Gurk)가 만든 가상 교향악단은 "브리타니아여, 통치하라(Rule Britannia)"를 연주해 관객을 즐겁게 했다. (이 장치는 팬하모니콘이라고 불려 혼선을 주었지만, 맬첼이 발명한 악기와는 아무 관련이 없었다.) 바커의 거대한 그림에서 파생한 전람회도 우후죽순 열렸다. 디오라마, 코스모라마, 페실로라마, 피지오라마, 나투로라마 등 그 이름도 다양했다. 존 밴바드(John Banvard)라는 한 미국인 흥행사는 '움직이는 파노라마'로 인기를 끌었다. 길이가 1천 야드가 넘는 그림을 천천히 펼치면, 미시시피 강을 따라 떠 내려가는 느낌을 주는 전람회였다. 자연 경관을 그려 넣은 두루마리를 펼치는 밴바드의 기법처럼 진정 혁신적인 창작품도 있었고, 싸구려 모조품도 있었다. 〔〈리터러리 가제트(Literary Gazette)〉는 나투로라마를 두고 다음과 같이 빈정거렸다. "유리를 들여다보면[101] 장소, 사람, 풍경을 조잡하게 모방한 모형들이 보이는데, 불결해 보이는 두세 사람은 양파와 오렌지를 먹으며 앉아 있다."〕

그런데 이런 종류의 전람회와 마술 공연은 셀 수 없을 만큼 종류가 다양했다는 점에서 매우 놀랍다. 초점이 흐려지게 눈을 가늘게 뜨고 1820년경의 런던 웨스트엔드 지역의 모습을 보면, 가장 최근 크게 성공한 코미디 공연이나 앤드류 로이드 웨버 작 뮤지컬 재공연을 홍보하는 네온사인이 건물마다 걸려 있는 오늘날 웨스트엔드 지역 모습과 그리 다르지 않아 보일지도 모른다. 그러나 오늘날 다양한 형태의 여흥은 연극 전통의 맥을 이어가고 있다. 관객이 극장에 모여 조명을 밝힌 무대 위에서 각본에 따라 연기하는 배우들을 지켜보고, 이따금 음악이 동원되기도 한다. 오늘날 웨스트엔드 극장가에서 벌어지는 다양한 공연들은 내용은 다양하지만 형식은 다양하지 않다. 2세기 전에는 연극, 뮤지컬도 있었지만, 파노라마, 환등기를 이용한 유령극, 작은 로봇들이 등장하는 움직이는 그림 외에도 수십 가지 다양한 공연들이 있었다. 웨스트엔드는 환상의 대축제가 열리는 장이었고, 각 공연마다 나름대로 독특한 기술을 이용해 관객을 감쪽같이 속였다.

어쩌면 이 축제에서 가장 중요한 사실은, 환영 속(屬)에 해당하는 거의 모든 종(種)이 20세기가 동트면서 모조리 멸종되었다는 점일지도 모른다. 18세기 말 탄생한 여흥의 형식들 가운데 상당수가 오늘날에도 옛 모습의 자취를 지닌 채 지속되고 있다. 지금도 여전히 사람들은 뮤지컬, 오페라 공연을 보러 가고, 소설을 읽고, 화랑에 전시된 미술 작품을 둘러본다. 그러나 자연사 박물관에서 이따금 전시되는 디오라마를 제외하면, 웨스트엔드에서 놀라울 정도로 다양한 형태로 이루어지던 환영의 공연들은 완전히 멸종했다. 움직이는 파노라마와 환등기 공연은 단 하나의 신기술에 모조리 전멸해버렸다. 그 기술은 바로 영화다.

영화의 탄생, 근접촬영 기법의 힘

어찌 보면 환상의 성전들은 궁극적으로, 스스로를 파괴할 기술이 탄생하는 데 기여했다. 환상을 일으키는 혁신적인 기법들은 대부분 더는 발전의 여지가 없었다. 이유야 뻔하다. 누구도 1천 피트 길이의 화폭에 그림을 그리려 하지 않았다. 그러나 팬태즈머고리아와 파노라마를 비롯해 이와 비슷한 기법들은, 새로운 관행이 확고히 자리 잡도록 도왔다. 한 공간에 모여, 명멸하는 이미지에 시선을 고정시킨 채 완전한 몰입을 위해 돈을 지불하는 관행 말이다. 1820년에 이러한 관행은 지구상에서 풍요로운 몇몇 도시에 거주하는 아주 극소수 사람들만 누렸지만, 머지않아 '활동사진(motion picture)'이 등장하면서 전 세계적인 현상이 되었다.

웨스트엔드 지역에 나타난 현상은 뒤이은 수십 년 동안 수없이 여러 번 반복해 일어난다. 혁신적인 기법들이 한꺼번에 등장하고, 하나의 주제를 놓고 다양한 형태로 실험하다가 마침내 하나의 특정한 해결책이 등장한다. 그리고 일정한 수요가 확보되면 경쟁자들을 모두 물리치게 되었다. 1990년대 초 컴퓨터 네트워크 생태계를 생각해보면 이해가 쉽다. AOL(America Online Inc.)과 컴퓨서브(CompuServe) 같은 통신서비스, 페치(Fetch)나 고퍼(Gopher) 같은 파일 공유 프로토콜, 웰(WELL)이나 에코(ECHO)같은 전자게시판 커뮤니티, 스토리스페이스(Storyspace)나 하이퍼카드(HyperCard) 같은 하이퍼텍스트 실험 등이 이때 등장했다.

이 모든 신생 플랫폼에는 눈에 띄는 공통 인식이 한 가지 있었다. 사람들이 뉴스, 자료, 개인 정보, 다른 매체의 콘텐츠를 하이퍼텍스트 네트워크를 통해 소비하고 공유하게 되리라는 인식이다. 그러나 단일한 플랫폼이 이 모든 개별 활동들을 하나로 규합하게 될지는, 1990년대 중반 월드 와이드 웹(WWW, World Wide Web)이 사실상 표준이 되고서야 분명해졌다. 이 플랫폼이 표준이 된 과정은, 웨스트엔드에서 여러 실험을 통해 한 가지 해결책이 등장한 과정보다 훨씬 빨리 진행되었다. 뒤이어 다양한 기술이 폭발적으로 증가했고, 다시 서로 다른 기술들의 파격적인 통합으로 이어졌다.

이러한 과정이 마무리될 때쯤 승자로 우뚝 서는 혁신 기술은, 여러 면에서 종종 경쟁자들에 비해 열등한 경우가 있다. 예컨대, 영화에는 여러 가지 수많은 장점이 있지만 처음 등장한 뒤 50년 간 흑백이었고, 요즘 같은 3차원 아이맥스 영화 시대에도 예전의 파노라마처럼 360도 전경을 보여주지는 못한다. 그러나 영화는 경영학자 클레이튼 크리스텐슨(Clayton Christensen)이 제시한 유형의 혼란, 즉 '열등하지만 저렴한 신상품이 그보다 완성도 높지만 비싼 경쟁 상품을 퇴출시키는 현상'은 아니었다. 멀린이 만든 기계 무용수가 아무리 매혹적이라 해도, 그 무용수를 진짜 사람이라고 착각하는 사람은 없었다. 실제 사람의 모습 즉 춤추고 다양한 몸짓을 하고 감정을 드러내는 모습을 스크린에 투사하면, 설사 흑백 무성 영화라고 해도 그 호소력은 강렬하다. 환등기가 만들어내는 유령이 지닌 호소력과는 비교할 수 없을 만큼 강렬하다. 가장 인기를 모은 초기 영화들을 보면, 웨스트엔드 마술사들의 작업에서 아이디어를 얻은 영화들이 있다. 특히 조르주 멜리에스(Georges Méliès)가 만든, 특수효과가 넘치는 여러 단편영화에 이러한 면모가 잘 나타난다.

그러나 영화가 독보적인 위치를 확보하게 된 핵심적인 혁신 기법은, 카메라도 영사기도 아니고 멜리에스가 개발한 눈속임 특수효과 장면도 아니다. 바로 근접촬영(close-up) 기법이다. 초기 영화, 또는 '원시적인' 형식의 영화(영화학자들은 이렇게 부른다)는 사실상 웨스트엔드 공연의 연장선상에 있었다. 밴바드의 움직이는 파노라마가 관객들을 미시시피 강으로 안내했듯이, 머나먼 어느 곳에 마치 실제로 가 있는 느낌이 들게 하거나, 특수효과를 연달아 보여주어 관객의 마음을 사로잡았다. 이러한 영화는 대부분 기존의 극장 관객의 시선을 모방하는 식으로 촬영했다. 예컨대 무대를 배경으로 배우들을 싱글 롱 샷(single long shot, 피사체를 연극에서 객석과 무대에 사이 정도의 거리에서 머리부터 셔츠 주머니까지 정도의 클로즈업으로 찍는 촬영기법—옮긴이)으로 찍었다. 그러나 1910년대가 되면서 D. W. 그리피스(D. W. Griffith) 같은 감독들이 근접촬영 기법으로 다양한 실험을 하기 시작했다. 근접촬영은 관객이 배우들에게 친밀감을 느끼게 만드는 기법이다. 그 어떤 무대 공연도 도달하지 못한 효과였다. 그 순간 영화는 유희의 세계를 벗어나 예술이 되었다.

이 모든 요소들, 즉 영화의 원형(原型)이라 할 수 있는 웨스트엔드의 공연들, 움직이는 이미지가 지닌 막강한 힘, 근접촬영이 주는 친밀감 등을 고려해볼 때, 영화가 정확히 언제 발명되었다고 말하기란 매우 어렵다는 게 더 분명해진다. 대부분의 주요 기술들과 마찬가지로 영화도 서로 판이하게 다른 여러 혁신 기술의 총합체다. 이러한 혁신 기술들은 다양한 전문 분야의 지식이 동원되어, 다양한 기간에 걸쳐 개발되었다. 안정적인 빛을 반투명판 뒤에서 비춰 스크린에 이미지를 투사하는 기법은 1600년대 환등기가 등장하면서 흔해졌다. 영화 카메라와 영사기에 사용되는 유리 렌즈는 환등기보다 수세기 먼저 등장했다. 이미지를 직접 감광성 재료에 담아내는 기법은 1800년대 초에 가능해졌다. 1920년대에 등장하기 시작한 현대 영화는 수세기에 걸쳐(화학, 광학, 유리 제조, 기계공학 분야에서) 이루어진 혁신 기법과 이동촬영이나 근접촬영처럼, 창의적인 촬영 기법을 바탕으로 만들어졌다. 영화는 이 모든 파격적인 기술혁신과 더불어 웨스트엔드 흥행사들이 개발한 사업 모델도 차용했다. 캄캄한 공간에서 환상에 몰입하게 해주는 대가로 고정된 가격에 표를 파는 사업 모델 말이다. 이 또한 일종의 발명이었다.

시각의 결함을 활용한 예술

활동사진은 한 가지 중요한 면에서 웨스트엔드 공연에 동원된 기

환등기 공연을 보기 위해 모인 군중

초창기인 1826년에 만들어진 두 가지 회전요지경

법들과 달랐다. 팬태즈머고리아나 밴바드의 움직이는 파노라마에서는 관객이 사물의 실제 움직임을 바탕으로 움직임을 인식한다. 환등기는 트랙을 따라 앞뒤로 움직이고, 밴바드의 파노라마에서는 1천 야드 길이의 화폭이 펼쳐진다. 그러나 활동사진에서의 움직임은 단순히 눈속임이었다. 오늘날에도 영화나 TV쇼는 하나같이 일련의 정지된 사진들로 구성되지만, 단지 우리 눈이 이를 연속 동작으로 인식할 뿐이다. 이러한 현상을 보통 시각 잔상 효과라고 한

WONDERLAND

다. 이를 가능케 하는 신경 메커니즘을 두고 과학계에서는 다양한 의견이 많다. 인간의 시각 체계에 존재하는 수많은 중요 요소들과 마찬가지로, 시각 잔상 효과를 가장 처음 발견한 주인공은 장난감 제조사였다. 19세기 초에 발명된 회전요지경(thaumatrope, 앞뒤에 각각 다른 그림이 그려진 원반의 양 끝에 줄을 달아 잡아당겨 회전시키면 앞뒤 그림이 하나로 보인다. 예컨대, 앞뒤에 각각 새와 새장이 그려진 원반을 회전시키면 새장에 갇힌 새처럼 보인다—옮긴이)의 원반과, 활동요지경(zoetrope, 연속 동작 그림을 종이 띠에 그려 원통 안에 설치하고 원통을 돌리면서 세로로 뚫린 바깥쪽 구멍으로 들여다보면 그림이 움직이는 것처럼 보인다—옮긴이)의 원통이 바로 잔상 효과를 이용한 장난감이다. 활동요지경의 경우, 무용수나 달리는 말을 그린 열 장 남짓한 정지 이미지를 원통 안에 설치하고 통을 돌리면, 그림이 움직이는 듯한 착각을 일으킨다. ('thaumatrope'는 그리스어 '놀라운(θαῦμα, 영어로 wonder)'과 '돌다(τρόπος, 영어로 turn)'의 합성어이고, 'zoetrope'는 '생명(ζωή, 영어로 life)'과 '돌다'의 합성어로 각각 놀라운 원반, 살아 움직이는 원통으로 해석된다.) 잔상 효과는 그 생물학적인 근원이 무엇이든, 인간의 눈이 지닌 특징이다. 정지된 이미지들을 1초당 10~12번 이상 깜박거리게 하면, 우리 눈은 이 이미지들을 연결해 연속으로 흐르는 동작으로 인식한다.

우리 눈의 이러한 특징에는 근본적으로 결함이 있다. 영화를 볼 때 우리 눈은 눈앞에서 무슨 일이 벌어지고 있는지 정확히 파악하지 못하고 있는 셈이다. 있지도 않은 것이 보이는 셈이다. 수많은 기술혁신은 진화를 통해 인간이 획득하게 된 장점을 이용한다. 도구와 장비는 인간의 손재주와, 나머지 네 손가락과 마주 보는 엄지손가락을 이용한다. 그래픽 인터페이스는 인간의 뛰어난 시각 기억을 이용해 정보의 공간을 탐색하게 한다. 그러나 활동사진은 정반대인 접근 방식을 취한다. 활동사진이 먹히는 이유는 바로 우리 눈이 제 역할을 못하기 때문이다.

이는 필연적인 결함이 아니었다. 인간의 시력은 일련의 정지된 이미지들을 정확히 있는 그대로 인식하도록 진화할 수도 있었다. 그렇다면 활동요지경은 세계에서 가장 빨리 장면이 바뀌는 슬라이드 쇼인 셈이다. 또는 형체를 알 수 없는 흐릿한 모습으로 인식하도록 진화할 수도 있었다. 1초당 12프레임의 속도로 깜빡이는 정지된 이미지를, 움직인다고 착각하는 방향으로 우리 눈이 진화해야 할 이유가 없다. 인간의 시각 체계가 진화하는 동안 살았던 옛 환경에는 영사기도, 액정 화면도, 회전요지경도 없었다. 시각 잔상 효과는 진화 생물학자 스티븐 제이 굴드(Steven Jay Gould)가 말한 부산물(spandrel, 스팬드럴은 건축 용어로 아치의 바깥쪽 곡선과 이와 인접한 직각 천정이나 기둥 사이에 생기는 삼각형 공간을 말한다—옮긴이), 보다 직접적인 다른 적응 과정에서 우연히 형성된 특징이다.

인간의 눈에 이런 이상한 결함이 없었다면 지난 2세기가 어떻게 전개되었을지 생각해보면, 실로 흥미진진하다. 시각에 결함이 없다고 해도 여전히 제트기와 원자폭탄, 라디오, 위성, 휴대전화가 있는 세상에서 살고 있겠지만, TV와 영화는 없을지도 모른다. (컴퓨터와 컴퓨터 네트워크는 존재할지 모르지만 그래픽 인터페이스의 미묘한 움직임은 없을지도 모른다.) 선전 선동 영화, 할리우드, 시트콤, 닉슨-케네디 대통령 후보 토론 생중계, 인권 존중을 외치며 길거리로 나선 시위대가 소방호스로 물세례를 받는 장면을 찍은 사진, 명작 영화 〈시민 케인(Citizen Kane)〉, 매킨토시 컴퓨터, 제임스 딘, 1970년대에 최고 시청률을 올린 시트콤으로 손꼽히는 〈해피 데이즈(Happy Days)〉, HBO의 히트 연속극 〈소프라노스(The Sopranos)〉가 없는 20세기를 상상해보라. 이 모든 소중한 경험이 가능한 이유는, 우리 눈이 자연선택을 통해 진화했기 때문이다. 1초에 12프레임 이상의 속도로 지나가는 정지된 이미지는 있는 그대로 인식할 필요가 없게끔 말이다. 그리고 수많은 발명가들이 수세기에 걸쳐 영화의 원형 기술들을 만지작거리며 실험하다가, 인간의 눈이 지닌 결함을 이용해 예술을 창조할 만큼 영리했기 때문이다.

월트 디즈니, 가속도가 붙은 '환영'의 역사

───────

예술은 기술 부문에서 지각변동이 일어나면서 그 여파로 탄생했다. 그 여파는 때로는 천천히 다가온다. 소설이 현재의 모습을 갖추기까지는, 인쇄기가 발명된 후 3백 년이 걸렸다. TV판 소설 — 〈와이어(The Wire)〉나 〈브레이킹 배드(Breaking Bad)〉처럼 복잡한 사회적 정치적 문화적 현실을 다룬 연속극 — 은, 그 기원을 언제로

만화영화 〈백설 공주〉 셀(cel, 투명한 셀룰로이드 시트-옮긴이)을 제작하는
디즈니사 애니메이터

보느냐에 따라서 등장하기까지 70년이 걸렸다. 그 여파가 금방 느껴질 때도 있다. 록큰롤(rock 'n' roll) 장르는 전자기타가 발명되자마자 등장했다. 새로운 예술 형식 가운데 기술혁신과 밀접하게 연관된 것도 있다. 원근법을 동원해 그린 그림을 볼 때 착시 현상을 일으키게 하는 데 거울을 동원한 브루넬레스키, 영화 〈지옥의 묵시록(Apocalypse Now)〉에서 혼돈에 빠진 베트남의 현장감을 포착하고자 입체음향의 일종인 서라운드 사운드(surround sound)를 발명한 영화 편집자이자 음향 디자이너 월터 머치(Walter Murch)가 그 예다. 예술가가 자신의 구상을 실현하려면 새로운 도구가 필요하다. 그리고 가끔은 그 예술가가 곧 도구 제작자이기도 한 경우가 있다. 예술적인 재능과 도구 제작 기술을 겸비한 인물이 등장하면, 혁신에 속도가 붙는다.

환영의 역사에서 혁신에 가장 극적으로 가속도가 붙은 시점은, 1928년부터 1937년까지의 기간이다. 〈증기선 윌리(Steamboat Willie)〉가 개봉된 해부터 디즈니의 걸작인 최초의 장편 만화영화 〈백설 공주〉가 완성된 해까지의 기간이다. 〈증기선 윌리〉는 월트 디즈니의 개가라고 할 유성 만화영화로, 미키마우스를 처음으로 선보인 작품이다. 예술적 매체로서의 가능성이 그토록 짧은 기간에, 그처럼 극적으로 확장된 때는 역사상 또 찾아보기 힘들다. 〈증기선 윌리〉는 애니메이터의 예술에 공헌한 점에서 찬사를 받아 마땅하다. 이 만화영화는 동작과 소리를 일치시켰고, 그 안에 독특한 개성을 지닌 인물들이 등장한다.

그러나 이 만화영화에서 두드러지게 눈에 띄는 결함을 확인하기 위해 오늘날에도 한 번쯤 다시 볼 필요가 있다. 흑백이고, 대사가 없고, 3차원적인 특성이 아주 조금 눈에 띌 뿐이라는 점이다. 겨우 7분 길이인 이 이야기는 대사 한 줄도 없이, 전적으로 단순한 시각적 개그를 중심으로 전개된다. 잡음이 심한 사운드트랙을 추가해 활력을 더한 플립 북(flip-book, 연속되는 동작을 그린 여러 장의 그림을 책으로 묶어, 빠르게 넘겨보면 그림이 움직이는 것처럼 보이는 기법-옮긴이) 만화에 더 가깝다. 〈백설 공주〉와 〈증기선 윌리〉를 나란히 보면, 〈증기선 윌리〉는 완전히 다른 시대에 제작된 작품 같다. 마치 멜리에스의 1902년 영화 〈달나라 여행(Le Voyage dans la lune)〉과, 그로부터 거의 40년 후에 제작된 오손 웰스(Orson Welles)의 〈시민 케인〉을 번갈아 보는 느낌이다. 디즈니는 영화 부문에서 40년에 걸쳐 진행된 내러티브의 복잡성을, 9년이라는 짧은 기간에 압축해 이뤄낸 셈이다.

천재적인 오손 웰스조차도 영화를 제작할 때는 앞서간 영화제작자들이 이룬 혁신 기법에 의존했다. 그리피스가 발명한 근접촬영 기법, 최초의 장편 유성영화 〈재즈 싱어(The Jazz Singer)〉에 도입된 화면과 음향의 동기화 기법, 이탈리아 감독 지오바니 파스트로네(Giovanni Pastrone)가 발명한 달리 샷(dolly shot, 바퀴 달린 이동차에 카메라를 장착하고 레일 위로 이동하면서 촬영하는 기법-옮긴이) 등이 동원되었다.

디즈니가 〈백설 공주〉로 이룬 대약진은 전적으로 디즈니 스튜디오 내에서 일어난 파격적인 상상력 덕분이다. 이 걸작을 제작하기 위해 디즈니와 그가 이끄는 팀은, 과거 애니메이터들이 환상을 구현하는 데 동원해온 도구들을 거의 모두 다시 만들었다. 초기 만화영화에서는 물리적인 법칙이 우스울 정도로 단순하게 표현되었다. 〈고양이 펠릭스(Felix the Cat)〉나 〈증기선 윌리〉에서는 만유인력의 법칙이 그 어떤 역할도 하지 않았다. 〈백설 공주〉를 제작할 때 디즈니는 만화영화 내용 전체에 현실 세계의 물리적인 법칙이 적용되도록 했다. 〈백설 공주〉 이전까지만 해도, "옷자락은 인물이 움직이는 대로 따라서 휘날리다가 몇 프레임 지나면 밑으로 늘어진다는 생각을 누구도 하지 못했다.[102] 그게 자연스러운 것인데도 말이다"라고 한 애니메이터는 회상했다. 디즈니는 느린 동작을 수천 장 찍고, 그 사진들을 바탕으로 애니메이터들이 근육, 머리카락, 연기, 깨지는 유리, 날아가는 새, 그 밖에 펜과 잉크로 재현해야 하는 수많은 물리적인 운동의 미세한 동작들을 분석해 모방하도록 했다.

디즈니 애니메이션 팀은 또한 중첩 동작(overlapping motion)이라는 새로운 만화 기법을 발명한다. 일련의 정지 자세를 연속으로 보여주는 대신, 등장인물이 모두 지속적으로 몸을 움직이도록 그리는 기법이다. 이 예술적인 혁신 기법을 실행하려면, 최종안을 그리기 전 새로운 방법으로 시각적인 실험을 거쳐야 했다. 디즈니 팀은 빨리 현상하고 인화할 수 있는 저렴한 네가티브 필름에 아이디어를 스케치해서, 무비올라(Moviola, 이동식 편집 장비의 상표명. 화면과 음향이 일치하는 상태로 보여주는 편집기—옮긴이)의 소형 스크린에 영사해보았다. 디즈니 팀은 이 실험용 스케치를 펜슬 테스트(pencil test)[103]라고 불렀다.

〈백설 공주〉는 장편이었기 때문에, 전체 이야기를 구성하는 데 추가 도구가 필요했다. 디즈니 팀의 '이야기 담당자(storymen)'는 주요 장면에 상응하는 스케치들을 코르크판에 핀으로 꽂아, 디즈니와 팀원들이 한눈에 이야기를 파악할 수 있도록 하자는 아이디어를 냈다. 이렇게 해서 탄생한 '스토리보드(storyboard)' 제작 관행은, 실사 영화와 만화영화를 막론하고 할리우드 전체에 확산되었다.

음향과 색상 부문에서도 디즈니와 그의 팀은 새로운 해결책을 마련해야 했다. 등장인물이 사람인 경우 실제로 말하는 것처럼 보이도록 하려면, 〈증기선 윌리〉에서는 요구되지 않았던 높은 수준으로 화면과 음향을 동기화해야 했다. 또한 움직임에 따르는 인체 구조를 정교하게 묘사해야 했다. 디즈니는 신생 업체인 테크니컬러(Technicolor)와 손잡고 〈백설 공주〉 최종안에 총천연색을 입혔지만, 실제 애니메이션 셀은 디즈니 애니메이션 팀이 직접 색칠해야 했다. 그 과정에서 디즈니 팀은 여러 재료를 혼합해 신종 물감을 만들었다. '덧칠 가능한(rewettable)' 아라비아 고무를 이용한 물감인데, 이 물감을 쓰면 잘못 칠한 셀을 폐기 처분하지 않고 사소한 문제점만 수정해서 쓸 수 있었다. 디즈니는 심지어 색상을 정확히 측정하는 분광광도계(spectraphotometer)라는 첨단 기계도 구입했다.

물감으로 칠한 셀을 색상 정확도가 떨어지는 테크니 컬러 포맷으로 전환해야 하는 난관을 극복해야 했기 때문이다.

〈백설 공주〉가 이뤄낸 가장 두드러진 기술적 개가는, 다면촬영 카메라(multiplane camera) 발명이다. 디즈니와 그의 팀이 제작한 이 카메라는 〈백설 공주〉에 특유의 시각적인 깊이를 더했다. 〈백설 공주〉 이전까지만 해도 만화영화는 2차원의 세계였다. 브루넬레스키로부터 빌려온 원근법 눈속임으로 약간의 깊이를 주긴 했지만, 대체로 흰 종이에 그린 일련의 그림들이 살아 움직이는 것처럼 보일 뿐이었다. 대부분의 만화영화에서 등장인물과 배경을 각각 반투명 셀에 그려 서로 겹쳤기 때문에, 애니메이터는 각 프레임의 전체 미장센을 다시 그릴 필요가 없었다.

〈백설 공주〉를 제작하면서 디즈니에게는, 영화라는 가상공간에서 서로 다른 지점에 상응하는 장면들을 여러 장 겹치는 방법이 떠올랐다. 그렇게 하면 영화를 찍는 동안 각 장을 물리적으로 분리할 수 있었다. 전면에 등장하는 인물들을 그린 셀 한 장, 그 인물들 뒤에 있는 오두막집을 그린 셀 한 장, 오두막집 뒤에 서 있는 나무들을 그린 셀 한 장 등을 겹쳐 찍는 기법이다. 각 프레임마다 카메라의 위치를 아주 조금만 옮김으로써 시차(視差) 효과를 내면, 5백 년 전 브루넬레스키가 발명한 착시 효과보다 훨씬 그럴듯하게 입체감이 났다. 다면촬영 카메라는 공학 분야에서 매우 큰 업적이었으므로, 미국의 과학 잡지 〈파퓰러 사이언스(Popular Science)〉는 이 기술에 대해 장문을 실었다.

디즈니 스튜디오의 촬영기사가 다면촬영 카메라로 영화를 찍고
여성들은 셀에 색을 칠하는 장면

━━ 이 장비는 네 개의[104] 수직 철제 기둥으로 구성된다. 기둥에는 선반이 얹혀 있고 이 선반을 따라 많게는 여덟 대의 운반대가 수평과 수직으로 이동한다. 각 운반대는 셀룰로이드 시트가 들어 있는 프레임을 실어 나르고, 셀룰로이드 시트에는 동작이나 배경의 일부가 그려져 있다. 인쇄기와 비슷하게 생긴 이 장비는 높이 11피트이며 기둥과 기둥 사이가 6피트인 정사각형 구조다. 거의 한 치의 오차도 없이 정밀하게 제작된 이 장비는, 전면을 그린 셀과 배경을 그린 셀을 정확히 촬영한다. 심지어는 전면을 그린 셀이 카메라 렌즈로부터 2피트 떨어져 있고, 배경을 그린 가장 밑에 깔린 셀은 9피트 떨어져 있어도 정확하게 촬영한다. 대본에 근접촬영을 위해 카메라가 접근하라고 되어 있으면, 렌즈는 정지된 채 셀만 위로 이동한다. 이런 방법으로 나무, 달을 비롯해 배경에 등장하는 그 어떤 피사체라도 상대적인 거리에 따라 알맞은 크기로 찍혀, 입체감을 주게 된다.

화면과 교감하는 대중의 등장

영화 기술과 촬영하는 과정에 관련된 이 모든 획기적인 혁신이 집약되어, 예술적인 혁신이 이루어졌다. 〈백설 공주〉는 시각적 깊이와 감성적 깊이를 겸비한 최초의 만화영화다. 〈백설 공주〉는 실사 영화조차도 도달하지 못한 방식으로 관객의 심금을 울렸다. 무엇보다도 이 점이 〈백설 공주〉가 환영의 역사에 이정표를 세운 이유다. "지금까지 〈백설 공주〉같은 만화영화는 없었다.[105] 그리고 이토록 감수성을 자극한 만화영화도 없었다."

디즈니 전기 작가 닐 게이블러(Neil Gabler)가 한 말이다. 〈백설 공주〉를 개봉하기 전에[106] 디즈니와 그의 팀은, 이 영화가 관객이 눈물을 흘릴 만큼 감동적인지를 두고 의견이 분분했다. 그때까지 만들어진 만화영화는 하나같이 피상적인 몸 개그 수준이었다는 점을 감안하면, 만화영화를 두고 이런 생각을 하다니 상상하기도 어렵다. 그러나 1937년 12월 21일 〈백설 공주〉의 시사회가 로스앤젤레스의 행콕 파크(Hancock Park) 근처에 있는 캐세이 서클 시어터(Cathay Circle Theater)에서 열렸을 때, 극장 안 여기저기에서는 유명 인사들이 코를 훌쩍이는 소리가 들렸다. 일곱 난장이들이 독 사과를 먹고 쓰러진 백설 공주를 발견하고 꽃다발을 놓는 장면이었다. 그날 관객들이 했던 체험은 그 후 수십 년에 걸쳐 수없이 반복되지만, 진원지는 바로 캐세이 서클이었다. 한공간에 모인 사람들이, 손으로 그린 정지된 그림들이 불빛에 깜박거리는 광경을 보고 감동해 집단으로 눈물을 흘렸다.

겨우 9년 만에 디즈니와 그의 팀은 해괴한 환상(춤추며 휘파람을 부는 쥐!)을 선명하고 생생하게 표현함으로써, 관객이 눈물을 글썽이게 만들었다. 디즈니와 그의 팀은 궁극적인 형태의 환영을 창조했다. 손으로 셀룰로이드에 그려 넣어 초당 24프레임의 속도로 영사된 가상 인물들은 마치 사람 같아서, 관객은 그들과 공감하지 않을 수가 없었다.

〈백설 공주〉 시사회에서 흐느끼던 관객들은 인간을 즐겁게 하기 위해 만든 환영과 인간 사이의 관계에 근본적인 변화가 일어날 것임을 시사했다. 물리적인 체계에서 일어나는 이런 종류의 변화를 묘사할 때, 복잡계 이론가(Complexity theorists)들이 쓰는 용어가 있다. 바로 상전이(相轉移, phase transition)다. 특정 체계의 특성 한 가지만 바꾸면, 예컨대 수증기의 온도를 낮추면 한동안 변화는 서서히 일어난다. 즉 수증기는 서서히 식는다. 그러나 일정한 분기점에 도달하면 근본적으로 변화가 일어난다. 화씨 212도(섭씨 100도) 이하로 내려가면 기체는 액체로 변한다. 바로 상전이가 일어나는 순간이다. 단순히 온도가 더 낮은 증기가 아니라 완전히 다른 무엇으로 변신한다. 상전이의 경계를 넘으면 그전에는 상상조차 하기 어려웠던 새로운 가능성이 출현한다. 수증기가 물로 변하는 경우 출현하는 새로운 가능성 가운데 하나가, 바로 생명체다.

초당 12프레임은 기체와 액체 사이의 경계에 해당한다. 이 경계를 넘어서면 근본적인 변화가 일어난다. 정지된 이미지가 살아 움직인다. 초당 12프레임이 발휘하는 위력은 대단해서, 동화에서 끄집어내 손으로 그린 등장인물에도 먹혀들었다. 그러나 기체가 물로 바뀌는 경우처럼 상전이가 일어날 분기점을 넘으면, 그리고 이를 음향과 동기화하면, 예측 불가능한 다른 효과들이 발생한다. 19세기 초 환영 공연을 관람한 관객들이라면, 그로부터 2세기 후 사람들이 캄캄한 공간에 모여 특수 효과에 놀라는 체험을 했다는 사실을 알더라도 전혀 놀라지 않을지도 모른다. 그러나 다음과 같은 문화적인 변화에는 놀랄지도 모른다. 일면식도 없는 낯선 사람들, 화면에 등장했다는 사실 말고는 어떤 이렇다 할 업적을 이루지도 않은 사람들의 삶에, 감정적으로 엄청난 투자를 하는 현상 말이다. 초당 12프레임은 20세기까지는 사실상 존재하지 않았던 새로운 계층을 탄생시켰다. 바로 유명인이다.

가깝고도 먼 유명인사의 탄생

물론 명성은 예전부터 있었다. 인간의 역사만큼이나 오래되었다. 왕, 전쟁 영웅, 정치가, 성직자, 선지자. 그들의 삶은 직접적인 친분이 있는 사람들을 넘어 폭넓게 영향을 미쳤다. 역사학자 프레드 잉글리스(Fred Inglis)의 말대로, "유명인은 대중이 그 업적을 인정하지 않고서는 존재할 수 없다."[107] 오늘날 유명인 문화의 기원은 18세기 초 런던으로 거슬러 올라간다. 당시 사람들은 커피 하우스에 모여 런던 귀족의 추문을 다룬 〈태틀러(Tatler)〉 같은 잡지 기사를 두고 쑥덕거렸다. 18세기 말 무렵 아버지 조지 3세가 정신질환에 걸려 통치가 불가능해지자, 섭정을 하게 된 아들 조지 4세의 방탕한 생활을 두고 추잡한 이야기들이 퍼지면서 쑥덕공론은 더욱 증폭된다. 곧이어 시인 바이런 경은 천재적인 예술성과 방탕한 성생활의 본보기가 되었고, 2차대전 이후에는 수많은 록 스타들이 그 뒤를 따른다. 1940년대에 최초로 할리우드 뒷공론을 다룬 칼럼이 등장하기 전, 새라 시돈스(Sarah Siddons)나 사라 베르나르트(Sarah Bernhardt) 같은 연극배우들의 사생활은 대중의 호기심을 자극했다.

당시 일반 대중이 이러한 인물들에게 관음적인 호기심을 보인 현상이 오늘날 유명인 문화를 떠올리게 하지만, 한 가지 핵심적인 차이가 있다. TV와 영화가 등장하기 전 시대에 대중의 관심을 집중시킨 왕자와 시인과 여배우들은, 진정한 의미에서 비범한 삶을 살았다. 왕가의 일원으로 태어나는 대단한 행운아이거나 또는 예술가나 작가나 배우로서 업적을 이루었다. 거기에 덤으로 얻는 명성이라 해도, 여전히 비범한 삶의 이용 가치에 바탕을 두고 있었다. 오늘날 유명인의 범위는 극적으로 확대되었다. 이러한 현상을 앤디 워홀(Andy Warhol)이 포착해 바로 '15분짜리 유명인사'라는 그 유명한 촌철살인을 남겼다. 미국 역사학자 대니얼 부어스틴(Daniel Boorstin)은 1961년에 출간된 역작 《허상(The Image)》에서 다음과 같이 말한다.

"우리는 여전히 더는 존재하지 않는 영웅, 우리 시야에서 벗어난 사람들의 자리를 유명인이 대신해주기를 바란다.[108] 우리는 유명인은 단순히, 잘 알려져 있기 때문에 유명하다는 사실을 잊어버리곤 한다."

오늘날 뒷공론을 다룬 잡지들을 훑어보면, 놀랍게도 리얼리티 프로그램에 출연한 유명인들 때문에 할리우드 유명인들이 뒷전으로 밀려났다는 사실을 깨닫게 된다. 5년 전 〈독신남(The Bachelor)〉

이라는 리얼리티 프로그램에 출연한 사람들의 일상을 두고, 지난 밤 데이트가 어떻게 됐느니 임신한 배가 얼마나 불렀느니 하며 날마다 얼마나 많은 기사가 쏟아졌는지 모른다. 한때는 뛰어난 업적이 있어야 유명인이 되었다. 조금 지나자 무대나 화면에서 뛰어난 인물인 척만 하면 유명인이 되었다. 그런데 오늘날에는 일상생활을 TV 화면으로 보여주었다는 사실 말고는, 명성을 얻을 아무런 이유가 없는 사람들도 유명인이 되곤 한다. 이런 프로그램들, 그리고 끊임없이 꼬리를 물고 이어지는 뒷이야기들은 완전히 시간 낭비라고 생각하지 않을 수가 없다.

그러나 이러한 신흥 '유명인사'들이 진부하다고 해도, 이들의 존재는 흥미로운 의문을 제기한다. 이런 부류의 유명인 문화는 왜 최근에야 등장했을까? 여기서도 해답은 환영이 발휘하는 위력에 있다고 생각한다. 환영은 우리의 현실감각을 왜곡하는 힘, 실제로 존재하지 않는 것을 존재하지 않는다고 인정할 수 없게 만드는 힘이다. 초당 12프레임에 동기화된 음향과 근접촬영이 더해지면, 사람들은 화면에 등장한 인물들과 감정적으로 교감하지 않을 수가 없다. 거의 불가피한 일이다. (디즈니는 화면에 등장하는 인물이 사람일 필요조차 없다는 사실을 증명하지 않았나!) 초당 12프레임은 우리 뇌를 속여 직접 만날 일이 없을 사람들에게 친밀감을 느끼게 만든다. 이를 잉글리스는 "거리감 있는 친밀감"[109]이라고 표현했다. 1830년대에 발명가들이 시각 잔상 효과를 이용해 회전요지경을 돌려 원반에 그려진 말이 움직이는 양 보이게 만들려고 애쓸 때, 자신들이 이용하려는 착시 현상이 훗날 사람들로 하여금 수천 마일 떨어져 사는 생면부지인 사람들의 일거수일투족에 울고 환호하게 만들 줄은 꿈에도 생각하지 못했다. 바로 초당 12프레임이 인간의 인지능력을 속여 탄생시킨 것이다. 시각 잔상 효과는 문화적으로 우발적인 사건이 일어날 여건을 조성한, 진화론적 우발 사건이었다. 오늘날 유명인은 진화론적 부산물이 낳은 문화적 부산물이다.

인공지능과 로봇과 교감하는 미래

아직 추가로 반전이 일어날 가능성이 있다. 어쩌면 그 확률이 상당할지도 모른다. 멀린의 다락에서 찰스 배비지를 단번에 사로잡은 기계 무용수의 '뿌리치기 힘든 눈빛'을 돌이켜보자. 요즘 사람이 그 로봇의 얼굴 표정을 본다면 우스꽝스러워 보이겠지만, 그동안 움직이는 로봇을 만드는 기술은 괄목할 만큼 발전했다. 로봇공학이나 디지털 애니메이션을 통해 만들어진 인간의 감정도 분기점에 이를지도 모른다. 그렇게 되면 인간은 가상의 존재와 감정적인 유대감을 형성하지 않을 수 없게 될 것이다. 〈백설 공주〉에 등장하는 난장이들이 진짜 사람이 아니라는 사실은 누구든 안다. 그러나 공주를 잃은 그들의 슬픔에 공감하고 함께 눈물을 흘리지 않을 도리가 없다.

우리 삶을 이와 비슷한 환영으로 가득 채우는 기계나 디지털 시
뮬레이션이 흔한 세상을 상상해보라. 이런 가상 존재들은 디즈니
스튜디오 벽에 걸린 스토리보드에 그려진 대로가 아니라, 우리 삶에
서 채워지지 않는 감정적인 욕구와 우여곡절과 반전에 반응한다.
[스파이크 존즈(Spike Jonze)의 걸작 영화 〈그녀(Her)〉는 음성만을 이
용해 이러한 시나리오를 상정하고 있다. 물론 그 음성은 실제로는
배우 스칼릿 조핸슨(Scarlett Johansson)의 목소리다.] 인공 감성 지능
(artificial emotional intelligence)에도 튜링 테스트(Turing test, 영국의 수학자
앨런 튜링이 제안한, 기계가 인공지능을 갖추었는지 판별하는 실험. 튜링은 컴퓨터
와 대화를 나누어보고 컴퓨터의 반응과 인간의 반응을 구별하기 어렵다면, 그 컴퓨
터는 사고할 수 있다고 보아야 한다고 주장했다—옮긴이)에 상응하는 시험이
있을 가능성이 높다. 감정적인 애착을 불러일으킬 만큼 사실적인
기계 말이다. 그러한 교감을 불러일으키는 최초의 인공지능은 알
렉사(Alexa)나 시리(Siri) 같은 소프트웨어의 후신으로, 형체도 없는
음성 도우미(voice assistant)일 가능성이 크다. 다만 이러한 도우미들
은 매우 능숙한 대화 능력을 갖추고 있고, 우리의 사사로운 욕구와
습관을 잘 파악하기 때문에 단순한 기계 이상의 존재라고 생각할
수밖에 없다. 영화가 처음 등장하고 영화배우가 탄생했을 때, 그들
을 단순히 천으로 만든 장막에 명멸하는 빛으로 생각할 수 없었듯
이 말이다.

일단 이러한 분기점을 넘으면 낯선 신세계, 인간이 가상의 친구
들과 어울리는 세상이 열린다. 묘하게도 이러한 가상의 동반자는

리얼리티 TV에 등장하는 가상의 친구들보다 훨씬 더 신빙성이 있을지도 모른다. 적어도 로봇과 가상의 인간은 우리의 존재를 인정하고, 우리의 감정 상태가 변하면 그에 걸맞게 대응하며, 우리와 직접 교감한다. 리얼리티 프로그램의 유명인 커대시언(Kardashian) 일가와는 달리 말이다. 18세기 유령 제조사와 자동기계 발명가들은 환영의 위력을 최초로 이용해 우리를 공포에 몰아넣고 즐겁게 했다. 21세기에 그들의 후손들도 똑같은 도구를 이용해 인간이 지닌 다른 감정들도 불러일으킬지 모른다. 공감, 우정, 심지어 사랑까지도.

GAMES

5
—
게임
지주 게임

체스 게임, 사회 규칙을 반영하다

————

13세기 중반, 지금의 이탈리아 롬바르드 지역 출신 도미니쿠스 수도회 수도사가 다양한 사회집단의 바람직한 역할과 관련해 일련의 설교를 시작했다. 세월이 흐르면서 그의 이름은[110] 체솔리스, 체솔레, 체술리스, 체졸리, 데 체졸리스, 데 코솔레스 등으로 우스꽝스러울 만큼 여러 차례 변형되고 왜곡되었다. 역사학자들은 보통 그를 야코부스 데 체솔리스(Jacobus de Cessolis)라고 부른다. 체솔리스에 대해 알려진 바는 거의 없다. 다만 그의 설교에 깊이 감명받은 다른 수도사들이 체솔리스에게 설교를 기록으로 남기라고 권했다는 사실이 전해 내려온다.

당시는 구텐베르크가 활자를 발명하기 한 세기 반도 더 전이다. 따라서 체솔리스 수도사의 설교는 처음에 인쇄물이 아니라 필사본 형태로 배포되었다. 그러나 체솔리스의 필사본은 인쇄기 역사의 초창기에 중요한 역할을 한다. 그가 전하는 메시지에는 대중의 감성에 울림을 주는 구석이 있었다. 최초로 필사본이 등장하고 뒤이은 수십 년 동안, 체솔리스의 원본을 손으로 베낀 필사본이 유럽 전역에 퍼졌다. 역사학자 H. L. 윌리엄스(H. L. Williams)에 따르면, "원본은 단순히 필사되는 데서 그치지 않고,[111] 번역되고, 축약되고, 수정되고, 시로 변형되고, 다른 지역과 문화에 적합하게 첨삭되었다… 체솔리스의 원본보다 분량이 네 배나 많은 필사본도 있었다."

구텐베르크가 자유롭게 배열이 가능한 활자 기술을 공개할 무렵, 체솔리스의 필사본은 성경 다음가는 인기를 얻게 되었다. 구텐베르크가 최초로 성경 인쇄본을 제작한 뒤 수십 년 동안 그의 설교 모음집은 15개 언어로 번역되었고, 15종 이상이 출판되었다. 그의 설교 모음집은 영국인 인쇄업자 윌리엄 캑스턴(William Caxton)의 눈에도 띄었고, 캑스턴은 브뤼허(Bruges)에 있는 인쇄소에서 설교 모음집을 번역해 출판했다. 체솔리스의 설교 모음집은 역사상 두 번째로, 영어로 인쇄된 책이다.

이 책의 제목이 무엇이었을까? 체솔리스는 두 제목을 붙였다. 하나는 좀 더 격식을 갖춘 제목이었다. 《평민의 관습과 귀족의 책

무에 관한 책》. 그러나 또 다른 제목은 반전이 있었다. 이름하여
《체스 게임》이다.

《체스 게임》은 오늘날 서점의 서가라면 어떤 종류의 책으로도 분류가 불가능한 책이다. 그 어떤 장르로도 분류되기를 허락하지 않는다. 체스 규칙에 관한 안내서라고도 할 수 있는 책이다. 체스의 말과 그 말의 움직임을 관장하는 규칙에 할애한 부분도 있다. 그러나 체솔리스는 체스의 기본 규칙을 바탕으로 아주 정교한 비유를 들어 메시지를 구성했다. 체스 판 위에서 왕에게 적용되는 규칙은, 실제 왕들의 바람직한 행동을 반영했다. 기사(騎士)에 적용되는 규칙은 실제 기사들이 준수해야 할 행동 규칙을 반영했다. (이와 같은 사회적 분석을 확대해, 체솔리스는 여러 개의 졸(卒)은 평민 가운데 특정한 집단인 농부, 대장장이, 환전상 등을 각각 대표한다고 보았다.) 참으로 엉뚱한 조합이었다. 심오한 사회학 논문이 게임 안내서와 한데 묶여 있는 셈이니 말이다. 미국 작가 스터즈 터클(Studs Terkel)의 1970년대 논픽션 걸작 《일(Working)》을 '미즈 팩-맨(Ms. Pac-Man, 1980년대에 출시된 비디오 게임-옮긴이)에서 점수 따는 요령'을 모은 안내서와 묶어 제본한 셈이다. 진지한 성찰과 유희가 한데 모인 이 책에서 체솔리스는, 구체적인 체스 전략과 중세의 일반적인 생활방식 사이를 조금도 주저하지 않고 흥미진진하게 넘나든다.

━━ 두 기사는 세 가지 가능한 전략을[112] 구사한다. 백기사는 오른쪽으로 진출해 농부 앞에 있는 검은색 네모 칸으로 갈 수 있다. 합리적인 전략이다. 농부는 들판에서 일하고 밭을 간다. 기사와 말은 농부로부터 식량을 받아 영양을 보충하고 그 대가로 농부를 보호한다. 두 번째 전략은 재단사 앞에 있는 검은색 네모 칸으로 진출하는 방법이다. 이 또한 합리적인 판단이나. 기사는 자기 옷을 만드는 재단사를 보호해야 하기 때문이다. 마지막 전략은 왼쪽으로 진출해 왕 앞에 놓인 검은색 네모 칸으로 가는 방법이다. 그러나 조건이 있다. 거기에 상인이 없어야 한다. 이 전략이 합리적인 이유가 있다. 기사는 스스로를 보호하고 지키듯 왕을 지켜야 할 의무가 있기 때문이다.

체솔리스 수도사가 제시하는 가르침은 충분히 합당한 부분도 있다. "왕은 통치 영역이 있고,[113] 지도력을 갖추어야 하며, 모든 사람 위에 군림한다. 따라서 자신이 다스리는 왕국을 자주 벗어나지 말아야 한다." 오늘날의 독자에게는 그리 설득력이 없는 이런 대목도 있다. 사회의 규범과 체스의 규칙이 바뀌었기 때문이다. "아녀자가 순결을 지키려면 [114] 정원으로 통하는 문가에 앉으면 안 된다. 외출을 삼가야 하고, 아녀자가 지켜야 할 예절을 절대 잊어서는 안 된다." '외출'을 삼가는 일은 중세의 체스 게임에서는 여왕이 취하기에 좋은 전략이었을지 모르지만, 1500년대에는 사정이 바뀌었다. 체스 게임에서 여왕이 막강한 권력을 행사하게 되었기 때문이다. 체솔리스가 살던 시절, 여왕은 체스 판 위에서 운신의 폭이 매우 좁았다.

《체스 게임》에는 실소를 자아내는 독특한 내용도 있지만, 이 책이 지닌 문화적 의미를 생각해보는 게 훨씬 중요하다. 아마도 본인도 모르는 사이에 체솔리스 수도사는, 적어도 1천 년 이상 지배해온 사회구조를 해체하고 있었는지도 모른다. 사회를 '국가의 원수(元首, head of state)', 즉 머리의 지시를 따르는 단일 유기체인 정치체(政治體, body politic) 즉 몸뚱이로 보는 시각 말이다. 그런데 체솔리스는 색다른 사회 모델을 제안했다. 계약에 명시된 의무와, 시민으로서의 의무를 이행하는 독자적인 집단들로서의 '정치체' 비유가 의미하는 바보다, 훨씬 자율적인 집단들로 구성된 사회였다. 1천 년 넘게 사회질서는 생리학적인 용어로 서술되어왔다. "머리가 몸더러 걸어야 한다고 지시하면 발은 지시를 따라야 한다." 역사학자 제니 애덤스(Jenny Adams)는 이렇게 말했다.

그러나 체스판 위에서는 사회 구성원 간 관계가 다른 식으로 작동했다. 체스 판 위의 사회는 법률과 계약과 관행이 지배했다. 애덤스는 말한다.

"사회를 체스에 비유함으로써[115], 사회를 구성하는 주체들은 생물학이 아니라 법률에 의해 국가에 귀속되는, 독립적인 신체를 소유한 존재로 간주된다. 체스 판에서는 왕이 앞으로 나아간다고 해서 졸들도 똑같이 움직일 의무가 없다."

체솔리스가 체스 판 위에 그린 사회적 변화는 결국 유럽 전역으

14세기경, 한 여인과 체스를 두는 브란덴부르크 후작 오토 4세의 미니어처

로 퍼져 나갔고, 르네상스 길드(guild) 제도가 등장했으며, 상인과 장인에게 전에 없던 자유를 누리도록 하는 법전이 만들어졌다. 사회적 지위는 신이 정한 운명이 아니라 법적 윤리적 관행을 바탕으로 정해졌다. 권위는 상명하복이 아니라[116] 상호 합의를 바탕으로 서로 얽히고설킨 관계에 의해 구축되었다. 이러한 관계는 대부분 계약을 통해 규정되었다. 그러나 아직은 사회가 급격히 세속화했다고 보기는 어려웠다. 왕과 성직자들은 여전히 중요한 역할을 했다. 그러나 그로부터 5백 년 후에 등장할, 진정으로 세속화한 국가를 향해 내딛는 매우 중요한 첫걸음이었다. 궁극적으로 군주가 아니라 법이 지배하는 사회 말이다.

이러한 사회적 변화를 촉발하는 데 《체스 게임》이 얼마나 큰 역할을 했을까? 확실히 말하기는 어렵다. 체솔리스는 그저 이미 시작된 개념적인 변화를 대중화했을 뿐인지도 모른다. 따라서 이 책이 성공한 이유는, 어리둥절한 시민들이 미처 이해하지 못하고 있던 역사적인 변화를 명료하게 설명했기 때문일지도 모른다. 어쩌면 그 책이 인기를 모으면서 변화 자체를 앞당겼는지도 모른다. 체스에 비유한 내용을 본 독자들이 책에서 극찬한 대로, 계약을 바탕으로 한 자율성을 추구할 용기를 얻었는지도 모른다. 어느 쪽이 사실이든 체스 게임 자체가 사회를 새로운 방식으로 생각하게 만들었다. 또한 시민으로서의 삶에서 가장 중요한 문제들을, 새로운 준거의 틀을 통해 이해하게 만들었다는 점만은 분명하다. 얼핏 하찮게 보이는 게임이라는 세계가 지배 구조, 법률, 사회적인 관계를 갖춘 진짜 세상에 영향을 미친 셈이다.

게임(규칙과 관행이 끊임없이 바뀌는 평행 우주)으로 이런저런 실험을 하다 보면, 새로운 비유가 등장하고 이는 훨씬 중요한 문제에 적용된다. (우리가 게임에서 비롯된 비유를 일상생활에서 얼마나 많이 쓰고 있는지 생각해보라. 우리는 "판을 키우고(raise the stakes)", "역경을 헤치고 앞으로 나아가고(advance the ball)", "복병(wild cards)"을 만날까 봐 우려한다.) 이따금 새로운 개념적인 틀과 상상력이 필요한 새로운 상황이 발생하면, 그 상황을 설명하는 데 안성맞춤인 비유가 게임에서 발견된다. 상명하복 구조의 국가는 머리가 달린 신체나 토대가 떠받치는 건물로 묘사된다. 그러나 계약에 따른 상호의존적인 구조가 지배하는 국가의 의미를 이해하려면, 색다른 종류의 비유가 필요하다. 《체스 게임》이 처음에는 설교로, 그다음에는 필사본으로, 그리고 마침내 책으로 출판되어 대성공을 거두었다는 사실은, 비유가 얼마나 중요한 가치를 지니는지를 시사한다.

우리는 보통 체스를 가장 지능적인 게임으로 생각하지만, 체스가 명성을 얻은 가장 큰 이유는 비유의 힘일지도 모른다. 인류 역사상 그 어떤 게임도 체스만큼 다양한 비유를 만들어내지 못했다. 이에 대해 체스 역사학자 데이비드 셴크(David Shenk)는 다음과 같이 말한다.

"체스 용어로 왕은 상대방을 달래기도 하고[117] 위협하기도 했고, 철학자는 이야기를 풀어냈으며, 시인은 비유를 했고, 도덕군자는 설교를 했다. 체스의 기원은 운명이냐 자유의지냐를 두고 일었던 논란과 관련이 있다. 체스는 불화를 일으키기도 하고 또 해소하기도 했고, 연애를 진전시키기도 하고 방해하기도 했으며, 단테에서 나보코프에 이르기까지 문학의 토양을 비옥하게 했다."

체솔리스의 비유로 중세 유럽이 새로운 시민사회의 질서를 이해하게 되었듯이, 비유는 열린 사고를 촉진한다. 그러나 비유적인 사고는 생각을 제약하기도 한다. 비유에 들어맞지 않는 다른 가능성을 배제하게 만들기 때문이다. 따라서 비유는 때로는 생각을 터주는 동시에 제약하기도 한다. 20세기 중반에 체스는 인간의 두뇌가 기능하는 방식과 인간의 지능을 모방한 디지털 기기를 만들려는 컴퓨터 과학 분야 등에서, 지능 자체를 단순화해 생각하는 방식이 되었다.

체스를 통해 시작된 인공지능

인공지능을 탐색하게 된 계기는 체스 게임에 그 뿌리를 두고 있다.

"기계가 체스를 둘 수 있을까?"[118] 앨런 튜링은 1946년에 발표한 획기적인 논문에서 이 유명한 질문을 던졌다.

"체스를 엉망으로 두는 기계를 만들기는 쉬울지 모른다. 엉망으로 둔다고 한 이유는, 체스를 잘 두려면 지능이 있어야 하기 때문이다. … 그러나 이따금 큰 실수를 하더라도 지능 있는 기계를 만드는 게 가능하다는 징조가 보인다 … 우리는 경험을 통해 학습할 수 있는 기계를 바란다. 스스로 지시 사항을 변경할 수 있는 기계를 원한다."

튜링의 고찰을 기점으로 형성된 두 길은 나란히 20세기를 관통한다. 컴퓨터에게 체스 두는 법을 가르침으로써 컴퓨터에 지능을 구축하는 길과, 체스를 두는 인간을 연구함으로써 인간의 지능을 이해하는 길이었다. 이 두 길은 엄청난 돌파구로 이어진다. 클로드 셰넌(Claude Shannon, 정보이론의 아버지로 불리는 미국 수학자이자 전자공학자—옮긴이)과 존 폰 노이만(John von Neumann, 게임이론의 창시자로 손꼽히는 미국 수학자. 그는 모든 게임이 두 부류로 나뉜다고 설명했다. 하나는 체스처럼 숨기거나 속임수를 쓸 수 없는 이른바 '완전한 정보'를 바탕으로 하는 게임이다. 이런 게임에서는 운이 아니라 논리와 기술이 승패를 가른다. 한편 포커같이 '불완전한 정보'를 바탕으로 한 게임에서는, 어떤 수가 다른 수보다 더 나은지 미리 예측하기가 불가능하다—옮긴이) 같은 인물들이 사이버네틱스 (cybernetics, 생물과 기계를 망라하는 계(系)에서 제어와 소통 문제를 종합적으로 연구하는 학문—옮긴이)와 게임이론(game theory) 분야에서 이룬 초창기 업적에서부터 체스 그랜드마스터(grandmaster)를 쉽게 물리친 IBM의 딥블루(Deep Blue) 같은 기계에 이르기까지, 획기적인 진전을 거두었다.

인지과학 분야가[119] 체스 연구에서 얻은 정보만 해도 교과서 한 권은 채울 만한 분량이다. 이 정보는 우리가 인간이 지닌 여러 가지 능력, 문제 해결, 패턴 인식, 시각적인 기억, 그리고 매우 중요한 기술 한 가지를 이해하는 데 큰 도움이 되었다. 마지막에 열거한 매우 중요한 기술에 과학자들은 '덩이짓기(chunking)'라는 매우 어설픈 이름을 붙였다. 이 기술은 여러 아이디어들을 묶음으로 만들거나, 여러 사실들을 단일한 '덩어리(chunk)'로 뭉쳐 하나의 단위로 처리하거나 기억하도록 해준다. (체스 두는 사람이 익숙한 일련의 연속적인 수(move)를 알아보는 능력은, 덩이짓기 사고의 전형적인 사례다.) 체스가 인지과학에 미친 영향에 대해, 유전학 초창기 연구에서 중추적인 역할을 한 초파리와 드로소필라(Drosophila)에 비유하는 인지과학자들도 있다.

그러나 인지과학과 컴퓨터 과학이 등장하고 난 첫 50년 동안, 체스가 이 두 분야에서 두드러지게 활약하면서 지능 자체에 대한 왜곡된 시각이 생기기도 했다. 체스는 두뇌를 컴퓨터에 비유하는 표현을 정착시켰다. 자세히 살펴보면 해독 가능한 기본 규칙들이 지배하고 논리와 패턴 인식으로 작동하는 기계 말이다. 어찌 보면 이는 논리적인 오류다. '두뇌는 지능을 이용해 체스를 둔다. 따라서 컴퓨터가 체스 두는 법을 배울 수 있다면 컴퓨터는 지능이 있다' 라고 주장하는 셈이니 말이다.

그러나 인간의 지능은 체스 두는 능력만으로는 설명하기 어려운, 훨씬 더 복잡한 능력이다. 1997년 딥블루가 마침내 체스 챔피언 게리 카스파로프(Gary Kasparov)를 이기면서 컴퓨터 과학에 이정표를 세웠지만, 딥블루에게 체스 이외의 것은 물어봤자 헛수고다. 컴퓨터는 체솔리스의 체스 판에 있는 왕은 금방 잡을지 몰라도, 진짜 왕에 대해 뭔가 알고 싶다면 컴퓨터보다 체솔리스에게 묻는 편이 나을지도 모른다. (노엄 촘스키는, 딥블루의 승리는 불도저가

올림픽 역기 종목에서 우승한 것 못지않게 흥미롭다는 유명한 말을 했다.) 오늘날 지능 연구는 다각화되었다. 체스를 두는 데 필요한 기술은 지능의 아주 일부분에 지나지 않는다.

사회정신과 결합된 게임, 〈지주 게임〉

게임 보드를 도덕적인 설교의 발판으로 삼은 인물은 체슬리스뿐만이 아니다. 19세기 말까지만 해도 미국의 보드게임은 대부분, 그 게임을 하는 사람에게 윤리적이고 실용적인 교훈을 주기 위한 목적으로 만들어졌다. 1840년대에 인기를 모은 게임 〈행복이 가득한 집(Mansion of Happiness)〉은 게임의 규칙에 엄격한 청교도적 세계관을 심었다. 규칙 안내서에 수록된 많은 구절들은 한가로이 하는 놀이의 설명서라기보다는, 미국 뉴잉글랜드 지역 청교도 사회를 지배한 코튼 매더(Cotton Mather) 목사의 설교를 닮았다.

— 신앙심 깊고, 정직하고, 술을 멀리하고, 감사할 줄 알고, 분별력 있고, 진실하고, 정숙하고, 충직한 자는 누구든 행복이 가득한 집을 향해 숫자 여섯 개를 앞으로 옮길 권리가 있다. 열정에 휘둘리는 자는 누구든 물가로 끌고 간 다음 물에 흠뻑 적셔 식혀야 한다. 겁 없고, 잔인하고, 겸손하지 않고, 배은망덕한 자는 누구든 예전 상황으로 되돌아가 다시 차례가 올 때까지 기다려야 하며, 행복

을 나누기는커녕 행복을 생각하지도 말아야 한다.

1860년 밀턴 브래들리(Milton Bradley)는 오늘날 〈인생 게임(Game of Life)〉의 먼 조상 뻘인 〈파란만장 인생 게임(Checkered Game Of Life)〉이라는 보드게임을 출시해, 보드게임 산업을 일구었다. (두 게임 모두 주사위 대신 돌아가는 숫자판을 사용한다. 오랜 세월 동안 사람들은 주사위 게임 하면 도박을 연상했기 때문에, 브래들리가 자신의 게임을 차별화하기 위해 주사위 대신 도입한 장치가 숫자판이다.) 게임 역사학자 메리 필론(Mary Pilon)이 지적한 바와 같이, 브래들리가 만든 게임은 당대 다른 게임들보다 좀 더 음산했다.

"'방종'이라고 적힌 칸은[120] '가난'으로 이어졌고, '정부 계약'이라고 적힌 칸은 '부'로 이어졌으며, '도박'이라고 쓰인 칸은 '파멸'로 이어졌다. '자살'이라고 쓰인 네모 칸에는 나무에 목을 맨 사람의 그림이 그려 있었고, 인내, 학교, 야망, 나태, 고위 공직 등이 쓰인 칸들도 있다."

그런데 체솔리스의 업적을 이어받은 가장 흥미로운, 그러나 안타깝게도 간과되어온 인물은 리지 메기(Lizzie Magie)라는 여성이다. 그녀는 보드게임을 종교적인 가르침이 아니라, 사회적 정치적 혁명의 수단으로 삼았다. 1866년 일리노이 주에서 태어난 메기는 속기사, 시인, 언론인으로 활동하는 등 여성 참정권자의 기준에 비춰봐도 다채롭고 화려한 경력을 자랑했다. 그녀는 타자수들의 업무 효율을 향상시키는 장치를 발명해, 1893년 특허출원을 냈다. 또 부업으로 무대 배우도 했다. 오랫동안 그녀는 정치적 행위예술로 큰 명성을 얻은 인물로 알려져 있었다. 지역신문에 가짜 광고를 내 스스로를 '미국의 젊은 여성 노예'로 시장에 내놓았다. 남성과 여성의 극심한 임금격차에 항의하고, 상행위로 변질된 전통적인 결혼 관습을 조롱하기 위해서였다.

메기는 당시 영향력이 컸던 경제학자 헨리 조지(Henry George)의 열렬한 추종자였다. 그는 1879년에 출간된 베스트셀러 《진보와 빈곤(Progress and Poverty)》에서, 사유재산으로 보유하는 모든 토지에 '토지 가치세(land-value tax)'를 해마다 부과하자고 주장했다. 이 세제의 세율은 매우 높아서, 따로 소득이나 생산에 세금을 부과할 필요가 없었다. 당시 많은 진보 사상가나 사회운동가들은, 그가 제시한 단일 세제를 '지공주의(地公主義, Georgism, 모든 사람이 토지에 대해 동등한 권리를 지니고 있다는 주장-옮긴이)'라고 부르며 정치 공약과 선거 유세장 연설에 끼워 넣었다. 그러나 파격적인 세제 개혁안이 보드게임의 주제로 적합하다고 생각한 인물은 리지 메기뿐이었던 듯하다.

메기는 이 게임의 윤곽을 그리기 시작했고, 이는 〈지주 게임(Landlord's Game)〉이라는 이름으로 세상에 선보였다. 1904년, 그녀는 지공주의 성향의 간행물 〈토지와 자유(Land and Freedom)〉에 이 보드게임을 간략히 소개하는 글을 기고했다.

━ 실물화폐,[121] 권리증, 저당권, 지폐, 면허권 등이 이 게임에서 사용된다. 부동산이 매매되고 임대료가 수금된다. (은행이나 개인으로

부터) 대출을 받고 이자와 세금을 납부한다. 철도가 운영되고, 이용자들은 요금을 내야 기차를 탈 수 있다. 그러나 통행권이 있으면 요금을 내지 않아도 되는데, 통행권이란 말을 두 번 던지게 된다는 뜻이다. 이 게임에는 두 가지 독점 판매권이 있다. 물과 채광이다. 말을 던져서 이 둘 중 하나가 그려진 칸에 가장 먼저 넣는 사람이 독점 판매 권리를 갖고, 물과 채광을 이용하는 모든 이들에게 과세할 권한을 얻는다. 이 게임에는 사용이 금지된, 임대

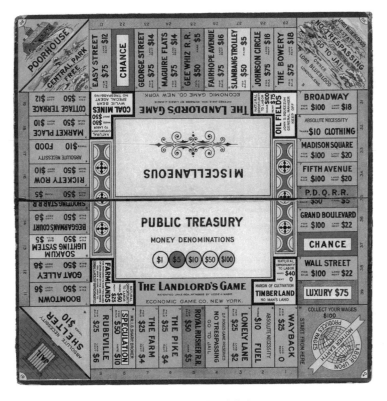

〈모노폴리〉의 전신인 〈지주 게임〉의 보드

도 매매도 금지된 토지가 두 종류 있고, 둘 다 다음과 같은 표지판이 걸려 있다. "출입 금지. 어기면 투옥됨."

메기가 만든 보드게임은 〈모노폴리(Monopoly)〉의 전신인 셈이다. 〈모노폴리〉는 오늘날 가장 많이 팔린 보드게임이 되었지만, 이 게임이 발명되는 데 메기가 한 역할은 역사적 기록에서 거의 완전히 누락되었다. 공교롭게도 자본주의 하에서 경쟁의 상징처럼 되어버린 이 게임은, 본래 고삐 풀린 시장경제를 비판하기 위해 만들어졌다.

　사실 메기는 이 보드게임을 서로 다른 두 가지 양식으로 만들려고 했다. 한 가지는 〈모노폴리〉처럼 누가 가장 많은 부동산과 현금을 따는지 경쟁하는 방식이고, 다른 하나는 부를 최대한 공평하게 나누는 게 목적인 방식이다. (후자의 방식으로 진행하도록 만들어진 보드 세트는 세월이 흐르면서 사라졌다. 사회주의자는 별 재미를 못 본다는 상투적인 문구가 사실이라고 증명하듯 말이다.) 어느 방식으로 게임을 하든지 게임의 취지는 분명했다. 어린이들에게 현대 자본주의가 어떻게 작동하는지, 그 장단점을 모두 가르치자는 취지였다. 〈지주 게임〉은 그 나름대로 〈행복이 가득한 집〉 못지않게 도덕적인 훈계가 목적이었다. "옹졸한 지주들은[122] 임대료를 내라고 하면서 희열을 느낀다"라며, 메기는 다음과 같이 덧붙였다.

━ 가장 빨리 부를 축적하고 권력을 얻는 방법은, 목이 좋은 지역에

서 토지를 최대한 많이 사들이고 보유하는 방법임을 터득하게 된다. 아이들을 대상으로, 남에게 선수 치는 법을 가르치는 게 위험하지 않느냐고 주장하는 사람들이 있다. 그러나 장담하건대, 우리 미국 꼬마 아이들만큼 공정한 사람들은 세상에 없다. 아이들이 게임하는 모습을 보면 얼마나 금방 깨우치는지 모른다. 누군가가 속임수를 쓰거나 다른 사람을 부당하게 이용하려 하면 바로 "불공평하잖아!"라고 외친다. 누구든 "네가 공정하게 하지 않으면 안 할 거야"라고 말하는 꼬마 숙녀를 본 적이 있으리라. 현재 우리나라의 토지제도가 얼마나 부당한지 우리 아이들이 분명히 깨닫는다면, 그리고 그 아이들이 정상적으로 성장한다면, 토지제도의 폐단은 사라지게 된다.

〈지주 게임〉은 크게 성공을 거두지는 못했지만, 세월이 흐르면서 이 게임에 열광하는 숨은 추종자들이 생겨났다. 개인이 직접 만든 보드와 정성 들여 필사한 게임 규칙 안내서가 여러 지역에서 지하 출판물처럼 유통되었다. 하버드, 컬럼비아, 와튼 스쿨 학생들이 밤 늦도록 이 보드게임을 했다. 작가 업튼 싱클레어(Upton Sinclair)는 델라웨어 주에 있는 아든(Arden)이라는 계획 공동체(1900년 조각가 프랭크 스티븐스와 건축가 윌 프라이스가 세운 급진적인 지공주의 공동체—옮긴이)에서 이 게임을 접했다. 뉴저지 주 애틀랜틱시티에 사는 퀘이커 교도들은 심심하면 이 게임을 즐겼다. 여러 지역을 거치면서 이 게임의 규칙과 용어도 진화했다. 각 부동산에 정가(定價)가 추가되었다. 와

튼 스쿨 학생들은 이 게임을 '모노폴리 게임'이라고 부르기 시작했다. 그리고 퀘이커교도들은 애틀랜틱시티에 있는 도로명을 게임 보드에 추가했고, 그 덕분에 볼틱(Baltic)에서 보드워크(Boardwalk)에 이르기까지 많은 도로명이 널리 알려지게 된다.

찰스 대로우(Charles Darrow)라는 지지리도 운 나쁜 세일즈맨이 처음 이 게임을 접한 곳은 애틀랜틱시티에 있는 퀘이커 교도 공동체였다. 그는 필라델피아에 있는 집을 떠나 출장 중에 친구들을 만났다. 대로우는 나중에 〈모노폴리〉게임을 발명한 주인공으로 불멸의 명성을 얻었지만, 실제로 그는 게임 역사에서 대단한 협잡꾼으로 꼽힌다.

대로우는 게임의 법칙을 크게 바꾸지 않았지만, 프랭클린 알렉산더(Franklin Alexander)라는 삽화가의 도움을 받아 게임 보드를 다시 만든다. 그리고 필라델피아에 있는 와나메이커스(Wannamaker's) 백화점과 장난감 제조 판매업체 FAO 슈워츠(FAO Schwarz)와 판매 계약을 맺었다. 머지않아 대로우는 장난감 제조업체 파커 브라더스(Parker Brothers)와 게임 판매 계약을 체결해 백만장자가 되었다. 파커 브라더스는 수십 년 동안, 이 게임의 규칙을 담은 안내서에 대로우가 창의력으로 자수성가한 이야기를 집어넣었다.

"1934년, 펜실베이니아 주 저먼타운 출신의 찰스 B. 대로우는 〈모노폴리〉라는 게임을 파커 브라더스 간부들에게 소개했다. 수많은 미국인들과 마찬가지로 대로우 씨도 당시 실업자였고 이 게임을 하면서 시간을 때우고 무료함을 달랬다. 대로우 씨는 이 게임이 자신에게 명성과 부를 안겨주리라 확신했고, 혼자서 이 게임을 만들어 냈다."

〈모노폴리〉라는 게임 자체와 그 기원에 대한 뒷이야기 모두, 리지 메기가 〈지주 게임〉을 만들 때 품었던 진보적인 취지에 정면으로 배치되었다. 탐욕으로 변질된 자본주의에 대한 교훈[123]이 기업가정신에 대한 찬양으로 뒤바뀌고, 여러 사람이 합심해 만들어낸 게임 규칙들이 천재 한 사람의 작품으로 재구성되었다.

게임은 협업이다

게임을 성공 신화로 포장하기 위해 종종 천재적인 발명가의 작품임을 내세운다. 그 이야기가 아무리 황당무계하다고 해도 말이다. 해마다 야구팬 수백만 명이 뉴욕 주에 있는 작은 마을 쿠퍼스타운 (Cooperstown)을 찾아 명예의 전당을 둘러본다. 애브너 더블데이 (Abner Doubleday)가 1839년 이 마을 목초지에서 처음 야구를 발명했다는 이야기가 전해 내려오기 때문이다. 어떤 것의 유래에 관한 이야기는 대부분 발명가의 역할을 과장하고, 복잡한 형성 과정을 천재 단 한 사람의 업적으로 만들어버린다. 그러나 더블데이 이야기는 더더욱, 거의 완전한 날조로 보인다.

더블데이는 남북전쟁 당시 유명한 전투가 벌어졌던 섬터 요새 (Fort Sumter)에서 첫 총탄을 발사한 존경받는 장군이다. 1907년, 당시 내셔널리그(National League) 회장 에이브러험 밀즈(Abraham Mills)가 이끄는 위원회는 더블데이를 야구 창시자라고 지목했다. 이 위원회는 야구의 유래를 밝혀내려는 목적으로 조직되었지만, 그 숨은 목적은 온 미국인이 사랑하는 야구 경기의 뿌리가 실제로 미국임을 증명하는 것이었다. (많은 이들이 야구 경기는 영국의 운동경기 라운더스(rounders)에서 비롯되었다고 믿었고, 아마 실제로도 그럴 가능성이 높다.) 밀즈가 소집한 위원회는 별다른 근거도 없이, 야구가 1839년 쿠퍼스타운에서 오로지 애브너 더블데이 한 사람의 머릿속에서 탄생했다고 발표했다. 이 야구 기원에 관한 신화는 이런 종류의 이야기에 알맞은 요소를 모두 갖추고 있다. 전쟁 영웅이 번뜩이는 영감을 떠올려 온 국민의 사랑을 받는 경기를 만들어냈다는 식이다.

그런데 한 가지 문제가 있었다. 더블데이는 야구와 전혀 관련 없어 보였다. 더블데이는 자신의 두툼한 서신 모음집에서 단 한 번도 야구를 언급하지 않았다. 설상가상으로 그는 1839년에 웨스트포인트에서 사관생도로 살고 있었고, 가족은 그보다 한 해 전에 쿠퍼스타운을 떠나 다른 곳으로 이사했다.

애브너 더블데이가 목초지에서 야구를 발명했다는 이야기 같은 발명 신화는 쉽게 허물어진다. 우리가 가장 아끼는 게임들은 예외 없이 국경을 초월해 여러 사람이 관여해 만들어진 결과물이기 때문이다. 예컨대 야구의 가계도에는 라운더스, 크리켓, 그리고 스툴볼(stoolball)이라는 경기가 얽혀 있어 혈통이 매우 복잡하다. 미국뿐만 아니라 영국, 아일랜드, 프랑스, 네덜란드 국민들도 야구가 진화하는 과정에서 일정 부분 어떤 역할을 했다. 진화 과정을 정확히 보여주는 가계도를 그리기는 거의 불가능하지만 말이다. 요즘 우리가 포커나 솔리테어(solitaire) 카드 게임에 사용하는 52장짜리 카드 한 벌은 대략 5백 년에 걸쳐 진화했고, 그 과정에서 이집트, 프랑스, 독일, 미국이 상당히 기여했다. 유럽에서 인기 종목인 축구는 그 뿌리가 고대 그리스로 거슬러 올라간다.

체스의 탄생에도 여러 나라가 관여했다. 체솔리스의 《체스게임》이 그토록 여러 나라 언어로 번역된 까닭은, 그 책에 담긴 내용이 당시 유럽 사회의 시대상과 맞아떨어졌기 때문이다. 체스가 널리 보급된 또 다른 이유는, 체스 도구 자체가 휴대하기 간편했기 때문이다. 체스는 체솔리스가 살았던 시대 무렵인 500년경에 등장했지만, 유럽, 중동, 아시아 전역에서 즐겼다. 오늘날 우리는 대히트한 영화가 전 세계 극장에서 상영되는 일을 당연히 여긴다. 그러나 탐험의 시대 전까지만 해도 서로 다른 문화들 간의 교류는 지리적 언어적 장벽 때문에 상당히 제한되었다. 체스는 진정한 의미에서 최초로, 전 세계가 공통으로 체험한 문화로 손꼽힌다. 중세 무렵 체스는 3개 대륙 10여 개가 넘는 나라에서 즐기게 된다. 체스가 진출한 지역의 총면적과 비교해보면, 기독교의 영향권에 놓인 지역은 왜소해 보였다.

체스가 세계적으로 확산된 방식이 본보기가 되어, 그 뒤로 수세기에 걸쳐 다른 게임들도 비슷한 방식으로 확산되었다. 우리는 게임을 지배 구조의 형태, 법전, 문학 소설만큼 진지하게 여기지 않을지 모르지만, 게임은 왠지 모르게 국경을 초월하는 탁월한 능력을 지녔다. 게임이라는 단어가 사전에 등재되기 전부터 이미 게임은 수세기 동안 전 세계에서 사람들이 즐겼다. 게다가 종교적 군사적 지배와는 달리 게임이 국경을 넘으면, 서로 다른 나라들 사이에 갈등을 조장하기보다는 유대를 강화한다. 유럽에서 유래한 축구는 지구상 거의 모든 나라에서 즐긴다. 게임이 세계적으로 확산되는 정도는 가상 게임에서 훨씬 두드러지게 나타난다.

대성공을 거둔 〈마인크래프트(Minecraft)〉라는 게임이 있다. 전 세계 사람들이 로그인해서 즐기는 거대한 온라인 세계다. 물론 〈마인크래프트〉의 경우 게임의 세계 자체가, 그리고 게임의 규칙이 이미 〈마인크래프트〉 팬들이 게임 모듈과 서버를 프로그래밍하고 호스팅하는 형태로, 다국적 커뮤니티가 만들어내는 세계다. 캐나다 학자 마셜 매클루언(Marshall McLuhan)은 전기 기술의 발달로 지리적 거리가 축소되는 시대를 예견하고 '지구촌(global village)'이라는 용어를 만들었다. 그러나 초등학생이 〈마인크래프트〉에서 전 세계에 흩어져 있는 다른 플레이어들의 도움을 받아 가상의 마을을 건설하는 모습을 보면, 지구촌이라는 용어가 비유가 아니라 현실로 와 닿기 시작한다.

대부분의 게임이 전 세계에 보급된 과정과 마찬가지로, 체스도 천재적인 게임 발명가 한 명의 머릿속에서 탄생하면서 시작된 게 아니다. 체스가 국경을 넘나들면서 새로운 문화권에 소개되면 이

게임을 새로 접하게 된 사람들이 게임의 규칙으로 다양한 시도를 해보았다.

"성경과 인터넷처럼[124] 체스도 널리 흩어져 있는 사람들이 오랜 세월에 걸쳐 다양한 시도를 해서 만든 결과다. 오랜 시간에 걸쳐 집단 지능이 이루어낸 업적이다."

솅크는 말한다. 차투랑가(chaturanga)라는 인도 게임에서 발전한 체스가 오늘날 체스다운 면모를 갖춘 형태로 등장한 시기와 장소는, 5세기 페르시아였다. 당시 〈차트랑(chatrang)〉이라고 불린 이 게임의 핵심 요소는 지금과 같았다. 체스판은 64개 네모 칸으로 나뉘고, 두 사람이 각각 16개의 말을 쥐고 겨룬다. 각 말이 상징하는 모양은 〈차트랑〉에서 가져왔다. 이를테면 오늘날 비숍(bishop)은 〈차트랑〉에서는 코끼리였다. 말을 옮기는 규칙도 오늘날 체스 규칙과는 달랐다. 코끼리는 오직 대각선으로 두 칸을 이동할 수 있었고, 퀸(당시에는 미니스터(minister)로 불렸다)은 킹 못지않게 운신의 폭이 좁았다. 킹의 체포가 임박했음을 알리는 관행은[125] 이때 만들어졌다. '체크메이트(checkmate)'라는 야릇한 용어는, 각각 왕과 패배를 뜻하는 페르시아어 '샤(shah)'와 '마트(mat)'에서 유래했다. 검은색 네모 칸과 흰색 네모 칸이 번갈아 그려진 체스 판은 유럽에 체스가 처음 등장한 시기, 그러니까 체솔리스가 설교 모음집을 내기 5백 년 전에 도입되었다. 곧이어 각 지역에서 나름의 규칙을 채택했다. 폰(pawn)은 시작할 때만 두 칸을 한꺼번에 이동할 수 있었다. 퀸은 15세기 말 무렵 체스판에서 가장 막강한 힘을 휘두르는 말이 되었는데, 이는 무적의 스페인 여왕 이사벨라에게서 영감을 받아 만들어진 규칙으로 알려져 있다. 이사벨라 여왕 본인도 열혈 체스 플레이어였다.

오늘날, 우리는 컴퓨터 운영체제 리눅스(linux)를, 전 세계에 흩어져 있는 수많은 사람들이, 어떤 공식적인 소속 기관이나 기존의 조직 체계 없이, 아이디어를 십시일반해 만들었다는 사실을 당연히 여긴다. 세계적인 협력을 통해 탄생한 이런 창작물은 1천 년 전에는 듣도 보도 못한 결과다. 교통망이 제한되어 있었으므로 발명과 생산은 주로 지역 차원에서 이루어졌다. 게임은(게임의 실물이 아니라 기본적인 게임의 규칙) 세계의 용광로에서 조리된 최초의 문화적 성찬으로 손꼽힌다. (어찌 보면 체스가 밟아온 진화 과정과 가장 가까운 사례는 이와 유사한 지리적 경로를 좇은 과학 부문이다. 과학도 체스와 마찬가지로 이슬람 황금시대에서부터 중세 수도원을 거쳐 유럽 계몽 시대에 이르기까지, 긴 여정의 중간중간에 작지만 중요한 첨삭이 이루어지면서 발전했다. 여기서도 얼핏 하찮아 보이는 관습이 미래에 어떤 일이 일어날지 알리는 전조였던 것으로 밝혀졌다.)

여러분이 체슬리스 시대에 살았던 야심만만한 미래학자로서 발명과 상업의 미래를 점칠 단서를 찾고 있다면, 어쩌면 전 세계에 흩어져 있는 수억 명의 사람들이 작성하고 수정하는 가상의 백과사전이 탄생할 미래를 점치려 한다면, 사람들이 재미로 하는 게임과 그 게임들의 규칙이 발전해온 과정을 가장 먼저 살펴보는 게 나을지도 모른다.

주사위, 우연의 요소가 개입된 게임

———

어떤 진화의 계보 안에도 전도유망한 새로운 형태를 만들어내지 못한 채, 성장을 멈추고 죽어버리는 가지가 있기 마련이다. 생물이 멸종하듯이 문화도 멸종한다. 오늘날까지 살아남은 체스와 같은 혁신도 있고, 도태되어 사라진 게임도 많다. 체스가 중세에 유럽으로 흘러들었을 때 이 게임을 처음 접한 사람들은, 게임 진행 속도가 너무 느리다고 생각했다. (퀸의 힘이 너무 제한적이어서 게임의 막판에 다다르기까지 너무 오래 걸렸다.) 따라서 게임 진행 속도를 높이기 위해 새로운 요소가 첨가되었는데, 오늘날 체스 플레이어들은 이에 대해 질색한다. 바로 주사위다. "게임 한 판 하는 데 시간이 너무 오래 걸려서, 지칠 대로 지친 플레이어들이 게임을 더 빨리 진행하기 위해 도입한 게 주사위다"라고 한 스페인 체스 플레이어가 1283년에 기록했다. 주사위는 어느 말이 움직일지 결정하는 역할을 했다. 이로써 체스는 짧은 기간 동안이긴 하나, 순전히 논리와 완전 정보에 기초한 게임에서 우연과 운이 작용하는 게임으로 변했다.

이유가 무엇이든(어쩌면 무작위성이 도입됨으로써, 체스를 매력적인 게임으로 만든 바로 그 특성을 훼손했기 때문에) 주사위 요소가 도입된 체스는 살아남지 못했다. 체스는 우연의 요소가 작용하는 게임으로는 오래가지 못했다. 그러나 우연의 요소가 작용하는 주사위 게임은 도박이나 지력이 덜 필요한 다른 소일거리들과 엮였는데도, 체스가 발휘한 영향력을 능가할 정도로 사회를 변모시키고 만다. 그리고 주사위 혁명의 중심에는 주사위를 제작하는 데 쓰는 재료 자체의 설계가 있었다.

1526년, 지롤라모 카르다노(Girolamo Cardano)라는 젊은 의학도가 베네치아에 있는 도박장에서 벌어진 카드놀이에서 지고 있었다. 엄청난 판돈을 잃게 된 카르다노는 카드에 미리 표시가 되고 게임이 조작되었다고 확신했다. 속임수에 화가 난[126] 이 스물다섯 살 청년 카르다노는 단검으로 상대방의 얼굴을 긋고, 자기가 잃은 돈을 움켜쥐고 베니스 거리로 뛰쳐나가 운하에 빠져버렸다. 이 사건은 카르다노가 어떤 인물인지 잘 보여준다. 그는 매우 흥미로운, 방탕하다고도 할 만한 삶을 살았다. 그는 "다혈질이고 외골수에[127], 여자에 약하고, 교활하고, 수단 좋고, 냉소적이고, 부지런하고, 뻔뻔스럽고, 침울하고, 의리 없고, 야비하고, 증오심에 가득 찼고, 음탕하고, 추잡하고, 거짓말 잘하고, 비굴했다…" (여기 나열된 비판적인 형용사들은 카르다노 본인의 입에서 나온 말이다. 그가 외설적인 자서전에 직접 이렇게 기록했다.) 젊은 시절 한동안 그의 주요 수입원은 카드와 주사위 도박이었다.

재능 있는 수학자이기도 했던 카르다노는, 60대 초반에 자신의 관심사들을 한데 엮어 《운이 작용하는 게임들에 관한 책》을 쓰기로 결심한다. 체솔리스의 책처럼 카르다노의 책도 게임 안내서이자 도박사를 꿈꾸는 이들을 위한 지침서이기도 했다. 또한 출판계에서 학식이 조금 덜 요구되는 분야를 창설해, 훗날 라스베이거스

지롤라모 카르다노

에서 대박 터뜨리는 비결을 알려주곤 하는 수많은 자기 계발서들을 일구는 데 이바지했다.

그러나 카르다노는 자신의 조언을 실제로 쓸모 있게 만들기 위해 할 일이 있었다. 카르다노의 뒤를 이은 인물들은 굳이 신경 쓰지 않은 일이다. 바로 수학에서 완전히 새로운 분야를 만들어내는 일이었다.

우연의 요소가 작용하는 게임은 인간이 만든 가장 오래된 문화유물이다. 이집트 파라오는 동물의 발목뼈로 만든 아스크라갈리(astragali)로 주사위 놀이 비슷한 게임을 했다. 오늘날의 백개먼(backgammon)과 비슷한 게임이 우르(Ur) 왕릉에서 발견되는데, 기원전 2천 6백 년으로 거슬러 올라간다. 그리스와 로마인들도 아스트라갈리에 심취했다. 오늘날 우리도 쉽게 알아볼 수 있는, 수천 년을 견뎌낸 이러한 정교한 게임 도구들을 보면, 우연과 무작위성을 향한 인간의 관심은 매우 뿌리 깊은 듯하다. 자연에 존재하는 기본 구조와 패턴을 인간이 아직 밝혀내지 못했던 과학 이전의 세상에서, 우연의 요소가 작용하는 게임은 어찌 보면 날마다 삶이 던지는 무작위성에 대해 예행 연습하는 셈이었다.

그러나 우연의 요소가 작용하는 게임이 낳은 임의적인 결과에도 패턴이 있다. 주사위 두 개를 굴려 각 주사위에 나오는 숫자는 무작위이지만, 두 숫자의 합은 훨씬 예측 가능하다. 합이 7일 확률이 8일 확률보다 약간 더 높고, 12일 확률보다는 훨씬 더 높다. 잘만 설명해주면 어린아이도 파악할 수 있을 만큼 단순한 개념이다.

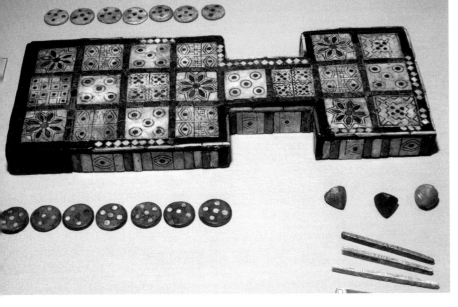

이라크 남부 지역에 있는 우르 왕릉에서 발견된 초기 형태의 백개먼으로,
기원전 2600년으로 거슬러 올라간다.

두 개의 주사위를 던져 숫자의 합이 7이 되는 경우의수가 8이나 12
보다 많으므로, 7이 나올 확률이 더 높다. 이처럼 간단한 개념인데
도 당시 누구도 이 생각을 떠올리지 못했다. 떠올렸다고 해도 적어
도 수학적으로 정확하게 기록으로 남길 생각을 한 사람은 없었다.
카르다노가 《운이 작용하는 게임들에 관한 책》을 쓰기 전까지는
말이다.

　카르다노는 주사위 게임을 분석하는 수학 등식을 개발했다. 이
를테면, 주사위를 한 번 던져서 발생할 가능성이 있는 두 사건 가

운데 하나의 확률을 계산하는 덧셈 공식을 알아냈다. (주사위를 던져서 3 아니면 짝수가 나올 확률을 알고 싶으면, 3이 나올 가능성 1/6과 짝수가 나올 가능성 1/2를 더하면 된다. 육면체인 주사위를 던지면 3이나 짝수가 나올 확률은 평균적으로 세 번 가운데 두 번이다.) 그는 또 주사위를 연속으로 던졌을 때 나올 결과를 예측하는 곱셈 확률도 제시했다. 6이 세 번 연달아 나올 확률은 1/6 × 1/6 × 1/6 = 1/216이다.

게임의 무작위성과 확률 이론의 등장

1564년에 쓴 카르다노의 책은 한 세기가 지나서야 출간된다. 1654년 그의 생각이 널리 확산되던 무렵, 블레즈 파스칼(Blaize Pascal)과 피에르 드 페르마(Pierre de Fermat)가 교환한 서신에서 매우 중요한, 획기적인 개념이 등장했기 때문이다. 이번에도 도박 중독자가 주인공이었다. 프랑스 귀족 앙투안 공보(Antoine Gombaud)다. 그는 파스칼에게 편지를 보내, 중단되어온 주사위 게임의 결과를 가장 잘 예측하는 방법에 대해 조언을 구했다. 파스칼과 페르마가 교환한 서신은 확률 이론의 기초가 되었고, 통계학이라는 현대 과학의 발판이 된다.

몇 년 지나지 않아 에드워드 핼리(Edward Halley, 혜성을 발견한 전설적인 인물—옮긴이)가 이 새로운 개념을 이용해 평균적인 영국인의 사망률을 계산했고, 네덜란드 과학자 크리스티안 호이겐스(Christiaan Huygens)와 로더베이크 호이겐스(Lodewijk Huygens) 형제는 '새로 잉태된 아이의 자연 수명'을 예측하는 작업에 착수했다. 로더베이크는 한발 더 나아가 당시 40살이던 크리스티안이 16년을 더 살 것이라고 예측했다. (크리스티안은 로더베이크의 예상을 깨고 그보다 10년 더 살았다고 한다.) 오늘날 우리가 기대 수명이라고 부르는 통계 수치를, 적어도 수학적으로는 최초로 고찰하기 시작한 주인공이다.

확률 이론은 오늘날 세상을 움직이게 하는 데 없어서는 안 될 화석연료 같은 존재다. 확률 이론 덕분에 오늘날 보험 산업이 등장했다. 개인이나 기업이 보험을 들 때 지불하게 될 보험료가 얼마나 될지, 어느 정도 예측력 있게 최초로 계산할 수 있었다. 자본시장(옳든 그르든)도 미래의 위험을 예측하는 정교한 통계 모델에 크게 의존한다. "오늘날 차기 선거에서 누가 이길지 예측하는 정치 평론가와[128] 여론 조사자들도 파스칼과 페르마가 개발한 수학 기법을 사용한다"라고 말하며 수학자 키스 데블린(Keith Devlin)은 다음과 같이 덧붙인다.

"현대 의학에서는 다양한 약품과 치료법의 효능과 위험 요소를 비교하기 위해, 미래를 예측하는 통계학적인 방법을 늘 사용한다."

오늘날 항공 분야가 놀라울 만큼 안전성이 뛰어난 이유는, 파스칼과 페르마가 분석한 주사위 게임에 힘입은 바 크다. 오늘날 항공기는 부품 하나하나의 오작동 확률을 최소한으로 줄인, 통계 수치의 집합체라 할 수 있다.

카르다노, 파스칼, 페르마의 업적을 생각해보면 문득 한 가지 의문이 떠오른다. 왜 그렇게 오래 걸렸을까? 카르다노 이전에도,[129] 도박사들은 틀림없이 어떤 특정한 결과는 다른 결과보다 나올 확률이 높다는 사실을 눈치챘을 텐데, 누구도 그 이유를 알아보려고 하지 않았고 알아낼 능력도 없었던 듯하다. 오늘날 우리를 당혹스럽게 만드는 그런 의문이다. 그리스인은 유클리드 기하학과 피타고라스 정리를 개발했다. 로마인이 완성한 놀라운 건축공학의 결과물은 오늘날까지 건재하다. 이들 가운데 많은 이들이 우연의 요소가 작용하는 게임을 즐겼다. 그런 게임 뒤에 숨은 논리를 알아내면 상당한 금전적 보상을 얻을 수 있었다. 그런데 고대에는 그 누구도 우연에서 확률로, 개념적인 도약을 하지 못했다. 무엇이 그들을 방해했을까?

이 수수께끼의 답은 주사위라는 물체 자체에 있는 듯하다. 이집트인과 그리스인이 선호한 아스트라갈리(그리고 무작위 결과를 만들어내는 다른 메커니즘들)는 균일하게 제조된 상품이 아니었다. 주사위마다 나름대로 독특한 점이 있었다.

"주사위는 둥글린 두 면이 있고[130] 나머지 네 면만 게임에 동원되었는데, 이 네 면이 다 달랐다. 그리스인은 어떤 결과가 다른 결과보다 나올 확률이 높다는 사실을 믿은 듯하지만, 이 믿음(어쩌면 미신)은 관찰에 근거한 믿음이 아니었고, 오늘날 우리가 계산할 경우 그리스인이 믿었던 것과는 다른 확률이 나올 수도 있었다."

우연의 요소가 작용하는 게임 뒤에 숨은 패턴을 밝혀내려면, 무작위적인 결과를 내는 물건의 무작위성이 담보되어야(즉 예측 가능해야) 했다. 그리스인 가운데 1보다 4가 더 나오기 쉬운 주사위로 게임을 한 사람도 있고, 2가 더 나오기 쉬운 주사위로 게임을 한 사람도 있었다. 게임 도구 자체가 예측 불가능한 성질이 있었기 때문에, 확률이라는 숨은 패턴을 식별하기란 더 어려웠다.

13세기 즈음 모든 게 변하기 시작했다. 주사위 제조업자들로 구성된 조합들이 유럽 전역에 등장하기 시작했다. 1290년과 1298년에 만들어진, 툴루즈(Toulouse)에 있는 주사위 제조업자 조합이 내세운 두 가지 규정집[131]을 보면, 이 직종에서 균일한 물건을 제조하는 일이 얼마나 중시되었는지 잘 드러난다. 가장 처음 제시된 규정은 "무게중심이 쏠리거나, 표시가 되거나 모서리를 베어낸 주사위" 제작을 금지해 협잡꾼들의 농간을 방지하고 있다. 규정집은 또한 균일한 상품이 갖추어야 할 조건들에도 큰 비중을 두고 있다. 모든 주사위는 여섯 면이 동일해야 하고, 각 면의 숫자도 정확히 같은 위치에 넣어야 했다. 카르다노가 주사위 도박에 빠져들 무렵 주사위 제조는 규격화된다.

이와 같이 균일한 품질 덕분에 단기적으로는 협잡꾼들의 농간을 막을 수 있었고, 장기적으로는 이전까지 주사위 제조업자 조합에서 볼 수 없던 아주 심오한 변화가 일어났다. 즉, 주사위 게임의 패턴이 드러나기 시작했고, 카르다노, 파스칼, 페르마는 확률에 대해 체계적으로 생각하기 시작했다. 공교롭게도 주사위를 보다 균일하게 제조하게 되면서, 호이겐스와 핼리 같은 인물들은 확률 이론이라는 새로운 도구를 이용해 인간 수명이라는 매우 불균일한 현상을 분석하게 된다. 주사위는 더는 단순한 놀이 도구가 아니었다. 이제 주사위는 모든 이의 예측을 뒤엎고 생각의 도구가 되었다.

게임의 도구, 공

게임의 바탕이 되는 논리를 파악하기는 어렵다. 고대에 유행했던 게임이 어떻게 하는 게임인지 우리는 알 도리가 없다. 규정집이 있었지만 유실되어 오늘날 전해 내려오지 않거나, 문자가 발명되기 전에 규정 자체가 변하다가 사멸되었기 때문이다. 그런데도 우리가 이러한 게임들을 알고 있는 까닭은, 게임 도구, 운동기구, 오래 전 역사 속으로 사라져버린 규정들을 수용하도록 만들어진 시설 등이 물리적인 실체로 존재하기 때문이다. 이러한 실물들의 형태를 통해 어떤 규정들이 있었는지 간접적으로나마 파악할 수 있다. 연체동물이 남긴 껍데기에서 그 자취를 알 수 있듯이 말이다.

라켓볼(Racquetball) 비슷한 경기를 하던 경기장이 오늘날 멕시코에서 발견되었다. 마야와 아스테카 문명보다 앞선, 거의 4천 년 전의 올멕(Olmec) 문명에서 건설된 경기장이다. 거의 같은 시기에 지구 반대편에서는 이집트 조각가가 오늘날의 크리켓과 비슷한, 구

온두라스에 있는, 마야인의 공 놀이터 유적

기 종목 경기를 하는 투트모스 3세의 모습을 새겼다. 이러한 실물들은(표준화된 툴루즈 산 주사위처럼), 게임이 인간의 지적 재능이나 체력을 시험하는 데 그치지 않고, 도구 제작자로서의 기술도 시험했다는 점을 분명히 보여준다.

도구는 하나같이 도구 제작자를 변화시킨다. 중세의 균일한 주사위 형태를 통해, 그 주사위를 만든 주인공이 확률에 대해 새로운 시각으로 바라보게 되었듯이 말이다. 인류가 오래전 발명한 기술 하나를 생각해보자. 공이다. 주머니쥐 털가죽이나 때로는 캥거루 음낭에 풀과 밀랍으로 속을 채운 공[132]으로 놀이를 한 오스트레일리아 원주민들이 존재했다고, 역사학자 존 폭스(John Fox)는 말한다. 캐나다 북극 지역에 거주하는 코퍼 이뉴잇(Copper Inuits)은 바다표범 가죽으로 만든 공으로 축구 비슷한 놀이를 한다. 올멕 문명 사람들은 공을 다른 종교적인 부적과 함께 매장하기까지 했다. 요즘 식으로 하면 프로 미식축구팀 그린 베이 패커스(Green Bay Packers)의 유니폼을 입혀 매장하는 셈이다. 공은 게임의 진화 역사에서 해파리 같은 존재다. 고생대 생물이면서도 오늘날 어디에나 서식하는 해파리 말이다. 올멕, 아스테카, 마야 문명 사람들 모두 바퀴를 발명하지는 못했지만, 이 세 문명사회의 문화에서 공은 중심적인 존재였다.

콜럼버스가 아메리카 대륙을 두 번째로 탐험하는 동안, 콜럼버스와 선원들은 히스파니올라(Hispaniola, 지금의 아이티-옮긴이) 부족이 올멕 문명의 게임에서 파생되었음직한 공놀이를 하는 광경을 목격한다. 15세기 말 유럽 사람들에게 운동경기는 새로울 게 없는 광경이었다. 그러나 이 게임에는 뭔가 사람을 사로잡는 신비로운 면이 있었다. 공이 물리적인 법칙을 거스르는 듯했다. 그로부터 수십 년 후 도미니쿠스 수도회의 한 수도사는 그 공의 움직임을 다음과 같이 묘사했다.

"아래위로, 앞뒤로 통통 튀는[133] 성질이 있다. 굴러가는 공을 따라잡기도 전에 사람이 지친다."

유럽에서 이미 흔하던 공과 마찬가지로, 히스파니올라 지역의 공도 던지기 쉽고 멀리까지 굴러갔다. 그러나 히스파니올라 공에

VÉRITABLE EXTRAIT DE VIANDE LIEBIG.

Le caoutchouc. 1. Christophe Colomb,
à son deuxième voyage, voit des indigènes
haïtiens jouer avec des balles de caoutchouc.

Voir l'explication au verso.

크리스토퍼 콜럼버스가 히스파니올라에서 공놀이하는 현지 주민들을 지켜보는 모습

는 또 다른 특징이 있었다. 그 공은 다시 튀어오르는 속성이 있었다. 그 공에는 탄성이 있었다.

콜럼버스와 선원들은 당시 본인들은 깨닫지 못했지만, 오늘날 우리가 고무라고 부르는 물질의 핵심 성분인 유기화합물 이소프렌(organic compound isoprene)이 지닌 독특한 성질을 목격한 최초의 유럽인이었다. 히스파니올라의 부족이 가지고 놀던 공은 카스티야 엘라스티카(Castilla elastica)라고 알려진 식물을 비롯해 여러 종류의 식물에서 추출한 흰 점액으로 만들었다. 천연 라텍스라고 할 수 있다.

게임 | 지주 게임

315

기원전 1500년경, 메조아메리카 원주민들은 이 점액을 공 모양으로 만드는 방법을 우연히 발견한다. 이렇게 만든 공은 탄력성이 뛰어나 경기용으로 안성맞춤이었다. (원주민들은 이 재료를 이용해 샌들, 갑옷, 비옷도 만들었다.) 고무공 놀이는 수천 년 동안 메조아메리카 문명에서 약방의 감초처럼 등장했고, 히스파니올라 같은 카리브 해 군도의 원주민뿐만 아니라 마야와 아스테카 문명 사람들도 즐겼다. 공놀이는 운동경기이자 종교의식이었기 때문에, 성직자가 관장하고 놀이의 신을 상징하는 우상이 등장했다. 경기에서 제물을 바치는 의식이 열릴 때도 있었다고 믿는 학자들도 있다.

히스파니올라 원주민들의 경기 모습을 본 콜럼버스와 선원들은 공의 탄력성에 매료된 나머지, 공 하나를 세비야(Seville)까지 가져갔다고도 전해지지만 뒷받침할 증거는 희박하다. 그러나 1528년 크리스토프 바이디츠(Christoph Weiditz)가 그린 그림은 유럽인들이 고무공의 존재를 알았다는 사실을 보여주는 최초의 증거다. 신세계를 탐험한 첫 항해에서 돌아올 때 에르난도 코르테스는, 울라말리츨리(ullamaliztli)로 알려진 운동경기를 능숙하게 하는 아스테카 선수 두 명을 데리고 귀환한다. 울라말리츨리는 아스테카 언어로 공놀이와 고무를 합성한 단어다. 이 운동경기에는 공을 골반이나 엉덩이로 튕기는 동작이 있었지만, 손과 막대기를 이용할 수도 있었다. 코르테스가 데려온 선수들은 카를로스 1세(신성로마제국의 황제로서는 카를 5세로 불린다)의 궁정에서 시범 경기를 해 보였다. 바이디츠는 바로 이 모습을 그렸는데, 그림에서 허리에 두르는 로인클로스(loincloth)와 엉덩이를 덮는 가죽 띠 외에는 거의 벗은 모습이다.

아스테카 선수들은 사실상 코르테스가 납치해온 셈이다. 따라서 스페인 궁정에 그들이 등장했다는 사실을 가볍게 여겨서는 안 되지만, 그들은 카를로스 왕 앞에서 경기를 해 보임으로써 현대에는 보편화된 어떤 관행의 시작을 알렸다. 선수들이 세계 여러 지역을 돌아다니며 고무공 하나로 자신이 얼마나 민첩한지 과시하는 관행 말이다.

재료과학으로 이어진 고무공

———

그러나 울라말리츨리 선수들이 남긴 가장 중요한 유산은 운동경기와 관련이 없다. 진정으로 혁신적인 유산은 고무 그 자체였다. 유럽인은 메조아메리카산 공의 놀라운 움직임을 목격한 덕분에, 이 아리송한 신소재를 눈여겨보게 된다. 고무공이 최초로 유럽으로 건너온 후 수십 년이 지나, 스페인의 궁정 역사학자 페드로 마리티르 당글레리아(Pedro Mártir d'Angleria)는 다음과 같이 기록했다.

"이해가 안 간다.[134] 어떻게 공이 땅을 치고 나서 저리 높이 공중으로 튀어오를 수 있지?"

17세기의 위대한 역사학자 안토니오 데 에레라 이 토르데시야스(Antonio de Herrera y Tordesillas)는 메조아메리카산 '수액 공(gum ball)'을 다음과 같이 장황하게 묘사했다.

"기후가 뜨거운 나라에서 자라는 나무의 수액으로 만들었는데, 그 나무에 구멍을 뚫으면 흰 액체가 뚝뚝 떨어지고, 그 액체를 틀에 넣으면 금세 굳으면서 송진처럼 새까맣게 변한다."

18세기 과학자들은 이 재료로 본격적인 실험을 하기 시작했다. 영국 화학자 조지프 프리스틀리(Joseph Priestley)는 이 재료가 연필 자국을 지우는 데('문질러 없애는 데(rubbing out)') 안성맞춤이라는 사실을 알아냈고, 이에 착안해 '고무(rubber)'라는 단어를 만들어냈다고 전해진다. (한편, 콘돔은 프리스틀리와 아무 관련이 없다.) 오늘날 고무 산업은 방대하다. 우리는 고무창을 댄 신발을 신고, 합성 고무로 만든 껌을 씹고, 고무바퀴를 단 자동차를 운전하고 비행기를 탄다. 고무의 위상이 높아지면서 고무의 역사도 인간과 천연자원의 착취로 얼룩졌다. 존 털리(John Tully)는 고무의 사회적 역사를 다룬《악마의 우유(The Devil's Milk)》에서 다음과 같이 기록한다.

"고무 수요가[135] 증가하면서 인간은 세계 전역에 있는 열대우림 지역을 깎아내 거대한 농장으로 둔갑시켰다. 부두와 발전소가 들어서고, 수도 공급망과 더불어 도로와 철도가 깔렸다. 그 과정에서 수많은 인구가 강제 이주당해 노동력을 제공했고, 싱가포르와 말레이시아를 비롯해 여러 나라의 인종 구성 비율이 완전히 바뀌었다. 고무 수요는 벨기에 식민지 콩고와 페루의 푸투마요 강 깊숙이 있는 강둑에서처럼, 만행으로 이어졌다."

이소프렌의 독특한 화학구조 덕분에 엄청난 부가 창출되었다. 거대 산업의 역사에서 가장 유명한 인물들은 고무 상품을 제조, 판매하면서 사업가로서 경력을 쌓기 시작했다. 파이어스톤(Firestone), 피렐리(Pirelli), 미슐랭(Michelin)이 모두 그런 인물이다. 콜럼버스는 황금을 발견하지 못하고 망연자실한 채 세비야로 돌아왔다. 그는 자신이 우연히 발견한 재료가 훗날 금 못지않은 가치를 지니고, 금보다 훨씬 더 다양하게 쓰이리라고는 꿈에도 생각지 못했으리라.

오늘날 고무라는 혁신적인 물질의 역사는 곧 19세기에 고전하던 사업가 찰스 굿이어(Charles Goodyear)의 이야기다. 그는 산업용 고무의 내구성을 높이는 가황(加黃, 고무의 내구성과 탄성을 높이기 위해 황을 섞어 가열하는 방식—옮긴이)이라는 기법을 알아냈다. 이 기법으로 굿이어는 산업계의 거물이 된다. 그러나 굿이어보다 수천 년 전 이미 메조아메리카 원주민들이[136] 가황 기법을 개발했다. 굿이어가 고무 역사에서 부각되는 이유는, 혁신의 역사에서 유럽과 미국인들의 활약이 편파적으로 강조되기 때문이기도 하다. 그러나 분명히 드러나지 않는 또 다른 편견도 작용한다고 본다. 중요한 혁신은 기업가다운 열정이 가득한 굿이어 같은 기업의 심층적인 연구 개발을 통해서만 탄생한다는 편견 말이다.

그러나 굿이어보다 훨씬 더 오래전, 메조아메리카 원주민들이 이미 혁신을 이루어냈다. 굿이어처럼 사업적인 야망에서가 아니라 정반대로 놀이와 유희라는 목적에서. 올멕 문명이 탄생시킨 고무공을 보면, 게임은 새로운 은유적 표현을 만들어내거나 새로운 사회구조를 상상하게 만드는 데서 그치지 않는다. 재료과학을 발전시키는 원동력이 되기도 한다. 이따금 새로운 산업을 일으키겠다는 야심을 품고 실현하는 과정에서 엄청난 부를 축적하는 영웅적인 인물들이 세상을 바꾼다. 그러나 통통 튀는 공을 잡으려고 애쓰던 평범한 사람들이 세상을 바꿀 때도 있다.

컴퓨터 낭인들이 만든 〈우주전쟁!〉

────────

1961년 가을, 매사추세츠공과대학(MIT) 대학원생 세 명이 케임브리지 힝햄 스트리트(Hingham Street)에 있는 "겨우 사람이 살 수 있을 만한 거처"에 함께 기거하게 된다. (그들은 자신들의 숙소를 농담 삼아 "힝햄 연구소(Hingham Institute)"라고 불렀다.) 그들은 공상과학소설의 열혈독자였고, 신진 수학자이자 증기기관차 애호가였다. 그들은 보스턴 시에 있는 허름한 극장에서 저예산 일본 괴물 영화 관람을 즐기기도 했지만, 컴퓨터와 컴퓨터의 잠재 능력을 연구하는 데 대부분의 시간을 할애했다. 오늘날 우리는 그들을 해커(hacker)라고 부른다. 그러나 그때는 그런 부류를 일컫는 명칭이 딱히 없었다.

당시 가장 매혹적인 첨단 디지털 기술은 디지털 이퀴프먼트 코퍼레이션(Digital Equipment Corporation)이라는 회사가 새로 출시한 기계였다. PDP-1이라는 기계로, 당시 최초로 출시된 미니컴퓨터였다. 그러나 오늘날 기준으로 보면 '미니'라는 단어가 무색하다. 크기가 옷장 만 했기 때문이다. 힝햄 연구소 연구원들이 PDP-1에 매료된 이유는, 타입 30 프리시전 CRT(Type 30 Precision CRT)라는 주변기기 때문이다. 원형 흑백 화면이었다. 1961년 컬러 TV의 혁명이 다가온다며 법석이 일던 시기에 살던 평범한 미국인이 볼 때, 타입 30은 구닥다리처럼 보였을지 모른다. 그러나 힝햄 연구소 연구원들은 타입 30 화면에 나타난 거칠고 해상도 낮은 영상을 보며, 컬러보다 훨씬 더 파격적인 변화가 다가올 것임을 감지한다.

타입 30의 화소(pixel)는 허접한 흑백이었을지 몰라도 소프트웨어로 제어가 가능했다. 결정적인 특성이었다. 컴퓨팅의 짧은 역사를 통틀어 인간과 기계의 소통은 종이, 펀치카드, 인쇄물이라는 매개체를 통해 이루어졌다. 사람이 뭔가를 입력한 후 기계가 반응을 보이기를 기다렸다. 그러나 화면에 일렉트론(electron)이 깜박거리는 CRT의 경우, 소통 방법이 근본적으로 달랐다. 실시간 소통이 가능했던 것이다.

당시는 마이클 델(Michael Dell)이 디지털 컴퓨터 적시(just-in-time)생산방식을 생각해냈을 때보다 30여 년도 훨씬 전이었다. PDP-1를 주문한다는 건 요트 건조를 주문하는 일과 같았다. 인터넷에서 클릭 한 번으로 새 기기를 주문한다는 것 또한 꿈같은 얘기였다. MIT가 공학 실험실에 PDP-1과 타입 30을 설치할 예정이라고 발표했을 때, 힝햄 연구소 연구원들에게는 그 대용량 기계로 무엇을 하면 좋을지 생각할 만한 시간 여유가 석 달 있었다. 그들은 신생 학문 분야를 전공하는 얼리 어댑터(early adopter)로, 몸 담은 분야의 존재 이유를 정당화하는 동시에 그 분야에서 진전을 이루어야 하는 이중 부담을 안고 있었다. 따라서 그들은 컴퓨터 과학을 발전시키는 동시에, 해당 분야의 문외한들을 감탄하게 만들 애플리케이션을 고민하기 시작했다. 그들은 다음과 같은 세 가지 원칙을 세웠다.

1. 컴퓨터가 지닌 능력을 최대한 과시하고 그 재능을 한계에 다다를 때까지 밀어붙여야 한다.[137]
2. 일관성 있는 체제를 유지하되 흥미로워야 한다. 즉, 매번 실행할 때마다 결과가 달라야 한다.
3. 보는 사람이 즐거워야 하고 참여 가능해야 한다. 간단히 말해, 게임이어야 한다.

우주에서의 추격 장면 시퀀스가 등장하는 에드워드 E. 스미스(Edward E. Smith)의 3류 공상과학소설에서 영감을 얻은 힝햄 연구원들은, 우주 전쟁 게임을 만들어 PDP-1에 최초로 장착하기로 한다. 게임의 이름은 '우주전쟁!(Spacewar!)'이라고 지었다.

〈우주전쟁!〉의 규칙은 간단했다. 두 사람이 하는 게임이고, 각 플레이어는 화면에서 중구난방으로 움직이는 우주선을 조종하고 상대방에게 어뢰를 발사했다. 이 게임의 초기 형태를 보면 1970년대 오락실에서 유행했던 〈애스터로이즈(Asteroids)〉와 매우 비슷하다. 이 〈애스터로이즈〉는 바로 〈우주전쟁!〉의 영향을 강하게 받은 게임이다. 물론 그래픽은 요즘 기준에서 보면 형편없었다. 영화 〈스타워즈(Star Wars)〉의 한 장면이라기보다 흐릿한 세미콜론(semicolon) 한 쌍이 토닥거리는 모습처럼 보였다.

그러나 화면에 나타나는 이 물체들을 조종하는 경험은 뭔가에 홀린 듯한 느낌을 주었고, 〈우주전쟁!〉은 입소문을 타고 MIT 담벼락을 넘었다. 당시 아직 소규모였으나 점점 확대되고 있던, 컴퓨터 과학자들의 하부 문화에까지 흘러들어갔다. 디지털 기술의 선구자 앨런 케이(Alan Key)가 말했듯, 〈우주전쟁!〉 게임은[138] 컴퓨터에 연결된 그래픽스 화면이 있는 곳이라면 어디에든 등장했다."

PDP-1 30 화면상에서 〈우주전쟁!〉 게임을 게임을 하는 댄 에드워즈와 피터 샘슨

1천 년 전 체스가 여러 대륙으로 건너가 확산되면서 새로운 규칙이 등장했듯이, 〈우주전쟁!〉도 컴퓨터 연구실에서 연구실로 퍼져나가면서 새로운 기능이 추가되었다. 게임에 중력도 도입된다. (조이스틱이 등장할 미래를 예견하듯이) 특별히 설계된 조종간이 만들어졌다. 우주선이 순간적으로 시야에서 사라지는 초공간(hyperspace) 옵션이 관례가 되었다. 새로운 그래픽(대부분 폭발 효과에 집중되었다)은 게임을 훨씬 더 생생하게 만들었다. 피터 샘슨(Peter Samson)이라는 MIT 프로그래머가 프로그램('고가 천문관(Expensive Planetarium)' 이라는 프로그램이었다)을 개발했는데, 정확하게 묘사한 밤하늘로 〈우주전쟁!〉 화면을 가득 채웠다. 힝햄 원조 멤버인 J. 마틴 그레츠(J. Martin Graetz)는 다음과 같이 말한다.

"샘슨은 《미국 천체력과 항해력(American Ephemeris and Nautical Almanac)》[139]에서 얻은 데이터로, 북위 22.5도와 남위 22.5도 사이의 밤하늘 전체를 (5등성 이상까지) 인코딩해 우리에게 익숙한 별자리 대부분을 포함시켰다… 각 표시점(display point, 지도 제작 형상의 제로 차원 형태―옮긴이)을 적당한 횟수만큼 발사함으로써, 그는 별들을 실제 밤하늘 별들의 상대적인 밝기에 가깝게 화면에 표현했다."

천문관은 실제 세계의 모형을 컴퓨터 그래픽스 프로그램으로 만든 첫 사례로 손꼽힌다. 컴퓨터 화면으로 가족사진을 보거나 휴대전화로 구글 맵스(Google Maps) 위성 이미지에 입혀진 방향 지시 정보를 따라갈 때, 우리는 샘슨이 만든, 명멸하는 천문관의 후손과 소통하는 셈이다.

게임 산업과 놀이하는 컴퓨터의 탄생

———

물론 〈우주전쟁!〉의 계보는 궁극적으로 오늘날 비디오게임 산업으로 진화했고, 이 산업은 연간 1천억 달러 이상의 매출을 올리고 있다. 굉장한 발전이지만 놀랍지는 않다. 비디오게임은 결국 어떻게든 시작되었을 테니까 말이다. 그러나 〈우주전쟁!〉의 영향은 〈플레이스테이션〉과 〈동키콩(Donkey Kong)〉과 〈심시티(SimCity)〉를 너머, 훨씬 멀리까지 미친다. 〈고가 천문관〉으로 화면상의 데이터와 실제 세계 사이의 관계에서 심오한 변화가 일어났듯이, 〈우주전쟁!〉 자체도 컴퓨팅에서 수많은 중요한 진전이 이루어질 계기를 마련했다.

세계 각지에 흩어져 있는 다양한 기관에 근무하는 수많은 프로그래머들이 —각자 새로운 기능을 추가하고 바이러스 감염을 치료하고 그래픽스 루틴(routine, 컴퓨터 프로그램의 일부분으로 특정한 기능을 수행하도록 마련된 일련의 명령-옮긴이)을 최적화하는 등— 소프트웨어 애플리케이션을 공동으로 개발한다는 아이디어는, 힝햄 연구소가 처음 우주 어뢰를 꿈꾸기 시작했을 당시에는 듣도 보도 못한 일이었다. 그러나 그러한 개발 과정을 통해 결국은 인터넷이나 웹 또는 리눅스 같은 중요한 플랫폼이 만들어졌다. 〈우주전쟁!〉은 사용자가 컴퓨터와 시각적으로 실시간 소통하고, 화면상의 아이콘이 우리의 신체적인 몸짓과 일치해 움직인 최초의 프로그램으로 꼽힌다. 마우스나 요즘 쓰는 트랙패드(trackpad, 손가락, 펜으로 입력하거나 정전기를 감지해 커서를 움직이는 장치―옮긴이)로 아이콘을 클릭하는 사람이라면 누구든, 50여 전 〈우주전쟁!〉이 최초로 규정한 패러다임 안에서 움직이는 셈이다.

그러나 〈우주전쟁!〉이 촉발한 가장 근본적인 혁명은 다음과 같다. 이 게임을 통해 육중하고 다루기 힘들고 복잡한 기계 또한 유희라는 목적을 추구하는 데 이용할 수 있다고 생각하게 된 것이다. 〈우주전쟁!〉이 등장하기 전까지만 해도, 컴퓨터에 가장 열광하는 신봉자들조차 컴퓨터는 인구조사 자료를 표로 만들고 로켓의 궤도를 계산하는 등 진지한 작업에 쓰는 물건이라고 생각했다. 컴퓨팅 역사 초기에 등장한 선각자들 ―튜링에서 폰 노이만, 배니바 부시(Vannevar Bush, 미국 공학자, 발명가, 과학 행정가로서 2차대전 당시 전시 군사 연구개발을 주도한 미국 과학연구개발국을 이끌었다. 아날로그 컴퓨터의 혁신에도 기여했고 1945년에 발표한 논문 〈우리가 생각하는 대로(As we may think)〉에서 하이퍼텍스트와 컴퓨터 네트워크의 출현을 내다보았다―옮긴이)에 이르기까지― 은 놀라운 업적을 남긴 뛰어난 인물들이지만, 그들 가운데 그 누구도 상상조차 하지 못했다. 백만 달러를 호가하는 그 기계가 순전히 재미로, 상대방의 우주선을 가상의 어뢰로 폭파시키는 데 유용하게 쓰이리라고는 말이다.

컴퓨터가 얼마나 똑똑해질 수 있는지 확인하기 위해 체스 두는 법을 가르칠 수는 있다. 그러나 순전히 게임을 하기 위해, 게임하는 컴퓨터를 프로그래밍한다니 엄청난 재원 낭비 같았다. 마치 교향악단을 고용해 〈젓가락 행진곡〉이나 연주하라고 시키는 격이다.

그러나 〈우주전쟁!〉 개발자들은 컴퓨터가 보다 감성적인 느낌을 주는, 색다른 미래를 내다보았다. 다시 말해 그들은 〈우주전쟁!〉을 개발하면서 미래를 보다 분명히 내다본 것이다.

1972년, 〈지구상에 존재하는 모든 것의 목록(The Whole Earth Catalog)〉(스튜어트 브랜드가 출판한 잡지로, 여러 다양한 분야에 대한 정보가 들어 있고 잡지에 소개된 물건들은 모두 주문해 구매할 수 있었다—옮긴이)을 간행하는 사이 잠시 짬이 난 스튜어트 브랜드(Stewart Brand)는, 스탠퍼드 대학의 인공지능 연구소에서 "최초의 은하계 〈우주전쟁!〉 올림픽"을 목격했다. 그는 그때의 체험을 글로 써서 〈롤링스톤〉에 기고한다. 제목은 〈우주전쟁: 컴퓨터 낭인들의 정신없이 바쁜 일상과 상징적인 죽음〉이었다. 해커 집단의 풍조와 그들의 저항 문화(counterculture)를 최초로 다룬 에세이로 꼽히는 이 글은, 기술 분야에서 매우 중요한 기록물이다. 〈우주전쟁!〉을 통해 브랜드는 "미래에 컴퓨터 과학이 어떻게 발전하고 컴퓨터가 어떻게 이용될지를 분명히" 내다보았다. 자신이 꿈꾸는 공상과학의 환상을 실현하고자 이리저리 규칙을 고치며 소일하는, 덥수룩하게 수염을 기른 컴퓨터 '낭인' 들은 단순한 또라이들이 아니었다. 그들은 20년 후 주류 사회가 어떤 모습일지 엿보게 해주었다. 브랜드는 이 기고문을 다음과 같은 유명한 구절로 시작했다.

"준비가 됐든 안 됐든, 누구나 컴퓨터를 쓰는 시대가 다가오고 있다."

브랜드는 〈우주전쟁!〉의 장난스럽고 재미있는 특성을 통해, 얼핏 근엄해 보이는 이 기계가 결국 잘 길들여져 일상생활의 영역으로 들어오리라고 예견했다. 브랜드의 글이 출간된 직후 샌프란시스코 지역 출신인 또 다른 젊은 히피는, 신생 게임회사 아타리(Atari, 〈우주전쟁!〉을 상업화해 시장에 내놓기 위해 설립된 회사—옮긴이)에 근무하게 되었고, 곧 오로지 개인용 컴퓨터 제조에 집중하는 회사를 세웠다. 그 이름은, 짐작했겠지만, 바로 스티브 잡스다.

〈롤링스톤〉에 기고한 글에서 브랜드는 연구의 형태를 '저지대(low-rent)'와 '고지대(high-rent)'로 구분해야 한다는 중요한 말을 한다. 고지대 형태의 연구는 공식적인 연구다. 기업이나 정부의 재정 지원을 받아 훌륭한 시설을 갖춘 연구 개발 부서를 마련하고, 실적을 관리 감독하는 상관이 있고, 좋은 아이디어를 선별해 생산 라인에 투입하는 식의 연구다.

그러나 게임의 세계는 연구 형태로 치면 저지대다. 일과가 끝난 후, 눈에 띄지 않는 귀퉁이에서, 밑에서부터 새로운 아이디어가 표면으로 솟아오른다. 사람들은 순전히 재미로 실험을 하고 실험 내용을 공유한다. 지적 재산권 때문에 제약을 받는 기업들과는 다르다. 실험 결과를 공유하는 과정에서 다른 사람들이 새로운 아이디어를 개선한다. 머지않아 '은하계 간의 전쟁'이라는 유치한 게임은 디지털 혁명의 씨앗이 되고, 주사위 놀이는 확률 이론의 토대를 마련하고, 보드게임은 사회를 조직화하는 새로운 모델을 제시한다. 허름한 뒷골목에서 탄생한 아이디어가 진화해 품격 있는 부촌으로 변신한다.

도박과 확률이 낮은 헤지펀드

1961년 늦여름 어느 날, 미국 동부 매사추세츠 주 케임브리지에서 힝햄 연구소가 탄생할 무렵, 반대편인 서부 라스베이거스에서는 한 여성이 사람들로 북적이는 카지노의 룰렛(roulette) 테이블에 앉아 도박을 하고 있었다. 그녀의 옆에서는 말끔히 차려입은 서른 살 남성이 테이블 위에 칩(chip)을 놓도록 표시한 영역에 칩을 밀어 넣고 있다. 그런데 행태가 조금 미심쩍었다. 이 남성은 딜러가 공을 던진 후 몇 초가 지날 때까지는 절대로 칩을 걸지 않았다. 여러 차례 전혀 칩을 걸지 않고 다음에 룰렛 휠(wheel)이 돌아갈 때까지, 테이블 주변에서 꾹 참고 기다렸다. 테이블 위에 칩이 점점 더 높이 쌓여가고 있었다. 그의 독특한 전략이 먹혀 들어가고 있다는 뜻이었다. 그 여성은 자기 옆에 앉아 있는 이 낯선 남성을 흘끔 훔쳐보기도 했다. 갑자기 그녀의 얼굴에 놀란 표정이 스쳤다. 그 남자의 귀에서 줄에 달린 뭔가가, 마치 '외계에서 온 곤충'의 더듬이처럼 삐져나와 있다는 걸 눈치챘기 때문이다. 잠시 후 그는 사라졌다.

룰렛 테이블에 있었던 누군지 모를 그 남성은 보기와는 달리 범죄자도 조직폭력배도 아니었다. 엄밀히 말해 게임에서 속임수를 쓰지도 않았다. 비록 훗날, 카지노가 그의 비밀 기법을 도박장에서 쓰지 못하도록 금지하긴 했지만 말이다.

그는 MIT 컴퓨터 과학자 에드워드 소프(Edward Thorp)였다. 그는 은행을 털려는 게 아니라 새로운 장비를 시험하려고 라스베이거스에 왔다. 그 장비는 최초로 몸에 착용 가능한(wearable) 컴퓨터였다. 룰렛 테이블에는 소프의 공범자가 있었다. 그는 파트너를 모르는 척하고 눈에 띄지 않는 한쪽 구석에 서 있었다. 평범한 카지노 고객은 그를 알아보지 못했겠지만, 사실 그는 2차대전 후의 시대가 낳은 가장 중요한 인물 가운데 하나로 손꼽히는 사람이었다. 정보이론의 아버지이자 디지털 컴퓨터 발명에 참여한 핵심 인물, 바로 클로드 섀넌(Claude Shannon)이다.

소프는 1955년 UCLA에서 물리학을 전공하는 대학원생일 때부터, 룰렛 게임에서 이기는 방법을 생각해왔다. 전략이 결과에 큰 영향을 미칠 수 있는 블랙잭이나 포커 같은 카드 게임과는 달리, 룰렛은 순전히 운이 작용하는 게임이었다. 돌아가는 룰렛 휠 위의 특정한 숫자에서 공이 멈출 확률은 모든 숫자마다 똑같았다. 룰렛을 돌리는 장치가 약간만 기울어도 특정 숫자가 나올 확률이 달라질 수 있었다. (영화 〈카사블랑카(Casablanca)〉에서 주인공으로 등장하는 배우 험프리 보가트(Humphrey Bogart)가 운영하는 카지노에서는 특정 숫자가 나오도록 조작한 룰렛 휠이 등장한다.) 그러나 오늘날 카지노에서는 완벽하게 무작위로 결과가 나오도록, 룰렛 휠이 제대로 작동하는지 철저히 점검한다. 당시 카지노들은 카르다노의 주사위 분석을 바탕으로 한 확률 등식을 이용해 아주 작으나마 예측 가능한, 카지노가 고객을 이길 확률을 산출할 수 있었다. 소프는 물리학 지식이 있었기 때문에, 룰렛 휠의 완벽한 공정성이 도박꾼에게는 기회라고 가정할 수 있었다. 훗날 소프는 다음과 같이 회상했다.

전자 마우스로 실험을 하는 클로드 섀넌

"기계공학적으로 제대로 제작되고[140] 잘 관리된 룰렛 휠 위를 굴러가는 공이, 문득 정확히 예측 가능한 궤도를 따라 위풍당당하게 돌아가는 위성처럼 보였다. 물론 천체의 경우라면 최초의 위치, 방향, 속도를 알면 특정한 날짜에 위성이 어느 위치에 있을지 예측할 수 있다. 그런데 룰렛 공으로도 그렇게 예측할 수 있을까?"

소프는 카지노 룰렛 휠의 절반 크기인 싸구려 룰렛 휠을 구해 한동안 실험하면서, 스톱워치로 몇 백 분의 1초의 정확도까지 공의 움직임을 분석했다. 심지어 공의 움직임을 슬로모션 필름으로 촬영하기까지 했다. 그러나 룰렛 휠에 결함이 너무 많아 정확히 예측할 수 없었고, 그 와중에 소프는 블랙잭에서 이기는 전략을 계산하는 소프트웨어 프로그램을 개발하는 데 정신이 팔려 있었다. (카르다노와 소프가 만났다면 아주 죽이 잘 맞았을 것 같다.)

1960년 MIT로 옮긴 소프는 블랙잭 분석 결과를 〈미국학술원 회보(The Proceedings of the National Academy of Sciences)〉에 기고하기로 결심했고, 당시 MIT 교수 가운데 유일하게 학술원 회원이었던 수학자 섀넌에게 조언을 구했다. 소프의 블랙잭 분석 체계에 탄복한 섀넌은, 블랙잭 말고 '도박 분야'와 관련해 진행하고 있는 또 다른 연구가 있는지 물었다. 그렇게 해서 5년 동안 잠자고 있던 소프의 룰렛 연구는 갑자기 잠에서 깨어났다. 순전히 우연의 요소가 작용하는 룰렛 휠에서 예측 가능한 패턴을 찾기 위해, 두 사람은 맹렬히 룰렛 연구에 몰두하기 시작했다.

섀넌은 케임브리지 외곽에 있는 자신의 낡고 삐걱거리는 목재 주택 지하에, 멀린과 배비지가 봤다면 떡 벌어진 입을 다물지 못했을 법한 실험실을 차렸다. 소프는 훗날 이 실험실을 '기계광의 낙원'이라며 다음과 같이 묘사했다.

━ 합하면 10만 달러어치[141](1998년 달러 가치로 치면 약 60만 달러)는 됨

직한 전자, 전기, 기계 장비와 도구들이 즐비했다. 모터, 트랜지스터, 스위치, 도르래, 기어, 콘덴서, 변압기, 등등 수백 종류의 기계와 전자 장비가 있었다. 어렸을 적 과학이 놀이터였던 나는 전자공학, 물리학, 화학 실험을 하고 장비를 만들며 놀았는데, 나보다 더한 막강한 기계광을 만났다.

머지않아 소프와 섀넌은 네바다 주 리노(Reno)에서 스트로브 라이트(strobe light, 빠른 속도로 움직이는 물체를 촬영할 때 화면의 깜박임을 방지하고 해상도를 높이기 위해 쓰는 조명 장비-옮긴이)와 전문가용 시계에다가, 당국의 엄격한 규정에 따라 제작된 실제 카지노용 룰렛 휠을 수천 달러를 주고 사들였다. 두 사람은 섀넌의 집에 낡은 당구대를 설치해놓고, 회전하는 룰렛 휠 위에서 공이 그리는 궤도를 분석하기 시작했다.

5년 전 소프가 직감으로 파악한 대로, 최초의 속도를 측정할 방법을 알면 공이 최종적으로 어디에 정착할지 어느 정도 예측할 수 있었다. 최초의 속도를 측정하는 가장 좋은 방법은, 공이 룰렛 휠을 한 바퀴 도는 데 걸리는 시간을 측정하는 방법이라고 두 사람은 판단했다. 그 시간이 길면 공이 룰렛 휠을 도는 속도가 느리고, 짧으면 속도가 빠르다는 뜻이었다. 최초의 속도를 알면, 공이 경사진 트랙에서 벗어나 휠의 중심 쪽 회전판으로 떨어진 뒤 숫자가 적힌 프렛(fret, 룰렛 휠에서 숫자 앞에 공이 들어가도록 움푹 팬 구멍 주위를 두르고 있는 금속 테두리-옮긴이)에 안착하는 때가 언제인지 파악하게 된다.

최초의 속도를 안다고 해도 공이 정확히 어느 숫자에 떨어질지 예측하기란 불가능하다. 그러나 룰렛 휠 위의 어느 구역에서 공이 멈출 확률이 조금 더 높은지 정도는 파악할 수 있다. 룰렛에서 카지노가 고객보다 유리하긴 하지만, 아주 근소한 차이 정도다. 때문에 공이 멈추는 위치를 예측할 때 아주 조금만 유리한 여건에 놓여도, 고객에게 유리한 결과가 나오도록 할 수 있다.

스트로브 라이트와 스톱워치를 손에 쥐고 당당하게 카지노장으로 걸어 들어가기가 불가능하다는 게 문제였다. 섀넌과 소프가 생각해낸 방법을 이용하려면, 룰렛 테이블 주위에 있는 사람들 가운데 누구도 눈치채지 못하게 공의 속도를 실시간으로 측정할 방법이 필요했다. 게다가 속도에서 나타나는 미세한 차이로 공이 최종 안착하는 장소를 계산할 수 있어야 했다. 공의 물리적인 움직임을 추적할 수 있는 일종의 감지기가 필요했고, 계산할 컴퓨터도 필요했다. 1961년 당시의 첨단 기술 수준을 아는 사람이라면, 이 모든 걸 해낸다는 게 얼마나 황당한 생각인지 파악했을 것이다. 당시에는 세계에서 가장 작은 비디오카메라의 크기가 여행가방 만 했고, 대부분의 컴퓨터는 냉장고보다 더 컸다. 소프와 섀넌이 그런 장비들을 가지고 라스베이거스 카지노에서 속임수를 쓰다가 들킬 일은 전혀 없었다. 애초에 카지노 정문 안으로 한 발짝도 들여놓지 못했을 테니까.

그러나 섀넌은 당시의 첨단 기술에 익숙할 뿐만 아니라, 그 기술을 공깃돌 다루듯 하는 장인이었다. 그가 혁신에 접근하는 방식은 그로부터 수십 년 후 탄생한 구글이나 페이스북의 회사 분위기처럼, 격식 없고 자유로운 놀이방 사고였다. 일과 놀이가 얽히고설켜 있었다. 소프는 섀넌과의 협업에 대해 다음과 같이 말한다.

—— 작업 중이든 잠깐 쉴 때든[142] 섀넌은 재미있는 아이디어가 끊임없이 샘솟고 끊임없이 장난을 친다. 그는 나에게 공 세 개로 저글링 하는 법을 가르쳐주었다. (1970년대에 그는 '섀넌의 저글링 법칙'을 증명했다.) 또 외바퀴 자전거로 '줄타기'도 했다. 두 개의 나무 그루터기 사이에 40피트 길이의 강철 케이블을 설치하고서 말이다. 그러더니 결국 목표를 달성했다. 외바퀴 자전거로 줄타기를 하면서 공 세 개로 저글링 하는 그 목표를. 온 사방이 기계, 기구, '장난감' 투성이였다. 그 중에는 정해진 횟수만큼 동전을 회전시켜, 앞면이든 뒷면이든 원하는 쪽으로 나오게 만드는 동전 던지는 기계도 있었다. 그는 장난삼아 기계 손가락을 부엌에 설치한 뒤 지하 실험실과 연결시켰는데, 케이블을 잡아당기면 기계 손가락이 마치 이리 오라고 손짓하듯 오그라들었다.

마침내 저글링과 외바퀴 자전거로 외줄타기 사이에 짬을 내 연구한 섀넌과 소프는, 카드 한 벌 크기의 상자에 숨길 수 있는, 수신기 열두 개가 달린 컴퓨터를 제작한다. 카메라로 공의 움직임을 추적하는 대신 신발에 특수 입력장치를 설치했다. 발가락으로 소형 스위치를 작동해, 공이 룰렛 휠을 돌아갈 때 시작과 끝의 속도를 측정했다. 소형컴퓨터는 공의 속도 측정치를 바탕으로 공이 안착할 확률이 가장 높은 위치를 계산했고, 룰렛 휠의 여덟 개 구역마다 각기 다른 음악 소리가 나게 만들어 그 정보를 컴퓨터로 전달했다.

소프와 섀넌이 룰렛 게임의 비밀을 캐려고 사용한 기술의 조합은 누구도 본 적 없을 뿐더러 상상조차 하지 못했다. 가장 상상력이 뛰어난 컴퓨터 과학자나 공상과학 소설가조차 컴퓨터를 덩치 크고 휴대하기 불가능한 물건, 즉 장신구보다는 가구에 가까운 물건으로 여겼다. 그러나 그로부터 50년 후, 소프와 섀넌이 룰렛 휠의 비밀을 캐내는 데 이용한 컴퓨터는 지구상에서 가장 흔한 형태의 컴퓨터가 되었다. 주머니에 들어가는 작은 디지털 장비로 몸의 움직임을 기록하는 센서가 장착되었고, 헤드폰과 연결되었다. 두 사람이 노닥거리면서 룰렛 게임에서 카지노를 이길 궁리나 한 것처럼 보일지 모르지만, 그들의 이러한 시도에는 보다 더 심오한 의미가 있었다. 아이팟, 안드로이드 휴대폰, 애플 워치, 핏빗(Fitbit, 손목이나 옷에 착용하는 기기로 소모한 칼로리, 걸음 수, 이동 거리, 활동 시간 등을 측정해 알려주고 수면 패턴도 분석한다—옮긴이) 같은 디지털 기기들 모두 룰렛의 비밀을 파헤친 기술의 직계 후손이다.

결국 섀넌과 소프는 부인들과 함께 라스베이거스로 진출해, 자신들이 개발한 장비가 제대로 작동하는지 실제로 돈을 걸고 시험한다. 섀넌은 주로 딜러 옆에 서서 발가락을 꼼지락거려 공의 속도를 재는 역할을 했다. 소프는 룰렛 테이블 맞은편에서 칩을 걸고, 부인들은 카지노 직원들이 눈치챈 낌새가 보이는지 망을 보았다. (당시 라스베이거스는 조직범죄 집단들이 장악하고 있었기 때문에 모두들 들킬까 봐 조마조마했지만, 소프만은 겁먹지 않았다.) 그들은 10센트짜리 칩만 걸었지만 예상대로 이겼다. 그들이 만든 소형컴퓨터는 기량이 뛰어났다. 공교롭게도 두 사람이 만든 장비 가운데 가장 말썽을 부린 부품은 이어폰이었다.

라스베이거스 여행을 마친 후 소프는 MIT를 그만두었고, 블랙잭 테크닉에 대한 책을 여러 권 출판해 인기를 모았다. 섀넌과 소프는 자신들이 만든 비밀 병기의 자세한 내역을 1966년에 공개했고, 두 사람과 비슷하지만 기술혁신보다는 금전적인 잿밥에 더 관심이 많은 이들이 등장했다. 1985년 네바다 주 당국은 결국 블랙잭과 룰렛 휠을 모니터한 소형 장비들을 카지노에서 사용하지 못하도록 금지했다. 그러나 그 무렵 소프는 룰렛 게임에서 이기는 데 더는 관심이 없었다. 카지노보다 덩치가 큰 사냥감을 발견했기 때문이었다. 수학 지식과 확률에서 사소한 기회도 포착해내는 실력으로 무장한 그는, 1974년 프린스턴/뉴포트 파트너스(Princeton/Newport Partners)라는 회사를 창립한다. 소프가 설립한 이 회사를 비롯해 이런 종류의 금융회사들은 결국 끊임없이 수익과 논란을 창출하는 화수분이 되었다. 바로 헤지펀드(hedge fund)다.

퀴즈쇼에 나간 컴퓨터

2000년대 중반, IBM 연구부서 책임자 폴 혼(Paul Horn)은 IBM의 전통인 '대도전(Grand Challenges)'(컴퓨터 기술의 수준을 과시하는 거창한 프로젝트. 매체의 관심을 끌 목적으로 명확히 규정한 목표에 따라 성과를 내도록 짜인 프로젝트다)의 차기 프로젝트를 무엇으로 선정할지에 대해 고민하기 시작했다. 십 년 전에 진행한 이 대도전 프로젝트는 체스 게임에서 게리 카스파로프를 무릎 꿇린 컴퓨터 딥블루였다. 체스 두는 컴퓨터의 실력은 그저그럴 것이라는 앨런 튜링의 직감을 이 컴퓨터는 여지없이 무너뜨렸다.

혼은 튜링이 제시한 다른 도전에 관심이 있었다. 바로 튜링 테스트다. 튜링은 1950년 〈컴퓨팅 기기와 지능(Computing Machinery and Intelligence)〉이라는 글에서 처음으로 이 테스트를 언급했다. 튜링 본인의 말에 따르면, "컴퓨터가 지능적이라고 불릴 자격을 갖추려면, 컴퓨터가 사람이라고 믿도록 인간을 속일 수 있어야 한다."

튜링 테스트에서 말하는 속임수는 겉모습과는 아무 상관이 없었다. 인간이 자판 앞에 앉아 기계일 수도 있고 아닐 수도 있는 정체 모를 대상과 텍스트를 주고받으며 대화하는 형식이, 튜링 테스트가 상정한 시나리오였다. 인간이라고 인정받으려면 세상에 대해 포괄적인 지식을 갖추어야 하는 동시에, 인간 언어의 독특함까지도 자연스럽게 파악할 수 있어야 했다. 딥블루는 지구상에서 가장 뛰어난 인간 체스 플레이어를 꺾었지만, 이 기계와 사람은 날씨에 관한 간단한 대화조차 나눌 수 없었다. 혼과 그의 팀은 튜링 테스트가 내건 조건을 충족시킬, 언어를 기반으로 한 유창한 지능 연구에 박차를 가할 프로젝트를 찾고 있었다.

어느 날 밤 혼과 그의 동료들은 IBM 본사 근처에 있는 스테이크하우스에서 저녁을 먹다가, 식당 안의 손님들이 모두 다 갑자기 바(bar)에 있는 TV 주위로 우르르 몰려가는 모습을 목격한다. TV 퀴즈프로그램 〈제퍼디!(Jeopardy!)〉에서 연속 우승하며 전설을 만들어가고 있던 출연자 켄 제닝스(Ken Jennings)를 보기 위해서였다. 결국 그는 74회 연속 우승을 거둔다. TV 주위로 사람들이 몰려드는 모습을 본 혼은 좋은 생각이 떠올랐다. IBM이 〈제퍼디!〉에 출연한 제닝스를 꺾을 만큼 똑똑한 컴퓨터를 만들면 어떨까?

그렇게 해서 IBM 팀이 만든 기계는 IBM 창립자 토머스 J. 왓슨의 이름을 따 '왓슨'이라고 불리게 되었다. 세상에 존재하는 정보를 최대한 많이 확보하기 위해 왓슨은 위키피디아를 몽땅 소화했고, 추가로 수억 페이지에 달하는 자료를 삼켰다. 세상에서 가장 최첨단 기계인 생각하는 기계가 네티즌들이 모두 참여해 만드는 백과사전을 훑어보고 세상에 대해 배운다니, 정말 멋진 생각 아닌가. ('지구를 담은 두뇌(global brain)'가 등장하리라고 예언했던 웰즈(H. G. Wells)도 이런 반전을 상상하지는 못했다.)

왓슨은 입력된 자료와 IBM 연구원들의 소프트웨어 도움을 받아, 언어 구조의 미묘한 차이를 이해하고 인간과 어색하지 않은 대화를 이어갈 능력을 지니게 되었다. 완성 단계에 이르렀을 무렵,

왓슨은 세상에 존재하는 그 어떤 것에 대한 질문도 이해하고 답하게 되었다. 특히 사실에 근거한 해답을 찾아내는 데 발군의 실력을 보였다. 물론 대도전 프로젝트를 통해 왓슨이 탄생하게 된 계기가 〈제퍼디!〉였다는 사실을 감안해, 〈제퍼디!〉 출연자들이 의문문 형식으로 답을 말하듯 왓슨도 의문문 형태로 대답하는 방법을 터득했다.

2011년 2월, 왓슨은 제닝스와 또 다른 〈제퍼디!〉 우승자 브래드 러터(Brad Rutter)를 상대로 2회에 걸쳐 〈제퍼디!〉 특집에 출연했다. 질문마다 정답을 찾으려고 왓슨이 데이터베이스를 검색하는 모습을 보면서, 시청자들은 왓슨이 가장 유력하다고 생각하는 세 가지 답과, 각 답에 대해 얼마나 확신하는지 보여주는 작은 도표를 통해 왓슨의 '머릿속'를 훔쳐보는 호사를 누렸다. IBM은 왓슨의 출연분이 방송될 때 첫머리에, 다른 두 인간 출연자들과는 달리 왓슨은 '인터넷에 손대지 않았다'라고 알리는 홍보 영상을 내보냈다. 어떤 면에서 정직한 태도가 아니었다. 케이크를 '입'으로 다 먹어놓고 케이크에 '손대지' 않았다고 말하는 셈이었으니 말이다.

왓슨은 퀴즈가 진행되는 동안 몇 가지 초보적인 실수를 저질렀다. '미국의 도시'를 묻는 질문에 "토론토 아닌가요?"라고 대답하기도 했다. 그러나 결국 왓슨은 제닝스와 러터의 점수를 합산한 점수의 거의 두 배에 가까운 점수를 올려, 인간 경쟁자들을 물리쳤다. 왓슨의 업무 수행 능력이 특히 놀라웠던 이유는, 〈제퍼디!〉의 질문들이 수사학적으로 볼 때 이해하려면 어떤 요령이 필요했기 때문이다. 예컨대, "물질이 한번 들어가면 빠져나오지 못하는 블랙홀의 가장자리를 말하는 단어로, 입장권(ticket) 없이도 공짜로 볼 수 있는 '행사(event),' 는 무엇일까?"라는 질문에 왓슨은 "사건의 지평선(event horizon) 아닌가요?"라며 97퍼센트 확신한다고 답했다. 왓슨이 이 질문의 정답을 맞히려면 질문 후반부는 완전히 무시하고, '입장권'이란 단순히 사건(event)의 또 다른 의미인 '행사'와 연결시킨 말장난이라는 점을 간파해야 했다. 왓슨의 승리를 굳힌 마지막 질문은 다음과 같은 문학 관련 질문이었다.

"이 저자가 쓴 가장 유명한 소설은 왈라키아(Wallachia)와 몰다비아(Moldavia) 공국(公國)의 이야기에서 영감을 받았다. 저자의 이름은?"

왓슨은 정답을 맞혔다.

"브람 스토커(Bram Stoker) 아닌가요?"

제닝스도 정답을 알았지만, 왓슨에게 선수를 빼앗겼다. 기계에게 졌다는 사실을 깨닫고 그는 답을 적어 넣는 전광판 정답 밑에 다음과 같이 휘갈겨 썼다.

"새로 등극하신 컴퓨터 대군주(overlord, 봉건 시대에 영주 위에 군림한 사람을 뜻한다—옮긴이)께 경하 드리나이다."

먼 훗날 컴퓨터 대군주들이 이 이야기를 듣고 낄낄거릴 날이 올지도 모른다.

순전히 정보처리 능력만 놓고 보면 왓슨을 능가할 슈퍼컴퓨터가 세상에 깔렸다. 그러나 자연스러운 언어를 인지하는 능력과, 마구 뒤섞인 자료에서 포착하기 힘든 추론을 도출해내는 능력 덕분에, 왓슨은 지구상 그 어떤 기계보다도 인간의 지능에 근접했다. 제닝스는 훗날 자신이 겪어본 왓슨에 대해 다음과 같은 글을 썼다.

— 왓슨 컴퓨터가[143] 〈제퍼디!〉 문제를 푸는 방식은, 내가 문제를 푸는 방식과 아주 비슷하다. 이 기계는 문제에 들어 있는 핵심 단어에 초점을 맞추고 이 단어들과 연관된 정보—왓슨의 경우에는 15 테라바이트(terabyte) 분량에 달하는 인류의 지식이 저장되어 있는 자료 은행(data bank, 여러 정보원으로부터 수집되어 곧바로 액세스 가능한 형태로 저장되어 있는 자료 파일–옮긴이)—를 찾느라 기억을 샅샅이 훑는다. 그리고 전후 관계와 맥락에 비추어 가장 정답일 가능성이 높은 단어들을 철저히 확인한다. 문제 카테고리, 찾는 해답의 종류, 문제에 암시된 시간, 장소, 성별 등등. 그리고 '확신' 이 들면 버저를 누른다. 〈제퍼디!〉의 인간 출연자에게는 즉각적이고 직관적인 과정이지만, 내 두뇌가 정보를 검색하는 방식도 왓슨이 정보를 검색하는 과정과 크게 다르지 않다고 확신한다.

물론 IBM은 왓슨과 관련해 〈제퍼디!〉 출연 이상의 원대한 계획을 세우고 있었다. 왓슨은 대량의 연구 논문과 의학 데이터를 분석해, 암 치료 계획에 대해 자문하는 데 이용되었고, 복잡한 소프트웨어의 기술 지원 문제에 답해주었다. 그래도 왓슨의 뿌리를 잊어서는 안 된다. 지구상에서 가장 발달한 형태의 인공지능은 퀴즈쇼에 출연하기 위한 훈련을 통해 교육을 받았다.

왓슨의 뿌리가 퀴즈쇼라는 사실을 그저 단순히 홍보 효과를 노린 결정이라고 치부하고 싶을지 모르겠다. 왓슨이 TV에 출연해 켄 제닝스를 꺾음으로써, 예컨대 옥스퍼드 대학에서 수강했을 경우보다 훨씬 더 IBM이 대중의 관심을 끌게 된 건 사실이다. 그러나 왓슨을 컴퓨터 과학의 역사라는 맥락에서 보면, 〈제퍼디!〉 출연은 단순한 홍보 행사 이상의 의미가 있다.

인간과 함께 노는 기계를 꿈꾸다

———

컴퓨터 과학의 역사에서 분수령이 된 수많은 사건들 가운데 게임과 연관된 사건들이 얼마나 많은지 생각해보라. 배비지는 체스를 두는 '분석 엔진'으로 실험을 했다. 튜링은 컴퓨터가 체스를 두는 상상을 했다. 소프와 섀넌은 라스베이거스에서 컴퓨터를 몸에 숨기고 룰렛 테이블 주위를 서성거렸다. 〈우주전쟁!〉은 인터페이스의 혁신을 이루었다. 카스파로프와 딥블루는 체스 경쟁자로 맞붙었다. '사건의 지평선' 문제에서 왓슨이 정답 가능성이라고 본 97퍼센트라는 숫자, 확신한다고 한 그 숫자도 5백 년 전 카르다노가 주사위 게임을 분석하기 위해 생각해낸 수학의 확률에 근거해 나온 숫자다. 인간의 모든 지식 분야 가운데, 오늘날의 컴퓨터를 탄생시킨 게임보다 더 중요했던 분야는 주로 수학, 논리학, 전기공학 정도만 손에 꼽을 수 있을 것이다. 컴퓨터는 오랜 세월 동안 수학적인 업무를 수행하는 근엄한 기계, 기술 세계의 불카누스(Vulcanus, 불과 대장일의 신-옮긴이)로 군림했다.

그러나 저절로 연주하는 악기에서부터 〈우주전쟁!〉에 이르기까지 음악과 게임의 역사를 보면, 오늘날 디지털 컴퓨터의 계보에는 놀이와 유희의 유구한 혈통이 분명히 이어지고 있다. 컴퓨터가 걸어온 그러한 역사를 보면, 오늘날 우리 삶에서 컴퓨터가 흔히 쓰이게 된 이유를 알 수 있다. 주판과 계산기도 수학문제를 잘 풀기는 하지만, 이런 도구들은 컴퓨터처럼 사람을 놀라게 하고 즐겁게 하는 재능이 없다.

컴퓨팅의 역사에서 게임이 왜 그다지도 중요한 위치를 차지할까? 게임에서는 기술이 진척한 정도를 측정할 척도나 점수가 분명히 규정되었기 때문이라는 생각이 든다. 룰렛 게임에서 카지노를 꺾거나 〈제퍼디!〉에서 캔 제닝스를 이긴다는 목표는, 과학자와 발명가들에게 연구 방향과 목적을 분명히 규정하도록 해주었다. 게임과 컴퓨터 과학 사이에 오랫동안 유지되어온 유대 관계에서는 중요한 원칙도 엿보인다. 규칙이 지배하는 게임을 한다는 건 동물 가운데 인간만이 보이는 행동의 특성인 듯하다. 인간의 소통 행위와 인지 행동 가운데 다른 많은 형태들(노래, 건축, 전쟁, 언어, 사랑, 가족)의 경우 다른 동물들에게서도 유사하게 나타난다. 규칙이 지배하는 게임은 오래전부터 인간이 해온 활동이다. 또한 게임은(먹기, 잠자기, 말하기 등과 같은 필수적인 활동을 제외하고) 세 살배기든 아흔세 살 어르신이든, 모두가 즐기는 활동으로 손꼽힌다.

그러나 앞서 언급한 필수 활동과는 달리, 인간이 게임을 즐기게 된 데는 뚜렷한 진화 목적이 없다. 게임을 즐긴다고 해서 탄수화물을 더 얻는 것도 아니고, 유전자를 퍼뜨리는 데 도움이 되지도 않는다. 그런데도 인간은 승부욕을 자극하는 예측 불가능한 게임에 이끌리지 않을 도리가 없다. 따라서 마침내 인간의 두뇌가 인공두뇌를 설계하겠다고 생각할 만큼 똑똑해지자 가장 먼저, 함께 노는 기계를 만드는 목표를 세웠다는 사실은 당연한 게 아닐까.

PUBLIC SPACE

6
-
공공장소
놀이터

계급을 허문 선술집의 비극

————

1730년대 중반 용커스(Yongkers)에서 맨해튼으로 이주할 무렵, 존 휴슨(John Hughson)은 경제적으로 절박한 처지에 놓인 구두 수선공이었다. 그는 당시 인구 2만 명 정도의 대도시인 맨해튼에 가게를 차렸다. 휴슨은 선술집을 여러 군데 열었다. 처음에는 이스트 리버(East River) 쪽에 냈고, 다음에는 허드슨 강 쪽, 3세기 후 세계무역센터가 들어서게 될 자리에 냈다. 웨스트사이드에 낸 선술집은 곧 인기 있는 술집으로 명성을 얻었다. 휴슨이 술만 판 게 아니라 일요일마다 정기적으로 '큰 잔치'를 벌였기 때문이다. 사람들은 일요일 교회 예배가 끝난 뒤 휴슨의 술집에 모여들었고, 그는 럼, 사이더, 맥주와 함께 양고기, 거위 고기를 푸짐하게 한상 차려냈다. "누군가가 바이올린을 켜기도 했고[144] 춤이 곁들여지는 경우도 종종 있었다. 도박판도 벌어졌다. 사람들은 펀치 음료 한 사발을 내기로 걸고 주사위를 굴리거나 닭싸움에 판돈을 걸기도 했다"라고 한 역사학자는 말한다. 큰 잔치는 '한바탕 질펀하게 노는' 시간이었다고, 휴슨의 단골 한 사람은 훗날 회상했다. 이 '놀이 한마당'에서는 매춘도 이루어졌다. 휴슨의 술집에는 특히 유명한 매춘부가 한 명 있었다. 마거릿 소르비에로(Margaret Sorubiero)라는 여성으로 별명이 여러 개였지만, 보통 '뉴펀들랜드 출신 아일랜드계 미녀'라고 불렸다.

휴슨의 선술집은 당시 영국 식민지였던 미국이나 유럽 전역에 생겨난 수많은 술집들과 크게 다르지 않았다. 시끌벅적하고 잔치 분위기에, 도덕적인 기준을 엄격히 따지지도 않았다. 그러나 휴슨의 선술집에 손님이 발을 들여놓는 순간, 다른 술집과 확연히 다른 점을 눈치채게 된다. 휴슨 본인은 백인이지만 고객들은 주로 흑인 노예들이었고, 일부 군인을 비롯한 하층민 계급 백인 몇 명이 함께 어울렸다. (역사학자 에드워드 G 버로스(Edward G. Burrows)와 마이크 월리스(Mike Wallace)는 손님 가운데 일과를 마치고 술을 진탕 마시며 도박을 즐긴 젊은 신사들도[145] 있었다고 주장한다.) 뉴욕 주에서는 1827년에 가서야 노예제도가 공식 폐지되었지만, 그 전에도 맨해튼에는 노예들을 상대로 하는 선술집이 드문드문 있었다.

사우스캐롤라이나 노예 출신이 경영한 케이토즈 로드 하우스 (Cato's Road House)는 18세기 전반 50년 동안 장사를 계속하면서, 남부 농장주들로부터 탈출한 노예들에게 브랜디와 퀄런을 팔았다. 그러나 백인과 흑인 손님이 함께 어울렸다는 점에서 휴슨의 선술 집은 다른 술집들과 달랐다. '뉴펀들랜드 출신 아일랜드계 미녀'는 시저(Caesar)라는 노예와의 사이에서 버젓이 아이를 낳기까지 했다. 맨해튼은 너그러운 도시로 정평 나 있기는 했지만, 서로 다른 인종 끼리 어울리는 일은 없었다. 그러나 휴슨의 술집에서는 그런 인종 간 구분이 무시되기 시작했고, 결국 참담한 결과를 초래하게 된다.

1741년 3월이 시작되면서 맨해튼에서는 미심쩍은 화재가 잇달 아 발생했다. 포트 조지(Fort George)에 있는 주지사 저택이 화염에 휩싸였고, 뒤이어 도시 전역에서 창고, 개인 주택, 마구간이 불탔 다. 백인 사이에서는 반항적인 노예들이 불을 질렀다는 소문이 퍼 지기 시작했다. 4월 초 커피(Cuffee)라는 흑인 노예가 화재 현장에서 달아나는 모습이 목격되었다. 그는 곧 체포, 수감되었다. 곧 결성 된 자경단은 다른 노예들을 찾아 나섰고, 체포한 노예들을 당국에 넘겨주었다. 공포가 확산되자 대니얼 호스맨든(Daniel Horsmanden) 이라는 판사가 주관하는 대배심이 소집된다. 흑인에게 알코올을 공급해 폭동을 부추겼다는 혐의를 받는 백인 술집 주인들 색출에 나선 당국은, 당연히 존 휴슨을 지목했다.

그런데 휴슨은 그렇지 않아도 이미 법적인 문제에 연루되어 있 었다. 도박과 매춘 외에도 그는 자신의 술집에서 장물을 매매해 짭

짤한 수입을 올리고 있었다. (사실상 술집은 부업이고 주요 수입원은 장물매매였는지도 모른다.) 경찰은 휴슨이 범죄 조직의 일당이라고 오랫동안 의심해왔지만, 범죄를 입증할 증거를 찾지 못하고 있었다. 그런데 휴슨에게 팔려와 하인으로 일하던 열여섯 살짜리 메리 버튼(Mary Burton)은 휴슨으로부터 자유롭게 해주겠다고 사법당국이 설득하자, 주인을 밀고하기로 결심한다. 처음에 버튼은 휴슨이 시저와 공모해 브로드 스트리트에 있는 잡화점을 털었다고 주장했다. 그러나 화재가 발생하자 버튼은 아주 작정한 양 충실한 증인 역할을 다하면서 사법당국에 전모를 털어놓았다. 역사학자 크리스틴 시스몬도(Christine Sismondo)에 따르면, 버튼은 "강도죄, 장물매매에 관련된 사람들의 이름을 모조리 기꺼이[146] 털어놓았을 뿐만 아니라, 어디서 들어본 듯한 이름까지 엮어 넣었다." 버튼은 휴슨, 시저, 커피가 도시를 잿더미로 만들어 노예 반란을 부추기자며, 여러 차례 모여 쑥덕이는 내용을 엿들었다고 주장했다. 휴슨은 시저에게 새로운 정권이 들어서면 두 사람이 각각 '왕'과 '주지사'를 맡게 될 것이라고 말했다고 알려졌다. (오늘날 많은 역사학자들은 이 두 사람이 반란을 일으킨 후 노예 식민지를 지배하는 얘기를 한 게 아니라, 범죄 조직의 우두머리 자리를 두고 얘기를 나누었다고 생각한다.) 버튼은 또한 휴슨의 술집에서 노예들이 "백인들 전부 뒈지라고 해!"라고 하는 말을 엿들었다고 증언했다.

버튼의 증언은 뉴욕 역사상 가장 참혹하고 폭력적인 폭동을 촉발했다. 호스맨든의 대배심은 시저를 절도죄로 기소했고, 5월 11

일 시저와 또 한 명의 노예는 프레시워터 폰드(Freshwater Pond) 근처에서 교수형을 당했다. 사법당국은 반란을 일으키는 노예들이 어떤 운명을 맞게 되는지 그 본보기로, 시저의 시체를 몇 주 동안 교수대에 그대로 매달아두었다. 몇 주 만에 커피와 공모자로 알려진 또 다른 사람이 화형 선고를 받았다. 그들은 다른 공모자들(대부분 결국 교수형에 처해졌다)의 이름을 털어놓음으로써 형을 줄여보려 했지만, 막판에 한 자백은 아무 소용이 없었다. 그들은 분기탱천한 군중이 보는 앞에서 산 채로 불탔다.

이제 대배심은 휴슨을 겨냥했고, 그는 아내와, 뉴펀들랜드 출신 아일랜드계 미녀와 더불어 교수형 선고를 받았다. 재판 과정을 보면, 휴슨의 죄는 자기 술집 내에 전통적인 인종 관계를 무시하고 흑인과 백인이 어울리는 사회적 공간을 마련해 풍기문란을 조장한 점이었다. 재판이 진행되는 동안 한 판사는, 휴슨이 노예 주인에게서 직접 허락도 받지 않고 노예에게 럼을 몇 푼어치[147] 팔아서 법을 어겼다고 주장했다. 또 다른 판사는 선고를 내리면서 휴슨의 인종 통합적인 성향을 다음과 같이 강한 어조로 준엄하게 꾸짖었다.

━ 그리스도교 국가에서 나고 자라 평생 살아온 사람들이[148] 스스로도 그리스도교도임을 자처하면서, 흑인 노예를 동등하게 대우하는 죄를 저지르는 데 그치지 않고 고기와 술과 잠자리까지 제공하면서 시중을 들고 어울리고 기분을 맞추며 상전처럼 모

셨다. 더욱더 기막힌 사실은 이런 카인의 흑인 후예들과 공모하고 선동하고 부추겨, 이 도시를 불태우고 우리 모두를 죽이고 파멸시키려 했다는 점이다. 하나님 맙소사! 더할 나위 없이 사악하고 혐오스럽고 악의로 가득한 그대들의 음모가 성공했다면 벌어졌을 혼란과 무질서와 도시의 파멸을 생각하면(다행히도 우리의 위대하고 선한 신의 손길이 이를 저지했기에 망정이지), 모골이 송연해진다!

결국 휴슨과 두 여인은 처형당했고, 사법당국은 썩어 들어가고 있던 시저의 시신 옆에 휴슨의 시신을 매달았다. 죽은 시저의 피부가 희게 변했고 휴슨의 피부는 검게 변했다는 해괴한 소문이 도시 전역에 퍼졌다. 흑백 인종이 한데 어울리며 시작된 사건의 섬뜩한 결말이었다.

그해 봄을 떠들썩하게 한 사건들은 오늘날 '1741년 노예 반란' 또는 '1741년 뉴욕 음모'라고 불린다. 그러나 정말로 반란이 일어났고 음모가 획책되었는지는 아무도 모른다. 가장 설득력 있는 시나리오는, 휴슨의 공범들이 근처 가게와 가정집에서 물건을 훔치는 동안 시선을 다른 곳으로 돌리기 위해 불을 질렀다는 주장이다. 그러나 휴슨과 화재는 아무 관계도 없을 수도 있고, 사법당국으로부터 자유를 약속받은 열여섯 살짜리 소녀가 모두 꾸며낸 이야기일 가능성도 있다.

그런데 모든 게 불분명한 이 사건에서 한 가지 사실만큼은 논란의 여지가 없다. 휴슨의 선술집은(뉴욕 기득권층이 보기에) 서로 다른 인종들 사이에 놓인 합법적인 사회적 경계를 무너뜨렸다는 점이다. 휴슨의 술집에서 어떤 불법 행위가 벌어졌든 간에, 그 분위기에서 조성된 공동체는 진정한 의미에서 한두 세기 정도 시대를 앞섰다. 오늘날 미국 대부분 지역에서는 여러 인종이 술집에서 어울린다는 사실이 당연하다. 그러나 1741년에는 철저한 금기 사항이었다. 미래에 서로 다른 인종들이 한데 어울리게 되리라는 단서는, 뉴욕의 가정집이나 교회나 기업에서는 찾을 수 없었다. 인종 간 관계가 어느 방향으로 가고 있는지 알고자 하면, 술집에 가야했다.

선술집, 순수한 여흥과 민주주의의 공간

———

선술집은 인류의 문명 못지않게 역사가 오래된 시설이다. 공간을 마련해 술을 팔고 사람들로 하여금 친구들, 낯선 이들과 한데 어울리게 할 기발한 생각을 처음으로 한 눈썰미 있는 사업가가 누구였는지 보여주는 기록은 없다. 서로 다른 지역, 다른 시대에 산 수많은 사람들이 독자적으로 생각해낸 아이디어일 가능성이 높다. (술이 있는 곳에는 어김없이 술집이 등장하기 마련이다.) 선술집이 처음 등장하면서 맥솔리즈(McSorley's, 뉴욕 시에서 가장 오래된 '아일랜드 식' 선술집. 맨해튼 이스트 빌리지에 있다-옮긴이), 해리즈 바

(Harry's Bar, 프랑스에 거주하는 미국인들과 세계적인 유명 인사들이 드나든 바. 프랑스 파리에 있다—옮긴이), 치어스(Cheers, 미국에서 방영된 시트콤 제목이자 극중 무대가 되는 술집 이름—옮긴이)로 이어지는 계보가 탄생했을 뿐만 아니라, 새로운 종류의 공간이 탄생하는 계기가 되었다. 편안히 즐기며 여가 시간을 보내기 위한 목적으로 만들어진 시설물 말이다. 선술집은 일하는 공간도 아니고 기도하는 공간도 아니었다. 그렇다고 해서 가정집도 아니었다. 사회적으로 존재 가능하다고 여겨지는 공간 밖에 존재하는 공간이었다. 그냥 즐기려고 들르는 공간이었다. 오늘날 세계에는 바, 카페, 스파, 리조트, 카지노, 놀이공원 등등 이런 장소들이 넘쳐난다. 반복적인 일상에서 벗어나 여흥을 즐길 수 있는 공간으로 한 도시 전체를 홍보하기도 한다. 그 뿌리를 알 수는 없지만, 인간은 최초의 선술집에서 처음으로 엿보게 되었다. 미래에 닥칠 매혹적이기도 하고 엉뚱하기도 한 놀라운 세상을.

선술집의 탄생은 생활수준이 향상되면서 나타난 현상으로 역사책에 기록되어야 마땅하다. '사치품'은 도시가 최초로 탄생하기 전 이미 존재했다. 신석기시대의 장신구와 보석이 이를 증명한다. 그러나 사치스러운 체험은 새로운 현상이었다. 동네 술집에 들러 술 몇 잔 마시며 몇 시간 보내는 일이 가능한 경제체제를 만들어냈다는 사실은, 그 자체로 대단한 업적이다. 우리는 바나 펍(pub)이나 선술집을 떳떳이 즐기기에는 좀 꺼림칙한 여흥으로 여긴다. 휴슨의 장물매매단이나 뉴펀들랜드 출신 아일랜드계 미녀의 매춘처럼,

폼페이에 있는 로마시대의 타베르나(taberna, 점포)

술집은 불법 행위의 온상이 되거나 불법을 조장하기도 한다. 그러나 동네 술집이 주는 감상적이고 공동체적인 호소력은 청교도적인 비판을 무색하게 만든다.

그런데 선술집과 바가 우리 정치역사에서 얼마나 중요한 역할을 했는지, 우리는 거의 인정하지 않는다. 여러분은 중학교 1학년 역사 과목 시간에 민주주의는 아고라(agora)에서 탄생했고, 아고라에서는 토가를 걸친 철학자들이 당대 주요 문제를 두고 논의를 일삼았다고 배웠을지 모른다. 그러나 사실 민주주의는, 민주주의가 낳은 수많은 현상들과 마찬가지로, 아고라 못지않게 술집에서 잉태되었을 가능성이 높다.

선술집(tavern)이라는 단어는 로마의 '타베르나(taberna)'에서 파생되었다. 고대그리스에도 대중 술집이 있었는데, 물을 많이 섞어 희석시킨 포도주를 고객에게 팔았다. 폼페이 유적 발굴 작업에 참여한 고고학자들은 그 지역에서 118개의 선술집을 발굴했다. 베수비오(Vesuvio) 화산이 폭발하면서 날아든 화산재에 묻혀 잘 보존된 칠판에는, 포도주 목록과 더불어 다음과 같은 글귀가 적혀 있었다.

"동전 한 닢이면[149] 포도주를 마실 수 있다. 두 닢이면 최고 품질의 포도주를 마실 수 있다. 네 닢이면 팔레르니안(Falernian, 이탈리아 팔레르노 산 백포도주—옮긴이)을 마실 수 있다."

한 선술집 벽에는 2천 년 전 누군가가 갈겨쓴 낙서가 있는데, 술의 질이 형편없다고 불평하는 내용이다.

"주인장, 저주받을 거요. 손님한테는 물을 팔고 자기는 물 한 방울 섞이지 않은 포도주를 마시다니."

타베르나는 대부분 숙박업을 겸했기 때문에, 로마인들은 방대한 제국의 각 지역들을 연결해주는 연락처로 그곳을 사용했다. 타베르나는 수천 마일을 여행하는 나그네들에게 거의 매일 잠자리, 그리고 여독을 풀어줄 술을 보장하는 중간 기착지 역할을 했다. 그리스 로마의 선술집 문화를 처음 연구한 역사학자인 W. C. 파이어보(W. C. Firebaugh)에 따르면, "전체 여정 중간중간에[150] 쉬어갈 기착지를 정확히 계산했기 때문에, 나그네는 하루 여정이 끝날 때쯤 새로 말과 동물을 구하고 음식과 잠자리를 확보할 수 있는 곳에 도착했다." 로마인들은 세계의 모든 길이 로마로 통하도록 하는 것만으로는 만족하지 않았다. 그들은 나그네들이 각 지역의 낯선 사람들에게 신세를 지거나, 들판이나 숲속에서 노숙하지 않고 로마제국의 변방까지 갔다가 되돌아올 수 있는 체계를 갖추었다. 로마의 도시 설계사들은 도로에 15마일 간격으로 선술집을 지었고, 15마일은 사실상 거리를 측정하는 단위가 되었다. 선술집 체제는 기차, 비행기, 자동차, 인터넷이 등장하기 전인 시대에 세계 제국을 유지하는 데 필요한, 골치 아픈 물류 문제를 해결해준 핵심 제도였다.

그러나 로마의 타베르나가 제국을 유지하는 데 한 역할보다 더 중요한 업적이 있다. 바로 유럽 전역에 술 마시는 공공장소를 확산시켰다는 사실이다. 영국에서는 로마의 타베르나가 오늘날 영국을 상징하는 시설, '퍼블리칸(publican)' 또는 '퍼블릭 하우스(public house)', 오늘날 펍(pub)이라 일컫는 시설로 발전했다. 1577년에 실시된 인구조사[151] 기록을 보면 영국에 펍이 1만 6천 개 이상 있었다고 한다. 인구 187명당 펍이 하나 있었던 셈이다. (오늘날 영국 인구와 펍의 비율은 1천 명당 하나다) 술을 멀리하는 사람들은 당연히 이토록 펍이 많은 세태에 대해 개탄했다. 윌리엄 세실(William Cecil) 국무장관은 다음과 같이 말했다.

"선술집이 우후죽순으로 늘어나면서 천박한 사람들이 문란한 행동을 하게 만든다. 그들은 힘들게 일해서 가까스로 먹고살 만큼 버는 돈을 술에 낭비하고 만취해, 온갖 사악한 짓을 저지르고 있다."

그러나 펍은 단순히 문란한 행동만을 부추기지는 않았다. 사람들이 모여 서로 대화를 나누는 공동체로서의 안식처를 제공했다. 이를 역사학자 이언 게이틀리(Ian Gately)는 '새로운 정서'라 일컬었다.

━ 펍은 민중이 운영하는[152], 민중을 위한 시설이었다. 각계각층의 남녀가 모여 술을 마시며 어울리고, 통치자들에 대해 솔직하게 대화를 나누는 장소였다. 평민들은 다른 곳에서는 허락되지 않은 표현의 자유와 행동의 자유를 술집에서만큼은 한껏 누렸다. 그리고 이러한 술집들은 대중문화의 기초가 되었다.

독립운동과 성적 해방 운동의 장

술집이 정치에 미친 영향은 영국보다 영국의 식민지에서 두드러진다. 벤저민 프랭클린은 필라델피아에 남자 스물다섯 명당 선술집이 하나 있다고 추산한 적이 있다. 영국을 훨씬 능가하는 인구 대비 펍의 비율이다. 휴슨의 선술집이 1741년 흑인의 반란에서 구심점 역할을 했다고 알려져 있듯이, 영국 식민지인 미국 전역에 생긴 선술집은 반란의 온상이 되었고 결국은 독립전쟁으로 이어졌다. 전설적인 보스턴 코커스(Boston Caucus, 미국 독립운동 전후, 수년 동안 보스턴에서 막강한 영향력을 발휘한 비공식 정치조직—옮긴이)가 결국 보스턴 타운 미팅(Boston Town Meeting)으로 이어졌고, 자유의 후손들(Sons of Liberty, 미국 내에 있는 13개 식민지에 결성된 비밀 조직으로, 영국 정부의 과세에 맞서고 식민지 주민들을 보호하기 위해 결성되었다—옮긴이)은 엘리샤 쿡 주니어(Elisha Cooke Jr.)가 운영하는 보스턴 시의 한 선술집에서 처음으로 결성되었다. ('코커스(caucus)'라는 단어 자체가 '쿡스 하우스(Cook's House)' 또는 포도주 사발을 뜻하는 그리스어에서 왔다.) 보스턴티파티(Boston Tea Party) 모의는 또 다른 보스턴의 선술집 그린 드래곤(Green Dragon)에서 탄생했는데, 이 술집은 '미국 혁명 본부'로 알려졌다. 미국 내 식민지에서 형성된 선술집 문화도 반골 성향이 강했다. 휴슨의 선술집처럼 영국이 부과한 세금을 회피하려는 밀수꾼들이 선술집을 애용했다. (필라델피아에 있는 한 선술집은 지하 통로를 통해 부두와 연결되었다.) 역사학자 데이비드 콘로이(David Conroy)가 분석한 1700년대 투표 기록을 보면 선술집 주인들이 매사추세츠 주 하원에 대거 진출했고, 이를 두고 존 애덤스(John Adams)는 거칠고 시끌벅적한 선술집이 의원들을 양성하는 "온상이 된 지역이[153] 한두 군데가 아니다"라고 개탄했다. 토머스 페인(Thomas Paine)의 《상식(Common Sense)》(미국 내 13개 식민지 주민들에게 영국으로부터의 독립의 도덕적 정치적 당위성을 설명하는 소책자로, 1776년 1월 10일에 발간되었다—옮긴이)과 독립선언문이 식민지인 미국 전역에서 우렁차게 낭독되어 독립전쟁의 도화선에 불을 붙이게 된 장소도 선술집들이다.

사실 독립전쟁으로 이어지기까지 수십 년 동안 일어난 결정적인 사건들 가운데, 어느 정도는 공적인 공간인 선술집과 연관되지 않은 사건은 단 한 건도 찾기 어렵다. 역사에서 그런 선술집들을 지워버리면, '자유의 후손' 같은 급진 전선이 자발적으로 결성되기까지 훨씬 더 오래 걸렸을지도 모르고, 미국의 독립 자체도 수십 년 더 늦춰졌을지도 모른다. 1800년대 초 명실상부한 산업국가인 영국에 대항해 미국이 벌인 독립전쟁의 결과는 뒤바뀌었을지도 모른다.

여기서 잠시 멈추고 인과관계를 따져볼 필요가 있다. 미국의 독립은 식민지 전역에 확산된 선술집 문화가 야기하지는 않았다. 독립이 되기까지 수많은 힘이 작용했고, 이 가운데는 초기 혁명가들에게 이견을 표출할 공간을 제공한 선술집보다 더 큰 영향력을 발휘한 힘들도 있다. 그럼에도 선술집이라는 공간의 존재는 사건이 전개되는 방식에 결정적인 영향을 미친 요인이다. 선술집이라는 변인을 바꾸면 독립전쟁으로 이어지기까지의 과정은 매우 다른 방향으로 전개되었을지도 모른다. 선술집은 비공식적으로 논의와 소통이 이루어진 공간이기 때문이다. 영국으로부터 분리 독립해야 한다는 생각이 공유되고, 그런 생각을 나누었다는 사실이 비밀에 부쳐진 공간이기 때문이다. 선술집보다 먼저 존재했던 로마의 타베르나와 마찬가지로, 미국의 선술집들은 연락망에서 중요한 구심점 역할을 했다. 로마인들은 타베르나를 이용해 제국을 하나로 유지했다. 미국인들은 선술집을 이용해 제국을 무너뜨렸다.

1966년 12월 31일, 로스앤젤레스의 실버 레이크에 있는 블랙 캣 태번(Black Cat Tavern)에서 벌어지고 있던 광경은, 섣달그믐날 도시에 있는 게이 바(Gay Bar)에서 볼 수 있을 법한 들뜬 분위기였다. 그곳에서 멀지 않은 또 다른 바에서 코스튬 파티(costume party)가 막 끝나고, 여장을 한 흑인 남성 세 명(리듬 퀸즈(Rhythm Queens)라고 불렸다)이 흥에 겨워 〈올드 랭 사인(Auld Lang Syne)〉을 목청껏 부르기 시작했다. 블랙 캣 태번 같은 게이 바는 2차대전 후 미국 시내 번화가에서 점점 늘어나고 있었다. 그 뿌리는 19세기로 거슬러 올라간다. 맨해튼에 있는, 예술가들의 아지트 파프스 비어 셀러(Pfaff's Beer Cellar)와 같이 자유분방한 분위기의 바에서 시인 월터 휘트먼(Walter Whitman, 휘트먼의 전기 작가들 사이에서는 여전히 휘트먼의 성적 취향에 대해 다양한 이견이 있지만, 휘트먼은 동성애자이거나 양성애자라는 게 통설이다—옮긴이)은 '눈빛이 총명한 아름다운 젊은이'[154]들을 갈구했다. 성적취향을 숨기는 길밖에 없었던 시대에 게이 바는 게이와 레즈비언들이 마음을 터놓고 성적 취향을 논할 수 있는 드문 공간이었고, 만남도 여기서 이루어졌다. 파프스와 마찬가지로 게이 바는 예술가들이 서로 교류하는 중심지 역할을 했다. 테네시 윌리엄스(Tennessee Williams)는 뉴올리언스에 있는 게이 바, '카페 라피트 인 엑사일(Cafe Lafitte in Exile)'에 발길이 잦았고, 앨런 긴즈버그(Allen

Green Dragon Tavern, Boston, Mass., in 1773

보스턴에 있는 선술집 그린 드래곤

Ginsberg)는 샌프란시스코에 있는 '블랙 캣'에서 입담으로 청중을 사로잡았다.

그러나 게이 바는 대결과 도전의 장이기도 했다. 섣달그믐 날, 로스앤젤레스 그 장소에서 손님들과 어울린 사람들 가운데는 로스앤젤레스에 사는 게이들의 공동의 적이었던 LA경찰의 강력범죄수사부 사복경찰 십여 명이 있었다. 자정을 알리는 풍선들이 쏟아져 내려오자, 블랙 캣의 남자 손님들은 서로 부둥켜안고 새해를 맞이하는 입맞춤을 했다. 사복경찰들은(곤봉을 들고 갑자기 들이닥친 제복경찰의 지원을 받아) 폭력을 행사해 열여섯 명을 체포했고, 몇 명은 심하게 구타당해 입원하기까지 했다. 사복경찰들은 후에 여섯 명의 남자가 다른 남자의 입술에 길게는 10초 동안 입맞춤 하는 광경[155]을 목격했다고 진술했다. 블랙 캣 사건보다 훨씬 유명한 사건은 2년 후 맨해튼 웨스트 빌리지에 있는 스톤월 인(Stonewall Inn)에서 일어났다.

그러나 섣달그믐 밤에 일어난 사건들은 동성애자 인권 운동이 일어나는 데 중요한 역할을 했다. 경찰의 기습적인 단속이 있고 나서 여섯 주 후, 선셋대로(Sunset Boulevard)에서 가두시위가 일어났고, 시위에 참가한 LA 동성애자 시민들은 "더는 우리의 권리와 인간으로서의 존엄성을 훼손하지 말라"라고 외쳤다. 블랙 캣 사건에 자극받은 사회운동가들은 '프라이드(Personal Rights in Defense and Education, PRIDE)'라는 조직을 결성하고, 격주로 발행하던 등사판 인쇄 소식지를 명실상부한 신문으로 전환하기로 결정한다. 그렇게 해서 최초로 게이와 레즈비언 문제만 다루는 전국적인 간행물〈에드버킷(Advocate)〉이 탄생했다. 이 간행물은 그 후 수십 년 동안 스톤월 인 사건 이후 동성애자 해방운동의 탄생, HIV/AIDS 위기 사태, 동성애자 결혼허용 운동 등, 동성애자 공동체가 벌인 수많은 투쟁과 그러한 투쟁에서의 승리에서 핵심 역할을 수행한다.

바나 클럽 같은 반(半) 공공장소가 동성애자 해방운동에 미친 영향은, 문화 부문에서 발생한 일종의 벌새 효과라고 볼 수도 있다. 지금까지 살펴본 뜻밖의 변화들은 기술적인 돌파구를 중심으로 발생했다. 누군가가 특정한 목적을 달성하기 위해 어떤 장치를 발명하지만, 그 장치가 사회에 널리 확산되면서 그 장치를 발명한 사람이 꿈도 꾸지 않았던 일련의 변화가 일어난다. 흥행사와 아마추어 과학자들이 정지된 일련의 이미지가 마치 움직이는 것처럼 보이도록 눈을 속이는 기법을 발견한다. 그로부터 한 세기 반이 지나 그 혁신적 기법은 새로운 유형의 유명인 계층을 탄생시켰고, 리얼리티 쇼에 등장해 유명인사가 된 이들과 그들을 추종하는 팬들 사이에 가상의 관계를 맺어주는 데 여념 없는 산업이 탄생했다.

그러나 인류 역사상 가장 큰 영향을 미친 혁신 가운데는 새로운 기계나 과학적 원리와 무관한 것들도 많다. 수세기가 흐르는 동안 바와 펍과 태번에서도(코르크 따개에서 맥주통, 냉장고에 이르기까지) 새로운 기술이 이용되어왔을지 모르지만, 술집이 변화의 주역이 된 이유는 술집에서 쓰던 장비나 기구들과는 아무 상관이 없다. 술집에서 일어난 혁신은 사회적 혁신, 물리적인 공간의 혁신이다. 대중에게 공개된 동시에 거리로부터 차단된 그 공간은, 머무는 사람의 정신 상태를 몇 시간 동안 편안하게 바꾸어주었다. 인류가 오랜 세월 동안 밟아온 역사의 자취를 돌이켜 볼 때, 문화적 공간적 혁신은 새로운 아이디어를 창출하는 데 있어, 통상 우리가 획기적인 돌파구라고 여기는 기술 혁신만큼이나 중요한 역할을 해왔다.

선술집이 생긴 직접적인 목적은 분명하다. 사람들이 모여 술에 취해 어울리기 편한 공간을 만들고, 이 공간에서 주인은 술을 팔아 돈을 버는 게 목적이었다. 그러나 선술집에서 시작된 벌새의 날갯짓은 사회 정치적 영역으로 확산되었다. 선술집은 사회적 관계의 경계를 넓히고 실험적인 삶을 촉진하고 반골 기질에 자양분을 제공했다. (인류 문명이 동트던 시기 어느 시점엔가) 최초로 술집 간판을 내걸고 돈 받고 술을 판 사람은, 자신의 이런 혁신적인 아이디어가 결국 세계 전역에서 정치적, 성적 혁명을 일으키리라고는 꿈에도 생각지 못했을 것이다. 본래 놀이와 여가용으로 만들어진 공간이, 뜻밖에도 위험하고 신선한 아이디어가 탄생하는 온상이 되는 이변이 일어났다.

이러한 공간은 20세기에 출간된 사회학 저서 가운데 가장 큰 영향을 미친 역작이 탄생하는 데 결정적인 역할을 했다. 바로 위르겐 하버마스(Jurgen Habermas)의 《공론장의 구조 변동(The Structural Transformation of the Public Sphere)》이다. 하버마스가 전설적인 프랑크푸르트학파 마르크스주의자 테오도르 아도르노(Theodor Adorno)와 막스 호르크하이머(Max Horkheimer) 밑에서 대학원생으로 공부할 때 처음 썼다는 이 책은, 사실 하버마스의 박사학위 논문이다. 그러나 하버마스는 정신적 스승인 두 학자와 결별한다. 그들이 "무기력할 만큼 정치에 회의적"[156]이라는 게 이유였다. (그의 논문은 구글 스칼러(Google Scholar)에서 검색되는 1만 5천여 편의 논문 가운데 학계 역사상 가장 자주 인용되는 논문으로 손꼽힌다.) 하버마스는 17세기 중반 무렵부터 "공중(公衆, the public, 프랑스어로 '르 퓌블릭(le public)', 독일어로 '푸블리쿰(publikum)')"이라는 개념이 서유럽 언어에서 새롭게 각광받기 시작했다고 지적했다.[157] 그 전까지만 해도 사람들은 일반 관중이나 군중을 말할 때 '세계(the world)' 또는

'인류(humankind)' 라고 칭했다. 그런데 '공중' 이라는 개념이 등장하면서 그 힘과 영향력에 있어 군주나 사제에 견줄 만한 잠재력을 지닌, 견해와 취향의 집합체가 사회에 존재한다는 의미가 되었다. 사람들은 역사상 처음으로 '여론(public opinion)' 의 영역에서 의견을 말하기 시작했다. 사람들은 일이나 아이디어를 '홍보' ((publicity, 프랑스어 '퓌블리시테(publicite)' 에서 비롯됨)하기 시작했다. 하버마스의 주장에 따르면, 18세기의 정치적 지적 혁명은 반(牛) 공적인 성격을 띤 태번이나 펍 같은 장소로 대표되는, 이 새로운 공론의 장이 등장하면서 촉진되었다. (하버마스보다 몇 십 년 후 미국 사회학자 레이 올든버그(Ray Oldenburg)가 《명당(The Great Good Place)》이라는 제목의 책에서 비슷한 주제를 제시한다. 이 책에서 그는 그러한 장소들을 일컬어 사적 공간도 아니고 공적인 공간도 아닌 '제3의 장소 (the Third Place)' 라는, 오늘날 흔히 쓰는 표현을 만들어냈다.)

하버마스에게 공론의 장은 철저히 평등주의적인 경향을 지녔고, 지위의 평등이라는 전제에서 벗어나 아예 지위 자체를 완전히 무시하는 사회적 담론을[158] 형성했다. 참여자들은 서열 존중이라는 개념을, 동등한 사람들 사이에 걸맞는 기지(機智)의 존중과 맞바꿨다. 그리고 2세기 후에 등장한 블랙 캣이나 스톤월 인처럼, "그때까지 누구도 의문을 제기하지 않았던 영역에 존재하는 문제들을 상정하는 장소였다. 하버마스에게 공론의 장은 단순히 시설물이 아니다. 새로운 매체가 발달하면서, 특히 계몽주의 담론을 활성화하는 데 핵심적인 역할을 한 소책자 제작 배포(pamphleteering) 관행이 등장하면서, 공론의 장은 더욱 활발해졌다.

태번, 살롱, 음주회합은 《공론장의 구조 변동》에서 담당하는 역할이 있다. (하버마스가 미국 독립전쟁에 조금 더 초점을 맞췄더라면, 이런 장소들의 활약상이 더욱 두드러졌을지도 모른다.) 그러나 하버마스가 보기에 18세기에 미국의 독립이라는 아이디어를 낳은 물질은, 선술집에서 팔던 맥주와 포도주가 아니라 유럽 도시에 막 등장한 또 다른 각성 물질이었다. 바로 커피다.

신비한 카페인의 유혹

인류가 커피 맛을 알게 된 때(그리고 지구상에서 가장 인기 있는 각성 물질인 카페인에 중독되게 된 때)는 에티오피아 하라르(Harar) 시로 거슬러 올라간다. 그곳에서 학명 코페아 아라비카(Coffea Arabica)인 작물이 처음으로 경작된다. 어쩌면 그보다 더 오래전인지도 모른다. 이 식물에 정신이 번쩍 들게 하는 물질이 함유되어 있다는 사실을 인간이 눈치채기 훨씬 전부터, 코페아 아라비카의 먼 조상은 카페인이 든 열매를 맺기 시작했다. 오늘날 유전자 분석을 통해, 이 작물이 애초에 진화를 통해 이런 화학물질을 함유하게 된 이유를 연구하기 시작했다. 2014년 9월, 프랑스와 미국 과학자들이 이끄는 여러 나라 과학자들로 구성된 연구팀이 코페아 카네포라(Coffea canefora)의 유전체 염기서열을 밝혀냈다고 발표했다. 세계 커피 소비량의 3분의 1이 이 식물의 열매에서 생산된다. 연구팀은 이 식물의 카페인 생성을 지시하는 유전체 부분을 분석하고 이를 차와 초콜릿을 생산하는 식물들의 카페인 생성 기제와 비교했다. 그리고 코페아 카네포라가 진화를 통해 카페인 물질 생성에 특화된 독특한 효소군을 만들어냈다는 사실을 발견한다. 다시 말해 인간의 혈류에 카페인을 전달해주는 작물들은 하나의 공통된 조상으로부터 진화한 후손이 아니라, 각자 독자적으로 카페인 생성 능력을 발달시켜왔다.

이 같은 수렴진화(收斂進化, convergent evolution, 계통적으로 조상이 다른 생물들이나 분자들이 서로 유사한 기능 또는 구조를 발달시키는 현상—옮긴이)는 커피 식물이 카페인을 일종의 화학무기로 발달시켜왔음을 의미한다. 고추의 피페린이 자극적이고 입이 타들어가는 느낌을 주는 것처럼. 커피 식물은 카페인이 함유된 잎사귀를 떨어뜨리는데, 이 잎사귀는 생명 유지에 필요한 영양분과 햇빛을 차지하기 위해 경쟁하는 다른 식물들이 서식하기 어려운 토양을 만든다. 또한 열매에 함유된 대량의 카페인은 곤충에게 독이 되므로, 열매가 먹히지 않도록 보호한다. 그러나 과학저술가 칼 지머(Carl Zimmer)가 지적했듯이, 카페인을 함유하도록 진화한 이유는 전적으로 방어만이 목적은 아닐지도 모른다. 커피 식물이 생성하는 꽃꿀에도 미량의 카페인이 함유되어 있다. 지머는 말한다.

"카페인이 함유된 꽃꿀을 곤충이 섭취하면[159] 기운이 솟아난다. 그렇다면 곤충은 이 꽃의 향을 더 잘 기억하게 될 가능성이 높아진다. 이와 같이 기억이 향상되면 그 곤충은 카페인이 든 꽃을 다시 찾고, 꽃가루를 더 널리 퍼뜨리게 된다."

카페인이 두뇌 기억중추의 기능을 향상시킨다는 사실은 잘 알려져 있다. 따라서 인류 문화에서 카페인의 화학 성분이 한 역할은, 생물 진화에서 카페인이 담당한 기능과 상응한다.

처음부터 커피는 의약품과 기분 전환용 물질 사이의 애매모호한 경계를 넘나들었다. 실용적인 목적(단기 기억을 증진시키고 졸음을 쫓아주는 효능)은 커피라는 음료가 지닌 부인할 수 없는 매력이다. 유럽인들, 특히 영국인들과 프랑스인들의 식생활에서 커피가 주요 식품으로 자리 잡은 18세기 유럽에서 지적 활동과 산업 활동이 확대된 사실로 미루어볼 때, 카페인이 일정 부분 기여했을 가능성이 높다. (유럽인들은 한낮에 기분을 울적하게 만드는 알코올음료를 섭취하던 관행을 철폐하고 카페인이라는 자극제를 선택했다. 그 결과는 예측한 대로 나타났다.) 확실히 카페인은 산업이 발달한 지역의 노동자들이 공장의 노동시간을 엄격히 준수하도록 하는 데 필수 요소였다.

그러나 카페인은 단순히 정신을 명료하게 하는 약품 이상의 역할을 했다. 코페아 아라비카 열매가 지닌 천연의 쓴맛을 보다 만족스럽게 만들기 위해, 카페인을 추출하는 온갖 복잡한 장비와 기법들이 발달했다. 분쇄기, 밀크 스티머, 프렌치 프레스, 에스프레소 머신이 등장했다. 반면 차는 커피처럼 온갖 다양한 장비들을 발달시키지 못했다. 아마도 커피만큼 입맛에 맞게 만들려고 애쓸 필요가 없었기 때문일지 모른다. 16세기 유럽인들이 최초로 커피를 접하게 된 이야기를 읽다 보면, 커피 맛에 매료된 사람은 한 사람도 없다. (초창기에 커피를 시음한 사람들이 오늘날 커피 블로그에 커피 맛을 묘사한 글을 읽는다면 어리둥절해할지 모른다.) 17세기에 어떤 사람은 커피를 마셔보고 그 맛을 "재와 낡은 신발을 우려낸 걸쭉한 액체"[160]라고 묘사했고, 〈런던 스파이(London Spy)〉는 "무슬림이 먹는 쓰디쓴 죽"이라고 묘사했다.

커피 그 자체의 오묘한 맛을 음미하게 된 계기는 19세기와 20세기에 가서야 마련되었다. 17세기에 커피를 즐겼던 이유는, 맛 못지 않게 커피를 마시는 공간과 도시 생활 때문이다. 커피가 유럽인들의 정신을 명료하게 하고 기억력을 향상시켰다면, 커피 하우스는 사회적 관계를 바탕으로 한 새로운 공간을 선사했다.

1650년 즈음, 시칠리아 출신 하인인 파스쿠아 로제(Pasqua Rosée)는 당시 오토만 제국의 일부였던 스미르나(Smyrna)에서 영국 상인 대니얼 에드워즈(Daniel Edwards) 밑에서 잠깐 일했다. 에드워즈는 오늘날 터키 지역을 여행하면서 커피 맛을 알게 되었고, 런던으로 돌아오면서 자기 집 바리스타로 부리기 위해 로제를 데리고 돌아왔다. 에드워즈 친구들에게 커피를 대접하던 로제는, 이 이국적인 터키 음료로 사업을 하면 좋겠다고 생각했다. 그는 이스탄불을 비롯해 오토만 제국 내의 도시들에 있는 커피숍을 본따, 사람들이 와서 커피를 마실 수 있는 공간을 마련하고자 조사를 시작했다. 이 시점부터는 뒷이야기가 어떻게 진행되었는지 불확실하다. 로제는 에드워즈와 동업했을 수도 있고, 고용주와 사이가 틀어져 친구와 동업했을 수도 있다. 그러나 로제가 1652년 에드워즈의 자택 근처 교회 경내에 있는 창고에서 커피를 팔기 시작했다는 것만은 분명하다. 그는 자기 머리를 그린 상표에 '터키인의 머리' 라는 이름을 붙여 커피를 팔았다. 런던에 등장한 최초의 커피 하우스인 셈이다. 그 이후 한 세기 반 동안, 영국에서 그 어떤 공공장소보다 훨씬 더 막강한 영향력을 발휘한 시설이 탄생한 곳이다.

로제는 '커피 음료의 장점' 에 관한 전단지를 만들었는데, 그 일부를 인용할 필요가 있겠다. 일상적으로 사용하는 물건을, 단 한 번도 써본 적이 없는 사람에게 어떻게 설명하는지 알아보는 재미도 쏠쏠하고, 커피의 의학적 효능을 전파하고자 로제가 어떤 무리수를 두는지도 보면 웃음이 나온다.

— 커피라고 불리는 열매는 오직 아라비아 사막에서만 자라는 아담한 나무에 열린다. 열매를 화덕에 말려 가루로 만든 다음 샘물을 넣고 끓여 1/2 핀트 정도 마신다. 커피는 소화를 도와주므로 아침뿐 아니라 오후 서너 시쯤 마시면 아주 좋다. 커피는 정신을 명료하게 하고 심장을 튼튼하게 한다. 화를 가라앉히고 두통에 특효가 있으며, 다량 분비되는 어떤 체액도 멈추게 하고, 소모성 질환과 기침을 예방하거나 완화한다. 부종, 통풍, 괴혈병을 예방하거나 치료한다. … 가임 여성들의 유산을 방지하는 데도 효과 만점이다.

로제의 상술에는 읽는 사람으로 하여금 호감을 느끼게 만드는 뭔가가 있다. 그는 '커피 음료'가 소화를 돕고 두통을 완화하고 정신을 맑게 한다는 정확한 정보를 제공하는 데 만족하지 않고, 결핵, 괴혈병, 유산까지 끼워 넣는다. 실제로 카페인에 이런 약효가 있다면 스타벅스가 돈을 얼마나 더 많이 벌었을지 상상해보라. 로제는 다음 세기에 카페인의 뒷받침으로 산업혁명이 일어날 것을 예견하듯, 커피가 "졸음을 방지하고 작업 수행 능력을 향상시킨다"라고 지적하기도 했다.

계몽주의를 꽃피운 커피 하우스

로제가 만든 전단지는 제 구실을 톡톡히 했고, 곧 그는 하루에 커피를 600잔까지 팔게 되었다. 머지않아 커피 하우스가 런던 전역에 우후죽순으로 생겨났다. 10년이 채 안 되어 런던에는 83개의 커피 하우스가 들어섰고, 모두 남성 전용이었다. (하버마스가 지적한 대로, 런던의 커피 하우스와 그에 상응하는 파리의 살롱 간에 가장 두드러진 차이점은, 후자의 경우 여성들이 활발히 드나들었다는 점이다.) 커피를 마시며 담소를 나누는 '남성만의 세계'에서 소외된 런던 여성들은 1674년 《커피에 반대하는 여성의 탄원 (Woman's Petition Against Coffee)》을 발표하고, "새로 유행하는 독하고 야만적인 커피라는 음료의 과용"을 비판했다. (그로부터 30년 후

17, 18세기에 등장한 런던에 커피 하우스의 내부 모습

등장한 '옥양목 귀부인'들을 향한 비판은 이에 대한 반격이라고 볼 수 있다.)《커피에 반대하는 여성의 탄원》이 출간되고 난 1년 후, 찰스 2세도 커피 하우스 공격에 가담한다. 나태함을 조장하고 선동적인 정치 운동을 부추긴다는 이유였다. 찰스 2세는 〈커피 하우스 금지 포고문〉에서 커피 하우스가 사회에 가하는 위협을 다음과 같이 단호히 천명한다.

— 명명백백한 사실은[161] 최근 몇 년 사이 수없이 생겨난 커피 하우스가 나태하고 불만 가득한 사람들이 빈번히 드나드는 곳이 되었

고, 그들이 매우 사악하고 위험한 인물이 되어가고 있다는 점이다. 또한 수많은 상인들을 비롯해 다른 사람들도 합법적인 소명을 다하고 용무를 보며 보내야 할 시간을 커피 하우스에서 낭비하고 있다. 게다가 커피 하우스에서 조작되는 온갖 악의적이고 수치스러운 거짓 소문들이 나라 밖에까지 알려져 폐하의 권위에 먹칠을 하고 있다… 따라서 폐하께서는 앞으로 커피 하우스를 폐쇄하고 금지하는 게 바람직하고, 또 그럴 필요가 있다고 생각하시게 되었다…

공문 형식을 갖춘 글귀 저변에, 도덕적인 공황 상태에 빠져서 터져나오는 절규가 들리는 듯하다. 그 뒤로 수세기 동안 새로운 놀이 공간이 등장할 때마다, 구세대가 개탄하는 이러한 현상이 반복된다. 19세기에 등장한 백화점에서 20세기 초의 당구장, 1980년대 인기를 모은 비디오게임 오락실까지, 매번 그랬다. 찰스 2세는 커피 하우스를 "금지하는 게 바람직하고 또 그럴 필요가 있다고 생각하시게" 되었을지 모르지만, 런던 시민들의 생각은 달랐다. 커피 하우스 주인과 고객들의 격렬한 저항에 부딪힌 찰스 2세는, 포고문을 선포한 지 일주일 만에 철회했다. 법적인 개입은 무산되었지만, 포고문의 문구를 보면 커피 하우스가 권위에 대한 도전으로 인식된 이유는 각성 물질 자체 때문이 아니라, 커피 하우스가 영국 사회에서 사회적 공간으로서의 역할을 했기 때문이었다는 사실이 분명히 드러난다. 1700년대 초 무렵 런던에서는 1,000곳이 넘는

1710년 '커피 하우스 군중'을 풍자한 판화

커피 하우스가 영업 중이었다. 세계 그 어느 도시보다도 많았다. (당시 유럽에서 유일하게 런던에 버금가는 풍요를 누린 도시 암스테르담에는[162] 1700년 당시 커피 하우스가 겨우 33곳이었다.) 커피 하우스는 영국 계몽주의 운동을 상업적, 예술적, 문학적으로 꽃피우는 데 그 어떤 물리적 공간보다도 크게 기여했다.

1700년대에 특화된 커피 하우스들이 등장하면서 커피 하우스 생태계가 놀라울 정도로 다양해지고, 문화적인 변화도 가능해졌다. 익스체인지 앨리(Exchange Alley)에 군집한 커피 하우스들은 주식시장 투자가들의 집합소였다. 웨스트민스터에 있는 웨그혼(Waghorn)은 정치계 뒷공론의 온상이었다. 그 밖에도 도박장 구실을 한 커피 하우스, 매춘 소굴인 커피 하우스도 있었으며, 딱히 꼬집어 뭐라고 말하기 힘든 관심사에 특화한 커피 하우스도 있었다. 예를 들면, 존 호가스(John Hogarth)의 커피 하우스에서는 고객들이 오로지 라틴어로만 대화했다. 역사학자 매튜 그린(Matthew Green)은 다음과 같이 말한다.

"코벤트 가든에 있는 베드퍼드 커피 하우스에서는[163] '공연 품평 온도계'라는 것을 걸어놓았다. 매주 최신 연극과 공연들을 '탁월함'에서부터 '형편없음'까지 평가하고, 극작가와 배우들을 혹평했다."

그러나 커피 하우스가 했던 역할 가운데 가장 잘 알려진 역할은 아마도, 새로 형성되고 있던 언론인이라는 계층에게 사실상 사무실 역할을 한 것이다. 1709년 〈테틀러(Tatler)〉 창간호에서 리처드 스틸(Richard Steele)은 자기가 쓰는 기사와 평론이 런던의 커피 하우스에서 잡담을 전문으로 하는 계층에게서 얻은 정보를 바탕으로 한다며, 다음과 같이 설명했다.

— 염문, 오락, 연예 관련 기사들[164]은 모두 화이트의 커피 하우스 명의로 발행될 것이다. 시는 윌의 커피 하우스 명의로, 교양은 그리션 커피 하우스 명의로, 해외와 국내 뉴스는 세인트 제임스 커피 하우스의 명의로 제공한다. 그 밖에 다른 주제와 관련한 소식의 출처는 내 거처다.

어떤 커피 하우스에서는 놀이의 역사에 등장한 주인공들이 조우한다. 해운업 종사자들의 집합소인 로이드 커피 하우스는 런던의 거대 보험회사 로이드(Lloyd)로 발전했다. 커피 하우스에서 탄생한 현대 보험업은, 옥양목과 무명 같은 새로운 직물들을 찾아 세계를 누비는 선박들을 재정적으로 뒷받침하기 위해 주사위 놀이를 즐기던 도박사들이 발명한 수학적 확률을 이용했다.

그러나 커피 하우스가 미친 문화적 영향은 신생 업종을 특화된 전문 분야로 자리 잡도록 한 것 이상이다. 벤저민 프랭클린과 조지프 프리스틀리가 단골로 드나들던 런던 커피 하우스처럼, 대다수 커피 하우스는 다양한 분야에 관심을 둔 각계각층 사람들이 드나들었다. 특정 기업이나 대학의 특정 학과 사람들의 집합소 역할을 하지 않았다는 뜻이다. 그린은 다음과 같이 말한다.

"한 가지 사안에 대한 대화가 뜻하지 않게 다양한 사안들을 폭넓게 아우르는 토론[165]으로 발전했다. 예컨대 1715년 존스 커피 하우스에서는 퇴위한 제임스 2세를 옹립하려 한 어떤 귀족(역사에는 더들리 라이더(Dudley Ryder)로 기록되어 있다)의 처형 소식이 '참수를 통해 죽음의 고통을 덜어주는 처형 방법'에 대한 토론으로 이어졌다. 토론에 참가했던 누군가는 자기가 직접 한 실험 이야기를 했다. 뱀의 몸뚱이를 2등분했더니 놀랍게도 절단된 두 부위가 따로 꿈틀거리며 각자 다른 방향으로 기어 가더라는 것이다. 그러자 듣고 있던 몇 사람이 질문을 던졌다. '두 개의 의식이 존재한다는 증거일까?'"

신기한 소장품들, 박물관을 예고하다

영향력이 큰 커피 하우스 가운데, 다양한 분야들을 폭넓게 아우른다는 취지를 실내장식에도 반영한 곳들이 나타났다. 1700년대 초 런던에 사는 의사 한스 슬론(Hans Slone)은 이국적인 물건들을 수집하기 시작했는데, 결국 첼시에 있는 대저택의 방 아홉 개가 가득 찼다. 그의 수집품들을 본 누군가가 1730년, 슬론의 소장품에 대해 이렇게 기록했다.

▬ …스웨덴 올빼미,[166] 학 두 마리, 개, 셀 수 없을 만큼 많은 마노

(瑪瑙), 오렌지색 올빼미, 담배, 기형물, 오팔, 책 약 40권, 커다란 장부 250권, 말린 식물, 수없이 많은 나비들, 메달 2만 3천 개, 웨일스에 있는 마을 컬리언에서 가져온 아주 예쁜 물건, 아녀자의 배를 가르고 꺼낸 태아. 그 여자는 전신부종을 앓았고, 그 후에 아이를 여럿 출산했다.

슬론은 세상을 떠날 무렵 70만 점 이상을 모았고 이를 조지 2세에게 남겼다. 슬론의 소장품은 독일인들이 '분더카메른(Wunderkammern, 말 그대로 "신기한 물건들이 전시된 진열장"을 뜻함)'이라고 일컫는 것 중 최고 경지였다. 분더카메른은 고대 동전, 장신구, 방부 처리한 미라, 단검, 코뿔소의 뿔 등이 진열된, 잡동사니의 신에게 바치는 작은 신전인 셈이다. 이런 물건 수집에는 특별한 기준이 없었다. 귀족들을 놀라게 할 수 있는 물건만이 진열장에 자리를 차지할 자격을 얻었다. 그러나 슬론의 소장품을 구경한 사람들은 런던의 특권층만이 아니다. 수완 좋은 이발사이자 치과의사 제임스 솔터(James Salter)는 1700년대 초에 슬론과 계약을 맺고, 점점 늘어나는 슬론의 소장품 가운데 몇 점을 빌렸다. 솔터는 첼시 처치 근처에 새로 낸 자신의 커피 하우스에 이 물건들을 전시했다. 머지않아 솔터는 이국적인 느낌이 물씬 풍기는 '돈 살테로(Don Saltero)'로 이름을 개명했고, '신기한 물건들이 전시된 진열장'과 커피는 런던의 감정가들을 그의 커피 하우스로 불러 모았다. 그의 커피 하우스 벽과 천장은 온통 이상한 물건들로 뒤덮여 있었다. 조개삿갓, 조가비 염

수집가의 소장품 전시실을 방문한 앨버트 대공과 이사벨라 대공비.
1621~23년경, 얀 브뤼헐 디 엘더(Jan Breughel the Elder)와
히에로니무스 프랑켄 2세(Hieronymus Francken II) 작

주, 정복자 윌리엄 1세의 것이라고 알려진 '불타는 검', 화석화된
굴, 거인의 입에서 뽑은 치아, 채찍, 굽은 등을 펴주는 기구, 보석
등 온갖 것이 다 있었다.

슬론의 신기한 소장품들은 옛날 물건들이 많았지만, 그 물건들
의 총합인 컬렉션은 미래를 향하고 있었다. 슬론이 세상을 떠난 직
후, 그가 소장한 방대한 양의 이국적인 물건들은 대영박물관의 토

대가 된다. 대영박물관의 설립 취지를 보면, "학식 있고 호기심 많은 계층이 관람하고[167] 즐거움을 누리도록 하기 위해서 뿐만 아니라, 일반 군중도 이용하는 혜택을 누리게 한다"라고 되어 있다. 대영박물관은 진정으로 국민이 소유한 역사상 최초의 국립박물관이다. 프랑스 혁명가들이 루브르 박물관을 왕실 소유에서 공공 소유로 바꿔 개장하기 반세기 전이었다.

돈 살테로와 슬론의 수집벽에서 서로 매우 다른 두 전통이 생겨났다. 하나는 리플리의 '믿거나말거나(Ripley's Believe It or Not, 미국 모험가 로버트 리플리(Robert Leroy Ripley, 1893~1949)가 35년간 전 세계 198개국에서 수집한 기묘한 사실들을 모은 방대한 컬렉션이다. 그는 자신의 만화 〈리플리의 믿거나 말거나〉가 큰 인기를 끌자 조금씩 영역을 넓혀 세상의 모든 진기한 기록을 수집했다. 로버트 리플리가 세상을 떠난 후 그의 후배와 친구들은 리플리 재단을 설립해, 도서 발간과 박물관 건립을 계속하고 있다—옮긴이)' 박물관처럼 축제에서 관람객의 눈길을 끄는, 흥행사 유형의 전통이었다. 어디서 났는지 알 수 없는 신기한 물건들을 진열해, 관광객과 호기심이 발동한 사람들을 즐겁게 해주는 성격의 전통이다. 다른 하나는 좀 더 유서 깊은 계보다. 신기한 물건들이 전시된 진열장은 새로운 유형의 지적인 호기심, 새로운 유형의 학문 추구를 상징했다. 돈 살테로가 등장하기 이전에는 학자가 되려면 고전과 성서에 정통해야 했다. 고대로부터 전해 내려오는 지혜에 경외심을 표하고 집중적으로 공부해야 했다. 그러나 1600년대와 1700년대에 활짝 꽃핀 지적인 호기심은 근본적으로 달랐다. 여러 분야를 넘나들었고 그 범위가 세계를 아울렀으며, 고전 지식 못지않게 기묘한 것 또한 관심의 대상이었다. 디드로(Diderot)의 《백과전서(Excyclopedie)》과 《브리태니커 백과사전(Ecyclopedia Britannica)》도 수집가의 정서를 토대로 탄생한 책들이다. 워즈워스(Wordsworth)는 《서곡(The Prelude)》의 그 유명한 구절에서, 케임브리지 대학에 적을 두고 온갖 잡다한 지식을 추구하는 청년인 자신을 분더카메른에 비유했다.

▬ (물고기, 보석, 새, 악어, 조개가 가득 전시된)
진열대를 둘러보듯, 넓은 박물관을 거닐 듯 나는 응시한다.
보이지도 않고 잘 이해되지도 않고 자연스럽게 애착이 가지도 않는 대상을,
그런데도 한 발씩 내디딜 때마다 심장이 뛰고 즐겁고 짜릿하다…

워즈워스는 당시 아주 소수만이 누리던 감성을 포착하고 있지만, 이 감성은 훗날 훨씬 많은 이들이 공유하게 된다. 대학을 지적 유희를 만끽하는 시기, 실험을 감행하는 시기, 관심사와 마음가짐을 폭넓게 유지하는 시기로 여기게 된 것이다. 워즈워스 같은 낭만주의 시인이 남긴 이 유산은 오늘날에도 살아 숨 쉬지만, 그 역사는 보다 훨씬 전, 계몽주의 시대의 수집가가 운영하던 골동품 가게와 커피 하우스로 거슬러 올라간다.

평등한 민주 공간 커피 하우스

앞서 돌아본 환영의 신전과 백화점처럼, 커피 하우스에도 서로 다른 사회계층이 모여들었다. 시인, 귀족, 주식 투기꾼, 배우, 쑥덕공론을 일삼는 사람들, 사업가, 과학자 모두 커피 하우스라는 공유 공간에 한자리를 차지했다. 물론 여성이나 노동자 빈곤 계층은 환영받지 못했다. (대부분의 커피 하우스는 입장료로 1페니를 내야 했는데, 중산층은 쉽게 감당할 수 있는 액수였지만 또한 평범한 노동자들의 출입을 가로막기에 충분한 액수였다.) 그러나 18세기의 기준으로 보면 그때까지 유럽인들이 경험한 공간들 가운데 가장 평등한 공간이었음에 틀림없다. 일찍이 1665년, 새로운 커피 하우스 문화에 대한 소책자에는 다음과 같은 시가 실렸다.

"서로 견해가 다른 사내들이 모여 자유롭게 말할 수 있는 곳, 그곳은 바로 커피 하우스. 커피 하우스가 아니라면 사내들이 어디에서 그처럼 자유롭게 담소할 수 있겠는가?"[168] 그로부터 약 10년 후 커피 하우스에서 지켜야 할 예절 '규정' 이 시 형태로 등장한다.

— 우선, 신사든 장인(匠人)이든[169] 모두 환영하며
　어울려 섞여 앉아도 누구에게도 욕되지 않는다
　여기에는 상석이란 없다
　어디든 마음에 드는 자리에 앉으면 그만이다
　지위가 높은 사람이 나타나도

누구도 일어나 자리를 양보할 필요가 없다

1712년에 쓴 기행문에서 존 매키(John Macky)는, "커피 하우스에 가면 청색과 녹색 리본[170]과 별들(영국 사회의 최상류층을 상징하는 문장(紋章))이 편안하게 자리를 잡고 앉아 자유롭게 이야기를 나누었다. 마치 자신의 지위와 계급과 품격을 까맣게 잊은 듯했다"라고 기록했다. 커피 하우스에 내재된 민주주의적인 특성은 그 자체로도 업적이라 할 만하고, 또 다음 세기에 정치적인 민주화를 달성하는 데 제 몫을 했다.

그런데 커피 하우스를 통해 다른 혁신도 수없이 탄생했다. 최초의 공공박물관, 보험회사, 공식 주식거래, 주간지 등은 모두 커피 하우스라는 토양에 뿌리를 내렸다. 1754년 코벤트 가든에서 로스멜(Rawthmell)이 운영한 커피 하우스을 바탕으로 설립된 왕립예술협회(Royal Society of Arts)가 수여한 상금과 상은, 기계공학과 농업과 항해와 관련된 수많은 혁신기술을 탄생시켰다. 초창기에 커피 하우스를 비판했던 이들에게는 그 공간이 무기력함과 나태함을 상징하는 공간으로 보였을지 모르지만, 또한 찰스 2세는 남성들이 '합법적인 소명과 용무'를 마다하고 현실 도피하는 장소로 여겼을지 모르지만, 처음에는 수치스러운 행동으로 여겼던 그 현실 도피야말로 어마어마하게 생산적인 도피였던 것으로 드러났다. 합법적인 소명(그리고 사회에서의 공식적인 지위와 직함)에서 벗어나 새로운 형태의 여가 활동을 창조해냈을 뿐만 아니라, 기업이나 종교단체나 가정처럼 서열화된 공간에서는 나오기 힘든 수많은 새로운 아이디어를 탄생시켰다. 적어도 커피를 마시는 사람들의 건강 차원에서 커피는 파스쿠아 로제가 꿈꿨던 기적의 만병통치약은 아닐지 몰라도, 커피가 문화에 남긴 업적은 실로 기적의 문화 융성 촉진제라고 할 만하다.

자연, 혐오와 정복의 대상에서 경이로

———

1750년대에 최초로 산업혁명이 일어난 뒤 한 세기 반 동안은, 영국을 시작으로 북유럽과 미국 전역에 공장이 들어서는 암울한 시대로 여겨진다. 그러나 증기기관으로 시작된 산업화를 향한 행진과 더불어 색다른 종류의 공간도 확산되었다. 공장의 기계 소음과 고된 노동과는 정반대의 모습을 떠올리게 하는 공간, 여가를 즐기고 오락을 통해 즐거움을 체험하기 위한 목적으로 설계된 공간이다. 런던의 커피 하우스, 필라델피아의 선술집, 파리의 백화점, 베를린의 '유령 제조사', 뉴욕의 움직이는 파노라마 등 도시들은 사람들을 그저 몇 시간 동안만이라도 '합법적인 소명과 용무'에서 탈출시켜줄 새로운 방법으로 넘쳐흘렀다. 역사상 최초로, 여가는 상품이 아니라 즐거움이라는 가치를 최대한 만끽하도록 설계된, 판매용 환경이 되었다. 새로운 공간은 저마다 나름대로 독특했기 때문에 즐거움을 주었다.

이는 근본적으로 도시적인 현상이다. 그러나 마술사와 백화점이 세계 전역에서 도시 중심가를 점령하면서, 도심에서 멀리 떨어진 곳에서도 동시에 혁명이 일어났다. 자연 공간은 두렵고 극복해야 할 역경이 도사리고 있는 공간에서, 인간이 즐거움을 만끽하도록 만든 공간으로 변신했다. '모든 것에서 벗어나' 자연에 천착한다는 낭만적인 생각은, 농경 생활을 시작하면서 자연과 담을 쌓고 살아온 인간에게는 자연스럽게 떠오를 만한 사고가 아니었다.

1620년[171] 메이플라워호를 탄 청교도들이 미국 동부 케이프코드 만(Cape Cod Bay)에 도착했을 때, 그로부터 수세기가 지나 전 세계 여행객들이 찾는 휴양지가 된 프로빈스타운(Provincetown) 외곽에 있는 모래언덕을 넘으면서 그들은 "짐승과 야만인이 가득한 흉측하고 황량한 황무지"에 도착했다고 기록했다. 오늘날 경외심을 불러일으키는 장엄한 풍경은 17세기 사람들에게는, 적어도 그러한 풍경을 보고 받은 느낌을 기록으로 남길 만큼 교육받은 유럽인들에게는 혐오스러워 보였다. 산악 지대는 특히 심미적인 측면에서 역겹게 여겨졌다. 사람들은 산을 '혹,' '종기,'라고 불렀고 심지어 '자연의 외음부'라는 해괴한 이름으로 부르기까지 했다. 18세기까지만 해도 알프스를 통과하는 여행객들은 그 끔찍한 광경을 보지 않도록 눈을 가려달라고까지 했다. 그들은 산을 보면, 아름다운 자연의 모습을 담은 관광 엽서가 아니라, 역경을 딛고 살아남아야 하는 서식지로 생각했다. 인간은 선천적으로 자연을 좋아하는

오라스 베네딕트 드 소쉬르(Horace-Benedict de Saussure)

듯하지만(진화 생물학자. 윌슨(E. O. Wilson)은 인간의 이러한 성향을 '생명을 향한 애정(biophilia)' 이라고 표현했다), 뿌리 깊은 그 본능은 수만 년 동안 농경 생활과 도시 생활을 하면서 억눌려온 듯하다. 그 당시 자연은 사유의 대상이 아니라 정복의 대상이었다.

'혁신' 이라는 단어는 보통 과학이나 기술 진전을 표현하는 데 쓰인다. 전구도 혁신이고 아이팟도 혁신이다. 그러나 오늘날 우리 삶은 새로운 기기뿐만 아니라, 토머스 에디슨이나 스티브 잡스처럼 미래를 내다본 인물들이 생각해내고 확산시킨 새로운 아이디어나 마음가짐의 영향도 받는다. 자연을 사람이 직접 경험하고 그 아름다움을 음미하는 공간으로 본다는 아이디어가 바로 그러한 마음가짐이다. 한 해 수천만 명이 찾는 국립공원이 있는 세상에 사는 우리에게는 당연하게 느껴진다. 그러나 그런 감성 자체는 1700년 대 후기와 1800년대 초기에 나타난 문화적 혁신의 산물이다.

'대자연에서의 야외 활동' 이라는 아이디어 자체가 혁신이라면 한 가지 의문이 떠오른다. 그런 아이디어를 낸 혁신가는 누구일까? 정설은 워즈워스나 키츠(Keats) 같은 시인과 터너(Turner) 같은 화가를 지목한다. 그들은 자연을 경외심과 희열과 두려움이 한데 섞인 감정을 불러일으키는 현상으로 생각하기 시작했고, 낭만주의자들은 이러한 감성을 '숭고함(the sublime)' 이라 일컬었다. 그러나 현대적인 의미에서 자연 공간을 여가 활동의 장으로 여기게 된 시기는, 18세기 과학자 오라스 베네딕트 드 소쉬르 시대로 거슬러 올라간다. 1740년 제네바에서 태어난 드 소쉬르는 스위스 귀족이지만, 과학자이기도 했다. 그는 식물학자, 지질학자이자 자연 철학자였다. 드 소쉬르는 특히 자연계의 흉측한 괴물, 산악 지대에 매료되었다. 그는 산이 지구와 대기의 지질학적인 성분을 알아낼 수 있는 단서를 쥐고 있다고 생각했다. 그러나 그러한 단서를 소화해 제대로 된 지식으로 만들려면 산에 올라야 했다.

특히 드 소쉬르의 관심을 끈 산이 하나 있었다. 바로 몽블랑(Mont Blanc)이다. 서유럽 최고봉인 몽블랑은 흔히 '저주받은 산'으로 불렸다. 드 소쉬르는 그 산 정상에 올라가기만 하면 지구와 대기에 대한 소중한 자료를 수집할 수 있다고 믿었다. 그러나 당시에는 사실상 산악 등반에 대해 알려진 기술이 없었다. 몽블랑 같은 최고봉은 이를 올려다보는 인간에게 유용하거나 가치 있는 대상이 아니었기 때문이다. 인간이 바다를 항해하고 운하를 건설하고 사막을 가로질러온 이유는, (실제든 상상이든) 그 여정의 끝에 항상 보상이 기다리고 있었기 때문이다. 아무 보상도 없이, 단지 성취감을 얻기 위해 얼음과 눈으로 뒤덮인 높이 1만 5천 피트의 암석투성이 산을 오른다니, 어불성설이었다. 더군다나 괴물이 산다는 소문까지 돌던 산을 말이다. 1723년까지만 해도 왕립학회의 스위스 회원이 알프스에 산다는 용을 구체적으로 묘사한 글을 출판하던 시대였다.

드 소쉬르는 혼자서는 몽블랑 정상에 등정할 기술도 체력도 없다는 사실을 깨닫고, 최초로 정상에 오르는 사람에게 보상을 하겠다고 제안한다. 1786년 8월 8일, 프랑스 등반가 자크 발마(Jaques

Balmat)와 미셸 파카드(Michel Paccard)가 최초로 정상에 도달했고, 곧 드 소쉬르가 제시한 보상금을 받았다. 이제 등반 경로가 개척되자 드 소쉬르는 발마와 파카드의 뒤를 이어 최초로 등반에 성공하겠다고 나섰다. 유복한 귀족 집안 출신답게 그는 호화로운 방식으로 이 역사적인 등반을 마쳤다. 열여덟 명의 하인과 안내인이 동반했고, "매트리스, 침대보, 이불, 녹색 커튼"을 갖춘 침대에, 텐트, 사다리, 파라솔, 프록코트 두 벌, 잠옷 두 벌, 넥타이 두 개, 슬리퍼 한 벌도 챙겼다.

넥타이와 이불은 효율성을 극대화한 야외 활동복에 익숙한 우리가 보기에는 좀 과하다 싶어 보일지도 모르지만, 드 소쉬르는 몽블랑 정상에 오르면서 이런 고상한 물건만 챙겨 간 게 아니다. 정상에서 최대한 많은 자료를 수집하기 위해 방대한 양의 과학 측정 도구도 가져갔다. 그는 커다란 고도계 두 개를 가져가 정상의 높이를 측정했다. 대기 온도와 습도를 측정하고 고지에서 물이 끓는 온도를 기록했다. 또 총을 쏘아 고도가 소리에 미치는 영향을 기록했다. 동반한 사람들의 맥박을 측정하고 고지에서 그들의 후각과 미각의 상태가 어떤지도 자세히 기록했다. 그는 암석 종류의 단층을 기록하고, 어떤 식물과 동물이 그렇게 높은 지역에서 생존할 수 있는지도 조사했다. 그 가운데는 설선(雪線, 만년설의 최저 경계선—옮긴이)보다 높은 고도에 서식하는 나비 두 종도 있었다. 그는 심지어 본인이 직접 만든 청도계(靑度計, cyanometer)라는 색상 측정 도표를 이용해, 하늘의 정확한 색깔을 측정하기도 했다. 그가 분석한 바에 따르면, 그 하늘은 지금까지 그가 본 하늘 가운데 가장 짙은 청색인 '39도 청색'이었다.

과학 부문에서는 여러 차원에서 혁신이 이루어졌다. 아마도 가장 중요한 혁신은 드 소쉬르가 산의 지질을 분석해, 지구가 당시 사람들이 생각하는 것보다 훨씬 오래되었다는 사실을 알아냈다는 점이다. 이는 한 세기 후 다윈이 진화론을 확립하는 데 초석이 된다. 그러나 드 소쉬르가 묘사한 산 정상의 경치는 고도 측정과 지질 분석 못지않게 큰 영향을 미쳤다. 그는 훗날 몽블랑 등정 모험을 회고하는 책을 출판했는데, 몽블랑에 대해 이렇게 말했다.

"내 눈이 믿기지 않았다.[172] 웅장한 산의 정상을 밟고 올라섰을 때 마치 꿈속 같았다."

무슨 이유에서인지 그의 말은 대중의 마음을 움직였다. 많은 이들이 드 소쉬르의 발자취를 따라 직접 정상에 올라, 놀라운 장관을 목격했다. 산악 등반 관광의 탄생을 예고했다. 몽블랑 기념품을 제작하는 소규모 산업도 시작되었다. 몽블랑 축소판 기념품이 많은 관광객에게 팔렸다. 드 소쉬르는 몽블랑 정상에서 채집한 화강암 조각을 권위 있는 기관에 전시 겸 연구용으로 기부했다. 한동안 몽블랑에서 가져온 돌조각을 소장한다는 것은 미국항공우주국이 보증한 월석이나 베를린장벽의 부서진 벽돌을 소장하는 것처럼 인식되었다.

드 소쉬르의 탐험, 그리고 그의 기행문 덕분에 일반 대중과 자연의 관계가 달라졌다. 18세기가 저물 무렵 산의 경치를 묘사하는 표현이 완전히 정반대로 바뀌었다. 알프스 정상은 이제는 혹이나 종기가 아니라 '자연의 궁전'이자 '지상 낙원'이었다. 그러나 달라진 것은 산을 표현하는 방법뿐만이 아니다. 신흥 중산층은 자연을 새로운 시각으로 바라보기 시작했다. 오지의 산악 지대, 계곡, 협곡, 폭포, 호수, 강 등이 꼭 가봐야 할 여행 목적지로 꼽히게 되었다. 18세기가 동틀 무렵, 가장 희귀한 생태계나 지형은 평범한 시민에게는 철저한 미지의 세계였다. 교양 있는 계층도 그저 체험 자체를 목적으로 산을 등반하거나, 바다에 깎아지른 절벽을 보려고 여행한다는 생각은 꿈에도 하지 않았다. 그러나 드 소쉬르와 그의 뒤를 이은 이들은 그런 정서를 완전히 바꾸어버렸다. 자연을 체험하는 관광이 여가를 선용하는 방식으로 새롭게 등장했다. 자연은 더는 두려움의 대상이 아니라, 그 자체로 일종의 경이로운 세상이자, 인간을 즐겁게 하기 위해 보호되고 지도를 만들어야 할 대상이 되었다.

관광객이 자연을 체험하는 바로 그 순간, 그 체험의 질을 높여 줄 기구들이 등장했다. 그런데 공교롭게도 관광객들이 먼 길을 마다않고 보려고 찾은 장관의 질을 오히려 떨어뜨리는 기구였다. 마터호른을 올려다 볼 때, 또 지브롤터 해협의 깎아지른 절벽 위에서 바다를 응시할 때, 관광객들은 클로드 로렝(Claude Lorrain)이라는 풍경화가의 이름을 딴 '클로드 거울'이라는 야릇한 기구에 절경을 비춰보았다. 이 기구는 사실상 색을 칠한 거울로, 거울에 비친 모습이 유화처럼 보이는 효과를 냈다. 인스타그램(Instagram)에 올린

사진에 의도적으로 필터를 입혀 해상도를 떨어뜨리는 것과 마찬가지다. 관광객들은 산이나 폭포에 등을 돌리고 서서 색칠한 거울을 들어올려, 거울에 비친 절경을 감상했다.

자연과의 관계가 변하면서 예술 표현에도 변화가 일었고, 이는 다시 자연과 인간의 관계에서 일어나는 변화를 증폭했다. 그동안 화폭에서 배경에 머물렀던 자연 경관이 그림의 주인공으로 전면에 등장했다. 미국에서는 철도 회사들이, 서부 지역을 그린 그림이나 절경을 찍은 초기 사진들을 서부로의 이주를 권장하는 홍보물로 사용하기도 했다. 마술사들도 자연을 향한 집착을 부추겼다. 그들

18세기, 클로드 거울

은 자연을 모방한 작품들을 도시 거주자들에게 선보여 전율을 느끼게 했다. 존 밴바드(John Banvard)의 〈미시시피와 미주리 강을 그린 움직이는 화폭(Grand Moving Painting of the Mississippi and Missouri Rivers)〉에 더해, 움직이는 파노라마는 관람객에게 마치 나일 강을 따라 배를 타고 유람하거나, 미국 대륙을 가로질러 서부 캘리포니아나 오리건으로 가면서 장관을 바라보는 체험을 하도록 해주었다. 산악 등반도 환영의 궁전에 자리를 잡았다. 1850년대 영국의 흥행사이자 산악 등반가인 앨버트 스미스(Albert Smith)는 자신의 산악 등반 과정을 기록한 움직이는 파노라마를 제작했다. 스미스는 런던에 있는 이집션 시어터(Egyptian Theater) 안에 스위스식 산장을 본뜬 모형을 만들었고, 그 안에서 관객들은 스미스의 해설을 곁들인 파노라마를 관람하며 황홀경에 빠졌다. 〈앨버트 스미스의 몽블랑 등정〉이라는 제목의 이 공연은 1850년대에 2천 회 이상 상영되고 전회 매진을 기록했다.

사람의 손길이 닿지 않은 자연과 사랑에 빠지는 사람들이 점점 늘어나면서, 자연을 영원토록 보존해야 한다고 주장하는 목소리도 높아졌다. 1872년 4월, 미국 의회는 와이오밍과 몬태나 지역의 일부를 '국민에게 혜택과 즐거움을 주는 국립공원이나 놀이터'로 지정한다는 법안을 통과시켰다. 이로써 인류 역사상 첫 국립공원이 탄생했다. 오늘날 옐로스톤 국립공원은 한 해 300만 명이 찾고 있고, 세계 100여 개 나라에 이에 상응하는 규모의 국립공원이 1,200개 이상 있다.

환상을 현실로, 최고의 놀이동산 동물원

수많은 지류가 만나 하나의 강을 이루듯, 옛 제도나 관행이 만나는 지점에서 새로운 문화 제도와 관행이 탄생한다. (환등기 공연 제작자, 초기 사진가, 전통 극단, 회전요지경이 만나면서 영화가 등장했다는 사실을 상기해보라.) 19세기가 저물 무렵, 새로운 종류의 경이로운 세상이 등장할 가능성이 떠오르기 시작했다. 지난 2세기 동안 확산되어온 세계화의 정서를 주말에 즐길 거리로 구체화하는 구상이었다. 이 새로운 형태의 놀이가 탄생하게 된 근원은[173] 다양했다. 볼거리로서의 자연에 대한 관심, 1851년 수정궁(Crystal Palace, 1851년 런던의 하이드파크 내에 만국박람회 행사장으로 건설된 무쇠와 판유리로 만든 구조물. 산업혁명 당시 탄생한 기술들을 전시하는 9만 2천 제곱미터에 달하는 공간으로, 세계 전역에서 1만 4천 명의 관람객이 다녀갔다—옮긴이)을 비롯해 세계 각국의 놀라운 물건들을 선보여 대성황을 이룬 만국박람회, 뉴욕, 파리, 보스턴에 새로 등장한 도심 공원들, 바넘(Barnum)과 베일리(Bailey)의 순회 서커스 공연 등이다. 대부분 처음에는 왕궁이나 귀족들의 대저택 담장 안에서 발전해온 관행들이다. 풍자극이나 정원(한가하게 거닐거나 마차를 타고 둘러보기 위해 깎고 다듬은 자연)도 그렇다.

19세기 중반 유럽과 미국 도시에 등장한 공영 동물원도 이러한 관행들의 영향을 많이 받았다. 자연을 체험하는 데 사람들이 관심을 보였고, 제국주의 시대에 세계적인 가치관이 등장했고, 왕궁의 동물원이 대중에게 개방되었다. 1828년 리젠츠 파크(Regents Park)에 개장한 런던 동물원은 순전히 과학 연구를 하는 기관이었지만, 곧 이국적인 동물들을 보고 싶어 하는 부유층을 입장객으로 받아들였다. 1840년대 무렵 런던 동물원은 일반 대중에게 문호를 개방했다. 런던 동물원 후원자들은 사자, 코끼리, 코뿔소를 구경하는 여가 활동이 심신을 즐겁게 하고, 지구상의 수많은 생명과 자연을 소중히 여기는 정서를 확산하는 '이성적인 여흥'으로 작용하리라 여겼다. 그것도 복잡한 대도시 한복판에 마련된 몇 에이커 넓이의 땅덩어리에서 말이다. 1840년대에 발간된 런던 동물원 안내 책자는, 동물원 관람객이 어떤 체험을 하게 될지를 다음과 같이 설명하고 있다.

━━ 마음의 눈을 통해[174] 길도 나지 않은 사막과 모래투성이 황무지에 발자국을 남기고, 낭만적인 고독을 만끽하는 가운데 치솟은 산정상, 히말라야의 울퉁불퉁한 암벽을 오른다. 유럽에 있는 높은 산보다 더 깊이 파인, 녹음 우거진 골짜기의 웅장한 기슭을 거닐기도 한다. 열대지방의 작렬하는 햇빛을 한 줄기도 허락하지 않을 정도로 녹음이 빽빽이 우거진 울창한 숲. 그 숲이 그늘을 드리운 아프리카의 짙은 강물 속을 들여다보기도 한다. 지금까지는 상상할 수도 없었고 존재도 의심스러웠던 나라들이 실재한다는 증거를, 여기에서 보게 되리라.

향신료 무역을 통해 '동양의 맛'을 체험하겠다며 시작한 세계 여행의 꿈이 새로운 현실로 구현되었다. 이제 도시의 경계를 벗어나지 않고도 세계 각지에서 온 동물들을 직접 보게 되었다(물론 코를 찌르는 악취도 견뎌야 한다). '상상할 수도 없었고 존재도 의심스러웠던' 아프리카나 아시아에서 온 동물들이 내 눈을 똑바로 들여다본다니, 이 얼마나 신나는 체험인가.

그런 동물들 가운데 1837년에 동물원에 들어온 제니(Jenny)라는 오랑우탄도 있었다. 그보다 2년 앞서 들여온 오랑우탄 토미(Tommy)는 동물원에 들어온 지 몇 달 만에 결핵으로 세상을 떠났다. 아프리카에 인간과 비슷한 유인원이 살고 있다는 이야기는 수세기 동안 유럽인들을 사로잡아왔고, 박제사들이 손질한 뼈대와 표본은 박물관과 분더카메른에 등장했다. 그러나 아프리카에서 영국으로 오는 긴 항해에서 살아남은 대 유인원은 제니과 토미가 처음이었다. 대중은 제니에게 지대한 관심을 보였다. 동물원은 토미와 제니에게 사람 옷을 입혀 이러한 대중의 관심을 더욱더 부채질했다. 토미는 '건지 프록코트를 입고 선원 모자를 썼고' 제니는 참한 영국 여학생 옷차림을 했다. 이 두 유인원은 차 마시는 예절을 배웠고, 제니는 동물원 사육사들이 몇 가지 말로 하는 지시를 따르도록 훈련받았다. 1842년, 빅토리아 여왕과 앨버트 공은 차를 음미하는 오랑우탄 모습을 보고, "정말 놀랍고, 한편으로는 두렵기도 하며, 끔찍하고 불쾌할 정도로 사람 같다"고 일기에 기록했다.[175]

잘 차려입은 오랑우탄이 얼그레이 차를 홀짝거리는 광경은 진지하고 학문적인 연구를 하는 동물학회에서 기대할 수 있는 광경이라기보다는, 〈본조가 잠자리에 들 시간(Bedtime for Bonzo)〉(로널드 레이건과 다이애나 린이 출연한 1951년 작 코미디 영화. 심리학과 교수 피터 보이드(로널드 레이건)가 "유전이냐 환경이냐"의 문제를 풀기 위해 1950년대에 유행한 양육 방법을 바탕으로 침팬지에게 인간의 도덕을 가르치려 한다는 내용이다—옮긴이)의 한 장면 같았을지 모른다. 그러나 제니의 패션 감각과 예의 바른 태도는, 19세기에 가장 위대한 과학적 업적에 중요한 역할을 했다. 1838년 봄, 찰스 다윈은 홀린 듯 '흠잡을 데 없는' 제니를 관찰하며 몇 시간을 보냈다. 그가 동물원에서 제니를 관찰하는 동안 사육사가 제니에게 사과를 보여주기만 하고 먹을 수 있게 주지는 않았다. 그 뒤 사육사와 제니 사이에 벌어진 실랑이에 다윈은 놀라워했다. 다윈은 그 장면을 훗날 다음과 같이 회상했다.

— 제니는 벌렁 드러누워[176] 발버둥 치며 울부짖었다. 버릇없는 아이와 똑같았다. 그러더니 뿌루퉁한 표정을 짓고 한두 차례 성질을 부렸다. 사육사가 말했다. "제니, 투정 그만 부리고 얌전하게 굴면 사과 줄게." 제니는 한마디도 빠뜨리지 않고 모두 알아들었다. 제니는 물론 아이와 마찬가지로 한참 칭얼대기는 했지만, 결국 투정을 그쳤고 사과를 얻었다. 제니는 사과를 들고 안락의자에 털썩 앉더니, 더할 나위 없이 만족스러운 표정을 지은 채 사과

를 먹기 시작했다.

동물원에 다녀오고 몇 주 뒤, 그러나 일설에 따르면 맬서스(Malthus)의 《인구론》을 읽고 자연선택론이 불현듯 떠올랐다는 그 일이 발생하기 몇 달 전이었다. 다윈은 그로부터 수십 년 후 세계를 충격에 빠뜨린, 유인원과 인간의 진화론적 연관성을 암시하는 대담한 구절을 다음과 같이 일기에 적어 넣었다.

"사람들은 동물원에 가서 길들인 오랑우탄이 칭얼대는 모습을 봐야 한다.[177] 한 마디 한 마디 다 이해한다는 듯 사람의 말귀를 알아듣는 영리한 모습도 봐야 한다. 아는 사람에게 애정 표현하는 모습도 봐야 한다. 성질을 부리고 화를 내고 삐지고 절망에 몸부림치는 모습도 봐야 한다. 사람은 이 동물을 보고 나서는 인간이 으뜸이라고는 감히 자랑스럽게 말할 수 없으리라. 인간은 오만하게 자신이 만물의 영장이라며, 신이 인간사에 개입할 만큼 소중히 여기는 존재라고 생각한다. 인간은 동물에서 유래했다고 생각하는 게 훨씬 겸손하고 합당하다."

우리는 다윈이 런던을 떠나 머나먼 갈라파고스 제도와 그 너머의 세상까지 배를 타고 진출한 결과 자연선택 이론을 정립했다고 생각한다. 그러나 다윈의 사상에서 가장 논란이 된 요소는, 세상이 리젠츠 파크 동물원의 '이성적인 여흥'의 모습으로 런던을 찾아왔기 때문에 탄생한 셈이기도 하다.

19세기 동물원이 학문의 발전처럼 고상한 영향만 미치지는 않았다. 다윈이 제니를 방문하고 몇 년 만에 오락적인 체험으로서 자연에 대한 관심이 점점 높아져, 유럽 전역에 동물원이 생겼다. 1860년대 독일에서는 거의 해마다 새 동물원이 개장했다. 일반 대중은 더는 박물관이나 디오라마에 전시된 박제 동물에 만족하지 않았다. 야생동물 무역상이라는 새로운 직업군이 등장해 세계 전역의 동물원, 서커스, 애완동물 가게에 이국적인 동물 수천 마리를 공급했다. 흥행사 바넘(P. T. Barnum)과 영화 주인공 인디애나 존스(Indiana Jones)를 섞어놓은 듯한 인물인 독일 동물 무역상 카를 하겐베크(Carl Hagenbeck)는, 세계 오지를 마다않고 대담한 모험을 감행해 위험한 짐승들을 포획한 뒤 산 채로 유럽 도심 곳곳에 보급한 덕분에, 2류 유명인사가 되었다. (영화 〈킹콩〉의 등장인물 칼 데넘(Carl Denham)은 하겐베크 같은 인물을 본땄다.) 하겐베크는 뼛속까지 방랑자였다. 한 해 평균 3만 마일(대서양을 열 번 횡단한 거리에 해당한다) 이상을 길 위에서 보냈다. 교통수단이라고 해봐야 고작 기차와 증기선이 전부였던 시대에, 엄청난 시간을 길 위에서 보낸 셈이다.

그러나 하겐베크는 직접 동물을 포획한 적은 없다. 그는 사하라 사막 이남 아프리카 지역에서 동물을 포획하는 일부터 도심에 전시하는 일까지, 모든 과정을 수직으로 통합한 공급 체계를 미국과 유럽 전역에 구축하기 시작했다. 야생동물 무역상 하면 그럴듯한 직업처럼 들리지만, 결국 하겐베크가 성공한 이유는 공급 체계 관리에서 발군의 실력을 발휘했기 때문이다. 그러나 이 흥행사는 사업을 동물 무역에만 국한하지 않았다. 래브라도(Labrador, 북아메리카

북동부, 허드슨 만과 대서양 사이에 위치한 반도-옮긴이) 지역의 이뉴잇(Inuit)
과 이집트의 지배를 받던 수단의 누비아(Nubia) 족을 데려와(오늘날
우리가 보기에는 정말 불쾌하기 그지없는), '있는 그대로의 야만인들'이라
는 전시회를 열어 대단한 성공을 거두었다.

세계 최초의 놀이공원 하겐베크 동물원

그렇게 세계를 누비며 돌아다녔지만, 정작 하겐베크가 남긴 가장
중요한 업적은 그가 한곳에 정착하고 나서야 모양을 갖추게 되었
다. 1897년, 그는 함부르크 외곽에 있는 슈텔링겐(Stellingen)에 35에
이커에 달하는 토지를 매입해, 새로운 형태의 공원을 조성하는 일
에 착수했다. "앞으로 할 일이 막중하다.[178] 황무지를 화려한 공원
으로 둔갑시켜야 한다. 폭포가 흐르고 산이 치솟고 동물의 안식처
가 있고, 순전히 놀이용 건물이 들어선 놀이공원을 만들어야 한다"
라고 그는 훗날 기록했다. 그렇게 해서 탄생한 공원이 세계 최초의
놀이공원으로 손꼽히는 하겐베크 동물원(Tierpark Hagenbeck)이다.
　물론 축제와 이동식 순회 유원지는 수세기 전부터 존재했다.
1893년 개최된 시카고 컬럼비아 박람회에서는 기계 놀이기구가
관람객들을 즐겁게 했다. 1903년 코니아일랜드에 루나 파크(Luna
Park)가 개장할 때는, 하겐베크가 직접 가장 인기 있는 놀이기구를
증정하기도 했다. 그러나 그가 나타나기 전까지는 누구도 감히 가

상 세계를 영구적인 공원으로 만들 생각을 하지 못했다. 실제로 세계를 탐험한다면 감수해야 할 위험을 감수하지 않고도, 세계를 탐험하고 모험을 감행한다는 느낌에 관람객들이 완전히 몰입할 수 있는 그런 환경 말이다.

1907년 개장한 하겐베크 동물원은 80에이커에 달했다. 훗날 디즈니가 어떤 구상을 할지 예견하듯, 그는 가짜 산을 만들어 곳곳에 동물의 안식처를 숨겨놓았고, 직원들이 드나드는 통로를 따로 만들었으며, 온열 파이프와 전동기로 폭포를 만들었다. 또, 인공 자연 곳곳에 동물과 원주민을 배치하고 마을을 만들었다. 어찌 보면 실제 생물이 등장하는, 움직이는 거대한 파노라마인 셈이다. 관람객이 동물원에 들어서면 물새가 노니는 연못이 보이고, 그 너머로 사슴이 뛰어노는 벌판이 펼쳐지며, 그 벌판은 사자가 어슬렁거리는 협곡까지 뻗어 있다. 배경에 펼쳐진 산마루 너머에서는 야생염소와 산양이 풀을 뜯고 있다. 산마루가 보이는 이 가짜 지형에 구불구불 나 있는 보도와 터널과 오솔길을 따라가면서 관광객은, 몽블랑 정상에서 장관을 내려다보는 드 소쉬르가 된 기분이 들었다. 하겐베크는 포식자와 피식자를 분리하는 데 철창이나 유리를 쓰지 않고 지형을 이용했고, 눈에 보이지 않는 깊은 참호를 파서 관람객과 원주민을 안전하게 분리했다. (토머스 에디슨이 이 동물원을 찾았을 때 나무 몇 그루가 서 있는 주위를 걷다가 사자를 맞닥뜨리고는 아연실색하기도 했다.) 자연경관과 동물 전시와 놀이기구를 한데 섞은 곳도 있었다. 관람객은 '북쪽 고원의 정상'[179]에 서서 북극

세계 최초의 놀이공원으로 손꼽히는 하겐베크 동물원

곰과 바다표범이 사는 북극해를 본떠 만든 동토를 둘러본 뒤, '캐나다식 터보건(toboggan) 썰매'를 타고 험준한 크레바스(crevasse)를 통과하며 북극곰과 순록 무리 곁을 지나쳐 갈 수 있었다.

하겐베트 동물원은 개장하자마자 대성공을 거두었다. 개장하는 날 1만 명 이상이 몰렸다. 1914년 무렵 동물원 정문을 통과한 사람의 수는 750만 명에 달했다.

"웅장한 절벽으로 둘러싸인 사자의 계곡에 가까워지면,[180] 마치 사막을 걷다가 갑자기 사자 무리와 마주친 느낌이 든다. 그러나 안전하다는 사실을 알기 때문에 그 전율을 순수한 심미적 감각으로 즐길 수 있다."

바로 그 '순수한 심미적 감각'을 가능케 한 일련의 혁신은, 20세기의 산업에 부인할 수 없는 영향을 미쳤다. 오늘날 놀이공원 산업은 세계에서 가장 수익성이 높은 오락 사업으로 손꼽힌다. (미국에서만도 놀이공원은 경제활동으로 환산할 때 해마다 500억 달러 이상을 창출한다.)

그런데 이러한 놀이공원은 철학적인 의미도 지닌다. 1970년대에 등장한 대륙 철학(19세기에서 20세기에 걸쳐 유럽을 중심으로 형성된 철학으로, 분석철학(analytical philosophy)에 속하지 않은 전통과 사상을 뭉뚱그린 용어다. 독일 관념론, 현상학, 실존주의(그리고 실존주의의 선구자라 할 키르케고르와 니체), 해석학, 구조주의, 후기 구조주의, 프랑스 페미니즘, 정신분석이론, 프랑크푸르트학파의 비판 이론, 이와 연관된 서구마르크스주의 등이다—옮긴이), 가장 유명하게는 움베르토 에코(Umberto Eco)의 《현실보다 더 현실적인 세계를 여행하다(Travels in Hyperreality)》에서 장 보드리야르(Jean Baudrillard)의 《시뮐라크르와 시뮐라시옹(Simulacres et Simulation)》이르는 대륙 철학은, 테마 레스토랑과 거대한 쇼핑몰의 등장, 옛 시가지가 볼거리로 전락하는 현상 등 현실을 모방한 현대 문화의 인공 구조물들을 비판했다. 보드리야르는 《시뮐라크르와 시뮐라시옹》에서, "디즈니랜드는 상상으로 제시된다.[181] 우리로 하여금 디즈니랜드를 뺀 나머지는 실제라고 믿게 만들기 위해서다"라는 유명한 말을 하면서 덧붙였다."

"로스앤젤레스와 그 도시를 둘러싼 미국 전체는 더는 실제가 아니라 극사실의 법칙, 모조의 법칙을 따른다."

구대륙의 철학적인 전통을 대표하는 동시에, 대중문화의 기호학에 관심을 보인 유럽인인 에코와 보드리야르가 쓴 여행기들은, 미국에 대해 점잖고 준엄하게 비판하고 있다. 마치 디즈니가 만든 환상의 공원이 제공하는 현실도피주의가 미국이 전 세계에 퍼뜨린 이념적 바이러스인 양 말이다. 그러나 카를 하겐베크의 동물원은 그들의 주장에 담긴 오류를 바로잡는 역할을 한다. 놀이공원이 2차대전 후 미국에서 성숙기에 달한 것은 맞지만, 청년기의 대부분은 유령 제조사, 마술사, 야생동물 무역상 틈바구니에 끼어 유럽에서 보냈다.

하겐베크가 모조 산맥과 가짜 사바나를 만들어, 에코가 말하는 극사실적인 미래로 우리를 던져 넣었는지도 모른다. 그러나 결국 그의 창조물은 지나치게 사실적이었는지도 모른다. 그는 1914년 세상을 떠났는데, 그가 아프리카에서 들여 온 독사에게 물려 사망했다는 이야기가 전설처럼 전해 내려온다.

도심 공원의 평화로운 일상

오늘날 세계는 도시마다, 교외 지역마다, 시골마다 '놀이 공간'이 넘쳐난다. 스타벅스의 시가 총액은 현재 850억 달러에 달한다. 세계에서 가장 가치가 높은 식음료 기업으로 꼽힌다. 한때는 도시가 환상의 궁전을 비롯한 오락거리를 양성하는 입장이었지만, 이제는 거꾸로 현실도피주의 환상이 온 도시들을 지탱하는 셈이다. 미국

에서 가장 많은 방문객이 찾는 도시로 빠지지 않고 손꼽히는 올랜
도는, 전적으로 월트 디즈니가 놀이공원 부지로 선정했기 때문에
생긴 도시다. 라스베이거스는 한 세기 전만 해도 인구가 겨우 96명
에 불과한 마을이었는데, 지난 십여 년간 미국에서 가장 빠르게 성
장하는 도시가 되었다.

21세기의 놀이 공간, 적어도 미국과 유럽에 있는 놀이 공간에
대해 냉소적인 시각을 지니기 쉽다. 그리고 어쩌면 틀린 시각이 아
닐지도 모른다. 보스턴의 그린 드래곤에서 싹튼 혁명 모의 세력이
펜웨이(Fenway) 야구 구장 주위에 늘어선 스포츠 바(sports bar)에서
생겨날 가능성은 적다. 손님이 하나같이 이어폰을 귀에 꼽고 노트
북 컴퓨터만 들여다보는 스타벅스에서는, 커피 하우스에서처럼 다
양한 의제를 두고 벌어지는 토론을 기대하기 어렵다. (공론의 장을 분
석한 하버마스의 저서는, 후반부는 오늘날 공론의 장의 사멸을 논하는 데 할애했
다.) 그러나 적어도 일부분 그 전통의 명맥이 오늘날에도 이어지고
있다. 드 소쉬르와 낭만주의자들이 키워낸 인간과 자연의 새로운
관계에서, 그리고 걷잡을 수 없이 확산되고 복잡해지는 신흥 도심
에 대한 반격에서 탄생한 도심 공원들이 바로 그 명맥이다. 이러한
공간들은 바람직한 도시를 만들기 위해 수많은 문화적 요소들을
서로 엮는 구심점 역할을 하고 있다.

맨해튼의 센트럴 파크(Central Park)가 완공된 후, 1860년대 프레
더릭 로 옴스테드(Frederick Law Olmsted)와 캘버트 복스(Calvert Vaux)
가 설계한 브루클린의 프로스펙트 파크(Prospect Park)를 예로 들어

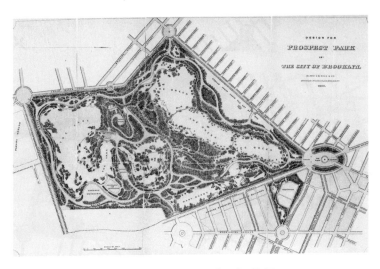

1868년경 브루클린의 프로스펙트 파크 설계도

보자. 독립기념일 오후, 바비큐를 굽고 피크닉을 하는 구역을 거닐다 보면, 더할 나위 없이 다채로운 도시의 광경에 울컥한다. 느릅나무 아래 모인 한국계 미국인 대가족, 그 뒤에 난 산책로를 따라 걸어가는 하시디즘 종파 유대인 가족, 언덕 위에서 고기를 굽는 푸에르토리코인들, 새롭게 예술인들의 중심지로 떠오른 윌리엄스버그(Williamsburg) 지역 주민으로서 원반던지기 놀이를 하는 유행 선도자들, 어쿠스틱 기타로 랩과 살사를 연주하는 이들, 공원 벤치에 앉아 스페인어 신문을 읽는 노부부. 도시 열 구획 만 한 크기의 공간에 온 세상이 나들이를 나와 어울리고 있다. 그 공간은 안전하고, 녹음이 우거지고, 자연스럽기 이를 데 없다.

흑인과 백인이 한데 어울려 소일하는 공간을 감히 조성한 죄로 존 휴슨을 사형에 처한 당국이 보면 경악을 금치 못할 광경이다. 찰스 2세의 눈에는 틀림없이 '나태한 불만분자들'이 '합법적인 소명과 용무'를 저버리고 현실도피하는 모습으로만 비칠 것이다. 그러나 오늘날 우리는 대부분, 그런 휴일의 한가로운 모습을 보고 대단한 만족감을 느낀다. 메이시즈(Macy's) 백화점이 주관하는 불꽃놀이를 제외하면, 7월 4일 독립기념일은 보통 옛 시절 미국의 풍물들로 가득하다. 가두 행렬에 참가하기 위해 잔뜩 치장한 작은 마을의 소방차, 리틀리그 경기, 미국 국기를 내건 집, 그 주위를 둘러싸고 있는, 흰색 페인트칠을 한 나지막한 울타리. 작은 지역 공동체가 즐겁게 어울리는 광경을 높이 살 이유는 충분하지만, 어찌 보면 딱히 새로울 것 없는 광경이다. 세계 역사는 문화와 세계관을 공유하는 데 성공한 작은 공동체들로 넘쳐난다. 특별한 점은 세계 최대 대도시의 도심에 들어선 공원인 프로스펙트 파크에서 독립기념일에 펼쳐지는 광경이다.

현대 이전까지만 해도 서로 다른 특성을 지닌 온갖 집단들이 평화롭게 어울리는 사회적 공간이란, 거의 전례가 없었다. 오늘날 우리는 이런 공간을 당연히 여기고, 미래를 내다보고 이런 공간을 창조하는 데 기여한 선각자들에게 경의를 표하지도 않는다. 그러나 이러한 공간은 오늘날 흔히 인류의 진보를 상징한다고 여기는 마천루나 휴대전화나 인공위성 못지않게, 인류가 이룬 혁혁한 성과다. 이러한 공간을, 1천 년 전 향신료 무역이 성행할 당시 모습을 갖추기 시작한 세계 유통망과 더불어 시작된 프로젝트가 드디어

완성된 결과물이라고 보아도 좋을 듯싶다.

정향과 육두구와 후추의 맛을 찾아 인간은 지구를 탐험하고 세계 곳곳으로 뻗어나가며 시장을 구축했다. 오늘날 세상의 저편은 우리가 사는 곳에서 길 하나만 건너면 마주치게 된다. 공원 벤치에 앉아 신문을 읽거나 핫도그를 굽는 사람의 모습에서, 한가로이 즐기는 평화로운 세상을 말이다.

CONCLUSION

맺음말

놀라움을 추구하는 우리의 본능은 옳았다

———

지난 세월 동안 나는 문명은 놀이에서 생성되고,
놀이로서 전개된다는 확신을 품게 되었다.
－요한 하위징아(Jonahan Huizinga),
〈호모루덴스—놀이하는 인간(Homo Ludens—A Study of the Play—Element in Culture)〉

즐겁고도 생산적인 놀이의 역사

———

놀이와 경이에서 맛보는 희열의 역사는, 그 같은 체험이 인간에게 선사하는 즐거움만으로도 충분히 정당하다. 인간에게 행복과 즐거움을 주기 위한 목적으로 설계된 제도와 시설에 둘러싸여 살고 있다는 사실. 문명이 이룩한 업적임을 부인해서는 안 되겠지만, 그러한 즐거움 가운데 많은 것들이 처음에는 '미개' 해 보였다. (여전히 그렇게 보는 이들도 있다.) '놀이 공간'과 장난감은 그 자체의 가치만으로도 역사에 기록되기에 충분하다. 커피 하우스가 있고 국립공원과 아이맥스 극장이 있어 세상은 훨씬 더 흥미로운 공간이다. 우리가 첨단 기술 발명가나 정치 혁명가들을 칭송하고 연구하듯이, 이러한 시설과 제도들을 만든 이들도 칭송받아 마땅하다.

그러나 환상과 즐거움을 선사하는 이 모든 경이로운 세상에서 시선을 돌려, 현실적인 쓸모에 대해 생각해보자. 이런 시설들과 제도가 주는 즐거움을 무시하고, 이들이 초래한 혁신과 역사적인 변화의 물결에 집중해보자. 국립박물관, 탐험의 시대, 고무 산업, 주식시장, 프로그래밍 가능한 컴퓨터, 산업혁명, 로봇, 공론의 장, 세계무역, 확률을 토대로 한 보험 상품, 미국의 독립, 의약 임상실험, 성적 소수자의 인권운동, 유명인사 문화 등이 있다.

끊임없이 즐거움을 추구하는 과정에서 발생한 참혹한 결과에 대해서도 생각해보자. 노예 무역과 착취와 정복. 놀이가 영향을 미친 정도는 가히 놀랍다. '합법적인 소명과 용무'를 소홀히 한 덕분에 그같이 엄청난 상업적, 과학적인 후폭풍이 몰아쳤다니 참 기이한 노릇이다.

놀이가 즐거움을 준다는 건 이해가 간다. 그러나 놀이가 생산적이라는 사실은 훨씬 더 설명하기 힘들다.

놀랄수록 주목한다

이 의문을 풀려면 최근 이루어지고 있는 신경 과학과 인지심리학 분야의 연구(이 또한 게임 연구가 발단이 되었다)를 토대로, 인간의 두

뇌가 어떻게 작동하는지 들여다봐야 한다. 1950년대에 앨런 튜링이 체스를 두는 컴퓨터를 언급한 데서 영감을 받은 IBM의 컴퓨터 과학자 아서 새뮤얼스(Arthur Samuels)는, IBM 701에서 적절한 수준으로 체커스(checkers)를 둘 수 있는 소프트웨어 프로그램을 개발했다. (IBM 최고경영자 토머스 왓슨은 이 프로그램의 초안을 보고, 체커스 게임 소식이 알려지면 IBM 주식이 15포인트 뛸 거라고 예측했다는 이야기가 전해 내려온다.) 새뮤얼스는 소프트웨어 개발 작업을 하던 중, 컴퓨터에게 체커스 두는 법을 가르치는 일뿐만 아니라 컴퓨터가 경험을 통해 스스로 깨치도록 만드는 데 점점 더 흥미를 두게 되었다. 이 같은 연구의 연장선상에서 1960년대와 1970년대에 체스와 백개먼처럼 체커스보다 훨씬 더 복잡한 게임의 독학 알고리즘이 개발된다. 또한 인간의 사고 자체에 대한 이해를 돕는 학습 모델이 개발되었다. 학습모델에는 몇 가지 변형이[182] 있는데, 각 모델마다 옹호론자와 비판론자가 있다. 이 가운데 '시간차 학습(temporal difference learning),' '레스콜라-와그너 모델(Rescorla-Wagner model),' '보상예측 오류(reward prediction error)'라는 모델들이 있다. 각기 다른 명칭을 지녔지만 공통된 하나의 원리를 바탕으로 한다. 인간, 그리고 다른 유기체들은 자신의 기대에 어긋나는 체험을 할 때 학습을 촉진하는 신경메커니즘을 발달시켜왔다는 원리다. 세상이 우리를 놀라게 하면 우리 두뇌는 주목하도록 설계되어 있다.

초창기 체커스와 백개먼 애플리케이션은 바로 이 원리를 바탕으로 해, 두 게임을 고차원의 놀이로 끌어올렸다. 이 소프트웨어는 성공적인 전략의 대략적인 모델로 시작해서, 각 수를 둘 경우 어떤 결과가 나올지 예측한다. 시간이 흐르면서 이 소프트웨어는 예측과 실제 결과 사이의 차이에 주의를 집중함으로써 학습하게 된다. 이처럼 실수를 통해 배우는 건설적인 학습 방법을 바탕으로, 소프트웨어는 다음 게임에서 쓸 모델을 수정한다. 수천 번 이 같은 과정을 반복하고 나면, 소프트웨어는 전문가의 직접적인 도움이 전혀 없어도 고도의 전략을 구사한다. 어찌 보면 인공지능 과학자들은 소프트웨어가 놀라움에 맛들이도록 프로그래밍한 셈이다.

색다른 보상을 추구하는 인간 본능

———

심리학자들은 오래전부터 인간의 두뇌에 놀라움 추구 욕구가 내재되어 있다는 사실을 알았다. 신생아를 대상으로 한 수많은 연구 자료들을 보면, 인간은 기어 다니거나 물건을 쥐거나 소통하기도 전에 주변 환경에서 놀라운 현상을 찾는다. 그러나 1990년대에 가서야 과학자들은 신경전달물질인 도파민이 놀라움 추구 본능을 관장한다는 사실을 밝혀냈다. 코카인이나 니코틴 같은 향정신성 물질들도 도파민 체계를 작동시킨다. 때문에, 도파민이라는 신경전달물질을 두뇌에서 생성되는 '쾌락을 충족시키는 마약'이라고 일컫는 실수를 저지르는 사람들도 많다. 도파민을 이렇게 규정하면 오해의 소지가 생긴다. 도파민 자체는 엔도르핀처럼 쾌락을 유발하지 않는다. 도파민은 뇌의 주목 체계와 동기화 체계를 일정 방향으로 유도하는 역할을 하는 것으로 보인다. 한 신규 이론에 따르면[183], 도파민이 분비되면 외부 세계에서 일어나는 새로운 현상이나 사실을 인식하는 데 수반되는 '색다름 보상(novelty bonus)' 효과가 나타난다. 새로운 체험을 할 때 정신을 집중하고 몰입하면 '색다름 보상'을 통해 학습 효과가 나타난다. 컴퓨터 과학자 위르겐 슈미트후버(Jurgen Schmidhuber)[184]는 기계의 학습에 적용되는 이와 비슷한 절차를 개발했다. 컴퓨터에 '호기심 보상'을 제공함으로써, 뜻밖의 결과를 낳은 데이터를 탐색하고 예측 가능한 결과를 낳은 영역은 무시하도록 동기를 부여했다. 색다른 사건을 접할 때 도파민이 분비되면서 뇌에 다음과 같은 경고를 발동한다.

"주목하라. 흥미진진한 일이 벌어지고 있다."

뼈로 만든 피리, 커피, 후추, 파노라마, 옥양목, 배비지의 기계 무용수, 주사위 게임, 봉마르쉐 백화점. 얼핏 조금도 닮은 구석이 없어 보이는 이 모든 사물들을 관통하는 공통적인 특징이 하나 있다. 처음에 등장했을 때 사람들을 놀라게 했다는 사실이다. 우리가 이들에게 속수무책으로 이끌린 이유는, 새로운 체험을 선사하고, 새로운 맛, 촉감, 소리를 느끼게 해주었기 때문이다. 마술은 세상에 존재하는 사물들의 공간 배치에 관해 우리가 지닌 시각적인 기대치를 어긋나게 해 놀라움을 선사했다. 향신료는 이국적인 색다른 맛으로 우리의 혀를 사로잡았다. (이야기와 달리) 게임이 지닌 가장 결정적인 특징은, 할 때마다 결과가 달리 나온다는 사실이다.

게임은 색다름을 생산하는 기계나 마찬가지다. 바로 그 점 때문에 게임이 재미있다. (그래서 중독성이 강하다.) 현실에서 벗어나 즐거움을 느끼도록 하는 이 모든 형태는 처음 체험하는 사람의 두뇌에 '색다름 보상'을 한다.

놀라움을 추구하는 본능이 혁신을 낳는다

도파민 체계를 이해하고 나면, 인간이 육두구나 팬태즈머고리아처럼 하찮아 보이는 것들에 왜 그토록 집착하는지 깨닫게 된다. 우리를 놀라게 하는 것들을 추구하는 본성이 우리 안에 내재되어 있다. 그러나 "놀라움 추구 본능"은 이보다 훨씬 더 복잡한 수수께끼의 해답을 제시한다. 놀이가 지닌 혁신의 힘, 놀이가 인간으로 하여금 생물학적 욕구와 아무 상관없는 새로운 문화 제도와 관행과 시설을 구축하도록 만드는 힘이다. 오랜 세월 동안 학자들은 유전과 환경을 구분하는 경계선을 두고 치열하게 대결해왔다. 일부 과학자들이 인간 행동에는 생물학적인 본능에서 비롯된 측면이 있다고 주장하면, 인문학 학자들은 인간의 행동이 유전으로 결정되는 게 아니라 문화적인 적응에 뿌리를 두고 있다고 반박한다. 그러나 놀라움을 향한 인간의 욕구는 그러한 이분법적인 주장을 허용하지 않는다. 유전자는 인간을, 예측 가능한 위협은 피하고 예측 가능한 목표를 추구하도록 유도하는 경향이 있다. 열량이 높은 탄수화물을 섭취하라. 극심한 추위나 더위를 피하라. 짝을 찾아 번식하라.

그런데 사회나 예술을 이해하는 데 다윈주의적인 해석은 한계가 있다. 진화 생물학자가 아니라도 사람들이 사랑에 빠지고 자녀들을 돌보는 이유는 이해할 수 있다. 생물학적 본능이 낳는 효과는 제한적이다. 예측 가능한 패턴으로 인간을 유도하기 때문이다. 가정을 꾸리고 안식처를 마련하고 음식을 섭취하라고 명령한다.

그러나 놀라움 추구 본능은 인간을 정반대 방향으로 이끈다. 놀라움 추구 본능이 달성하려는 목표는 규정되어 있지 않다. 짝을 구하거나 자식과 유대를 돈독히 하거나, 열량이 높은 음식을 섭취한다고 해서 보상하지는 않는다. 일상적인 습관에서 벗어나거나 기대에 어긋나는 뭔가를 얻게 되었을 때 보상한다. 놀라움을 추구하는 욕구는 필연적으로 확장되는 경향이 있다. 배고픔이나 사회적인 유대감 욕구는, 식량이 안정적으로 확보되거나 가까운 친구들이 있으면 충족된다. 그러나 놀라움 추구 욕구가 충족되려면 새로운 피가 수혈되어야 한다. 한 세대가 기적이라고 칭송한 대상이 다음 세대에 가면 진부한 대상으로 폄하된다. (앞서 살펴본 바와 같이 확장은 지리적으로도, 개념적으로도 일어난다. 오늘날 우리가 세계경제 체제 속에서 살게 된 이유는, 인간이 후추, 목화, 커피가 주는 색다른 맛을 추구함으로써 보상을 받았기 때문이다.) 하나의 아이디어가 또 다른 아이디어로 가는 관문을 열어, 중요한 아이디어들이 서로를 토대로 해 축적되기 때문에 문화적인 변화가 일어나기도 한다. 원초적인 생존 본능을 충족시켜야 하기 때문에 변화가 일어나기도 한다. 그러나 기존의 체험에 싫증이 나서 새로운 뭔가를 갈구하기 때문에, 문화적인 변화가 일어나기도 한다. 놀이와 놀이가 지닌 혁신의 잠재력에는 모순이 있다. 놀이가 인간을 본능과 천성에서 벗어나도록 유도하는 이유는, 바로 인간이 놀라움을 추구하는 본능과 천성[185]을 지녔기 때문이기도 하다.

새로움을 추구하면 열리는 경이로운 세상

새로운 것들은 낯설다. 삶에서 가장 절박한 문제를 해결하는 데 당장은 도움이 되지 않기 때문에 진지하게 받아들여지지 않는다. 그러나 새로운 것들이 궁극적으로 지니게 될 중요한 의미를 과소평가한다면, 큰 손실을 보게 된다. 색다름을 추구하면 뜻밖의 상황에 처하고, 새로운 것에 노출된다. 선술집, 커피하우스, 고무공, 환등기 같은 것들에 말이다. 일단 새로운 것에 노출되면, 우리는 새로운 공간과 장치들을 새로운 아이디어와 혁명을 추구할 발판으로 삼는다. 찰스 임스가 말했듯, 역사에 등장한 수많은 경이로운 세상은 미래의 모습을 보여주었다. 새로움이 일상생활에 스며들게 된 공간이 바로 그러한 경이로운 세상이었기 때문이다. 처음에는 '합법적인 소명과 용무'로부터의 탈출구로, 그리고 그다음에는 그러한 용무의 핵심적인 요소로서 말이다.

2세기 전 멀린의 다락방에서 자동기계 인형의 눈을 들여다보던 찰스 배비지로 돌아가보자. 배비지와 인형의 만남은 말 그대로 아이들 장난이었다. 그러나 그 만남의 저변에서 꿈틀거리던 아이디어와 기술은, 이 글을 쓰는 순간에도 우리 사회를 변화시키고 있다. 오늘날 우리는 기계가 물리적으로 더할 나위 없이 정교해져서 인간의 노동력을 대체하거나, 너무 똑똑해져서 인간을 종 부리듯 하게 되는 암울한 미래를 걱정하고 있다. 인간의 역사를 돌이켜볼 때, 어쩌면 그런 걱정은 번짓수가 틀렸는지도 모른다. 어쩌면 기계가 스스로 생각하기 시작할 미래를 걱정할 게 아니라, 기계가 놀이에 맛들이기 시작하면 무슨 일이 일어날까. 우리는 그 점을 걱정해야 할지도 모른다.

감사의 말씀

───────

《우리는 어떻게 여기까지 왔을까(How We Got To Now)》로 시작된, 혁신의 역사에 관한 시리즈에서 이 책을 두 번째 책으로 내겠다고 처음부터 생각했다. 따라서 우선 시리즈로 책을 내고 방송 프로그램으로도 제작하는 아이디어를 내는 데 도움을 준 제인 루트와, 함께 작업하는 게 정말 즐거운 우리 팀에게 심심한 감사를 드리고 싶다. (몇 년 전 제인은 TV 프로그램 제작을 언급하면서, 〈영리한 쾌락(clever pleasure)〉이라는 제목이 어떠냐고 제안했다. 그 표현은 고스란히 이 책의 제목이 될 뻔했다.) 누토피아(Nutopia)의 피터 러버링, 헬레나, 테이트, 칼 그리핀, 소피 모트너, 제미마 스트래튼, 폴뢰르 본, 제시카 콥에게도 감사한다. (넓게 보면 누토피아 가족이라 할 수 있는 닐 실링에게도 감사를 전한다.) 초창기부터 자료 조사를 도와준 제밀라 트윈치와 프레드 헵번에게도 감사를 드린다. 매트 로크, 이언 스테드먼, 그리고 나머지《우리는 어떻게 여기까지 왔을까》팀도 지난 2년에 걸쳐 여러모로 내 작업과 자료 조사에 도움을 주었다.

PBS와 WETA-TV 소속 베스 호프와 빌 가드너, 레멀슨 재단의

캐롤 달, 타크 켄드릭, 데이비드 코로나도, 게이츠 재단의 댄 브라운과 미구엘 카스트로에게도 감사 드린다. 나는《우리는 어떻게 여기까지 왔을까》의 '소리' 편을 찍는 동안, 놀이가 낳은 문화적 혁신에 관한 책을 쓰면 어떨까 생각하기 시작했다. '소리' 편은 그 시즌에 방송된 에피소드 가운데 가장 '경이로운 세상' 다운 특징이 강했다. 그때 내 생각을 뒷받침해주고, 안자—보레고 사막에서 목숨을 잃지 않게 도와준 줄리언 존스에게 감사 드린다.

이 책은 평생 내 에이전트로 일한 리디아 밀스와 함께 작업해서 낸 열 번째 책이다. 리디아는 다방면으로 귀한 도움을 준다. 또한 리버헤드(Riverhead)의 드림 팀과 함께 만든 일곱 번째 책이기도 하다. 제프 클로스크, 케이티 프리먼, 케이트 스타크, 케빈 머피, 할 페센든에게도 감사드린다. 탁월한 새 편집자 코트니 영은 여러 면에서 이 책이 다룰 대상의 범위, 그리고 등장인물들의 범위를 넓혀 주었다. 그리고 아마도 내가 낸 책의 표지 가운데 가장 마음에 드는 표지를 만들어준 헬렌 옌터스와 벤 댄저에게도 감사 드린다.

이 책(또는 일부)의 초안을 읽고 조언과 정정과 격려해준 분들이 많다. 알렉스 로스, 켄 골드버그, 스튜어트 브랜드, 스티븐 핑커, 마이크 가자니가, 필립 카스트로, 제인 루트, 프레드 헵번, 크리스 앤더슨, 줄리엣 불레이크, 안젤라 쳉, 제이 헤인즈가 그들이다. 아내 알렉사 로빈슨은 한결같이 한 단어도 놓치지 않고 꼼꼼히 읽고, 더 나은 표현을 제시해주고, 타고난 편집 감각과 지혜를 발휘해주었다. 20여 년 전 파리의 절도광들에게 나를 소개해준 프랑코 모레

티에게 감사 드린다. 수년에 걸쳐 음악과 인간의 두뇌에 대해 수없이 대화를 나누어준 제이 헤인스, 애니 키팅, 알렉스 로스, 에릭 리프틴에게 감사 드린다.

마지막으로 나의 아들들, 클레이, 로완, 딘에게 고맙다고 말하고 싶다. 마인크래프트에서 HIZI까지, 킹덤빌더에서 파크라이까지 게임의 세계를 제대로 파악하는 데 도움을 주었으니 말이다. 게임의 세계에 너희들이 쏟는 열정과 창의력을 아끼고 존중한다. 그러니, 자, 이제 컴퓨터를 끄고, 가서 책 좀 읽으려무나.

캘리포니아, 마린 카운티에서.

미주

—

〈들어가는 말〉

1 William Stearns Davis, ed., *Readings in Ancient History: Illustrative Extracts from the Sources*, 2 vols. (Boston: Allyn and Bacon, 1912–1913), Vol. II: *Rome and the* West, 365–67.

2 Jonathan Lyons, *The House of Wisdom: How the Arabs Transformed Western Civilization* (New York: Bloomsbury Publishing, Kindle edition), 52.

3 Richard Daniel Altick, *The Shows of London* (Cambridge, MA: Harvard University Press, 1978), 56.

4 Ibid., 63.

5 "John Joseph Merlin–Part One," *Georgian Gentlemen*, March 11, 2013, http://mikerendell.com/john–joseph–merlin–part–one/.

6 Simon Schaffer, "Babbage's Dancer and the Impresarios of Mechanism," *Cultural Babbage: Technology, Time, and Invention*, Francis Spufford and Jenny Uglow, eds. (London: Faber & Faber, 1996): 54.

7 Charles Babbage, *Passages from the Life of a Philosopher* (Cambridge University Press, 2011), 32.

8 Steven Johnson, *How We Got to Now: Six Innovations that Made the Modern World* (New York: Riverhead, 2014), 4–7.

9 Samuel Johnson, Rambler, no. 8.

〈1장〉

10 Simon Winchester, *Atlantic: Great Sea Battles, Heroic Discoveries, Titanic Storms, and a Vast Ocean of a Million Stories* (New York: Harper, 2010), 68.

11 "기원전 3만 6천 년에서 2만 8천 년 전 무렵 신석기시대 '보석 세공사' 들은 갈기, 모양 잡기, 다듬기 등의 기법으로 여성의 가슴과 토르소(torso) 모양의 구슬을 생산했고, 어떤 이들은 도자기 제조기술에 힘입어 점토로 작은 동물 모양을 빚어 불에

구운 다음 줄에 꿰어 장신구를 만들기도 했다. 고고학자들은 후기 구석기시대와 신석기시대의 묘지에서 구슬을 종종 발굴한다." Phyllis G. Tortora, *Dress, Fashion and Technology: From Prehistory to the Present (Dress, Body, Culture)* (New York: Bloomsbury Publishing, Kindle edition), Kindle locations 659-663.

12 Claire Walsh, "Shop Design and the Display of Goods in Eighteenth-Century London," *Journal of Design History* 8.3 (1995)

13 Walsh, 171.

14 Walsh, 163.

15 Walsh, 171.

16 Chloe Wigston Smith, "Calico Madams: Servants, Consumption, and the Calico Crisis," *Eighteenth-Century Life* 31, no. 2 (2007), 32-33.

17 John Styles, *The Dress of the People: Everyday Fashion in Eighteenth-Century England* (New Haven, CT: Yale University Press, 2007), 321.

18 Nicholas Barbon, *A Discourse of Trade*, Printed by Tho. Milbourn for the author (London: 1905), 35.

19 McKendrick et al. 이 문제를 명확히 제시하지만, 여전히 소비자 혁명은 대체로 남성이 이룬 업적이라는 통념을 따르고 있다. "위대한 산업가들과 수요 공급의 등식에서 공급 측면에만 관심이 집중되고, 수요 측면을 활성화하고 새로운 욕구를 창출하고 새로운 상품을 개발해 전례 없는 규모의 새로운 소비시장을 창출하고 소비자의 구매력을 충족시켜 준 수많은 평범한 남성들에게는 거의 관심을 두지 않는 이유에 대해 논의할 필요가 있다." Neil McKendrick, John Brewer, and John Harold Plumb, *The Birth of a Consumer Society: The Commercialization of Eighteenth- Century England* (Bloomington: Indiana University Press, 1982), 5.

20 McKendrick et al., 46.

21 Raymond Williams, "*Advertising: The Magic System*," The Advertising and Consumer Culture Reader, Matthew P. McAllister and Joseph Turow, eds. (New York: Routledge, 2009), 13-24.

22 McKendrick et al., 53.

23 Fernand Braudel, *Civilization and Capitalism, 15-18th Century: The Structure of Everyday Life* (Berkeley: University of California Press, 1979), 323.

24 Elaine Showalter's introduction to Emile Zola, *Au Bonheur des Dames* (The Ladies' Delight), trans. Robin Buss (New York: Penguin Classics, 2007), 415쪽에 인용됨.

25 Michael Miller, *The Bon Marche: Bourgeois Culture and the Department Store, 1869-1920* (Princeton, NJ: Princeton University Press, 1981), 162.

26 Miller, 202-8쪽에 인용됨.

27 M. Jeffrey Hardwick, *Mall Maker: Victor Gruen, Architect of an American Dream* (Philadelphia: University of Pennsylvania Press, 2004), 33쪽에 인용됨.

28 Malcolm Gladwell, "The Terrazzo Jungle. Fifty Years Ago, the Mall Was Born. America Would Never Be the Same," The New Yorker 15 (2004)에 인용됨.

29 Ibid.

30 Hardwick, 181쪽에 인용됨

31 Hardwick, 211쪽에 인용됨.

〈2장〉

32 Steven Pinker, *How the Mind Works* (New York: Norton, 1999), 535.

33 Nicholas J. Conard, Maria Malina, and Susanne C. Munzel, "New Flutes Document the Earliest Musical Tradition in Southwestern Germany," Nature 460:7256 (2009), 739.

34 음악의 진화적 뿌리에 대한 논의는 Daniel J. Levitin's *This Is Your Brain on Music: Understanding a Human Obsession* (London: Atlantic Books Ltd., 2011)를 참조할 것.

35 Imad Samir, *Allah's Automata: Artifacts of the Arab-Islamic Renaissance (800-1200)* (Berlin: Hatje Cantz, 2015), 68-86.

36 James Essinger, *Jacquard's Web: How a Hand-Loom Led to the Birth of the Information Age* (New York: Oxford University Press, Kindle edition), 38.

37 Essinger, 47.

38 Quoted in Johnson, *How We Got to Now: Six Innovations that Made the Modern World,* 249.

39 Tim Carter, "A Florentine Wedding of 1608," Acta Musicologica 55, Fasc. 1 (1983), 95.

40 전기를 포착하고 전도하는 기술 덕에 전구가 탄생했듯이, 타자기 유형의 키보드가 있었기에 첨단 컴퓨터가 탄생했다고 생각할지도 모른다. 그러나 묘하게도 컴퓨터가 타자기보다 먼저 발명되었다. 배비지의 분석기계를 최초의 컴퓨터로 친다면 말이다. 우리가 손가락으로 키 몇 개를 두드려서 문자가 종이 위에 나타나게 하는 방법을 알아내기 전에 배비지는 램(random access memory)에 알고리즘을 바꾸어 넣는 방법을 알아냈다.

41 Michael H. Adler, *The Writing Machine* (London: Allen and Unwin, 1973), 5.

42 For more on the talking drums, see James Gleick, *The Information: A History, a Theory, a Flood* (New York: Vintage, 2012).

43 Richard Rhodes, *Hedy's Folly: The Life and Breakthrough Inventions of Hedy Lamarr, the Most Beautiful Woman in the World* (New York: Doubleday, 2011), 68.

44 Paul Lehrman, "Blast from the Past," *Wired*, November 1, 1999, http://www.wired.com/1999/11/ballet.

45 Ibid.

46 Anna Corey, "How 'The Bad Boy of Music' and 'The Most Beautiful Girl in the World' Catalyzed a Wireless Revolution–in 1941."에 인용됨. http://people.seas.harvard.edu/~jones/cscie129/nu_lectures/lecture7/hedy/lemarr.htm.

47 Lehrman, "Blast from the Past."에 인용됨.

48 여기서 인용된 오람의 말은 모두 Jo Hutton, "Daphne Oram: Innovator, Writer and Composer," *Organised Sound* 8, 49–56쪽에 언급되어 있음.

⟨3장⟩

49 Daniel T. Potts, *Mesopotamian Civilization: The Material Foundations* (Ithaca, NY: Cornell University Press, 1997), 269.

50 "새천년 무렵, 정향은 마르세유(Marseilles), 바르셀로나(Barcelona), 라구사(Ragusa) 등과 같은 도시들과 관련된 기록에 갑자기 등장한다. 다뉴브 강에서 동유럽과 중앙 유럽을 거쳐 비잔티움이나 흑해를 경유해 들어오는 향신료들도 있었다. 그러나 대부분의 유통량은 알렉산드리아(Alexadria)와 레반트(Levant)를 통해 이탈리아로 들어갔다. 이탈리아에서 여러 경로를 통해 북알프스 산맥을 넘어 프랑스와 독일로 운송되었다." Jack Turner, *Spice: The History of a Temptation* (New York: Knopf, Kindle edition), Kindle location 1108.

51 Ibid., loc. 956.

52 Ibid., loc. 5879.

53 Filipe Castro, "The Pepper Wreck, an Early 17th–Century Portuguese Indiaman at the Mouth of the Tagus River, Portugal," *International Journal of Nautical Archaeology* 32:1 (August 2003), 6–23.

54 "1937년까지도 영국 왕은 론서스턴(Launceston) 시장으로부터 100실링과 후추 1파운드를 세금으로 받았다. 시장은 세금을 이런 식으로 내면 재정적으로 자신에게

유리하다고 생각했을지 모른다. 1973년 찰스 황태자가 타마르(Tamar)강을 건너 콘월(Cornwall) 영지가 왕실 소유임을 상징적으로 보여주었을 때, 그가 받은 조세에도 후추 1파운드가 포함되어 있었다. 옥스퍼드 영어사전에 따르면, 19세기 말까지 후추로 세금을 내는 관행이 지속되었다." Turner, Kindle location 1932.

55 Marjorie Shaffer, *Pepper: A History of the World's Most Influential Spice* (New York: St. Martin's Griffin, 2013), Kindle location 439.

56 Turner, Kindle location 1626.

57 Abraham Eraly, *The First Spring: The Golden Age of India* (New Delhi: Penguin Books India, 2011), 244쪽에 인용됨.

58 네덜란드 동인도회사는 단순히 자사의 투자자들뿐만 아니라 네덜란드 국가가 추구하는 목적을 달성하는 데도 힘썼다. "네덜란드 동인도회사가 추구하는 목적은 상업적 목적과 정치적 목적 두 가지였다. 아시아에서 무역을 하는 동시에 신생 네덜란드 공화국, 스페인, 포르투갈의 적과 전쟁을 수행했다. 동인도회사는 자사가 활동을 하도록 허락받은 지역 내에서는 전쟁을 선포할 권리, 해당 지역 지배자와 외교 협상을 하거나 협정에 서명할 권리, 군사 작전을 조직화하고 집행할 권리 등 주권을 이행할 수 있었다. 동인도회사는 사실상 국가 내의 국가였다." Vincent C. Loth, "Armed Incidents and Unpaid Bills: Anglo-Dutch Rivalry in the Banda Islands in the Seventeenth Century," *Modern Asian Studies* 29:4 (1995), 708.

59 Shaffer, Kindle location 2201.

60 Ibid., loc. 2228.

61 Loth, 725.

62 Tim Ecott, *Vanilla: Travels in Search of the Ice Cream Orchid* (New York: Grove/Atlantic, Inc., 2004, Kindle edition), 75-76.

63 Lewis A. Maverick, "Pierre Poivre: Eighteenth Century Explorer of Southeast Asia," *Pacific Historical Review* 10:2 (1941), 171.

64 Turner, Kindle locations 5718-5719.

65 Ecott, 6.

66 Ecott, 21-22쪽에 인용됨.

67 Ibid., 83.

68 Joseph Arditti, A. N. Rao, and H. Nair, "Hand-Pollination of Vanilla: How Many Discoverers," *Orchid Biology: Reviews and Perspectives* 11 (2009), 233-49.

69 Ecott, 151쪽에 인용됨.

70 Ecott, 106.

71 "13세기 말 에드워드 1세가 웨일스 전쟁에서 런던으로 돌아왔을 때, 그가 거느린

장교들이 향신료에 쓴 비용은 사치 품목에 쓴 총비용 1만 파운드 가운데 1775파운드를 차지했다. 이 '향신료' 품목에는 오렌지나 설탕 같은 품목도 들어 있었다는 사실로 미루어볼 때 엄청난 액수이다. 에드워드 1세가 향신료에 쓴 비용은 백작 한 사람의 한 해 총소득과 맞먹었다." Turner, Kindle location 2731.

72   Wolfgang Schivelbusch, *Tastes of Paradise: A Social History of Spices, Stimulants, and Intoxicants* (New York: Pantheon Books, 1992), 6.

73   Turner, Kindle location 2568.

74   Ecott, 16–17.

75   Paul Delany, "Constantinus Africanus' 'De Coitu' : A Translation," *Chaucer Review* (1969), 55–65.

76   Ecott, 23.

77   George Eliot, *Middlemarch* (New York: Penguin Classics, 2002), 478.

78   Turner, Kindle location 3527.

79   Tom Standage, *An Edible History of Humanity* (New York: Bloomsbury, 2009), 82쪽에 인용됨.

80   Shaffer, Kindle location 1142.

81   Standage, 71쪽에 언급됨.

〈4장〉

82   Laurent Mannoni and Ben Brewster, "The Phantasmagoria," *Film History* 8:4 (1996), 392.

83   Deac Rossell, *The 19th Century German Origins of the Phantasmagoria Show* (February 16, 2001), 3.

84   Deac Rossell writes: Ibid, 4.

85   Ibid, 5.

86   Stefan Andriopoulos, *Ghostly Apparitions: German Idealism, the Gothic Novel, and Optical Media* (New York: Zone Books, 2013, Kindle edition), Kindle locations 19–21.

87   Kevin Hetherington, *Capitalism's Eye: Cultural Spaces of the Commodity* (New York: Routledge, 2011), 244쪽에 인용됨.

88   Karl Marx, *Capital: Volume One* (New York: Vintage Books, 1977), 165.

89   David Brewster, *Letters on Natural Magic* (London: Chatto & Windus, 1883), 85.

90   Richard Daniel Altick, *The Shows of London* (Cambridge, MA: Harvard

University Press, 1978), 3.

91 Brewster, 21.

92 Altick, 131.

93 Erkki Huhtamo, *Illusions in Motion: Media Archaeology of the Moving Panorama and Related Spectacles* (Cambridge, MA: MIT Press, 2013), 1.

94 Charles Taylor, *The Literary Panorama* (London: Cox, Son, and Baylis, 1810), 447.

95 Charles Dickens, *Household Words*, Vol. 1, 1850, 73-77.

96 John F. Ohl and Joseph Earl Arrington, "John Maelzel, Master Showman of Automata and Panoramas," Pennsylvania Magazine of History and Biography 84:1 (1960), 79.

97 Ibid.

98 Ibid.

99 Altick, 131.

100 Ibid.

101 Altick, 231.

102 Neal Gabler, *Walt Disney* (New York: Knopf Doubleday, 2006, Kindle edition), Kindle locations 3758-3763.

103 "월트는 즉시 창문이 없어 갑갑하고 비좁은 벽장(나중에 '한증막(sweatbox)'이라고 이름을 붙였다)에 무비올라를 설치하고 기껏해야 가로세로 4인치인 화면 위에 몸을 구부린 채, 애니메이터와 함께 몇 번이고 반복해서 등장인물의 동작을 점검하고 분석하며 어떻게 하면 더 정확하게 표현하고 더 재미있게 표현할지 고민했다. '내가 알기로는 만화영화가 개봉되기 전에 작품을 보고 오류를 바로잡을 수 있었던 애니메이터는 놀랍게도 우리 팀이 최초였다.'" Gabler, Kindle locations 3644-3654.

104 Andrew R. Boone, "The making of *Snow White and the Seven Dwarfs*, *Popular Science*, January 1938, 50, http://blog.modernmechanix.com/the-making-of-snow-white-and-the-seven-dwarfs/.

105 Gabler, Kindle locations 5823-5828.

106 "관객이 난장이들과 함께 눈물을 흘리는 장면들이었다. 이전까지는 애니메이션이 넘보지 않은 감정의 영역이었고 이 만화영화의 효과를 가늠하는 중요한 테스트였다. 물론 월트는 이번에는 성공했다고 확신했다. '이 작은 친구들에게 엄청나게 동정이 쏟아지겠군.' 그는 그해 7월 스토리 회의에서 이렇게 말했다. '우는 장면을 조금 삽입하면 관객들을 가슴이 찢어질 정도로 슬프게 만들 수도 있겠는걸.' 한때 프레드 무어의 조수로 일한 프랭크 토머스는 앨버트 허터가 그린 그림에 동작을 입히

는 업무를 맡았는데, 그는 등장인물의 움직임을 최대한 자제하는 방향으로 작업 했다─ '난장이들은 거의 움직이지 않은 채 뺨 위로 눈물만 흘러내리는 장면'으로 처리 했고, 스토리 회의에서 월트가 지시한 대로 '감정을 잘 드러내지 않는 난장이 그럼 피(Grumpy)가 울음을 터뜨리는 장면을 표현하는 데 집중했다.'" Gabler, Kindle locations 5714-5723.

107 Fred Inglis, *A Short History of Celebrity* (Princeton, NJ: Princeton University Press, 2010, Kindle edition), 53.

108 Daniel J. Boorstin, *The Image: A Guide to Pseudo-Events in America* (New York: Harper & Row, 1964), 74.

109 "이 현상이 지닌 핵심적인 모순이다. 거리감과 친밀감을 결합시켰다. 처음에는 거 실 라디오에서 흘러나오는 음성을 통해, 그리고 화면을 통해 우리는 정치 지도자 와 영화배우에게 (마치 우리 가족인 듯) 매우 친밀감을 느끼게 되었다. 그러나 물리 적으로, 또 직접접인 체험의 측면에서 볼 때 그들은 초자연적 대상만큼이나 거리 가 먼 인물들이다." Inglis, 11.

<5장>

110 William Caxton, *Game and Playe of the Chesse* (Charleston, SC: BiblioBazaar, LLC, 2007), Google Scholar, xxiv.

111 Jacobus de Cessolis, *The Book of Chess* (New York: Italica Press, 2008, Kindle edition), Kindle locations 136-143.

112 de Cessolis, Kindle locations 113-114.

113 de Cessolis, Kindle locations 1245-1251.

114 de Cessolis, Kindle locations 1318-1319.

115 Jenny Adams, *Power Play: The Literature and Politics of Chess in the Late Middle Ages, The Middle Ages Series* (Philadelphia: University of Pennsylvania Press, 2006, Kindle edition), Kindle locations 420-425.

116 "체스 경기에서 '체크!'라고 말하면 왕을 가져가겠다는 뜻이다. '폐하, 소인이 지 나가게 길을 비켜주시옵소서'라고 말하는 셈이다. 왕은 지혜나 힘을 동원해 자신 을 방어하지 못하는 한 이를 허락해야 한다. 기사, 하인, 귀족, 평민이 부당한 대우 를 받거나 지나치게 억압을 받는다고 느낄 경우, 달리 왕에게 복수할 방도가 없을 때는, 왕과 더불어 전투에 참가할 때까지 기다렸다가 전장에서 왕을 적에게 노출 되도록 버려둔 채 전장에서 도망친다." De Cessolis, Kindle locations 1285- 1289.

117 David Shenk, *The Immortal Game: A History of Chess* (New York: Knopf

Doubleday, 2006, Kindle edition), Kindle locations 221-225.

118 Andrew Hodges, *Alan Turing: The Enigma* (Princeton, NJ: Princeton University Press, 2012), 336쪽에 언급됨.

119 워털루 대학의 닐 차니스에 따르면, "생물학자들이 유전학을 연구하려면 모델 유기체가 필요하듯이, 인지과학자들이 적응 인지 메커니즘을 연구하려면 모델 작업 환경이 필요하다. 체스 게임은 인지에서 기억, 문제 해결에 이르기까지 많은 인지 과정을 연구할 수 있는 작업 환경을 제공한다." Kindle location 1742.

120 Mary Pilon, *The Monopolists: Obsession, Fury, and the Scandal Behind the World's Favorite Board Game* (New York: Bloomsbury Publishing, 2015, Kindle edition), Kindle locations 729-735.

121 Lizzie J. Magie, *Land and Freedom: An International Record of Single Tax Progress*, Vol. II (1904).

122 Ibid.

123 1991년판 모노폴리가 출시되면서 매기는 마침내 마지못해 다음과 같이 인정하게 된다. "1933년, 펜실베이니아 주 저먼타운에 사는 찰스 B. 대로우가 실업자일 때 무료한 일상을 달래느라 지주 게임에서 영감을 받아 새로 소일거리를 만들면서 시작되었다." Pilon, Kindle locations 3501-3510.

124 Shenk, Kindle locations 329-335.

125 de Cessolis, Kindle locations 50-55. 203 "The wearingness which players experienced": Quoted in Shenk, Kindle location 874.

126 Artur Ekert, "Complex and Unpredictable Cardano," *International Journal of Theoretical Physics* 47:8 (2008), 2102.

127 Ibid.

128 Keith Devlin, *The Unfinished Game: Pascal, Fermat, and the Seventeenth-Century Letter That Made the World Modern* (New York: Basic Books, 2008, Kindle edition), Kindle location 99.

129 "우연의 요소가 작용하는 게임에서 최초로 수학적 패턴을 식별해내려는 시도는 960년에 이루어졌다. 캉브레(Cambrai)의 위볼드(Wibold) 주교가 주사위 세 개를 동시에 던졌을 때 나올 56가지 경우의 수를 정확하게 산출했다. 1, 1, 1; 1, 1, 2; 2, 3, 5; 등과 같은 방식으로 말이다. 13세기 라틴어 시 〈노파에 관하여(De Vetula)〉는 주사위 세 개를 연속해서 던졌을 때 나올 경우의 수를 216(= 6 × 6 × 6) 이라고 기록했다." Devlin, Kindle location 141.

130 Devlin, Kindle location 132.

131 Steven A. Epstein, *Wage Labor and Guilds in Medieval Europe* (Chapel Hill: University of North Carolina Press 1991), 127-28.

132 John Fox, *The Ball: Discovering the Object of the Game* (New York: Harper Perennial, 2012), Kindle location 355.

133 Fox, Kindle location 1269쪽에 인용됨.

134 John Tully, *The Devil's Milk: A Social History of Rubber* (New York University Press, 2011, Kindle edition), 31.

135 Tully, 23.

136 "1940년대에 시카고에 있는 자연사 현장 박물관(the Field Museum of Natural History)에 근무하는 식물학자 폴 스탠리(Paul Stanley)는 이 덩굴식물이 이포모에아 알바(Ipomoea alba)라고 규명했다. 밤나팔꽃(moon vine 또는 moon flower)이라고 흔히 알려진, 밤에 꽃이 피는 메꽃과의 일종이다. 최근 연구 결과를 보면 카스티야 엘라스티카에서 추출된 라텍스를 밤나팔꽃의 즙과 함께 끓이면 이 덩굴식물에 함유된 천연 설폰산(sulfonic acids)이 고무의 가소성과 탄력성을 증가시키고 어느 정도 가황 처리 효과를 낸다." Fox, Kindle location 1300.

137 J. M. Graetz, "The Origin of Spacewar!," *Creative Computing*, August 1981, www.wheels.org/spacewar/creative/SpacewarOrigin.html.

138 Stewart Brand, "Spacewar!," *Rolling Stone*, December 7, 1972, www.wheels.org/spacewar/stone/rolling_stone.html.

139 Graetz, "The Origin of Spacewar!"

140 Edward O. Thorp, "Wearable Computers," *Digest of Papers*, Second International Symposium on. 1998.

141 Ibid.

142 Ibid.

143 Ken Jennings, "My Puny Human Brain," Slate, Newsweek Interactive Co. LLC, February 2012.

〈6장〉

144 Leopold S. Launitz-Schurer, "Slave Resistance in Colonial New York: An Interpretation of Daniel Horsmanden's New York Conspiracy," Phylon (1960), 144.

145 Edwin G. Burrows and Mike Wallace, *Gotham: A History of New York City to 1898* (New York: Oxford University Press, 1998), 165.

146 Christine Sismondo, *America Walks into a Bar: A Spirited History of Taverns and Saloons, Speakeasies and Grog Shops* (Oxford University Press, 2011, Kindle edition), Kindle locations 751-752.

147 Launitz-Schurer, 148.

148 Launitz-Schurer, 151.

149 Iain Gately, *Drink: A Cultural History of Alcohol* (New York: Penguin Publishing Group, 2008, Kindle edition), 35.

150 W. C. Firebaugh, *The Inns of Greece and Rome* (Chicago: Pascal Covici, 1928), 122.

151 Gately, 110–111.

152 Gately, 85–86.

153 David W. Conroy, *In Public Houses: Drink and the Revolution of Authority in Colonial Massachusetts* (Chapel Hill: University of North Carolina Press, 1995), 204.

154 Sismondo, Kindle location 4402.

155 Lillian Faderman and Stuart Timmons, *Gay L.A.: A History of Sexual Outlaws, Power Politics, and Lipstick Lesbians* (New York: Basic Books, 2006, Kindle edition), Kindle locations 1864–1872.

156 Craig Calhoun, *Contemporary Sociological Theory* (New York: John Wiley & Sons, 2012), 256.

157 Jurgen Habermas, *The Structural Transformation of the Public Sphere: An Inquiry into a Category of Bourgeois Society* (Cambridge, MA: MIT Press, 1989), 26.

158 Ibid.

159 Carl Zimmer, "How Caffeine Evolved to Help Plants Survive and Help People Wake Up," *The New York Times* (September 4, 2014).

160 Matthew Green, "The Lost World of the London Coffeehouse," *Public Domain Review* 7 (2013).

161 J. H. Brindley, "Commercial Aspects of Coffee," in Coffee and Tea Industries and the Flavor Field, 37쪽에 인용됨.

162 Green, 2013.

163 Ibid.

164 Brindley, "Commercial Aspects of Coffee."에 인용됨.

165 Green, 2013.

166 Richard Daniel Altick, *The Shows of London* (Cambridge, MA: Harvard University Press, 1978), 15.

167 Ibid, 26.

168 Bonnie Calhoun, "Shaping the Public Sphere: English Coffeehouses and

French Salons and the Age of the Enlightenment," *Colgate Academic Review* 3:1 (2012), 83.

169 Ibid.

170 John Macky, "A Journey Through England. In Familiar Letters. From a Gentleman Here, to his Friends Abroad (1714)," *Eighteenth-Century Coffee-House Culture*, Vol. I, Ellis Markman, ed. (London: Pickering & Chatto, 2006), 339.

171 William Bradford Of Plymouth Plantation (Chelmsford, MA: Courier Corporation, 2012), 62.

172 Cian Duffy and Peter Howell, *Cultures of the Sublime: Selected Readings*, 1750–1830 (New York: Palgrave Macmillan, 2011)에 인용됨.

173 워즈워스는 1700년대 말기에 이런 미래를 내다본 선견지명이 있었다. 《서곡》에는 멀린의 기계 박물관을 언급하면서 세인트 바톨로뮤 박람회를 묘사한 다음과 같은 유명한 구절이 있다.

> 움직이는 신기한 물건은 모두 여기 모였다
> 알비노, 색칠한 인디언, 난장이,
> 지력 있는 말, 학식 있는 돼지,
> 돌 먹는 사람, 불 삼키는 사람,
> 거인, 복화술사, 눈이 보이지 않는 소녀,
> 눈알을 희번덕거리며 말을 하는 흉상,
> 밀랍 조각, 시계극, 오늘날의 멀린이 만든 온갖 놀라운 장치들,
> 들짐승, 인형극,
> 황당하고 과장되고 정상이 아닌 온갖 물건들,
> 온갖 기형, 인간의 온갖 독창적인 생각,
> 진부함, 광기, 재주,
> 모두가 한데 뒤섞여
> 괴물 집단을 만들어냈다

174 이 안내 책자에는 다음과 같은 내용도 있다. "우리 기후에서는 볼 수도 생각할 수도 없는 짐승들은 관람객의 자연적인 호기심과 이성적인 호기심을 충족시킬 뿐만 아니라, 우리가 어렸을 때 귀가 따갑도록 들었던 낯선 곳에서 온 이 짐승들을 바로 눈앞에서 보게 되므로 상상력도 채워준다." Robert W. Jones, "The Sight of Creatures Strange to Our Clime: London Zoo and the Consumption of the Exotic," *Journal of Victorian Culture* 2:1 (1997), 6쪽에 인용됨.

175 Randal Keynes, *Darwin, His Daughter, and Human Evolution* (New York: Penguin, 2002, Kindle edition), Kindle locations 784–786.

176 Ibid.

177 Ibid., Kindle locations 854–858.

178 Eric Ames, *Carl Hagenbeck's Empire of Entertainments* (Seattle: University of Washington Press, 2008), 163.

179 Ibid., 180.

180 Ibid., 184.

181 Jean Baudrillard, *Simulacra and Simulation* (Ann Arbor, MI: University of Michigan Press, 1994), 12.

⟨맺음말⟩

182 R. A. Rescorla and A. R. Wagner, "A Theory of Pavlovian Conditioning: Variations in the Effectiveness of Reinforcement and Nonreinforcement," in A. H. Black and W. F. Prokasy, eds., *Classical Conditioning II* (New York: Appleton–Century–Crafts, 1972), 64–99.

183 Andrew Barto, Marco Mirolli, and Gianluca Baldassarre, "Novelty or Surprise?," Fr ntiers in Psychology 4 (2013). 281 The computer scientist Jurgen Schmidhuber: Rafal Salustowicz and Jurgen Schmidhuber, "Probabilistic Incremental Program Evolution," Ev lutionary Computation 5:2 (1997), 123–41.

184 Rafal Salustowicz and Jurgen Schmidhuber, "Probabilistic Incremental Program Evolution," *Evolutionary Computation* 5:2 (1997), 123–41.

185 놀이에 관한 논쟁은 유전적 결정론과 문화적 탐구론 간에 묘한 관계를 야기하기 때문에, 요한 하위징아가 1938년에 쓴 놀이를 분석한 역작《호모루덴스》에서 생물학적인 토대를 완전히 배제하는 실수를 하지 않았나 싶다. 그는 다음과 같이 말했다. "이 연구의 목적은 놀이 개념을 문화의 개념에 통합시키려는 시도이다. 따라서 이 연구에서 놀이는 생물학적인 현상이 아니라 문화적 현상으로 간주된다." 놀라움 추구 본능은 그 어떤 형태의 인간의 체험보다도, 특히 놀이에서 유전과 문화 두 영역이 불가분의 관계임을 시사한다. Huizinga, Johan. *Homo Ludens: A Study of the Play–Element in Culture* (Boston: Beacon Press, Kindle edition), Kindle locations 48–49.

참고문헌

Adburgham, Alison. *Shopping in Style: London from the Restoration to Edwardian Elegance.* New York: Thames and Hudson, 1979.

Adler, Michael H. *The Writing Machine.* London: Allen and Unwin, 1973.

Altick, Richard Daniel. *The Shows of London.* Cambridge, MA: Harvard University Press, 1978.

Ames, Eric. *Carl Hagenbeck's Empire of Entertainments.* Seattle: University of Washington Press, 2008.

Anbinder, Tyler. *Five Points: The 19th-Century New York City Neighborhood that Invented Tap Dance, Stole Elections, and Became the World's Most Notorious Slum.* New York: Simon & Schuster, 2001.

Antheil, George, and Marthanne Verbit. *Bad Boy of Music.* New York: S. French, 1990.

Arditti, Joseph, A. N. Rao, and H. Nair. "Hand-pollination of Vanilla: How Many Discoverers." *Orchid Biology: Reviews and Perspectives* XI (New York Botanical Garden, 2009): 233-49.

Babbage, Charles. *Passages from the Life of a Philosopher.* Cambridge University Press, 2011.

Barbon, Nicholas. A Discourse of Trade. Printed by Tho. Milbourn for the author, London, 1905.

Barto, Andrew, Marco Mirolli, and Gianluca Baldassarre. "Novelty or Surprise?" *Frontiers in Psychology* 4 (2013).

Baudrillard, Jean. *Simulacra and Simulation.* Ann Arbor, MI: University of Michigan Press, 1994.

Behbehani, Abbas M. "The Smallpox Story: Life and Death of an Old Disease." Microbiological Reviews 47:4 (1983): 455.

Benson, John, and Laura Ugolini. A *Nation of Shopkeepers: Five Centuries of British Retailing.* London: IB Tauris, 2003.

Benvenuto, Sergio. "Fashion: Georg Simmel." *Journal of Artificial Societies and Social Simulation* 3:2 (2000).

Billing, Jennifer, and Paul W. Sherman. "Antimicrobial Functions of Spices: Why Some Like It Hot." *Quarterly Review of Biology* (1998): 3-49.

Blumer, Herbert. "Fashion: From Class Differentiation to Collective Selection." *Sociological Quarterly* (1969): 275-91.

Boorstin, Daniel J. *The Image: A Guide to Pseudo-events in America.* New York: Harper & Row, 1964.

Bowlby, Rachel. *Carried Away: The Invention of Modern Shopping.* New York: Columbia University Press, 2001.

Bradford, William. *Of Plymouth Plantation*. Chelmsford, MA: Courier Corporation, 2012.

Braudel, Fernand. *Civilization and Capitalism, 15th-18th Century: The Structure of Everyday Life*. Berkeley: University of California Press, 1979.

Brewster, *David. Letters on Natural Magic*. London: Chatto & Windus, 1883.

Bryson, Bill. *At Home: A Short History of Private Life*. New York: Random House, 2010.

Burrows, Edwin G., and Mike Wallace. *Gotham: A History of New York City to 1898*. New York: Oxford University Press, 1998.

Calhoun, Bonnie. "Shaping the Public Sphere: English Coffeehouses and French Salons and the Age of the Enlightenment." *Colgate Academic Review* 3:1 (2012): 7.

Calhoun, Craig. *Contemporary Sociological Theory*. New York: John Wiley & Sons, 2012.

Carter, Tim. "A Florentine Wedding of 1608." *Acta Musicologica* 55. Fasc. 1 (1983): 89-107.

Castro, F. "The Pepper Wreck, An Early 17th-Century Portuguese Indiaman at the Mouth of the Tagus River, Portugal." *International Journal of Nautical Archaeology* 32:1 (August 2003): 6-23.

Caxton, William. *Game and Playe of the Chesse*. Charleston, SC: BiblioBazaar, LLC, 2007.

Collier, Bruce, and James MacLachlan. *Charles Babbage: And the Engines of Perfection*. Oxford University Press, 2000.

Conard, Nicholas J., Maria Malina, and Susanne C. Munzel. "New Flutes Document the Earliest Musical Tradition in Southwestern Germany." *Nature* 460.7256 (2009): 737-40.

Conroy, David W. *In Public Houses: Drink & the Revolution of Authority in Colonial Massachusetts*. Chapel Hill: University of North Carolina Press, 1995.

Corey, Anna. "How 'The Bad Boy of Music' and 'The Most Beautiful Girl in the World' Catalyzed a Wireless Revolutionin 1941." 1997, http://people.seas.harvard.edu/~jones/cscie129/nu_lectures/lecture7/hedy/lemarr.htm.

Davis, William Stearns. *Readings in Ancient History: Illustrative Extracts from the Sources*. Vol. 1. Boston: Allyn and Bacon, 1913.

Defoe, Daniel. *The Complete English Tradesman*. Vol. 17. DA Talboys, 1841.

Delany, Paul. "Constantinus Africanus' 'De Coitu': A Translation." *Chaucer Review* (1969): 55-65.

Devlin, Keith. *The Unfinished Game: Pascal, Fermat, and the Seventeenth-Century Letter that Made the World Modern*. New York: Basic Books, 2010.

Diamond, Jared. *Guns, Germs, and Steel: The Fates of Human Societies*. New York: W. W. Norton & Company, 1999.

Douthwaite, Julia V., and Daniel Richter. "The Frankenstein of the French Revolution: Nogaret's Automaton Tale of 1790." *European Romantic Review* 20:3 (July 2009):

381-411.

Duffy, Cian, and Peter Howell. *Cultures of the Sublime: Selected Readings*, 1750-1830. New York: Palgrave Macmillan, 2011.

Dumper, Michael, and Bruce E. Stanley. *Cities of the Middle East and North Africa: A Historical Encyclopedia*. Santa Barbara, CA: ABC-CLIO, 2007.

Ecott, Tim. *Vanilla: Travels in Search of the Ice Cream Orchid*. New York: Grove Press, 2005.

Ekert, Artur. "Complex and Unpredictable Cardano." *International Journal of Theoretical Physics* 47:8 (2008): 2101-19.

Eliot, George. *Middlemarch*. New York: Penguin Classics, 2002.

Epstein, Steven A. *Wage Labor and Guilds in Medieval Europe*. Chapel Hill: University of North Carolina Press, 1991.

Eraly, Abraham. *The First Spring: The Golden Age of India*. New Delhi: Penguin Books India, 2011.

Essinger, James. *Jacquard's Web: How a Hand-Loom Led to the Birth of the Information Age*. New York: Oxford University Press, 2004.

Faderman, Lillian, and Stuart Timmons. *Gay L.A.: A History of Sexual Outlaws, Power Politics, and Lipstick Lesbians*. New York: Basic Books, 2006.

Farmer, Henry George. *The Organ of the Ancients: From Eastern Sources (Hebrew, Syriac and Arabic)*. W. Reeves, 1931.

Firebaugh, W. C. *The Inns of Greece and Rome*. Chicago: Pascal Covici, 1928.

Fowler, Charles B. "The Museum of Music: A History of Mechanical Instruments." *Music Educators Journal* 54:2 (October 1967): 45-49.

Fox, John. *The Ball: Discovering the Object of the Game*. New York: Harper Perennial, 2012.

Freedman, Paul. *Out of the East: Spices and the Medieval Imagination*. New Haven, CT: Yale University Press, 2008.

Gabler, N. "Toward a New Definition of Celebrity" (2004). Retrieved April 11, 2008. http://learcenter.org/pdf/Gabler.pdf.

Gabler, Neal. *Walt Disney: The Triumph of the American Imagination*. New York: Knopf Doubleday, 2006.

Gladwell, Malcolm. "The Terrazzo Jungle. Fifty Years Ago, the Mall Was Born. America Would Never Be the Same." *The New Yorker* (March 15, 2004).

Gleick, James. *The Information: A History, A Theory, A Flood*. New York: Vintage, 2012.

Gordon, Margaret Maria. *The Home Life of Sir David Brewster*. Edinburgh: D. Douglas, 1881.

Green, Matthew. "The Lost World of the London Coffeehouse." *Public Domain Review* 7 (2013).

Gruen, Victor. *The Heart of Our Cities: The Urban Crisis: Diagnosis and Cure*. London:

Thames and Hudson, 1965.

Habermas, Jurgen, translated by Thomas Burger. *The Structural Transformation of the Public Sphere*. Cambridge, MA: MIT Press (1989): 85-92.

Hardwick, M. Jeffrey. *Mall Maker: Victor Gruen, Architect of an American Dream*. Philadelphia: University of Pennsylvania Press, 2004.

Hetherington, Kevin. *Capitalism's Eye: Cultural Spaces of the Commodity*. New York: Routledge, 2011.

Hill, Donald Routledge. "Mechanical Engineering in the Medieval Near East." *Scientific American* 264:5 (1991): 100-105.

Hodges, Andrew. *Alan Turing: The Enigma*. Princeton, NJ: Princeton University Press, 2012.

Huebner, Andrew J. "The Conditional Optimist: Walt Disney's Postwar Futurism." *The Sixties: A Journal of History, Politics and Culture* 2:2 (2009): 227-44.

Huhtamo, Erkki. *Illusions in Motion: Media Archaeology of the Moving Panorama and Related Spectacles*. Cambridge, MA: MIT Press, 2013.

Huizinga, Johan. *Homo Ludens*. New York: Routledge, 2014.

Hutton, Jo. "Daphne Oram: Innovator, Writer and Composer." *Organised Sound* 8:01 (2003): 49-56.

Jacobus de Cessolis, translated and edited by H. L. Williams. *The Book of Chess*. New York: Italica Press, 2008.

Johnson, Steven. *How We Got to Now: Six Innovations that Made the Modern World*. New York: Penguin, 2014.

Jones, Christopher. "The Rubber Ball Game: A Universal Mesoamerican Sport." *Expedition: The Magazine of the University of Pennsylvania* 27:2 (1985): 44-52.

Jones, Robert W. "The Sight of Creatures Strange to Our Clime: London Zoo and the Consumption of the Exotic." *Journal of Victorian Culture* 2:1 (1997): 1-26.

Keynes, Randal. *Darwin, His Daughter, and Human Evolution*. New York: Penguin, 2002.

Launitz-Schurer, Leopold S. "Slave Resistance in Colonial New York: An Interpretation of Daniel Horsmanden's New York Conspiracy." *Phylon* (1980): 137-52.

Lehrman, Paul. "Blast from the Past." Wired (November 1, 1999). http://www.wired.com/1999/11/ballet.

Levitin, Daniel J. *This Is Your Brain on Music: Understanding a Human Obsession*. New York: Atlantic Books Ltd, 2011.

Lombard, M., P. P. Pastoret, and A. M. Moulin. "A Brief History of Vaccines and Vaccination." *Revue Scientifique et Technique-Office International des Epizooties* 26:1 (2007): 29.

Loth, Vincent C. "Armed Incidents and Unpaid Bills: Anglo-Dutch Rivalry in the Banda Islands in the Seventeenth Century." *Modern Asian Studies* 29:04 (1995): 705-40.

Lyons, Jonathan. *The House of Wisdom: How the Arabs Transformed Western Civilization*. New York: Bloomsbury Publishing, 2011.

Manning, Peter. "The Oramics Machine: From Vision to Reality." *Organised Sound* 17:02 (2012): 137-47.

Mannoni, Laurent, and Ben Brewster. "The Phantasmagoria." *Film History* 8:4 (1996).

Marx, Karl. *Capital: Volume One*. New York: Vintage Books, 1977.

Maverick, Lewis A. "Pierre Poivre: Eighteenth Century Explorer of Southeast Asia." *Pacific Historical Review* 10:2 (1941): 165-77.

McKendrick, Neil, John Brewer, and John Harold Plumb. *The Birth of a Consumer Society: The Commercialization of Eighteenth-Century England*. Bloomington: Indiana University Press, 1982.

McNamara, Fergal N., Andrew Randall, and Martin J. Gunthorpe. "Effects of Piperine, the Pungent Component of Black Pepper, at the Human Vanilloid Receptor (TRPV1)." *British Journal of Pharmacology* 144:6 (March 2005): 781-90.

Miller, Michael Barry. *The Bon Marché: Bourgeois Culture and the Department Store, 1869-1920*. Princeton, NJ: Princeton University Press, 1981.

Minto, Amy. "Early Insurance Mechanisms and Their Mathematical Foundations." *Montana Mathematics Enthusiast* 5:2-3 (2008): 345-56.

Mithen, Steven. *The Singing Neanderthals: The Origins of Music, Language, Mind and Body*. London: Weidenfeld & Nicholson, 2005.

Moskowitz, Marc L. "Weiqi Legends, Then and Now." *Asian Popular Culture: New, Hybrid, and Alternate Media* (2012): 1.

Mui, Hoh-Cheung, and Lorna H. Mui. *Shops and Shopkeeping in Eighteenth-Century England*. Kingston, ON: McGill-Queen's University Press, 1989.

Nauta' Lodi, Machtelt Israels, Louis Alexander Waldman, and Guido Beltramini. "'Rabelaiss Laughter Behind a Portrait by Holbein': Play and Culture in the Work of Johan Huizinga." *Villa i Tatti* 29 (2013).

North, Adrian C., and David J. Hargreaves. "Subjective Complexity, Familiarity, and Liking for Popular Music." *Psychomusicology: A Journal of Research in Music Cognition* 14:1-2 (1995): 77.

Ohl, John F., and Joseph Earl Arrington. "John Maelzel, Master Showman of Automata and Panoramas." *The Pennsylvania Magazine of History and Biography* 84:1 (1960): 56-92.

Oldenburg, Ray. *The Great Good Place: Cafe, Coffee Shops, Community Centers, Beauty Parlors, General Stores, Bars, Hangouts, and How They Get You Through the Day*. St. Paul, MN: Paragon House Publishers, 1989.

Pinker, Steven. *How the Mind Works*. New York: W. W. Norton & Company, 1999.

Poivre, Pierre. *Travels of a Philosopher; Or, Observations on the Manners and Arts of Various Nations in Africa and Asia*. Translated from the French of M. Le Poivre. T.

Becket, 1769.

Potts, Daniel T. *Mesopotamian Civilization: The Material Foundations*. Ithaca, NY: Cornell University Press, 1997.

Reiss, Steven. "Expectancy Model of Fear, Anxiety, and Panic." *Clinical Psychology Review* 11:2 (1991): 141-53.

Rescorla, Robert A., and Allan R. Wagner. *Classical Conditioning: Current Research and Theory*. New York: Appleton-Century-Crofts: 1972.

Rhodes, Richard. *Hedy's Folly: The Life and Breakthrough Inventions of Hedy Lamarr, the Most Beautiful Woman in the World*. New York: Doubleday, 2011.

Riskin, Jessica. "The Defecating Duck, Or, the Ambiguous Origins of Artificial Life." *Critical Inquiry* 29:4 (2003): 599-633.

—. "Eighteenth-Century Wetware." *Representations 83:1* (2003): 97-125.

Rosheim, Mark E. *Robot Evolution: The Development of Anthrobotics*. Hoboken, NJ: John Wiley & Sons, 1994.

Rothfels, Nigel. *Savages and Beasts: The Birth of the Modern Zoo*. Baltimore, MD: Johns Hopkins University Press, 2002.

Salimpoor, Valorie N., Mitchel Benovoy, Kevin Larcher, Alain Dagher, and Robert J. Zatorre. "Anatomically Distinct Dopamine Release During Anticipation and Experience of Peak Emotion to Music." *Nature Neuroscience* 14:2 (2011): 257-62.

Salustowicz, Rafal, and Jurgen Schmidhuber. "Probabilistic Incremental Program Evolution." *Evolutionary Computation* 5:2 (1997): 123-41.

Samir, Imad. *Allah's Automata: Artifacts of the Arab-Islamic Renaissance* (800-1200). Berlin: Hatje Cantz, 2015.

Schaffer, Simon. "Babbage's Dancer and the Impresarios of Mechanism." *Cultural Babbage: Technology, Time, and Invention* (London: Faber & Faber, 1996): 52-80.

Schivelbusch, Wolfgang. *Tastes of Paradise: A Social History of Spices, Stimulants, and Intoxicants*. New York: Pantheon Books, 1992.

Shaffer, Marjorie. *Pepper: A History of the World's Most Influential Spice*. New York: St. Martin's Griffin, 2013.

Shenk, David. *The Immortal Game: A History of Chess, or, How 32 Carved Pieces on a Board Illuminated Our Understanding of War, Art, Science, and the Human Brain*. New York: Doubleday, 2006.

Simmel, Georg. "Fashion." *American Journal of Sociology* 62:6 (May 1957): 541-58.

Sismondo, Christine. *America Walks into a Bar: A Spirited History of Taverns and Saloons, Speakeasies and Grog Shops*. Oxford University Press, 2011.

Smith, Chloe Wigston. "Callico Madams: Servants, Consumption, and the Calico Crisis." *Eighteenth-Century Life* 31:2 (2007): 29-55.

Spitzer, John, and Neal Zaslaw. *The Birth of the Orchestra: History of an Institution, 1650-1815*. New York: Oxford University Press, 2004.

Standage, Tom. *An Edible History of Humanity.* New York: Bloomsbury, 2009.

—. *The Turk: The Life and Times of the Famous Nineteenth-Century Chess-Playing Machine.* London: Walker, 2002.

Strayer, Hope R. "From Neumes to Notes: The Evolution of Music Notation." *Musical Offerings* 4:1 (2013): 1.

Styles, John. *The Dress of the People: Everyday Fashion in Eighteenth-Century England.* New Haven, CT: Yale University Press, 2007.

Taylor, Charles. *The Literary Panorama.* London: Cox, Son, and Baylis, 1810.

Tesauro, Gerald. "TD-Gammon, a Self-Teaching Backgammon Program, Achieves Master-Level Play." *Neural Computation* 6:2 (1994): 215-19.

Thomas, Bob. *Walt Disney: An American Original.* New York: Disney Editions, 1994.

Thorp, Edward O. "Wearable Computers," 1998. Digest of Papers. Second International Symposium on. 1998.

Tortora, Phyllis G. *Dress, Fashion and Technology: From Prehistory to the Present.* New York: Bloomsbury Publishing, 2015.

Turner, Jack. *Spice: The History of a Temptation.* New York: Knopf, 2004.

Voskuhl, Adelheid. *Androids in the Enlightenment: Mechanics, Artisans, and Cultures of the Self.* University of Chicago Press, 2013.

Wallin, Nils Lennart, and Bjorn Merker. *The Origins of Music.* Cambridge, MA: MIT Press, 2001.

Walsh, Claire. "Shop Design and the Display of Goods in Eighteenth-Century London." *Journal of Design History* 8:3 (1995): 157-76.

Weber, Thomas P. "Alfred Russel Wallace and the Antivaccination Movement in Victorian England." *Emerging Infectious Diseases* 16:4 (2010): 664.

Whittington, E. Michael, and Douglas E. Bradley. The Sport of Life and Death: *The Mesoamerican Ballgame.* London: Thames & Hudson, 2001.

Winchester, Simon. Atlantic: *Great Sea Battles, Heroic Discoveries, Titanic Storms, and a Vast Ocean of a Million Stories.* New York: Harper, 2010.

Wing, Carlin. "The Ball: The Object of the Game." *American Journal of Play* 6:2 (2014): 288.

Wolfe, Robert M., and Lisa K. Sharp. "Anti-Vaccinationists Past and Present." *BMJ* 325.7361 (2002): 430-32.

Yafa, Stephen. Cotton: *The Biography of a Revolutionary Fiber.* New York: Penguin, 2006.

Zimmer, Carl. "How Caffeine Evolved to Help Plants Survive and Help People Wake Up." *The New York Times* (2014). http://www.nytimes.com/2014/09/science.

Zola, Emile. *Au Bonheur des Dames (The Ladies' Delight).* Trans. Robin Buss. New York: Penguin Classics, 2007.

이미지 출처

옮긴이 홍지수

연세대학교 영어영문학과를 졸업하고 KBS에서 뉴스 앵커로 일하면서 한국외국어대학교 통번역대학원을 마쳤다. 컬럼비아 대학 국제학대학원과 하버드 대학 케네디행정대학원에서 각각 국제무역과 환경정책으로 석사 학위를 받았다. 미국 매사추세츠 주 정부의 정보통신부 차장, 리인터내셔널 무역투자연구원 이사로 일했다. 옮긴 책으로 《오리지널스》 《코빈 동지》 《거대한 신, 우리는 무엇을 믿는가》 《뇌를 훔치는 사람들》 《월든》 《방황하는 개인들의 사회》 등이 있다.

재미와 놀이가 어떻게 세상을 창조했을까
원더랜드

제1판 1쇄 인쇄 | 2017년 2월 1일
제1판 1쇄 발행 | 2017년 2월 8일

지은이 | 스티븐 존슨
옮긴이 | 홍지수
펴낸이 | 고광철
펴낸곳 | 한국경제신문 한경BP
편집주간 | 전준석
책임편집 | 마현숙
교정교열 | 박유진
기획 | 이지혜 · 유능한
저작권 | 백상아
홍보 | 이진화
마케팅 | 배한일 · 김규형
디자인 | 김홍신
본문디자인 | 디자인 현

주소 | 서울특별시 중구 청파로 463
기획출판팀 | 02-3604-553~6
영업마케팅팀 | 02-3604-595, 583 FAX | 02-3604-599
H | http://bp.hankyung.com E | bp@hankyung.com
T | @hankbp F | www.facebook.com / hankyungbp
등록 | 제 2-315(1967. 5. 15)

ISBN 978-89-475-4176-3 03300